솔벗한국학총서 9

조선 후기 낙론계 학풍의 형성과 전개

조 성 산

지식산업사

조성산

고려대학교 한국사학과 졸업
고려대학교 대학원 사학과 석사졸업
고려대학교 대학원 사학과 박사졸업
고려대 민족문화연구원 HK연구원
현 성균관대학교 사학과 조교수
주요 논저: 《조선후기 성리학 연구의 현황과 전망》(공저), 〈18세기 낙론계 학맥의 변모양상 연구〉, 〈이강회의 경세사상〉, 〈18세기 낙론계의 반계수록 인식과 홍계희 경세학의 사상적 기반〉, 〈17세기 후반~18세기 초 김창협·김창흡의 학풍과 현실관〉, 〈17세기 후반 경기지역 서인의 상수학풍 형성과 의미〉, 〈18세기 호락논쟁과 노론 사상계의 분화〉 등이 있다.

조선 후기 낙론계 학풍의 형성과 전개

초판 제1쇄 발행 2007. 11. 7.
초판 제3쇄 발행 2016. 2.10.

지은이   조성산
펴낸이   김경희
펴낸곳   ㈜지식산업사
        본사 ● 10881, 경기도 파주시 광인사길 53(문발동)
            전화 (031)955-4226·4227 팩스 (031)955-4228
        서울사무소 ● 03044, 서울시 종로구 자하문로6길 18-7(통의동)
            전화 (02)734-1978 팩스 (02)720-7900
        인터넷한글문패 지식산업사
        인터넷영문문패 www.jisik.co.kr
        전자우편 jsp@jisik.co.kr
        등록번호 1-363
        등록날짜 1969. 5. 8.

책값은 뒤표지에 있습니다.

ⓒ 조성산, 2007
ISBN 978-89-423-1103-3 93910

이 책을 읽고 지은이에게 문의하고자 하는 이는
지식산업사 전자우편으로 연락 바랍니다.

머리말

호락논쟁은 18세기에 호서 지역과 서울·경기 지역 노론들 사이에서 벌어진 심성논쟁을 말한다. 그 내용에 대해서는 연구자들 사이에 이견이 있기는 하지만 대체로 인성과 물성이 같은가 다른가, 성인과 범인의 심체는 같은가 다른가, 미발심체는 기의 영향을 받는가 아닌가 하는 문제였다. 이것은 조선 후기 대표적인 학술논쟁으로서 치열한 학문적 갈등을 불러일으켰고 심지어 19세기에까지 논의되었다.

이러한 호락논쟁에 대해서 처음 관심을 가졌던 것은 석사학위논문을 준비하면서부터였다. 처음 호락논쟁을 접하고 어떻게 순수한 학술논쟁이 200여 년 가까이 지식인 사회의 가장 중요한 논쟁이 될 수 있었을까 하는 소박한 의문이 들었다. 요즘처럼 순식간에 문제의식이 변하는 사회에서 보면 이해하기 힘든 현상이었다. 혹시 논쟁의 배후에 어떠한 중요한 사실들이 숨겨져 있는 것은 아닐까 하는 생각이 들었다.

이렇게 공부를 시작해 석사학위논문으로 1996년 2월 〈18세기 후반 노론 낙론계의 사상적 동향과 경세론〉을 제출하였다. 이 논문에서 낙론계를 중심으로 호락논쟁이 당대 정치적 사회적 필요와 밀접하게 결부된 것이었음을 밝혀보고자 하였다. 이후에도 낙론계에 대한 연구를 계속하였다. 그들의 사상과 문학 논의, 정치적 사상적 동향 등 학풍 전반에 대해 연구를 진행하면서 자연스럽게 전후 시기 사상사의 여러 주제들, 가령 17세기 서인 사상계, 북학사상, 세도정권에 대해서도 관심을 갖게 되었다.

이처럼 호락논쟁과 같은 조선 후기 성리학 집권층의 사유에 관심을 가지게 된 것은 조선 후기사 속에서 일어난 '변동'을 이해하기 위해서는 우선 '구조'에 대한 정확한 이해가 선행되어야 한다는 생각에서였다. 이러한 문제의식에서 낙론계에 대한 연구를 더욱 확장시켜, 2003년 8월 〈조선후기 낙론계 학풍의 형성과 경세론 연구〉라는 제목으로 박사학위논문을 제출하였다. 이 책은 이 박사학위논문을 수정 보완한 결과물이다.

낙론계 집권층의 사유를 이해하기 위해서 이 책은 사상, 문학, 정치, 정책 부분에서 그들의 사유가 어떻게 확장되고 응용되었는지를 규명하고자 하였다. 낙론적 사유와 발상이 그들의 모든 논의 속에 어떻게 담겨 있고 작용했는지를 규명함으로써 그들 학풍의 전체적인 성격을 설명하려고 하였다. 이를 위해 낙론계 학풍을 '지배이념'으로 규정하고, 낙론계가 어떻게 이를 통해 효율적으로 사회를 규정하고 지배하였는지를 추적해 보고자 하였다.

이 과정에서 이 책은 낙론계 학자들의 사유가 정치권력의 속성뿐만 아니라 문화권력의 성격까지 내포하는 복합적인 것이었음을 설명하려고 하였다. 18세기 화려하게 꽃 피운 문화 속에 촘촘히 담겨 있던 '권력'의 이면들을 밝혀보고 싶었던 것이다. 하지만 이러한 문제의식들이 이 책에 충실히 반영되었는가 하는 문제는 의문으로 남는다. 여전히 많은 부분에서 모자라는 점들이 발견되기 때문이다. 앞으로 꾸준한 연구를 통해서 이를 보완해 나가고자 한다.

이 책은 많은 한계를 가지고 있지만, 그나마 이 정도의 체계를 갖추게 된 것은 여러 선생님들의 가르침이 있었기에 가능하였다. 지도교수님이신 조광 선생님은 학부 때부터 넓고 깊은 공부를 할 것을 늘 말씀해 주셨고, 석사학위논문에서 박사학위논문까지 부족한 논문의 지도에 힘써 주셨다. 그동안 미처 표현하지 못한 선생님에 대한 고마움을 이 책이 대신해 주었으면 한다.

한국사학과 교수님이신 최광식 선생님, 최덕수 선생님, 정태헌 선생님, 이진한 선생님은 늘 깊은 가르침을 주시면서 연구자로서의 엄격한 태도를 가질 것을 당부하셨다. 정년퇴임하신 강만길 선생님, 김정배 선생님, 유승주 선생님, 민현구 선생님, 박용운 선생님은 역사학의 광활함을 몸소 보여주시면서 역사학자가 가져야 할 소명의식을 늘 말씀해 주셨다. 특히 유승주 선생님과 민현구 선생님께서는 필자의 박사학위논문을 직접 지도해 주시면서, 논문의 부족한 점을 하나하나 지적해 주셨다.

바쁘신 가운데에도 필자의 박사학위논문을 지도해 주신 국민대 국사학과 정만조 선생님과 성균관대 유학동양학부 최영진 선생님께 깊은 감사의 말씀을 드린다. 정만조 선생님께서는 필자의 부족한 논문을 일일이 점검해 주시고, 늘 자상한 말씀으로 격려해 주셨다. 최영진 선생님은 어려운 철학 개념들을 하나하나 설명해 주시면서 필자가 정확히 이해할 수 있도록 지도해 주셨다. 두 분 선생님의 은혜에 고개 숙여 감사드린다.

지금까지 공부를 해오면서 많은 선생님들로부터 학은을 받았다. 철학과 윤사순 선생님께서는 필자가 처음 호락논쟁에 관심을 갖고 연구를 하는 데 많은 도움을 주셨다. 또한 박사학위과정 중에 고려대학교 민족문화연구원에서 연구할 수 있게 해주신 김흥규 원장님과, 박사학위 취득 이후 한국학술진흥재단 과제를 수행할 수 있도록 해주신 성균관대학교 동아시아학술원 임형택 원장님께도 감사드린다. 그리고 부족한 필자의 박사학위논문에 논문상을 수여하신 한국사상사학회 이배용 전 회장님과, 늘 격려의 말씀을 아끼지 않으시는 조성을 현 회장님께도 감사의 말씀을 드린다.

또한 학위논문과 이 책을 쓰는 데 많은 선후배들과 동학들의 도움이 있었다. 고려대학교 대학원 사학과 조선후기사 연구팀 선후배 동학들은 논문 구상에서부터 아낌없는 조언과 격려를 해주었고, 철학과·한문학과·한국역사연구회의 선후배와 동학들도 논문을 읽고 많은 학문적 도움을 주었다. 선후배 동학들과 함께 강독하고 토론하고 이야기하면서 자유롭게 인문학적 사유를 살찌울 수 있었던 것은 진정 커다란 행운이었다.

부족한 논문이 책으로 출간될 수 있도록 학술적 지원을 해주신 솔벗재단 이온규 이사장님과, 이렇게 어엿한 책으로 만들어 주신 지식산업사 김경희 사장님을 비롯한 편집부 가족들께도 감사의 말씀을 드린다. 그리고 변변한 효도 한번 하지 못한 아들을 밉다 않으시고 늘 한결같이 보살펴 주시는 부모님께 이 책이 작은 선물이 되었으면 좋겠다. 지금까지 공부할 수 있었던 것은 오로지 부모님의 사랑으로 가능했으며, 그 은혜는 무엇으로도 갚을 수 없을 것이다. 그리고 바쁘다는 핑계로 자주 찾아뵙지 못하는 할아버지, 할머니께도 죄송스럽고 감사하다는 말씀을 드리고 싶다. 마지막으로 이 책이 그 동안 도와주신 모든 분들께 감사와 존경의 뜻으로 다가가기를 바란다.

2007년 10월

조 성 산

차 례

들어가는 말

　17세기에서 18세기에 이르는 시기는 정치·사상·경제 등 다양한 부분에서 새로운 전범들이 모색되던 때였다. 이때는 명청교체 이후 새롭게 재편된 중화질서에 대한 대응, 서인(西人)과 남인(南人)의 내립과 노소분기(老少分岐)를 통한 정파의 대립, 무역과 농·상업 발달에 따른 하층민의 성장 등 다양한 사회 변화로 집권층 내부에서 새로운 사상과 변통론이 모색되어야 할 시점이었다. 이러한 과정에서 집권층은 당파를 떠나 정치·사상·문학·경제 부분에서 나름의 대안을 제시하고자 하였다.

　정치적으로는 기존의 당화(黨禍)를 극복하고자 황극탕평론(皇極蕩平論)이 새롭게 대두하였다. 사상적으로는 노론(老論)이 호락논쟁(湖洛論爭)을 통해서 새로운 성리학풍을 모색하였고, 소론(少論) 계열에서는 강화학파(江華學派)를 중심으로 양명학(陽明學)에 대한 관심이 증대되어 갔으며, 근기남인(近畿南人) 계열의 성호학파(星湖學派)는 경세학풍(經世學風)을 발전시켜 가고 있었다. 사회경제적 측면에서도 균역법(均役法)을 통한 새로운 역제(役制)에 대한 논의가 활발히 이루어졌다. 이러한 모색들은 각 당파들이 새로운 모델과 전범을 찾아가면서 시대의 변화에 대응하고자 하였다는 측면에서 일정한 공통점이 있었다. 이 책은 이러한 다양한 모색들 가운데에서 호락논쟁을 통해 구체화되는 노론 낙론계(洛論系) 학풍을 논의의 대상으로 삼고자 한다.

호락논쟁은 18세기 초·중엽부터 호서 지역 노론과 서울·경기 지역 노론 사이에서 벌어진 심성논쟁을 말한다. 이 심성논쟁은 이후 노론 사상계에서 가장 중요한 논쟁으로 자리 잡았다. 이 논쟁 과정에서 형성된 낙론의 말뜻은 낙하(洛下)의 논의, 즉 '서울·경기 지역의 논의'라는 것으로서, 철학적으로 성범인심동론(聖凡人心同論)과 인물성동론(人物性同論) 등을 가리켰다. 낙론계는 일반적으로 서울·경기 지역에 거주하면서 성범인심동론과 인물성동론을 지지하였던 노론들을 가리키며, 이들은 호서 지역 노론들의 성범인심부동론(聖凡人心不同論)과 인물성부동론(人物性不同論) 주장에 맞섰다.[1]

---

1) 이 책에서 '낙론계'(洛論系)라는 말은 낙학(洛學)의 논의를 따르거나 학맥상 이들과 긴밀히 결합되어 있던 사람들을 가리키는 것으로 사용하였다. 호락논쟁을 통해서 구체화되었던 낙론과 낙학은 당시에 경학(京學)으로도 불렸으며, 성리설을 중심으로 한 서울·경기 지역 노론의 학술 논의를 가리켰다. 당대 사람들에게 성리설은 단순히 심성론만을 의미하는 것이 아니라, 학문 일반을 두루 일컬을 만큼 중요성을 가지고 있었다. 따라서 이 책에서는 낙론, 낙학을 성리설에만 한정하지 않고, 당대 서울·경기 지역의 학술 논의를 포괄 규정하는 개념으로 사용하고자 한다. 이는 18세기 이후 진행된 학문의 지역적 규정성 문제와 깊은 관련성을 갖는다. 낙론과 호론의 개념은 당대 학술계의 중요한 시대적 특징이었던 지역성 문제를 상징적으로 보여주는 것이었기 때문이다. 심낙수(沈樂洙; 1739~1799)가 김종후(金鍾厚; 1721~1780)를 가리켜 경(京)에 거주하면서도 경학(京學)이 아니라고 지적하였던 것을 볼 때, 지역적 배경과 학문은 상호 밀접한 관련성을 가지고 있었고, 이것에서 벗어나는 것은 상당히 예외적인 상황으로 당대 사람들에게 인식되었다.(沈樂洙,《恩坡散稿》卷8〈宋明欽傳〉, "時有京湖學之稱 湖有尹鳳九權震應洪量海 京有金元行洪啓禧金鍾厚……人謂啓能鍾厚居京而非京學") 심지어 서울·경기 지역과 호서 지역은 정치론에서조차 차이를 보이고 있었다.(같은 곳, "時金尙魯啓禧黨讒間兩宮 造凶誣 煽動京湖之論遂分 京主保護 湖主激訐") 이 책이 낙론의 외연을 확대해서 인식하고자

한편, 낙론계는 성리학에서뿐만 아니라 문학 부분에서도 중요한 논의들을 전개시켰다. 김창협(金昌協; 1651~1708)·김창흡(金昌翕; 1653~1722) 형제와 그 제자들로 구성된 이들은 새롭게 당송고문풍(唐宋古文風)을 주장하면서 기존 17세기 진한고문풍(秦漢古文風)을 배격하였다. 또한 이들은 시비평론으로 천기론(天機論)을 주장하기도 하였다. 천기론은 천기가 발현된 창의적인 글을 쓰자는 주장으로서, 여기에는 의고적 문장을 배격하는 창신론의 의미가 담겨 있었다.

결국 이들은 새로운 성리학과 문풍을 주장하였던 것이다. 여기에 대해서 당시부터 김창협·김창흡 문하의 사람들이 선학과 선배들의 말을 무시하고 새로운 주장들을 내놓고 있다는 비판과 지적이 있었다.[2] 이 책에서는 이러한 낙론·당송고문·천기 논의들을 낙론계 학풍으로 범주화하였다. 여기에서 학풍은 철학사상·문학사상 및 학문의 전반적 경향과 그 내용을 포함한다. 이러한 낙론계 학풍은 이후 18세기 동인 노론뿐만 아니라 조선 후기 사상계에 중요한 영향을 끼쳤다.

낙론계는 조선 후기 사상과 문학 부분에서 중요한 위치를 차지하였을 뿐만 아니라 18·19세기 노론 집권층의 핵심을 이루는 모집단으로서 사회적 정치적으로도 비중 있는 위치에 있었다. 이들 가운데 일부는 정조(正祖)의 친위세력으로 성장하였고, 19세기에는 안동김씨를 중심으

하는 것은 이러한 이유에서이다. 따라서 이 책은 낙론을 지지하거나 낙론 학맥과 관련 있는 사람들을 낙론계로 규정하고 그들 사이의 공유점과 차이점을 조명하고자 한다.

2) 趙榮祏, 《觀我齋稿》 卷3 〈漫錄〉, "農淵法門 則以爲不當蹈襲前人陳言 便當自得而已云"; 같은 곳, "三淵言議太快 方其劇論時 則雖先輩前賢 亦頗低看 不少假借 嘗作某人文集序 謂勝於澤堂 稱門人中某人 則謂勝於栗谷 以此其出入門下者 靡然效之 凌駕古人 輕侮長者 文簡公每聞之 憂歎不已 而時余亦年少 猶不知其所憂之是矣 近來少輩此習日甚 而農巖三淵亦或反遭譏侮之語 蓋流弊至此 文簡公之言 始覺其不爲過矣".

로 세도정권의 핵심세력을 이루었다. 이러한 맥락에서 그들은 '경화사족'(京華士族), '경화거족'(京華巨族)으로 지칭되기도 하였으며, 서울·경기 지역을 중심으로 자신들만의 독자적인 영역을 구축해 가고 있었다.3) 따라서 이들의 학풍이 갖는 의미와 그 사회적 반향에 관한 연구는 18세기 노론 집권층이 가졌던 사상의 일단을 이해하고, 나아가 조선 후기 주요 집권층이 가졌던 지배이념의 한 측면을 살펴본다는 점에서 중요하다.

기존 연구에서 18세기 노론 집권층에 대한 성격 규정과 그 이해는 대략 두 측면에서 이루어졌다. 첫째는 노론 집권층의 성격을 한원진(韓元震; 1682~1751)의 호론 계열을 중심으로 이해한 연구였다.4) 이 연구들은 한원진의 정치관·경세관·사회관 등을 분석하여 한원진의 사상체계가 노론의 전형으로서 보수적인 성격을 갖는다는 점을 설명하였다. 한원진은 노론 안에서도 매우 보수적이고 강경한 입장을 가졌던 인물로, 그에 대한 연구를 통해 노론이 궁극적으로 지향하였던 정치적 사상적 이념을 알 수 있었다. 그러한 점에서 한원진에 대한 연구들은 노론이 지향하였던 '지배이념'의 본질과 성격을 조명하는 데 도움을 줄 수 있었다.

하지만 이 연구들은 다음과 같은 한계도 동시에 가졌다. 과연 한원진이 18세기 노론 세력의 대표성을 획득할 수 있는가 하는 문제였다. 한원진을 중심으로 한 호서 지역 노론 계열은 호락논쟁을 통해 호론으로 분

---

3) 심지어 19세기에 이르면 낙론계 일부에서는 송시열을 언급하지 않고 이이 이후 오직 김창협이라고 할 정도로 서울·경기 지역을 중심으로 한 자신들의 학문에 대해서 자부하고 있었다.(吳熙常, 《老洲集》 卷25 雜識 三, "農巖先生 洞見道原 深造獨詣 實 栗谷後一人也")

4) 김준석, 1990, 〈조선후기 국가재조론의 대두와 그 전개〉, 연세대 박사학위논문, 344~472쪽; 유초하, 1994, 〈조선중기 성리학의 사회관〉, 《한국사상사의 인식》, 한길사.

화하면서 정치적으로 쇠락의 길을 걸어갔다. 이들은 왕조의 탕평정책과 정면으로 맞섬으로써 관료로 진출하는 길이 점차 어려워졌고, 이것은 호론 자신을 스스로 위축하는 결과를 낳았다. 그들은 비록 17세기 송시열(宋時烈; 1607~1689)－권상하(權尙夏; 1641~1721)로 이어져오던 노론의 정통을 자임하였지만 18세기 후반 무렵이 되면 지방의 향유(鄕儒)로 축소되는 모습을 보여주었다.

반면에 서울·경기 지역 노론, 즉 낙론 계열은 정치·사상 분야에서 점차 호론을 압도하며, 노론 안에서 중요한 위치를 차지해 갔다. 18세기 노론 안에서의 주도권은 점차 호론에서 낙론으로 옮겨 갔다. 앞서 언급하였듯이 호론은 초기에 송시열의 적통을 자부하며 노론 안에서의 위상을 강화하였으나, 점차 낙론이 노론 안에서 주도세력으로 성장해 갔던 것이다. 이러한 이유에서 18세기 노론 집권층의 지배이념을 분석하고 그 성격을 규정짓기 위해서는 한원진의 호론 계열을 고려하면서도 김창협·김창흡의 낙론 계열을 논의의 주요 대상으로 삼는 것이 타당하다고 생각한다. 당시 노론 안에서의 정치적 사상적 힘의 관계를 충분히 고려해 호론계와 낙론계를 균형 있게 배치해 볼 필요가 있다.

두 번째는 노론 집권층의 성격을 김창협·김창흡의 낙론 계열을 중심으로 이해한 연구들이었다. 이 연구들은 김창협·김창흡 형제와 그 주변의 인물들을 '조선중화주의'(朝鮮中華主義)와 '진경문화'(眞景文化)의 선도자로서 인식하였고, 다시 18세기 후반에는 이들의 후예들인 연암일파(燕巖一派)에 의해서 북학사상(北學思想)이 등장하는 것으로 설명하였다.5) 이 연구들이 18세기 노론 집권층의 성격을 낙론계 학풍을 중심으로 설명하고자 한 것은 타당성을 가졌지만, 다음과 같은 점에서 한계점

---

5) 최완수 외, 1998, 《진경시대》 1, 돌베개; 유봉학, 1995, 《연암일파 북학사상 연구》, 일지사; 강혜선, 2000, 〈조선후기 진경문화의 선구자 김창협〉, 《문헌과 해석》 12.

을 드러냈다.[6]

낙론계 학풍은 기본적으로 낙론계가 현실에 대응하면서 만들어 낸 집권층의 '지배이념'이었다. 그들 학풍은 낙론계가 집권층으로서의 기득권을 유지하면서도 새롭게 변화된 현실에 적응하고자 하는 의도에서 형성되었다고 할 수 있다. 따라서 이들이 제기한 새로운 성리학풍과 문풍도 그러한 관점에서 파악되어야 할 성질의 것이다. 그러한 점에서 앞의 낙론계에 대한 연구들은 낙론계 학풍이 집권층의 지배이념으로서 가지고 있었던 정치·사회적 기능과 성격에 그다지 주목하지 않았다고 생각한다. 이 지적은 낙론계가 자신들의 정치적 사회적 기득권을 지키기 위해 자신의 학풍을 어떠한 방식으로 현실에 활용하였는가에 대한 비판적 시각이 부족하였음을 의미한다.

여기에서 '지배이념'이라는 것은, 문화적인 현상이나 학풍 등이 그것을 만들고 발전시킨 계층의 정치적 사회적 이념을 반영한다는 사실을 전제로 하고 있다. 지배층이 피지배층을 효율적으로 통치하기 위해서는 무력이나 물리적인 힘만으로는 안 되며, 피지배층으로 하여금 자발적인 동의와 합의를 얻어내야 한다.

그 동의와 합의를 이끌어 낼 수 있는 매개는 문화적 학문적 장(場)에

---

6) 이러한 연구경향에 대한 정리와 비판적 평가는 다음 글들을 참고할 수 있다. 홍선표, 1994, 〈진경산수화는 조선중화주의의 소산인가〉, 《가나아트》 38호; 홍선표, 1994, 〈조선시대 회화사연구의 최근 동향〉, 《한국사론》 24, 국사편찬위원회; 한정희, 1995, 〈조선후기 회화에 미친 중국의 영향〉, 《미술사학연구》 206; 조성을, 1996, 〈실학연구의 심화와 남은 문제: 《연암일파 북학사상 연구》(유봉학, 일지사, 1995)〉, 《역사와 현실》 20; 문덕희, 1997, 〈남공철(南公轍; 1760~1840)의 "금릉집"(金陵集)에 보이는 중국서화에 대한 인식〉, 《미술사학연구》 213; 최영진, 1998, 〈우리 문화의 황금기 진경시대, 그리고 그 뿌리로서의 조선성리학〉, 《동아시아 문화와 사상》 1; 한정희, 1999, 《한국과 중국의 회화》, 학고재; 조호현, 2001, 〈조선성리학 연구에 대한 일고찰〉, 《한국사상과 문화》 12.

서 마련될 수 있으며, 지배층은 피지배층의 동의와 합의를 이끌어 낼 수 있는 문화와 학문 체계를 만들어 냄으로써 자신의 정치적 이념을 자연스럽게 현실에 구현해 낼 수 있다. 이러한 과정에서 지배층은 최소한의 물리적 힘으로 피지배층을 통치해 갈 수 있는 명분과 근거를 얻게 된다. 이것은 매우 효율적인 지배의 방법임에 틀림없다. 낙론계 학풍에 관한 연구에서는 이러한 점에 대한 인식이 적극 이루어져야 하지 않을까 생각한다. 이 책은 이 점을 염두에 두고서 낙론계 학풍에 접근하려 한다.

다음으로 낙론계 학풍에 관한 기존 연구들을 살펴보고자 한다. 이 책은 낙론계 학풍에 관한 연구들을 첫째, 낙론계 학풍의 연원에 관한 연구, 둘째, 낙론계 학풍의 구체적 내용을 다룬 연구, 셋째, 낙론계 학풍이 가졌던 경세적 성격을 다룬 연구로 정리하여 서술하고자 한다. 기존 연구들을 구체적으로 적시함으로써 이 책이 다루고지 하는 주제의 연구사적 문제점과 과제를 제기하고자 한다.

첫째, 낙론계 학풍의 연원에 관한 연구들이다. 낙본 형성에 주도적인 역할을 하였던 김창협 · 김창흡은 이단상(李端相; 1628~1669)과 조성기(趙聖期; 1638~1689) 등을 통해서 서울 · 경기 지역 서인들의 학문 경향에, 송시열을 통해서 호서 지역 서인의 학문 경향에 각각 많은 영향을 받았다. 따라서 이 두 가지 학풍의 전통을 동시에 고려해야 김창협 · 김창흡의 학풍과, 나아가 낙론계 학풍의 내용을 이해할 수 있다.

17세기 서인 정치 · 사상계는 효종 · 현종대에는 한당(漢黨)과 산당(山黨)으로, 숙종대에는 노론과 소론으로 분열 대립하는 양상을 보였다. 이와 같은 서인의 분화과정에는 정치적인 요소들과 함께 지역적인 학풍의 차이가 중요한 요인으로서 작용하고 있었다. 지역적 학풍의 차이는 서인들이 주로 거주하였던 서울 · 경기 지역과 호서 지역의 사상적 차이로 정리할 수 있다.[7] 서울·경기 지역과 호서 지역의 서인들은 17세기부터 사상적 전통에서 어느 정도 차이가 있었지만, 그 차이점과 내용에 대해서는 아직 명확한 해명이 이루어지지 못하였다.

그 동안 이 부분과 관련하여 이루어졌던 연구들을 살펴보면, 우선 17세기 서울·경기 지역의 독특한 학풍을 조명한 연구들을 들 수 있다. 이 연구들은 서울·경기 지역의 사상적 성향이 상수학·잡학·예학·불교·도교·양명학에 상당 부분 기울어져 있었다는 점을 지적하였다.[8] 특히 이들이 가졌던 '문장가적' 성향이 강조되기도 하였고,[9] 불교적 관심이 집중 부각되기도 하였다.[10]

또한 신흠(申欽; 1566~1628), 최명길(崔鳴吉; 1586~1647), 장유(張維;

---

7) 이건창의 《당의통략》은 인조 말년에 원두표(元斗杓)를 중심으로 한 원당(原黨), 김자점(金自點)을 중심으로 한 낙당(洛黨), 김집(金集)·송준길(宋浚吉)을 중심으로 한 산당(山黨), 김육(金堉)·신면(申冕)을 중심으로 한 한당(漢黨)이 있었음을 알려준다. (이건창 저/이민수 역, 1972,《당의통략》, 을유문화사, 40쪽) 이 가운데에서 산당과 한당은 지역과 연관되면서 독특한 사상적 특성을 가졌던 것으로 보인다. 즉 산당은 호서 지역을, 한당은 서울·경기 지역을 중심으로 형성되었고, 이들은 지역 학풍과 결합하면서 17세기 후반 서인 사상계에 많은 영향을 주었던 것으로 보인다. 이것은 박세채의 다음과 같은 말에서도 다시 확인된다. 박세채는 효종 이후의 서인을 크게 충청도 출신인 호서와 한강 일대 출신의 한서(漢西)로 나누고 그 대립이 몇 대를 거치면서 결국 서인에서 남인으로의 정권교체를 가져오게 하였다고 언급하였다.(朴世采,《南溪集》卷57 雜著〈記少時記聞〉, "西人在於己丑之初 以李完南厚原力主湖西 金潛谷堉心護漢西 勢不相敵 累世而後成 故其禍之極 在下而易局") 이상의 내용은 정만조, 1999,〈17세기 중반 한당의 정치활동과 국정운영론〉,《한국문화》23, 108~114쪽 참조. 그리고 노소분기 과정에서 산당 대부분이 노론 쪽으로 기울고, 한당의 일부가 소론 쪽으로 기울었던 것은 지역적 학풍과 노소분기가 일정 정도 관련성을 가졌음을 시사해 준다. 이러한 지역적 학풍의 차이는 다시 18세기 호락논쟁을 통한 호론과 낙론의 분화로 이어졌다.

8) 한영우, 1992,〈이수광의 학문과 사상〉,《한국문화》13; 고영진, 1994,〈16세기 후반~17세기 전반 침류대학사(枕流臺學士)의 활동과 의의〉,《서울학연구》3.

9) 이희중, 1995,〈조선중기 서인계 '문장가'의 활동과 사상〉, 서울대 석사학위논문.

10) 유호선, 2002,〈17C 후반~18C 전반 경화사족(京華士族)의 불교수용과 그 시(詩)적 형상화〉, 고려대 박사학위논문.

1587~1638), 정제두(鄭齊斗; 1649~1736), 조익(趙翼; 1579~1655), 조성기의 심성설에 대한 연구들을 통해서 이들의 심학적 특성이 강조되었다.[11] 이 연구들을 통해서 서울·경기 지역 서인들 가운데 많은 사람들이 정호(程顥; 1032~1085)와 왕양명(王陽明; 1472~1528)을 선호하는 경향을 보였으며, 심학에 깊은 관심을 가졌음이 밝혀졌다.

한편, 호서 지역 송시열의 사상적 동향을 '주자 절대화'라는 측면에서 조명한 연구도 있었다.[12] 17세기 서인들의 이기심성론에 대해서는 주로 호서 지역 서인들인 김장생(金長生; 1548~1631), 송준길(宋浚吉; 1606~1672), 송시열을 중심으로 연구가 진행되었다.[13] 이 연구들을 토대로 호서 지역 서인 성리학의 성격을 살펴보면 주희(朱熹; 1130~1200)—이이(李珥; 1536~1584) 중심의 강한 규범적 성격을 띠는 것이 확인되며, 외재적

---

11) 박경안, 1988, 〈하곡(霞谷) 정제두(鄭齊斗)의 경세론〉, 《하림》 10; 지두환, 1991, 〈계곡(谿谷) 장유(張維)의 생애와 사상〉, 《태동고전연구》 7; 정재훈, 1993, 〈하곡 정제두의 양명학 수용과 경세사상〉, 《한국사론》 29; 이경구, 1996, 〈김창흡의 학풍과 호락논쟁〉, 《한국사론》 36; 박희병, 1997, 〈신흠(申欽)의 학문과 그 사상사적 위치〉, 《민족문화》 20; 정두영, 1998, 〈18세기 '군민일체(君民一體) 사상의 구조와 성격〉, 《조선시대사학보》 5; 이승수, 1993, 〈졸수재(拙修齋) 조성기론(趙聖期論)〉, 《한국학논집》 23; 조성산, 2001, 〈17세기 후반 조성기(趙聖期)의 학문경향과 경세론〉, 《한국사학보》 10; 이승수, 2001, 〈졸수재 조성기론 서설〉, 《한국사상과 문화》 12; 김용헌, 2004, 〈조성기의 이기심성론—김창협과의 관계를 중심으로〉, 《철학논총》 36.

12) 김준석, 1988, 〈17세기 기호주자학의 동향〉, 《손보기박사정년기념 한국사학논총》, 논총간행위원회.

13) 1995년 이전까지의 호서사림(湖西士林)에 대한 연구는 최근묵, 1995, 〈호서사림 연구의 현황과 과제〉(《호서문화연구》 13, 충북대 호서문화연구소)를 참조할 수 있으며 그 이후의 연구로는 다음을 들 수 있다. 김낙진, 1998, 〈사계 김장생의 심성·수양론〉, 《퇴계학보》 97·98; 이봉규, 1998, 〈김장생·김집의 예학과 원종추숭논쟁의 철학사적 의미〉, 《한국사상사학》 11; 이영춘, 1998, 〈의례문답(疑禮問答)에 나타난 사계(沙溪)의 예학사상〉, 《조선시대의 사회와 사상》, 조선사연구회; 지두환, 1999, 〈우암 송시열의 사회경제사상〉, 《한국학논총》 21; 한기범, 2000, 〈조선시대 대전지방 산림의 학맥과 학풍〉, 《한국사상과 문화》 7; 우경섭, 2001, 〈김장생의 경학사상〉, 《한국학보》 103.

인 도덕질서와 예를 중시하는 경향이 있었음을 알 수 있다. 이는 서울·
경기 지역 서인들이 소옹(邵雍; 1011~1077), 정호 등의 학문을 일정 부분
수용하였던 사실과는 대비된다고 하겠다.

이러한 서울·경기 지역 서인들과 호서 지역 서인들의 사상 경향을
대비적으로 살펴보고자 하는 본격적인 연구도 있었다.14) 이 연구들은
17세기 중반 서울·경기 지역 서인을 중심으로 형성된 한당과 호서 지
역 서인들을 중심으로 형성된 산당의 분화에 주목하여, 이것을 노소분
기와 호론·낙론 분화의 연속선 위에서 이해하고자 하였다. 이 연구들
은 한당과 산당의 경세론을 대비적으로 설명하면서 한당은 공의(公義)·
사의(私義) 논쟁에서 군신지의(君臣之義)를 강조하는 공의를, 산당은 세
도(世道)를 중요시하는 사의를 주장하였음을 지적하였다. 또한 한당이
백성과 국가를 동시에 고려하는 안민익국(安民益國)의 경세론을 전개한
데 비해서 산당은 백성 위주의 안민론(安民論)을 주장한 점을 언급하였
다. 정치론에서도 한당은 조제보합론을, 산당은 이러한 논의에 반대하
였음을 대비적으로 서술하였다.

위 연구들을 통해서 서울·경기 지역 서인들과 호서 지역 서인들의
사상적 차이점들과 경세론의 상이점들이 제시되었다. 하지만 여전히 두
지역 서인들이 가졌던 구체적인 사상적 차이점들과 이러한 차이점들이
어떻게 경세론의 차이로 연결되었는가 하는 문제에 대해서는 앞으로 더
많은 논의가 있어야 하리라 생각한다. 따라서 이 책은 여기에 주안점을
두어 두 지역 서인들의 사상적 차이와 경세론과의 관련성 문제를 부각

---

14) 정만조, 1991, 〈조선 현종조의 사의(私義)·공의(公義) 논쟁〉, 《한국학논총》 14; 정
　 만조, 1992, 〈17세기 중엽 산림세력(山黨)의 국정운영론〉, 《택와허선도(擇窩許善道)
　 선생정년기념 한국사학논총》; 정만조, 1999, 〈17세기 중반 한당의 정치활동과 국정
　 운영론〉, 《한국문화》 23.

하여 설명하고자 한다. 그럼으로써 18세기 호론·낙론 분화의 이해를
위한 전제로서 삼고자 한다.

　둘째, 낙론계 학풍의 구체적 내용을 다룬 연구들이다. 낙론계의 종장
(宗匠)으로 부상하던 안동김씨 김창협·김창흡은 송시열의 사상에 동조
하고 정치적으로 노론 의리를 적극 내세웠다. 하지만 그들 학문의 구체
적 내용에서는 호서 지역 송시열 계열 서인들과 일정 부분 차이가 있었
으며, 이전 17세기 서울·경기 지역 서인들의 학문 경향에 많은 부분
영향을 받고 있었다. 김창협·김창흡의 서울·경기 지역 서인 학풍 수
용은 호락논쟁의 중요한 원인으로 작용하였고, 논쟁과정에서 낙론계 성
리학풍이 형성 정립되었다. 또한 김창협·김창흡 계열은 성리학뿐만 아
니라 문학에서도 새로운 문풍을 주도하는 위치에 있었다.

　이처럼 낙론의 선구격이 김창협·김창흡 형제들이었다는 점에서 이
들에 대한 연구는 중요하다. 이들에 대한 역사적 의미들을 밝히려 한
기존 연구들은 크게 두 가지 관점에서 진행되었다. 하나는 이들을 《사변
록》(思辨錄) 변파 과정에서의 역할과 이단 시비를 중심으로 송시열과 관
련하여 보수적인 측면에서 이해한다든가,[15] 아니면 이른바 진경문화(眞
景文化)의 사상적 기반을 다졌다는 측면에서 긍정적으로 이해하려는 연
구들이 있었다.[16] 그들이 이렇게 연구시각을 달리하였던 것은 전자가
'정치적인' 측면에 초점을 맞추었던 반면 후자는 주로 '문화적인' 측면
을 강조하였기 때문으로 보인다. 이 두 시각의 상이함을 극복 지양하는
것은 앞으로 중요한 연구과제가 아닐 수 없다. 이를 위해서 이들 사유들

---

15) 김준석(1988); 조남호, 1993, 〈김창협학파의 양명학 비판 ―지(智)와 지각(知覺)의 문
　　제를 중심으로〉, 《철학》 39; 김용흠, 1996, 〈조선후기 노·소론 분당의 사상 기반〉,
　　《학림》 17.
16) 다음 논문들은 이러한 관점을 대변한다. 최완수, 1998, 〈조선 왕조의 문화절정기, 진
　　경시대〉, 《진경시대》 1, 돌베개; 강혜선(2000).

의 계보학적 분류와 이에 대한 치밀한 분석이 이루어져야 하지 않을까 생각한다. 이 책은 이 점을 염두에 두면서 이들의 정치·학문 경향을 재조명하고자 한다.

또한 기존 연구들은 대부분 부정적인 측면에서건 긍정적인 측면에서건 이들을 송시열과 관련 지워 파악하는 방식을 취하였다. 노론이라는 대범주 속에서 이들과 송시열의 사상적 연속성에 주목하였던 것이다. 그러나 김창협·김창흡은 앞서 언급하였듯이 17세기 서울·경기 지역과 호서 지역 서인들의 학문 경향을 절충하였으며, 오히려 사상적으로는 이단상·조성기 등 17세기 서울·경기 지역 서인 학풍에 영향 받은 바 많았다. 지금까지 이 점은 그다지 많은 주목을 받지 못하였다.[17] 이 책은 이 점을 깊이 염두에 두면서 그들이 서울·경기 지역과 호서 지역 서인의 학풍 가운데 구체적으로 어떠한 점들을 수용하였는지를 살펴보고자 한다.

이 밖에 낙론계 학풍을 실질적으로 구성하였던 성리학에 관한 철학 분야의 연구와 김창협·김창흡의 당송고문풍·천기론 주장에 관한 한문학 분야의 연구들도 이루어졌다. 우선 철학 부분 연구들을 통해서 호락논쟁이 인물성동이논쟁(人物性同異論爭)뿐만 아니라 성범인심동이논쟁(聖凡人心同異論爭), 미발심체(未發心體) 문제 등 다양한 논의 속에서 이루어진 것이었으며, 논쟁 주체들의 주장에 담긴 구체적 내용과 의의를 이해할 수 있었다.[18]

---

17) 제한적으로나마 서울·경기 지역 서인의 사상과 이들 형제의 관련성에 주목한 연구로는 다음이 있다. 유봉학(1995); 이경구(1996); 이승수, 1995, 〈17세기말 천기론의 형성과 인식의 기반〉, 《한국한문학연구》 18.

18) 호락논쟁에 대해서는 다음 글들을 참조할 수 있다. 張志淵, 1922, 《儒敎淵源》, 滙東書館; 玄相允, 1949, 《朝鮮儒學史》, 民衆書館; 李丙燾, 1959, 《資料韓國儒學史草藁》, 서울대학교 국사연구실(李丙燾, 1987, 《韓國儒學史》, 아세아문화사); 李丙燾,

또한 한문학 분야의 연구들을 통해서 임진왜란 이후 17세기 조선의
문풍은 진한고문풍이 주도하였으며, 다시 이것은 18세기 전반 당송고문
풍으로 전환되었음을 알 수 있었다. 그리고 이 과정에서 김창협·김창
흡 형제와 그 문도들이 중요한 역할을 하였다는 사실도 인지할 수 있었
다.[19] 이들 연구들은 대체로 김창협·김창흡 형제에 의해서 본격적으로
제기되었던 천기론을 의고적 문학론과 구분되는 '창신론'의 견지에서
이해하였으며, '개성 또는 개별성의 존중'이라는 측면에서 그 중요성을
인식하였다.[20]

1969, 〈韓國儒學史上學說的論爭一段—特論湖洛是非〉, 《儒學在世界論文集》(東方人
文學會); 이남영, 1980, 〈호락논쟁의 철학사적 의의〉, 《동양문화국제학술회의논문
집》, 성균관대 대동문화연구원; 윤사순, 1986, 〈인성 물성의 동이논변에 대한 연
구〉, 《한국유학사상론》, 열음사; 이상익, 1986, 〈호락논쟁의 근본문제 연구〉, 성균
관대 석사학위논문; 이애희, 1990, 〈조선후기 인성과 물성에 대한 논쟁의 연구〉, 고
려대 박사학위논문; 김태년, 1993, 〈낙른계의 지괴론 연구〉, 고리내 식사학위논문;
한국사상사연구회 편, 1994, 《인성물성론》, 한길사; 문석윤, 1995, 〈조선후기 호락
논변의 성립사 연구〉, 서울대 박사학위논문; 최영진, 1998, 〈인물성동이론의 생태학
적 해석〉, 《유교사상연구》 10; 전인식, 1998, 〈이산과 한원진의 미발·오상 논변
연구〉, 한국정신문화연구원 박사학위논문; 윤사순, 1999, 〈인성·물성에 대한 동이
논변의 사상사적 가치〉, 《퇴계학보》 102; 조호현, 2000, 〈농암 김창협의 성리학설
연구〉, 《18세기 연구》 2.

19) 이 부분과 관련된 주요 연구성과들을 정리하면 다음과 같다. 강혜선, 1990, 〈김창
협 고문 연구〉, 서울대 석사학위논문; 우응순, 1991, 〈17세기 고문론의 배경과 역사
적 성격〉, 《어문논집》 30; 정우봉 1992, 〈김창협 시론의 비평사적 의의〉, 《어문논
집》 31; 강명관, 1995, 〈16세기 말 17세기 초 의고문파의 수용과 진한고문파의 성
립〉, 《한국한문학연구》 18; 안대회, 1995, 《조선후기 시화사 연구》, 국학자료원,
109~136쪽; 최현태, 1997, 〈농암 시론의 분석적 검토〉, 《한국한시연구》 5; 남은경,
1998, 〈동명 정두경 문학의 연구〉, 이화여대 박사학위논문; 안대회, 1999, 〈17~8세
기 한시의 모색〉, 《18세기 한국한시사 연구》, 소명출판; 정민, 1999, 〈16·7세기 당
시풍(唐詩風)에 있어서 낭만성의 문제〉, 《한국시가연구》 5; 기정순, 1999, 〈도곡(陶
谷) 이의현(李宜顯)의 문장론 소고〉, 《한문학논집》 17; 진영미, 1999, 《농암 김창협
시론 연구》, 보고사; 고연희, 2001, 《조선후기 산수기행예술 연구》, 일지사; 송혁기,
2000, 〈김창협 문학비평의 당대적 위상〉, 《고전문학연구》 18.

20) 천기론에 관한 연구들을 정리하면 다음과 같다. 장원철, 1982, 〈조선후기 문학사상의

　　이상의 철학과 문학 부분 연구를 통해서 낙론과 당송고문·천기론의 구체적 내용이 많은 부분 확인되었다. 하지만 철학과 문학 부분에 관한 연구들은 그들 사상과 문학이 기반하고 있는 사회적 맥락을 설명하는 데에는 한계가 있었으며, 그것은 과제로 남겨졌다.

　　셋째, 낙론계 학풍이 가졌던 경세적 성격을 다룬 연구들이다. 낙론계 학풍은 단순히 철학적 문학적 언설로만 남지 않았다. 그것은 당대 조선의 현실과 만나면서 다양한 형태로 활용되고 변용되었다. 그러한 측면에서 이러한 점을 조명하는 것은 낙론계 학풍의 지배이념적 성격을 파악하는 데 중요한 것이라고 할 수 있다. 낙론계 학풍이 가졌던 사회적 의미와 경세적 성격을 밝히고자 하는 연구는 최근 들어서 꾸준히 진행되어 왔다.

　　우선 낙론과 18세기 후반 홍대용(洪大容; 1731~1783)과 박지원(朴趾源; 1737~1805)의 북학사상(北學思想)을 연결시켜 이해한 연구가 있었다.21) 이 연구는 연암 일파 북학사상의 연원으로서 낙론 성리학을 다루었다. 또한 호락논쟁을 '치자식자층(治者識者層)의 사상운동'으로 규정한 연구가 있었으며,22) 이것과 같은 맥락에서 호락논쟁을 통해 노론 사상계가

전개와 천기론〉, 한국정신문화연구원 석사학위논문; 이강수, 1983, 〈위항시인(委巷詩人)의 천기론(天機論)〉, 《조선후기 한문학의 재조명》, 창작과비평사; 김흥규, 1988, 《조선후기 시경론(詩經論)과 시의식(詩意識)》, 고려대 민족문화연구소; 김혜숙, 1994, 〈한국한시론에 있어서 천기에 대한 고찰(1)〉, 《한국한시연구》 2; 김혜숙, 1995, 〈한국한시론에 있어서 천기에 대한 고찰(2)〉, 《한국한시연구》 3; 이승수(1995); 임유경, 1996, 〈18세기 천기론의 특징〉, 《한국한문학연구》 19; 진영미, 1999, 〈천기의 개념과 특성〉, 《한국시가연구》 5; 박경수, 2000, 〈조선후기의 천기론과 민요의식〉, 《한국민속학보》 11; 이동환, 2001, 〈조선후기 '천기론'의 개념 및 미학이념과 그 문예·사상사적 연관〉, 《한국한문학연구》 2; 고미숙, 2001, 〈천기론의 '수사학적 배치'와 그 담론적 특이성〉, 《민족문학사연구》 1; 안대회, 2001, 〈여항시인과 천기론〉, 《문헌과 해석》 14.
21) 유봉학(1995), 79~100쪽.

낙론계와 호론계로 분화되어 간 과정을 그들의 경세이념과 관련하여 살
핀 연구도 있었다.[23]

낙론계의 정계 참여 명분을 낙론의 심성론 속의 소인교화론(小人敎化
論)과 관련하여 이해한 연구와,[24] 호락논쟁이 갖는 정치적 성격을 호론
계와 낙론계의 대립 속에서 구체적으로 조명한 연구도 있었다.[25] 이와
함께 호락논쟁과 관련 있는 주변 인물과 낙론계의 주요 근거지였던 석
실서원(石室書院)에 대한 연구,[26] 영조에서 순조 연간 호락논쟁의 전개
와 이것이 저변화되는 과정을 추적한 연구도 발표되었다.[27] 이 연구들
을 통해서 호락논쟁이 단순한 중앙 학계의 심성논쟁에서 벗어나 정치적
인 영역과 지방 학계에까지 확장되는 모습이 구체적으로 드러났다.

다음, 호락논쟁의 사회적 성격을 신분제와 관련하여 이해한 연구들
과,[28] 그러한 이해의 연장선에서 내시노비제(內寺奴婢制) 개혁 논의의
사상적 기반으로서 낙론 성리학을 이해하고자 한 연구가 발표되기도 하
였다.[29] 한편, 천기(天機) 관념이 중인층을 포섭하는 데 일정한 역할을
하였음이 지적되기도 하였는데,[30] 이것은 천기 관념이 갖는 신분론적

---

22) 김준석, 1990, 〈한원진의 주자학 인식과 호락논쟁〉, 《이재룡(李在龒)박사환력기념
   한국사학논총》, 논총간행위원회.
23) 조성산, 1997, 〈18세기 호락논쟁과 노론사상계의 분화〉, 《한국사상사학》 8.
24) 조성산, 2000, 〈18세기 후반 낙론계 경세사상의 심성론적 기반〉, 《조선시대사학보》
   12, 75~84쪽.
25) 권오영, 2003, 〈호락논변의 쟁점과 그 성격〉, 《조선후기 유림의 사상과 활동》, 돌베개.
26) 조준호, 1999, 〈조선후기 석실서원의 위상과 학풍〉, 《조선시대사학보》 11.
27) 이경구, 1998, 〈영조~순조 연간 호락논쟁의 전개〉, 《한국학보》 93.
28) 호락논쟁이 존비·귀천과 같은 신분 문제와 관련 있음은 다음 논문들에서 언급되
   었다. 김준석(1990), 604쪽; 임유경, 1991, 〈영조조 사가(四家)의 문학론 연구〉, 이화여
   대 박사학위논문, 11쪽; 오항녕, 1992, 〈17세기 전반 서인산림(西人山林)의 사상〉,
   《역사와 현실》 8, 60쪽; 윤사순(1999), 25쪽.
29) 조성산(2000), 84~95쪽.
30) 윤재민, 1999, 《조선후기 중인층 한문학의 연구》, 고려대 민족문화연구원, 350~351

성격을 조명하고자 한 것이었다. 이와 더불어 문학과 당쟁을 관련시킨 연구도 있었다.[31] 이 연구는 노론·소론·남인의 문학비평 문장들을 비교 검토하면서, 이들이 서로 당색별로 첨예한 대립각을 세우고 있었음을 밝혔다. 이것은 문학이 정치적인 영역에서도 다루어질 수 있는 주제임을 보여주었다는 점에서 중요한 연구 성과이다.

이상 낙론계 학풍의 현실 적용에 대한 연구들을 통해서 낙론계 학풍이 단순히 학문적 문학적 영역에만 머물렀던 것이 아니라, 정치적 사회적 영역에서도 중요한 영향을 끼쳤다는 점이 상당 부분 밝혀졌다. 하지만 아직도 좀더 보완해야 할 점들이 많다. 이 책은 이상의 연구성과를 토대로 하면서 낙론계 학풍의 형성과정과 그것이 가지고 있었던 지배이념으로서의 성격을 살펴보고자 한다. 이 책에서 검토할 주요 내용들은 다음과 같다.

1장에서는 낙론계 학풍의 연원을 살펴보기 위해 17세기 서울·경기 지역 학계의 동향을 조망하고, 이어 서울·경기 지역 서인과 호서 지역 송시열의 학풍을 서술하였다. 첫째, 서울·경기 지역 학계의 동향 부분에서는, 서인과 남인 학계의 사상적 동향을 이전 시기 화담학파(花潭學派)의 영향 관계 속에서 살펴보았다. 그 과정에서 이 두 학계가 많은 공유점이 있었음을 밝혔다. 둘째, 서울·경기 지역 서인의 사상적 특징과 경세론 부분에서는 이들이 독특하게 가지고 있었던 소옹(邵雍) 상수학풍(象數學風)과 심학풍(心學風)의 전개와 특징을 검토하고, 그것이 그들이 주장한 경세론과 어떠한 관련성을 가졌는지를 서술하였다. 셋째, 호서 지역 송시열의 성리학 이해와 현실관 부분에서는 송시열의 정치사상을

쪽; 안대회(2001); 조성산, 2002, 〈18세기 초반 낙론계 천기론의 성격과 사회적 기능〉, 《역사와 현실》 44.
31) 안대회(1995), 48~55쪽.

중심으로 논의를 전개하였다. 송시열이 가졌던 이이 중심의 성리학 이해와 서울·경기 지역 서인들과 구분되는 심성론의 특징을 밝혀서, 이것이 그의 엄격한 소인론(小人論)과 이단 시비에 어떠한 영향을 주었는지 검토하였다. 17세기 서울·경기 지역 서인들과 호서 지역 송시열의 사상을 분류하여 검토함으로써 이것이 향후 노론 낙론계 속에서 어떻게 변용되고 이해되었는지를 알 수 있도록 하였다.

2장에서는 17세기 말에서 18세기 초반 낙론계 학풍의 형성과 현실인식을 낙론계의 종장이었던 김창협·김창흡 형제의 정치·학문 경향과 당송고문운동·천기론 주장 속에서 살펴보았다. 김창협·김창흡 형제의 정치·학문 경향을 분석함으로써 이들이 서울·경기 지역 서인과 호서 지역 송시열의 학풍을 어떻게 수용하였는지를 찾아보았다. 그러한 과정에서 이들이 송시열의 적통으로 자부하던 권상하-한원진의 호서 지역 노론과 어떻게 구별되있는가를 정리하였다.

김창협·김창흡이 특장을 보였던 곳은 문학 분야였다. 그들은 기존 17세기 진한고문풍에 반대하면서 새롭게 당송고문에 주목하였고, 또한 시 비평론으로 천기론을 주장하였다. 그들의 당송고문풍 주장을 검토하여 그 속에 담겨 있던 주자학적 의리론 정립과 소론·남인 비판 문제에 대해서 살펴보았다. 또한 천기 관념과 낙론과의 사상적 관련성을 검토해 이 둘의 공유점을 밝혔으며, 천기 관념이 중인(中人)의 사회적 존재를 인정하는 데 이바지한 바를 조명하였다. 역관 등 중인층의 사회적 성장과 이에 대한 적절한 대응은 당시 낙론계의 입장에서 볼 때 중요한 의미를 가졌다.32)

---

32) 16세기 말에서 17세기 전반기에 왜란과 호란을 겪었음에도 조선 사회가 빠르게 경제성장을 할 수 있었던 요인 가운데에는 역관층(譯官層)을 중심으로 한 청·일간 중개무역이 있었다.(유승주·이철성, 2002, 《조선후기 중국과의 무역사》, 경인문화사,

3장에서는 18세기 중엽 이후 단순한 심성논쟁에서 벗어나 정치적 사회적인 영역으로 파급되어 가던 호락논쟁의 경세적 성격과 낙론계 학풍의 현실대응론을 살펴보았다. 우선 호락논쟁이 가졌던 사회적 성격을 조망해 보고, 이재(李縡; 1680~1746) 이후의 낙론 학맥과 사상적 동향을 개괄적으로 살펴보았다. 다음, 이렇게 형성된 낙론 학맥이 정치활동과 정책적 측면에서 어떻게 움직여 나갔는가를 찾아보았다.

첫째, 정치적인 측면에서 이들이 호론계에 비해서 영조 후반기부터 정조대까지 정계에 활발히 가담하고 적응해 나가는 사상적 명분과 근거를 낙론의 심성론 속에서 찾아보았다. 그것을 위해 우선 낙론계 주류의 정치적 동향을 살펴보고, 그 사상적 명분과 근거로서 낙론계 심성론을 분석하였다.

둘째, 제도변통론을 통한 국정운영으로의 변용을 살폈다. 그것을 위해서 낙론계 인물들이 《반계수록》(磻溪隨錄)을 어떻게 이해하였는지 살피고, 홍계희(洪啓禧; 1703~1771)의 경세학이 가진 사상적 기반을 유형원(柳馨遠; 1622~1673)과 관련하여 서술하였다. 다음에는 낙론계 성리학과 정조대 내시노비제 개혁 논의의 전제가 되었던 균시적자(均是赤子) 관념을 비교해 살폈고, 그 과정에서 이 둘이 매우 깊은 유사성을 가짐을 확인하였다. 또한 서얼소통 논의를 통해서 낙론계의 '국가' 입장 강조가 담고 있던 정치적인 의미들을 서술하였다.

이 책은 낙론계 학풍의 형성과정과 그 학풍이 가지고 있는 경세적 의미들을 살펴봄으로써 낙론계 학풍이 가졌던 정치·사상적 성격, 즉 지배이념으로서의 측면을 밝히고자 하였다. 이를 위해서 이 책은 그들이 주장하였던 성리학과 문학의 논의들을 적극 활용하여 그들 현실대응론

16쪽) 이러한 관점에서 당시 집권층과 역관 중인층의 사회적 관계를 주목할 필요가 있다.

의 사상적 근거로서 설명하고자 하였다. 이와 같은 연구를 통해서 당시 집권층과 그들이 지향한 지배이념의 성격을 좀더 명확히 규정짓고, 성리학과 문학의 언설들이 어떻게 정치적 사회적 영역에서 해석될 수 있는가에 대한 인식의 지평을 넓히는 계기를 마련하고자 한다.

1장   17세기 서인 학계의 동향과 분화

    17세기 조선 사회는 16세기 말 임진왜란과 17세기 전반 병자호란 등을 당하면서 많은 사회·경제적 변화를 겪었고, 이러한 변화에 대처하고자 하는 사회 전반의 노력도 함께 진행되었다. 사상계도 예외는 아니었다. 이러한 변화에 대처하기 위한 사상계의 움직임도 이전 시기에 비해 더욱 활발히 진행되어 학파에 따라서 다양한 현실관과 경세책이 나오고 있었다.

    인조반정 이후 서인(西人)의 학풍은 크게 서울·경기 지역 이항복(李恒福; 1556~1618)과 호서 지역 김장생(金長生) 계열로 분화되어 가는 양상을 보였다. 이항복과 그 주변 인물들을 중심으로 한 서울·경기 지역 서인들은 인조반정의 주축세력을 이루었다. 그 가운데 대표적인 인물은 신흠(申欽), 김육(金堉; 1580~1658), 최명길(崔鳴吉), 장유(張維) 등 문장과 재국(才局)이 있다고 평해졌던 경세관료들이었다. 한편, 김장생 계열은 김집(金集; 1574~1656), 송시열(宋時烈)로 이어지는 산림적 성격이 강한 인물들이었다.

    서울·경기 지역과 호서 지역 서인들의 사상적 차이가 광해군대와 인조반정으로 서인들이 내부 결속을 다질 때에는 잘 드러나지 않았다. 이들의 사상적 차이가 드러난 것은 서인이 정권을 장악하고 첨예한 현실 문제에 부딪힌 뒤부터였다. 서울·경기 지역 서인들과 호서 지역 서인들이 서로 변별되는 '정치적 입장'을 구체화해 갔던 것은 인조대 청과의 주화론(主和論) 논의와 효종·현종 연간 한당(漢黨)과 산당(山黨)이라고 하는 정치집단을 통해서였다. 이 장에서는 그들 현실관의 근거가 되었던 사상적 기반을 조명해 보고, 그것이 구체적인 경세론으로 어떻게 나타났는지를 살펴보고자 한다. 이를 통해서 17세기 서인 학계의 대략적인 동향을 파악할 수 있고, 이것이 어떠한 방식으로 18세기 낙론과 호론의 성립으로 이어졌는지 알 수 있을 것이다.

1.1. 서울·경기 지역 학계의 동향

광해군대 북인정권의 몰락과 인조반정으로 서인이 집권하자 학계는 크게 서인과 남인으로 양분되는 양상을 보였다. 이들은 각기 이이(李珥)와 이황(李滉; 1501~1570)을 학문의 종주(宗主)로 삼으면서 각자의 학풍을 발전시켜 갔다. 하지만 이후 전개되는 서인과 남인의 학풍에는 이전 시대와는 구별되는 학문적 변화가 감지되고 있었다. 이것은 서울·경기 지역에서 학문활동을 하던 서인과 남인의 학풍에서 주로 발견되었다. 이들에게는 이이·이황의 학풍과 함께 새롭게 서경덕(徐敬德; 1489~1546) 학풍이 가지고 있던 학문적 요소들이 존재하였던 것이다.

이러한 학문적 변화를 가져왔던 것은 광해군대 북인정권이 몰락하고 나서도 남아 있던 화담학파(花潭學派)의 영향 때문이었다. 광해군대 대

북(大北) 정권에 참여하지 않고 폐모논의(廢母論議)에 반대하였던 일부
화담학파 계열의 인물들은 북인 몰락 뒤에 서인과 남인으로 각각 흡수
되면서, 그들의 주요 근거지였던 서울·경기 지역을 중심으로 학문 활
동을 하였다. 그들은 비록 서인과 남인으로 흡수되었지만 그들이 해오
던 소옹(邵雍) 상수학(象數學) 연구를 이이·이황 학풍과 융합시키면서
독특한 학문 경향을 발전시켜 나갔다. 이렇게 형성된 학문 경향은 이후
계속해서 서울·경기 지역 서인과 남인들에게 중요한 영향을 끼쳤다.
그러한 이유로 서울·경기 지역 서인과 남인들은 비교적 순수하게 이
이·이황의 학풍을 고수하던 호서·영남 지역과는 다른 성격의 학풍을
형성해 갈 수 있었다.

화담학파의 학문 경향을 갖는 이들이 계속해서 이황·이이가 주도하
던 서인과 남인의 학계에서 일정한 영향력을 행사할 수 있었던 중요한
이유로 그들 학풍이 지닌 경세학적 측면을 지적할 수 있을 것이다. 화담
학파로 대표되는 소옹 상수학 연구에는 국정 운영에 필수적인 요소들
이 상당 부분 내재하였다. 상수학에는 우선 산학적(算學的) 요소들이 있
었으며, 그것으로 인해 국가재정 운용, 역법(曆法), 거리 측정을 통한 지
도(地圖)의 제작, 측량(測量), 음운학(音韻學), 음악(音樂) 등 실용적인 측
면에서 응용될 소지들이 많았다. 화담학파 가운데 경세관료로서 이름을
떨친 인물들이 많았던 것은 이러한 이유에서였다.[1]

따라서 새롭게 정권을 획득한 서인들로서도 실질적인 국가 운영을 위
해서는 화담학파의 학문적 요소들을 나름대로 수용하고 경세에 뛰어난

---

1) 화담학파가 상업과 민생 문제를 중요시했고(신병주, 2000,《남명학파와 화담학파
   연구》, 일지사, 260~273쪽) 소북계 인물들인 김신국(金藎國), 남이공(南以恭), 이덕
   동(李德洞), 박이서(朴彛敍)가 호조와 같은 재정 계통에 정통하여, 광해군 시기 상업
   과 세제상의 여러 개혁조처 때 중요한 역할을 하였다는 지적이 있었다(정호훈, 2004,
   《조선후기 정치사상 연구―17세기 북인계 남인을 중심으로》, 혜안, 103쪽).

능력을 보이는 북인계 인물들을 등용할 필요가 있었다. 이들의 학풍을
수용하고 그들의 효용성에 우선 주목하고자 하였던 사람들은 서울·경
기 지역에서 이들과 흡사한 학풍을 공유하였던 서인들이었다. 그들은
주로 신흠(申欽)과 그의 학풍을 계승한 인물들이었다.

신흠은 북인에서 서인으로 옮겨온 인물로서, 처음에는 이이 학맥과
별다른 관련성이 없었다. 신흠의 외가는 북인 계열의 송기수(宋麒壽;
1507~1581) 집안이었다. 신흠은 일찍 부모를 여의었기 때문에 외삼촌
송응개(宋應漑; ?~1588)의 도움을 받아 성장하였는데 송응개는 당시 북
인의 대표적 인물 가운데 하나였다. 1583년(선조 16) 송응개가 이이를 공
격하려 하자 신흠은 이것을 만류하는 과정에서 사람들로부터 서인으로
지목되었다.2) 그는 소옹의 《황극경세서》(皇極經世書) 연구를 진행시키
면서 서경덕을 극진히 칭송하였다. 신흠 가문과 함께 한당을 이끌던 김
육(金堉) 또한 그의 스승 남인 조호익(曺好益; 1545~1609)으로부터 역학
을 전수 받았고 서경덕에 대해 많은 관심을 표명하였다.3)

그리고 이후에는 신흠의 제자였던 최명길(崔鳴吉)과 장유(張維) 등도
서경덕의 학풍에 공감하면서 많은 부분을 수용하였다. 최명길의 아버지
최기남(崔起南; 1559~1619)은 어릴 적 화담학과 남언경(南彦經) 가문에서
자라,4) 최명길 또한 이들 학풍에 간접적인 영향을 받았으리라고 생각한
다. 장유는 장재(張載; 1020~1077)의 기론(氣論)을 받아들이면서 서경덕
의 '일기장존설'(一氣長存說)에 동조하는 경향을 보였다.5)

그들은 북인 계열의 남인들을 등용하고자 하였다.6) 김장생은 폐모 논

2) 《宣祖修正實錄》 卷20, 宣祖 19년 12월 1일(辛酉).
3) 金堉, 《潛谷遺稿》 卷9 〈花谷書院祀宇重創上樑文〉.
4) 윤남한, 1982, 《조선시대의 양명학 연구》, 집문당, 139~141쪽 참조.
5) 이 부분에 대해서는 이 책 1.2.2에서 설명함.
6) 이들의 조제론적 경향에 대해서는 1.2.3에서 설명함.

의에 참여한 자들은 비록 재주가 있어도 절대로 등용해서는 안 된다는 강경한 입장을 확인하였고, 김상헌(金尙憲; 1570~1652)은 더 나아가 당시 인사정책이 은혜만을 베풀어 폐단에 흐르고 있다고 비난하였다.7) 이와는 대조적으로 신흠은 '완비된 사람은 구하기 어려우니 일장일단이 있으면 단점을 버리고 장점을 써야 한다'는 생각에 따라 남인과 북인 일부까지도 수용하려는 인사를 시도하였다.8) 최명길 또한 소북계(小北系) 남인들을 등용하였다. 그와 함께 정치활동을 하였던 인물들은 김신국(金藎國; 1572~1657), 남이공(南以恭; 1565~1640), 이성구(李聖求; 1584~1644) 등이었다.9) 더욱이 신흠 가문과 사돈이었던 김육은 소북 계열 한백겸(韓百謙; 1552~1615)의 아들 한흥일(韓興一; 1587~1651), 오억령(吳億齡; 1552~1618)의 아들 오정위(吳挺緯; 1616~1692) 등과 함께 한당(漢黨)을 구성하기도 하였다.10)

17세기 서울·경기 지역 서인들은 신흠 이후 화담학파의 학풍을 적극 수용하면서 소옹 상수학 연구를 진행시켰다.11) 신흠 가문은 이후 신익성(申翊聖; 1588~1644), 신최(申最; 1619~1658), 신경(申炅; 1613~1653) 등이 소옹 상수학을 가학(家學)으로 연구하였으며, 김육과 김석주(金錫胄; 1634~1684)도 역학(易學)에 능통하였고, 역법(易法)에도 밝았다. 최명길과 최석정(崔錫鼎; 1646~1715)도 상수학에 정통해, 최명길은 수(數)가 경세학에 유용함을 언급하였으며, 최석정은 혼천의(渾天儀)를 제작하고 음

---

7) 오수창, 1985, 〈인조대 정치세력의 동향〉, 《한국사론》 13, 62쪽.

8) 이희중, 1995, 〈조선중기 서인계 '문장가'의 활동과 사상〉, 서울대 석사학위논문, 23쪽.

9) 이기남, 1992, 〈최명길의 정치활동과 권력구조 개편론〉, 《택와허선도(擇窩許善道)선생정년기념 한국사학논총》, 일조각, 492쪽.

10) 정만조, 1999, 〈17세기 중반 한당의 정치활동과 국정운영론〉, 《한국문화》 23, 130쪽 〈표 4〉 참조.

11) 이 부분에 대해서는 1.2.1에서 설명함.

운서(音韻書)를 만들기도 하였다. 이단상(李端相), 조성기(趙聖期), 김석문(金錫文; 1658~1735) 또한 소옹 상수학에 많은 관심을 기울였다. 이렇듯 소옹 상수학은 서울·경기 지역 서인 학풍 형성에 중요한 영향을 끼쳤으며, 이들은 대부분 경세학에 상당한 조예가 있던 인물들이었다.

한편, 서울·경기 지역에서 활동하던 남인들에게도 화담학파의 학풍은 중요한 영향을 끼쳤다.[12] 그것은 북인계 남인이 성립되면서 본격화되었으며, 핵심 인물로는 한백겸, 홍가신(洪可臣; 1541~1615), 이수광(李睟光; 1563~1628), 오억령, 김세렴(金世濂; 1593~1646), 윤휴(尹鑴; 1617~1680), 유형원(柳馨遠)을 들 수 있다. 이들은 소옹 상수학에 매우 밝았으며, 이것을 그들의 경세론에 응용하였다. 이러한 가운데 북인 계열 남인 학인들에 의해서 제도와 역사서, 지리서, 유서(類書) 연구가 활발히 진행될 수 있었다.

한백겸은 고법제(古法制)에 대한 연구를 진행시켜 기자(箕子)의 정전론(井田論)을 연구하였으며,[13] 《동국지리지》(東國地理誌)를 펴내기도 하였다.[14] 또한 이수광은 백과전서적 성격을 갖는 《지봉유설》(芝峯類說)을 편찬하였다. 이들은 공납제(貢納制) 개혁에도 적극적이었고 호패법(號牌法)에도 찬성하였다. 여기에는 법과 기강을 중시하는 의미가 내재된 소옹 상수학풍의 영향이 있었다. 이러한 학문 분위기는 이후 유형원에게 이어져 《반계수록》(磻溪隨錄) 형성의 기초가 되었다.

이와 같이 화담학파의 학풍을 공유하였던 서울·경기 지역 서인과 남

---

12) 이 문단의 내용은 정호훈(2004), 제3장 〈17세기 전반 북인계 남인의 등장과 실용학〉에서 참조하여 서술함.
13) 韓百謙, 《久菴遺稿》上 〈箕田遺制說〉; 〈箕田圖〉; 〈箕田圖說跋〉; 〈箕田圖說後語〉.
14) 정구복, 1978, 〈한백겸의 《동국지리지》에 대한 일고〉, 《전북사학》 2; 윤희면, 1987, 〈한백겸의 학문과 《동국지리지》 저술동기〉, 《진단학보》 63; 정구복, 1987, 〈한백겸의 사학과 그 영향〉, 《진단학보》 63.

인들 사이에서는 일정한 학문적 공감대가 형성되고 있었다. 이것과 관련
해서 17세기 초반 침류대시사(枕流臺詩社) 활동은 중요한 의미를 갖는다.
침류대시사 활동에 참여하였던 이수광, 유몽인(柳夢寅; 1559~1623), 신
흠, 차천로(車天輅; 1556~1615), 신익성, 이민구(李敏求; 1589~1670), 김시
국(金蓍國; 1577~1655), 한홍일, 장유, 남이공, 최명길, 홍서봉(洪瑞鳳;
1572~1645) 등은 인조반정 이후 서인과 남인으로 각기 변모해 갔지만
독특한 공감대가 형성되어 있었다. 그것은 상공업 중시 경향과 상수학풍
(象數學風), 삼교회통(三敎會通), 잡학적(雜學的) 학문 경향이었다.15) 다음
에서 그들에게 나타나는 학문적 경세적 공유점들을 더욱 구체적으로 살
펴보고자 한다.

　첫째, 이들에게는 소옹 상수학에 대한 관심과 함께 심학(心學)에 대한
관심이 나타나고 있었다. 이수광은 심(心)의 신성(神性)을 강조한 사천심
학(事天心學)을 발진시켰고, 이것은 이수광의 아들 이민구를 매개로 윤
휴(尹鑴)에게까지 영향을 미쳤다.16) 같은 형태는 아니었으나 서울·경기
지역 서인들 사이에서도 심학에 대한 관심이 커져 갔다. 신흠·최명
길·장유·정제두와 같은 인물들이 양명학에 호의적인 관심을 보였고,
조성기와 이단상은 낙론 심학의 기초를 형성해 갔다.17) 이들이 한결같
이 심에 대한 문제에 관심을 갖고 이것을 발전시켜 나가고자 하였던 것
은 그들 사이의 공유점을 보여주는 부분이다.

　그들은 명대 학자 설선(薛瑄; 1389~1465)에 대해서도 깊은 관심을 나
타냈다. 설선은 주자학자였지만 왕양명(王陽明)의 심학이 배태되는 과정

---

15) 고영진, 1994, 〈16세기 후반~17세기 전반 침류대학사(枕流臺學士)의 활동과 의의〉,
《서울학연구》 3.
16) 정호훈(2004), 116쪽 주 74) 및 149~158쪽 참조.
17) 이 부분에 대해서는 1.2.2에서 설명함.

에서 주자학과 양명학의 중요한 가교 역할을 한 것으로 평가받는다.[18)
신익전(申翊全)은 설선의 《독서록》(讀書錄)을 좋아하였고,[19) 이단상 또한
설선을 매우 좋아해 그의 《독서록》을 요약·정리한 《독서초어》(讀書抄
語)를 짓기도 하였다. 설선의 영향은 북인계 남인에게서도 보이는데, 대
표적인 경우가 이수광과 김세렴이다. 이수광은 《설문청독서록해》(薛文
淸讀書錄解)를 저술하였고, 김세렴은 오정거(吳廷擧)의 《독서록요어》(讀
書錄要語)가 인멸될까 우려해 다시 판각하여 유포시키기도 하였다.[20)

　둘째, 그들은 《음부경》(陰符經)과 《참동계》(參同契) 같은 책을 통해서
도가 사상에 대한 관심과 이에 따른 단학(丹學)에 대한 관심이 있었다.[21)
《음부경》은 중국 고대 황제(黃帝)가 지었다고 전해지는 도가류의 병법
서(兵法書)였고, 《참동계》는 위백양(魏伯陽)이 《역경》(易經) 속에 포함된
상수학을 빌려 저술한 단학 경전이었다.[22) 소옹 상수학에는 도가적인
요소가 상당 부분 담겨 있으며,[23) 이러한 배경에서 그들은 자연스럽게
《음부경》과 《참동계》에도 큰 관심을 갖게 된 것으로 보인다.

18) 이동희, 1986, 〈명초 주자학과 조선전기의 주자학〉, 《동서문화》 9, 8~10쪽; 岩間一
　　雄, 1990, 《中國政治思想史硏究》, 未來社(김동기·민혜진 역, 《중국 정치사상사 연
　　구》, 동녘, 109~112쪽).
19) 申翊全, 《東江集》 卷18 附錄 二 〈有明朝鮮國贈大匡輔國崇祿大夫議政府領議政兼領
　　經筵弘文館藝文館春秋館觀象監事嘉義大夫禮曹參判兼同知義禁府春秋館事五衛都摠
　　府副摠管神功神道碑銘〉, "晩愛薛敬軒讀書錄".
20) 구만옥, 1999, 〈16세기 말~17세기 초 주자학적 우주론의 변화〉, 《한국사상사학》
　　13, 214~215쪽; 정호훈(2004), 124~125쪽.
21) 화담학파에는 도가사상에 심취한 학자들이 많았던 것으로 알려져 있으며[신병주
　　(2000), 241~252쪽], 조식은 《참동계》와 함께 《음부경》을 학문의 최초 입두처로 삼
　　았다고 한다[정호훈(2004), 48~49쪽]. 신흠의 경우에도 노자와 장자에 대해서 호의
　　적으로 인식하였다.(申欽, 《象村稿》 卷36 〈書齊物論後〉, 〈書道德經後〉 참조)
22) 이윤희, 1989, 〈해제〉, 《참동계천유》(參同契闡幽), 여강출판사, 25쪽.
23) 候外廬 外, 1984, 《宋明理學史(上)》, 北京: 人民出版社(박완식 역, 1993, 〈소옹의 상수
　　학 사상체계〉, 《송명이학사》 Ⅰ, 이론과실천사, 220~221쪽).

한백겸은 〈제음부경후〉(題陰符經後)라는 글을 남기면서 《음부경》에 대한 관심을 드러냈고,[24] 장유 또한 《음부경》을 읽고서 그것에 직접 주해를 붙였다.[25] 그는 특히 천지 음양의 이치와 성(性)과 심(心)을 논한 부분은 수사(洙泗)의 가르침과 어긋나지 않는다고 하여 그 의미를 높게 평가하였다.[26] 유형원은 《참동계초》(參同契抄)라는 책을 지었는데, 이것은 《참동계》의 주요 내용을 요약 기록한 것으로 짐작된다.

연보에 따르면 유형원은 술수(術數)와 감여(堪輿)에 능통하였던 이가우(李嘉雨)와 교유하였으며,[27] 1657년(효종 8) 36세 때에는 단학의 대가였던 권극중(權克中; 1585~1659)을 직접 방문하기도 하였다.[28] 이때 유형원이 권극중의 《참동계주해》의 한두 군데를 바로 잡았다고 하는데, 이런 사실로 미루어 유형원이 《참동계》와 단학에도 상당한 조예가 있었음을 알 수 있다.

권극중은 이항복의 제지였던 정두경(鄭斗卿; 1597~16/3)과노 평생 교유를 맺은 사이였다. 정두경은 16세기 단학의 최고봉이었던 정렴(鄭磏; 1506~1549)의 후손으로서, 17세기 후반 조선의 대표적인 시인이었다. 정렴은 도가적 분위기를 가졌으며 이러한 분위기는 제자였던 홍만종(洪萬宗; 1643~1752)의 《해동이적》(海東異蹟)과 《순오지》(旬五志)에 잘 반영

---

24) 韓百謙, 《久菴遺稿》上, 〈題陰符經後〉.

25) 張維, 《谿谷集》 卷7 〈陰符經解序〉.

26) 위의 글, "其所論天地陰陽之理 頗與大傳太極兩儀之旨相符合 至其言性言心 及學術之要 往往不悖於洙泗之教".

27) 柳馨 草錄・安鼎福 修輯・李家源 謹校, 《磻溪雜藁》 〈磻溪先生年譜〉 十七年 甲申 295쪽, "嘉雨 卽東溟女婿 而松谷李參判瑞雨之兄也 有文章俊才 兼通術數 又深於堪輿 與先生交好".

28) 柳馨 草錄・安鼎福 修輯・李家源 謹校, 《磻溪雜藁》, 〈磻溪先生年譜〉 八年 丁酉 297쪽, "訪靑霞子權克中 〈權公 妙修鍊之術 隱于馬原石室 先生往訪 相與從容 語及丹法 權公出示所解參同契一編 於是先生爲之訂正其一二 寫一通以藏之〉".

되어 나타났다. 홍만종은 여기에서 도인(道人)과 이인(異人)들을 소개하면서 도가적인 세계에 침잠하는 경향을 보였다.29)

남구만(南九萬; 1629~1711) 또한 《참동계》에 많은 관심을 보였고, 직접 《참동계》 일부를 주해하기도 하였다.30) 그는 젊어서 《참동계》를 손에서 놓지 않을 정도로 무척 좋아하였다고 한다.31) 이러한 성향은 이후 김창흡(金昌翕)에게서도 나타났다. 김창흡은 어려서 《참동계》에 많은 공을 기울였고,32) 기사년(1689) 이후에는 잠시 단학에도 심취하였다.33)

이 밖에도 권극중과 《참동계》에 대한 관심은 서울·경기 지역 학계에서 많이 발견된다.34) 최석정은 〈참동계발〉(參同契跋;《明谷集》卷12)에서 권극중이 단학에 매우 정통하였음을 말하였다. 조문명(趙文命; 1680~1732) 또한 권극중을 단학가가 아닌 '대유'(大儒)라고 해서 권극중을 유학의 견지에서 이해하려는 시도를 하였다. 이후 이중환(李重煥;

---

29) 남은경, 1998, 〈동명 정두경 문학의 연구〉, 이화여대 박사학위논문, 25쪽; 한영우, 1991, 〈17세기 후반~18세기 초 홍만종의 회통사상과 역사의식〉, 《한국문화》 12, 396~397, 403쪽.

30) 남구만의 《약천집》에는 《참동계》의 맨 첫 장의 해(解)가 실려 있으며(《藥泉集》卷29 〈參同契首章解〉), 최석정은 남구만의 《참동계》 해설서에 발문(跋文)을 썼다(崔錫鼎, 《明谷集》卷12 〈參同解跋〉).

31) 南九萬, 《藥泉集》卷27 〈朱子解周易參同契跋〉, "昔在孝考初 日本人求參同契 命教書館印以活字凡累日本 因分賜朝臣 時余尙少 得見其書於人家 開卷不省爲何語 中歲又得一閱 雖未能探賾其蘊奧 愛其文句之鏗鏘 反復首尾 不欲釋手者久之".

32) 金昌翕, 《三淵集》拾遺 卷31 語錄, "信謙又問曰 專意濂洛諸書 始自何年 曰己巳以後却專意四書 又曰少時愛好參同契 多所着工".

33) 이 부분에 대해서 황윤석(黃胤錫)의 《이재난고》(頤齋亂藁)에는 다음과 같은 이야기가 실려 있다. 《頤齋亂藁》3(한국정신문화연구원, 1997) 卷14 庚寅(1770) 四月 十四日(辛酉) 143쪽, "子敬言 三淵翁 少日已負氣自奇 攻古文古詩 旋走名山水 不欲爲世所用 及家禍作 又歷跡雪嶽寒溪間 究觀兵書 太乙三奇 八門諸法 以至丹家 擬學陳希夷 以故在永失庵時 就庵後高淨處 築小壇 時獨往焉 蓋爲步罡踏斗呪風呼雨之地耳 晚始歸宿經學".

34) 이 문단의 내용은 김낙필, 2000, 《조선시대의 내단사상》, 한길사, 29~31쪽에서 정리하여 서술함.

1690~?)과 황윤석(黃胤錫; 1729~1791)도 권극중에 대해서 주목하였고, 특히 황윤석은 권극중을 동방단가문자(東方丹家文字)의 개산조(開山祖)라고 일컬었다.

위에서처럼 소옹 상수학, 심학, 잡학에서 나타나는 학문적 공통점과 함께 국가운영론에서도 그들은 긴밀한 공유점을 보여주었다. 17세기 중반 서울·경기 지역 서인들은 한당을 중심으로 군주와 국가의 입장을 강조하는 국정운영론을 제시하였다.[35] 그들은 화이지변(華夷之辨)에 우선하여 군신지의(君臣之義)를 강조하였고, 이것은 현종대 공의·사의 논쟁으로 나타났다. 이러한 군주와 국가 중심의 경세론적 입장은 광해군대 북인들과 이후 이들이 포섭되는 근기남인 계열의 군주와 국가 중심의 경세론과 많은 공통점이 있었다.

북인계 남인들은 법제와 형벌의 효용성을 중시하는 경향이 있었다. 그들은 무조건 교화와 인의만을 내세우는 것이 아니라 그것을 상보적인 관계로 인식하였다. 이 점은 이수광과 김세렴에게서 잘 나타난다. 그들은 법이 구현되어야만 인의 또한 실천된다고 하였으며, 특히 김세렴은 형벌이 확립되면 교화가 행해지고 교화가 완성되면 형벌을 그칠 수 있다고 하였다.[36] 이렇게 형정을 중시하는 관념은 이후 숙종 초반 남인이 집권하였을 동안에 허목(許穆; 1595~1682), 이하진(李夏鎭; 1628~1682), 윤휴 등에 의해서도 나타났다.[37]

---

35) 정만조(1999).

36) 정호훈(2004), 131~132쪽.

37) 《肅宗實錄》卷3, 肅宗 元年 4월 21일(己酉);《肅宗實錄》卷3, 肅宗 元年 5월 25일(癸未); 허목의 형정(刑政) 관념은 許穆,《記言》卷31〈刑說〉참조. 윤휴 또한 형정에 대해서 언급하였는데, 그는 육형(肉刑)의 제도가 시행되지 못하자 하늘의 주벌(誅伐)이 엄격해지지 못하고 백성들이 악한 짓을 하는 데 있어 삼가고 어려워함이 없게 되었다고 하였다.(尹鑴,《白湖全書》卷27 雜著, "肉刑之制不行 而天討不嚴 細民無嚴")

이와 꼭 같은 형태는 아니지만 조성기 또한 그의 정치론으로 관대돈박(寬大敦朴)과 정심엄중(靜審嚴重)을 강조하였다.[38] 그는 관대돈박과 정심엄중에 대해서 설명하면서 정치는 관대해야 하지만, 형을 다스림에는 엄중해야 한다고 하였다. 만약 정치가 관대하기만 하고 형벌로써 엄중히 다스림이 없다면 나라는 유지될 수 없다고 주장하였다.[39] 그러면서 한나라 문제(文帝)는 관대청정(寬大淸淨)으로 정치를 하였으나, 형을 운용함에는 또한 엄격하였고, 그것을 조절하고 운용하는 방법 또한 높았다는 점을 예로써 지적하였다.[40]

나아가 조성기는 황로술(黃老術)에 입각한 정치의 효용도 어느 정도 인정하였다. 이것은 그의 조참(曹參)에 대한 평가에서 찾아볼 수 있다. 그는 황로술로 한나라 정치를 바로 잡은 조참을 칭찬하면서 왕도(王道)를 내세우면서 그를 비판하였던 후세 유자들을 '용인유자'(庸人孺子)라고 비하하였다.[41] 이러한 측면은 북인계 남인들의 정치론이 담지하였던 황로술에 입각한 법가적인 경향,[42] 즉 정치의 간이함과 법제의 엄격함을 주장하는 논리와도 흡사한 점이 있었다.

이러한 논리 속에는 패도와 공리의 효용성을 인정할 여지가 마련될 수 있었다. 일찍이 장유는 주희와 왕패논쟁(王覇論爭)을 벌이기도 하였

---

38) 조성산, 2001, 〈17세기 후반 조성기(趙聖期)의 학문경향과 경세론〉, 《한국사학보》 10, 332~333쪽.

39) 趙聖期, 《拙修齋集》 卷9 〈與金仲和書〉, "若徒知寬簡之可貴 敎化之可尙 而無威刑罪罰整頓而懲肅之 則亦何以維御萬務 役使群動".

40) 趙聖期, 《拙修齋集》 卷4 〈答林德涵書〉, "昔漢文帝 以寬大淸淨致治 而用刑亦嚴 其卷舒運用 術亦高矣.

41) 위의 글, "曹參之相漢 一以淸淨厚重不苟援 專掩匿人細過小失爲務……但後之儒者 人人能言王道之美 曹參之陋 而其做處則一與末路庸人孺子至庸愚極無能不解事者 滾合爲一".

42) 정호훈(2004), 132쪽.

던 진량(陳亮)에 대해서 높이 평가한 바 있었고,[43] 조성기는 관자(管子)와 안자(晏子)의 경세책이 세상에 도움 되는 바가 있다고 하였다.[44] 사람들이 관자와 안자의 공리설(功利說)을 심하게 배척하였는데, 이것은 관자·안자의 공리가 천하의 백성들과 함께 그 공리를 함께 하는 것임을 알지 못하는 것에서 비롯되었다고 지적하였다.[45] 그는 현실비판을 통해서 관자와 안자의 공리설이 가지고 있는 본뜻을 드러내고자 하였다.

윤휴 또한 패도의 효용성에 대해서 긍정하였다. 그는 황석공(黃石公)의 《삼략》(三略)에 발문(跋文)을 쓰면서, 왕도가 사라진 세상에서 부득이하게 패도로 백성을 구제하기 위하여 이 책을 저술하였다고 하였다. 그러면서 그는 영웅의 마음을 갖고 백성의 뜻과 통하며, 사람들과 이(利)를 함께 하고 형세로 인하여 권력을 쓰는 데에서는 왕도와 패도가 서로 달리 견지해야 할 것이 없다고 하였다.[46] 즉, 왕도와 패도는 도는 같으나 부득이하게 방법이 다른 것이라는 설명이다.

여기에서 패도에 대한 그의 긍정적 인식의 일단을 볼 수 있다. 이러한 사고는 왕안석(王安石)에 대해서 일부 동조하는 것으로 나타났다. 그는 왕안석이 "선비는 젊었을 때에 마땅히 천하의 정당한 도리를 강구해야 한다. 그런데 문을 닫고 시부(詩賦)를 배우고 짓기나 하니, 이들이 관직에 들어가서는 세상일들을 알지 못하는 것"이라고 하였는데, 이 말이 참으로 옳다고 하였다.[47]

---

43) 張維, 《谿谷集》 卷1 〈懷同甫賦〉, "同甫陳氏 宋之奇士 有經濟之略 不遇而死 余因讀 宋史有懷 爲之賦焉".
44) 趙聖期, 《拙修齋集》 卷7 〈答林德涵書〉, "管晏規模 雖爲孟子董子之所斥 而亦不無一 時功利之及天下生民之實者乎".
45) 위의 글, "適有人作書大斥管晏之功利 本不知管晏之功利 乃與天下生民共其功利者也".
46) 尹鑴, 《白湖全書》 卷24 〈黃石公三略跋〉, "若其攬英雄之心 通百姓之志 與衆同其利 因勢用其權 王覇之道 宜無異持".
47) 尹鑴, 《白湖全書》 卷27 雜著 漫筆, "王莉公有言 士少壯時 正當講求天下正理 乃閉門

한편, 문장과 관련하여 이들에게는 임진왜란 이후 시(詩)에서는 반드시 한위성당(漢魏盛唐)을 본받고 문(文)에서는 반드시 선진양한(先秦兩漢)을 배워 육경(六經)에 도달하고자 하는 진한고문(秦漢古文) 운동이 등장하였다. 이것은 임진왜란 과정에서 명대 진한고문파의 문장들이 조선에 전래되면서 시작된 것으로, 전란 이후 문단에 급격히 파급되었다. 17세기에는 조선 문단에 이른바 '진한고문파'가 형성되면서 이들 가운데 대다수가 문형(文衡)을 차지하는 등 조선의 문체는 진한고문체로 변화하고 있었다.[48]

진한고문이 짧은 시간 안에 조선의 문단을 석권할 수 있었던 데에는 17세기 동안 외교 문제가 중요시되면서 외교문서에 쓰는 상고적(尙古的)인 문장이 만연해진 결과도 있었고, 임진왜란과 병자호란 이후 침울해진 지식인 사회의 분위기를 선진양한의 남성적이고 웅혼한 문체로 쇄신해 보려는 의도도 담겨 있었다.[49] 진한고문파의 대표 문인들을 꼽아보면 신흠·이수광·유몽인·이항복·차천로·정두경 등이다.

명대 진한고문파는 '시필한위성당(詩必漢魏盛唐) 문필선진양한(=文必先秦兩漢)'이라는 주장을 내세우는 과정에서 송대 이후의 문장은 보지 말 것을 주장하였다. 실제 유몽인과 이수광 등은 송대의 문장을 폄하하고 선진고문만을 중시하려는 입장을 보였다. 이러한 태도는 주소(註疏)에 얽매이지 않고 고문(古文) 그 자체에 나아가 연구할 수 있는 학문 분위기를 마련해 주었다.

송대의 주소보다는 육경고문(六經古文) 그 자체만을 중시하려는 허목

學作詩賦 及其入官 世事皆所不習 信如其言也".

48) 강명관, 1995, 〈16세기 말 17세기 초 의고문파의 수용과 진한고문파의 성립〉,《한국한문학연구》18, 304쪽.

49) 안대회, 1999,《18세기 한국한시사 연구》, 소명출판, 23쪽.

(許穆)과 윤휴(尹鑴) 등의 고학(古學)적인 학문 태도는 이러한 진한고문풍과 깊은 관련성을 갖는다.[50] 침류대학사(枕流臺學士)들 가운데 이정구(李廷龜; 1564~1635)와 이식(李植; 1584~1647)을 제외한 많은 사람들은 진한고문파에 속하였다고 볼 수 있다.[51] 그러한 과정에서 이들은 송대 학문에만 얽매이지 않고 자유롭게 제자백가와 잡학 등에 관심을 가질 수 있었던 것으로 보인다.

이상에서 볼 수 있듯이 서울·경기 지역 학계는 당색을 떠나 소옹 상수학, 심학, 잡학, 군주와 국가의 입장을 강조하는 경세론, 진한고문 등의 학문 요소들을 상당 부분 공유하고 있었다. 그리고 이러한 학문 요소들은 그들의 현실 관념에 많은 영향을 끼쳤다. 다음 절들에서 서울·경기 지역 서인들과 송시열로 대표되는 호서 지역 서인들의 학문 경향을 좀더 자세히 살펴보고, 이것이 어떻게 낙론계 학풍으로 통합 발전되어 갔는지를 조망해 보고자 한다.

1.2. 서울·경기 지역 서인의 사상과 경세론

1.2.1. 소옹 상수학풍의 형성과 의미

(1) 소옹 상수학풍의 형성

16세기 이후 서경덕에 의해서 소옹(邵雍) 상수학(象數學)에 대한 이해

---

50) 이 부분에 대해서는 2.3.1에서 설명함.
51) 이정구(李廷龜)와 이식(李植)은 당송고문을 중시하고 주자학적 글쓰기에 충실하였던 인물로 알려져 있다. 이들은 이후 송시열과 긴밀한 관계를 유지하였고, 송시열도 이들에 대해서 호의적인 평가를 내렸다. 이 부분에 대해서는 2.3.2에서 설명함.

44_

가 본격적으로 이루어지면서 이에 대한 관심은 차츰 확대되었다. 17세기 후반 들어서도 소옹 상수학에 대한 연구는 지속되었다. 당시 소옹 상수학 연구가 꾸준히 이루어질 수 있었던 직접적인 원인은 크게 두 가지로 나눌 수 있다.

첫째는 상수학 이해의 확산이었다. 선조대를 전후해서 이루어졌던 이기논의(理氣論議)와 역학 연구의 확산은 상수학 연구를 위한 학문적 터전을 열어놓았다.52) 사단칠정논쟁(四端七情論爭)과 인심도심논쟁(人心道心論爭)을 통해서 이기(理氣)와 심성(心性)에 대한 이해가 깊어짐과 동시에, 임진왜란 동안 선조가 침잠하였던 《주역》 연구는 당시 지식인들 사이에서 상수학 이해를 촉진시키는 데에 일정한 역할을 하였다. 그리고 광해군대 북인 정권기를 거치면서 이러한 상수학의 이해는 점차 확산되어 갔다.

선조는 원론적인 유교원리를 기술한 《소학》(小學)과 《근사록》(近思錄) 같은 책보다는, 무궁한 변화의 모습을 보여주고 그것을 극복할 수 있는 방법들을 제시하였던 《주역》에 더 침잠하는 모습을 보였다. 이것은 전쟁이라고 하는 급박한 상황에서 원론적인 경학서보다는 《주역》과 같은 글이 더욱 효과적이라고 판단하였기 때문인 듯하다. "《주역》은 성인(聖人)이 진퇴존망(進退存亡)의 이치를 밝혀서 사람으로 하여금 삼가고 조심하여 어려운 일을 해결하고 어지러운 시기를 구제할 수 있는 방법을 알게 하는 글"이라는 당대 사관의 평에서도 이러한 상황을 짐작할 수 있다.53)

둘째는 당시 나라 안팎의 역사적 상황 또한 소옹 상수학 발전에 많은

52) 이 당시 역학 연구에 대해서는 구만옥(1999), 195～201쪽 참조.
53) 《宣祖實錄》 卷57, 宣祖 27년 11월 12일(丙戌).

영향을 끼쳤다. 병자호란과 명청교체는 집권층에게 많은 사상적 혼란을 주었다. 그 혼란은 흔히 하늘과 땅이 바뀌는 대변란으로 인식되었다. 이러한 혼란을 극복하고자 하는 움직임은 '북벌론'으로 나타나기도 하였다. 그러나 청의 안정으로 효종과 현종 연간조차 북벌론 주장은 제한적으로 이루어질 수밖에 없었고, 숙종 초기 삼변(三藩)의 난으로 북벌론이 잠시 활기를 띠기도 하나, 난 진압 이후 북벌론은 사실상 다시 드러나지 못하였다. 그러한 상황에서 명청교체를 '현실'로서 바라볼 수 있는 관념이 필요하였다. 이것은 소옹 상수학 연구를 촉진시키는 한 요인으로 작용하였다.

음양의 대립적 측면을 상대적으로 강조하고 당위적인 언설을 주장하는 의리역적 관점에서 볼 때 병자호란과 명청교체는 용납하기 어려운 것이었다. 양(陽)과 강(强)을 중요시하는 의리역적 관점에서 볼 때, 음(陰)이 양(陽)을 이긴 상황은 인정될 수 없기 때문이었다. 이 상황에서 역사를 음양이 교역하면서 이루어낸 기수(氣數)의 변화로 파악한 상수학적 역사 관념은 제한적으로나마 병자호란과 명청교체를 어쩔 수 없는 '현실'로서 인정하는 계기를 마련해 줄 수 있었다. 그들은 명청교체가 어떠한 원리에 의해서 운행되는 거대한 기수의 변화이기 때문에, 인간이 어쩔 수 없는 것이라는 해석을 통해서 스스로 위안을 삼고자 하였다. 예를 들어, 이단상은 명청교체는 후천세(後天世)의 팔팔(八八) 운수를 거듭 만났기 때문이라고 말하였다.54)

이와 함께 상수학은 미래를 예측하여 희망을 줄 수 있는 학문으로 인식될 수도 있었다. 왜냐하면 음양은 끊임없이 교체되기 때문에 음(陰)인 이적(夷狄)은 언젠가는 망하고 양(陽)인 중화(中華)는 다시 흥할 수 있다

54) 李端相,《靜觀齋集》卷14〈寄濟州牧使李候序〉.

고 믿었기 때문이다. 이단상은 《황극경세서》(皇極經世書)의 수(數)에 의
거하여 명청교체를 해석하였고, 청(淸)이 곧 망할 것임도 예언하였다.[55)]
이것은 상수학이 의리학과 만나는 접점이었다. 이러한 측면에서 당시
소옹 상수학은 의리학과 상호보완적인 기능을 유지할 수 있었다.

한편, 당시 소옹 상수학 연구는 시헌력(時憲曆)과 서양 역법의 도입 이
후 전통역법 체계의 한계가 표출되면서 이를 극복하려는 움직임과도 관
련성을 가졌다. 당시 지식인들은 서양역법을 적극적으로 수용하거나 전
통적인 역법체계 속에서 이를 이해해 보려는 노력들이 시도되었는데,
소옹 상수학 연구는 이러한 과정에서 활발히 이루어질 수 있었다. 특히
후자의 입장에 선 사람들은 전통적인 역법으로 서양의 역법을 해석하는
과정에서 소옹의 상수학을 바탕으로 더욱 복잡한 역법 체계를 만들어
나갔다.[56)]

이와 같이 명청교체와 역법의 전환은 기존 상수학 연구를 더욱 촉진
시키는 작용을 하였다. 그런데 이것과 함께 당시 전후 사회를 복구하고
자 하는 움직임의 일환으로 제기된 여러 시무책과 개혁론도 상수학 연
구와 일정한 관련성을 가지고 있었다. 신흠의 영향으로 상수학에 조예
가 깊었던 최명길의 다음과 같은 말은 이러한 측면을 보여주었다. 그는
역리(易理)의 수(數)를 강론하고 그런 뒤에 수신(修身), 제가(齊家), 치국(治
國), 평천하(平天下)하는 도리를 모두 포괄하여 남김이 없게 하면 천년간
의 일지(日至)도 앉아서 맞힐 수가 있을 것이니 하물며 정국의 시무(時務)
에 대해서야 어떠하겠는가 하였으며, 어려운 시기를 당하여 수(數)가 신
묘하게 효과를 볼 때가 많았다고 하였던 것이다.[57)]

---

55) 위와 같음.
56) 문중양, 1999, 〈18세기 조선 실학자의 자연지식의 성격—상수학적(象數學的) 우주론
    을 중심으로〉, 《한국과학사학회지》 21-1, 31~48쪽 참조.

요컨대, 선조대를 전후해서 활발히 이루어졌던 이기논의와 역학연구
를 배경으로 상수학이 점차 이해되는 과정 속에서 명청교체, 시헌력의
도입, 개혁론의 실시 등은 상수학에 대한 이해를 심화시키는 중요한 계
기를 마련하였다. 또한 거꾸로 상수학은 이러한 상황들을 해석하는 중
요한 사상적 근거로 사용될 수도 있었다. 상수학은 의리학적 인식이 주
류를 이루는 가운데에서 이를 보완하며 발전해 갔다.

17세기 서울·경기 지역을 중심으로 활동하던 서인 일부는 소옹 상수
학에 대해서 활발한 논의를 전개하였다. 서울·경기 지역 서인 가운데
에서 소옹 상수학에 관심을 갖고 이것을 발전시켰던 인물들은 평산신씨
신흠(申欽), 신익성(申翊聖), 신최(申最), 신경(申炅), 청풍김씨 김육(金堉),
김석주(金錫胄), 김석문(金錫文), 전주최씨 최명길(崔鳴吉), 최석정(崔錫鼎),
임천조씨 조성기(趙聖期), 연안이씨 이단상(李端相), 영일정씨 정제두(鄭
齊斗) 등이었다. 이들은 당시 조야에서 비중 있는 지위에 있었으며, 사
제·친척·혼인 관계로 긴밀하게 결합되어 있었다.[58]

---

57) 崔鳴吉, 《遲川遺集》 卷22 〈上象村先生書(甲寅)〉; 《遲川遺集》 卷20 〈與澤堂李汝固
植書〉 第2書(심경호, 2001, 〈17세기 초반 지성사의 한 단면 — 지천 최명길과 상촌·
월사·계곡·택당〉, 《한국한문학회 2001 하계학술대회 발표논문집》, 36쪽에서 재
인용).

58) 그들의 관계를 간략히 검토해 보면 다음과 같다. 서울·경기 지역 서인 가운데에서
상수학 연구의 기반을 다진 것은 신흠 가문이었다. 신흠·신익성·신최의 평산신씨
삼대는 당시 서울·경기 지역 서인 상수학풍 형성에 가장 큰 영향을 끼쳤다. 신흠은
최명길의 스승으로서 자연히 최명길에게 역학에 대한 관심을 전승하였을 것으로 보
인다.(崔鳴吉, 《遲川集》 卷17 〈象村集跋〉, "鳴吉年十七時 挾冊就正于先生之門 先生
諄諄誘掖 期待不淺……其於發蒙之惠 見知之感 誠有不敢忘者") 그리고 신익성의 딸
은 김육의 아들인 김좌명(金佐明)의 부인이었다. 이처럼 신흠 가문과 김육 가문은 혼
인 관계로 맺어져 있었다. 김좌명의 아들인 김석주는 당시 상수학의 권위자였던 외
삼촌인 신최에게서 학문을 전수받았다. 그 당시 신최의 문하에서 김석주와 동문수학
하였던 이는 조성기(趙聖期)의 중형(仲兄)인 조현기(趙顯期)였다. 조현기는 김석주의
자형이기도 하였다. 조현기가 신최의 문하에서 공부할 수 있었던 이유는 그와 신최
의 관계 때문이었다. 조현기의 어머니는 일찍이 고아가 되어 일가였던 심열(沈悅)에

　신흠은 〈선천규관〉(先天窺管;《象村稿》卷60)이라는 저작을 통해서 소
옹 상수학을 체계적으로 이해하였다. 그는 1613년(광해군 5) 계축옥사(癸
丑獄事)로 귀양 가 있는 동안에 《황극경세서》에 침잠하였으며, 그 연구
를 통해서 《황극경세서》의 법수(法數)와 〈선천도〉(先天圖)에 대한 자신
의 견해를 제시하였다. 〈선천규관〉에 대해서 장유는 소옹의 학문에 들
어가서 깊이 숨겨진 비밀세계를 엿본 것으로 문자를 가지고 논할 성격
의 것이 아니라고 극찬하였다.[59]

　신흠 이후 소옹 상수학에 대한 이해는 더욱 깊어졌다. 신흠 가문은
상수학을 가학으로 계승하였다.[60] 신익성은 신흠의 학풍을 이어 소옹
상수학 연구에 침잠하였으며,[61] 《황극경세서동사보편》(皇極經世書東史
補編)을 작성하여 소옹 상수학의 관점에서 우리나라 역사를 정리해 인조
에게 바치기도 하였다.[62] 신익성의 아들인 신최 또한 〈황극경세도설〉

게서 길러졌는데, 신최의 부인이 심열의 손녀(沈熙世의 딸)였다. 이렇듯 평산신씨·
청풍김씨·임천조씨는 서로 긴밀한 관계에 있었으며, 이들은 자연히 평산신씨 상수
학에 영향을 받았다. 한편, 김석문은 김육의 족손이었으며, 이단상(李端相)과 정제두
(鄭齊斗)는 사돈 관계였다. 그런데 정제두의 아들 정후일(鄭厚一)이 이단상의 딸을 부
인으로 취함으로써 정제두와 이단상은 사돈 관계를 형성하였지만, 이미 그때(1686
년)는 이단상이 사망한 후라서 직접적인 교유는 없었다. 그러나 정제두는 《정관재
집》(靜觀齋集)에 실린 시에 차운(次韻)한 시를 남김으로써 이단상과의 사상적 교감을
표현하였다.(鄭齊斗, 《霞谷集》拾遺 〈次靜觀齋集中韻〉) 정제두·조성기는 최석정과
교유 관계가 있었다.

59) 張維, 《谿谷集》卷6〈玄軒先生集序〉, "至先天窺管一編 蓋入邵氏之門而闚其宲奧 非
可以文字論也".
60) 박세채는 삼대에 걸치는 신흠 가문의 소옹 상수학 연구를 다음과 같이 정리해서
설명해 주었다.(朴世采, 《南溪集》卷68〈書外王父手書經世編年晉事後〉, "朱夫子嘗謂
邵氏經世是推步之書 蓋出於易而非易之舊也……我國惟徐花潭先生能造其宲奧 外王
父申文貞公蚤好是書 晚歲編配壽春 爲購善本於燕市 其所紬繹而自得者 具見先天窺管
中 非可以一二贅論也 及至伯舅樂菴公衍爲東史補編 遺疏進于仁祖 其第四子春沼公甫
十三歲 能通其崖略 又爲童觀一篇以羽翼之 蓋其三世三書 皆卽是本而成之者也")
61) 申最, 《春沼子集》卷7〈先府君行狀〉, "晚窺康節象數之奧 參究天地人物始終之數 乃
取以運經世之法".

(皇極經世圖說;《春沼子集》 卷4)과 〈홍범황극내편수의〉(洪範皇極內篇數義;《春沼子集》 卷5)를 통해서 상수학 중심의 가학을 잇고 있었다. 신경은 역리(曆理)에 정통해서 효종대 역법의 교체과정에서 자문을 받기도 하였다.[63]

앞서 언급하였듯이 17세기 중반 이후 상수학 발전에 큰 영향을 끼친 것 가운데 하나가 대통력과 시헌력의 교체과정이었다. 이 교체과정에서 주도적인 역할을 한 이들은 청풍김씨 가문이었다. 김육은 인조대 명력(明曆; 舊曆)인 대통력을 대신해서 청력(淸曆; 新曆)인 시헌력의 도입을 주장하였으며, 역학에 많은 관심을 가졌다. 그는 역학에 조예가 깊었던 조호익(曺好益)의 제자로서,[64] 당대에 역법에 대해서 상세히 알고 있었던

---

62) 《仁祖實錄》 卷45, 仁祖 22년 7월 28일(癸丑); 申翊聖,《樂全堂集》 卷6 〈經世書補編序〉;《樂全堂集》 卷8 〈進皇極經世書東史補編箚〉.

63) 朴世采,《南溪集》 卷68〈書明史修明曆法卷後〉, "太史所上日月當食有差 我孝宗大王 銳意制作 顧問朝紳 搜訪巖穴 有能以此術名者 其各以聞 會執政以用晦(申昃의 字)應 旨 上乃命臺史諸員 就其家討論 禮遇殊至 又賈崇禎所修曆書以畀之 俾專意焉".

64) 조호익은《주역》에 상당한 조예가 있었다. 그의 연보에 따르면, 16세 때 이미《황극경세서》를 읽고자 하였으며, 32세 때에는《주역》연구에 심취하였고 의리와 상수 모두에 정통하였다고 한다.(曺好益,《芝山集》附錄 卷1 年譜, "嘉靖三十九年 庚申……先生已志爲己之學 求見朱子大全及皇極經世書"; 같은 곳, "隆慶四年 丙子……讀周易 先生以義理象數 蘊深於易 而其進退消長吉凶悔吝 尤可收用於行患講理四子之餘 常專意是書 硏究體認深有默契也") 또한 42세 때에는 김육의 아버지였던 김흥우(金興宇)에게《역학계몽》(易學啓蒙)을 가르쳤으며, 이때 김육도 함께 수학하였다.(같은 곳, "十四年 丙戌 講啓蒙 金公興宇學撲著等篇 金堉來學") 여기서 조호익의《주역》연구가 김육에게 영향을 끼쳤음을 추론할 수 있다. 그는 61세 때에는〈역상설〉(易象說)을 짓기도 하였다.(같은 곳, "三十三年 乙巳 讀周易 推說象象疑義") 이〈역상설〉에 대해서는《한국경학자료집성》(韓國經學資料集成) 88(易經 2, 성균관대, 1996)을 참조할 수 있다. 김육과 조호익의 관계와 김육이 조호익의 학문을 어떻게 파악하였는가는 다음에서 볼 수 있다. 金堉,《潛谷遺稿》 卷11〈贈吏曹參判芝山曺先生行狀〉, "先生(曺好益)之學 最邃於易 至如諸史子集外家兵書天文地理陰陽之說 亦無不通……萬曆丙戌 王父出宰江東 先君趨庭縣衙 遂從先生而講學 敬先生如師 而先生待先君以友 相與論難啓蒙著策之說 諸叔父亦受學於先生 堉年甫十歲 隨諸友而同受業焉".

것으로 알려졌다.[65] 김석문은 〈역학이십사도해〉(易學二十四圖解)를 통해서 자신의 역학 이론을 설명하였으며, 이 저작을 통해서 지전설(地轉說)과 시헌력을 주장하였다. 특히, 그의 역학 이해가 소옹의 상수학을 원용하였으면서도 이것을 비판적으로 수용할 단계에까지 발전하였다는 점은 주목해야 한다.[66] 김석주 또한 천문학에 깊은 관심을 가지고 있었는데,[67] 전 관상감(觀象監) 직장이었던 송형구(宋亨久)가 청력인 시헌력을 폐지하고 명력인 대통력을 회복할 것을 주장하자[68] 이를 반대하고 시헌력 도입을 적극 주장하였다.[69]

당시 대표적 관료 가문의 하나였던 최명길과 최석정 또한 상수학에 깊은 관심을 가졌다. 최명길은 신흠과 교유하면서 상수역학에 관심을 갖게 되었고, 《역》을 수천 번 읽었다고 한다.[70] 손자 최석정은 최명길이 〈괘변도설〉(卦變圖說)과 〈역전기의〉(易傳記疑) 등의 책을 지었으며, 정전(程傳)과 본의(本義) 밖의 새로운 뜻을 많이 계발하였음을 전하였고,[71] 증손자 최창대(崔昌大; 1669~1720) 또한 최명길이 역학을 깊이 공부하여 정주(程朱)가 복희(伏羲)와 문왕(文王)의 본뜻을 온전히 이해하였는지 모르겠다는 의문을 제기한 사실을 언급하였다.[72] 이러한 증언은 최명길이

65) 《顯宗改修實錄》 卷2, 顯宗 1년 4월 3일(丁亥).

66) 金錫文, 〈易學二十四圖總解〉 10쪽 5행, "此爲康節先天易卦 推合曆數 大率如此也 然未能盡合曆法 故下文元會數與此異"; 김용헌, 1996, 〈김석문의 우주설과 그 철학적 성격〉, 《실학의 철학》, 예문서원, 169쪽 참조.

67) 金錫胄, 《息庵遺稿》 卷20 〈答趙聖登月行度數筆法問〉.

68) 《顯宗實錄》 卷4, 顯宗 2년 윤7월 13일(庚寅).

69) 金錫胄, 《息庵遺稿》 卷20 〈駁宋察訪亨久新曆誤置閏朔議議〉 참조.

70) 崔鳴吉, 《遲川遺集》 卷22 〈上象村先生書(甲寅)〉[심경호(2001), 35쪽에서 재인용].

71) 崔錫鼎, 《明谷集》 卷7 〈卦變圖說序〉, "至於卦變圖說·易傳記疑等書 探微旨於周孔之後 發新義於傳義之表 多有闡其微而提其要者".

72) 崔昌大, 《崑崙集》 卷20 〈遲川遺事〉, "公於燕獄讀易之後 嘗云易理微奧難曉 吾累歲專工 反復乎先儒之說 似能見到程朱見得之境 而但未知程朱見處 果得盡義文本旨

이해한 역학이 정자와 주자와는 구별되는 것이었음을 시사해 준다.

최석정 또한 《주역》에 능통한 것으로 당대에 인식되었다.73) 최석정은 혼천의(渾天儀)에도 관심을 기울여 현종에게 제작에 대한 승낙을 받기도 하였다.74) 이러한 상수학에 대한 관심은 성운학에까지 이어져, 그는 《황극경세서》의 원리에 따라 《경세정운도설》(經世正韻圖說)을 지었다.75)

당대 대표적 관료 가문이었던 이들은 주로 치국적인 관심에서 새로운 역법의 도입과 치국의 중요한 기구로 여겨지던 혼천의 제작, 성운학에 깊은 관심을 가졌다. 그들은 이러한 과정에서 상수학에 대한 이해를 심화시켜 나갔다.

이단상과 조성기 또한 소옹 상수학에 깊은 관심을 가졌다. 이들은 훗날 낙론을 대표하는 김창협(金昌協)·김창흡(金昌翕) 형제에게 많은 사상적 영감을 주었다. 이단상은 경선 가운데 《역》(易)을 가상 좋아하였고, 소옹의 《황극경세서》에 대해서는 '음양소장(陰陽消長)의 기미'와 '치란왕복(治亂往復)의 때'에 대해서 감탄하지 않은 적이 없다고 말하기도 하였다.76) 아들 이희조(李喜朝; 1655~1724)는 이단상이 《황극경세서》와 《성리제가해》(性理諸家解) 등의 책을 특히 좋아하였으며, 상수학에 대해서는 깊이 자득한 바 있었다고 술회하였다.77) 또한 이단상은 천문(天文)

否也".

73) 남구만은 《주역》을 강론하는 데 최석정이 없어서는 안 된다고 숙종에게 말하였다. [《肅宗實錄》 卷16, 肅宗 11년 6월 3일(壬辰)]

74) 《肅宗實錄》 卷19, 肅宗 14년 5월 2일(癸酉); 崔錫鼎, 《明谷集》 卷9 〈齊政閣記〉.

75) 崔錫鼎, 1968, 《經世正韻圖說》(인문과학자료총서 3), 연세대 인문과학연구소.

76) 李端相, 《靜觀齋集》 卷15 〈寄濟州牧使李候序〉, "尤喜讀易 以及邵子經世書 凡係肯肇難解者 無不紬繹剖析 多所自悟 其於陰陽消長之幾 治亂往復之會 未嘗不三復感歎".

77) 李喜朝, 《芝村集》 卷24 〈先府君遺事〉, "如皇極經世書·性理諸家解等書 尤好看玩 其於象數精微之蘊 深有所自得".

52_

에도 많은 관심을 가졌는데, 늘 혼천의를 곁에 두고 사람들과 토론하기를 좋아하였다고 한다.[78]

조성기는 상수학에 대해서 구체적인 저술을 남기지는 않았다. 이것은 김창흡이 증언하였듯이 조성기가 상수학 연구 자체에 대해서는 매우 어려워하였다는 데에서 원인을 추론할 수 있다.[79] 하지만 조성기는 평생 소옹을 사숙하였다고 하면서 강한 존경심을 표시하였다.[80] 그의 시는 소옹의 《이천격양집》(伊川擊壤集)에 지대한 영향을 받았으며, 자신을 소옹에, 자신의 집을 소옹이 거처하였던 집에 비유하였다.[81] 그는 주자학이 현실생활에서 다소 부합하지 않음을 알고 소옹의 역학을 사법(師法)으로 삼았음을 고백한 바 있었다.[82] 훗날 김창흡은 조성기를 소옹에 견주었다.[83]

양명학(陽明學)에 많은 관심을 보였던 정제두의 경우에도 상수학(象數學)과 천문학에 대해서 깊은 탐구를 하였다. 그가 남긴 〈하락역상〉(河洛易象;《霞谷集》卷20)과 〈선원경학통고〉(璇元經學通攷;《霞谷集》卷21) 등은 그의 이러한 면모를 잘 보여주었다. 그는 소옹이 제시하였던 복희의 〈선천도〉(先天圖)가 선천(先天)과 후천(後天)을 모두 겸비한 법으로서 선천의 일도(一道)라고 치우쳐 말할 수 없음을 지적하면서, 이를 문왕의 도

---

78) 金昌翕, 《三淵集》 拾遺 卷25 〈靜觀齋先生言行錄〉, "先生常置渾天儀于座側 玩測之餘 喜與人討論 不擇鈍敏而竭兩端焉".

79) 金昌翕, 《三淵集》 拾遺 卷31 〈語錄〉, "明履曰因問皇極經世書中徐花潭所推算處 先生曰 曾見拙修齋欲窮此 便致氣塞胸 常曰若有知此者 當尊而師之".

80) 趙聖期, 《拙修齋集》 卷3 〈答林德涵書〉, "盖僕所欲師法者邵堯夫・呂成公".

81) 이승수, 1993, 〈졸수재(拙修齋) 조성기론(趙聖期論)〉, 《한국학논집》 23, 102쪽.

82) 趙聖期, 《拙修齋集》 卷3 〈答林德涵書〉, "但常自點檢其日用言行之際 則與考亭所訓多有不相似者……至於邵堯夫之易學 呂成公之史學 以關洛爲宗 傍稽載籍 於鄙人氣質 深有相近可喜處 故取以爲師法".

83) 《肅宗實錄》 卷14, 肅宗 9년 6월 14일(乙酉).

(圖)와 상대하여 '선천'과 '후천'으로 부르는 것은 잘못되었다고 하였다.[84] 이것은 소옹의 〈선천도〉를 중요시하고 본질적인 것으로 평가하는 것이었다.

이상과 같은 17세기 서울·경기 지역 서인의 소옹 상수학 연구와 병행하여 호서 지역을 중심으로 주희 중심의 의리역 연구도 지속되었다.[85] 이것과 함께 호서 지역 서인의 경우, 소옹 상수학에 대한 부정적인 인식도 형성되고 있었다. 이러한 경향은 정이(程頤; 1033~1107)와 주희에서 유래된 것인데, 정이는 소옹학을 공중누각과 같다고 비하하였으며,[86] 주희는 소옹학이 순정하지 않다고 인식하였다.[87] 이러한 입장은 호서 지역 서인에게 계승되었다. 송시열의 경우 《주역》은 주희의 본의(本義)만을 참조하면 된다고 하였으며,[88] 소옹에 대해서는 다소 부정적

---

84) 鄭齊斗, 《霞谷集》 卷20 〈先後天圖說〉, "然則伏羲之圖 乃具有其本末 是爲先天後天 具全之法 不可偏以立於先天之一道也 今者乃至與文王之圖相對并擧爲先後天之目 則 蓋有不明者云爾".

85) 이 책은 주희의 상수학을 의리역(義理易)의 범주에서 이해하였다. 주희는 정이의 의 리학을 바탕으로 소옹과 채침(蔡沈)의 상수학을 해석하고자 하였다. 엄격히 말하면 주희는 상수학과 의리학을 종합한 것으로 어느 한 쪽이라고 명확히 말하기 어려운 부분이 있다. 그러나 사상의 전통을 정이에 두고 있다는 점을 고려해 볼 때 그의 역 학은 의리역의 범주로 이해함이 타당하다고 본다.(廖名春·康學偉·梁韋弦, 1991, 《周易硏究史》, 湖南出版社; 심경호 역, 1994, 《주역철학사》, 예문서원, 509쪽 참조)

86) 《二程全書》(中華書局) 遺書 卷7 二先生語七, "邵堯夫猶空中樓閣".

87) 주희 또한 소옹학이 노장이나 석씨와 흡사한 점이 있어 순정하지 않은 측면이 있 음을 직접 언급하였다.[黎靖德 編, 《朱子語類》 7(中華書局) 卷100, 〈邵子之書〉, 2543 쪽, "直卿問 康節詩 嘗有老莊之說 如何 曰便是他有些子這箇"; "莊子比康節 亦髣髴 相似"; 같은 책, 2544쪽, "康節之學 近似釋氏"] 또한 주희는 여조겸(呂祖謙)과 함께 《근사록》을 지을 때 소옹의 언설을 제외하였다. 그 이유는 소옹의 운명주의와 그가 수양·도덕에 집중하지 못하였다는 이유 때문이었다.(Hoyt Cleveland Tillman, 1992, *Confucian Discourse and Chu Hsi's Ascendancy*, Honolulu: University of Hawaii Press, p.118) 주 희의 소옹 인식은 다음에 상세하다. Anne D. Birdwhistell, 1989, *Transition to Neo-Confucianism: Shao Yung on Knowledge and Symbols of Reality*, California, Stanford: Stanford University Press, pp.211~215.

54_

인 인식을 가지고 있었다. 송시열은 소옹이 도의 대원(大源)에 대하여 깊이 생각하지 않아서 신중하지 못한 측면이 있다고 하였다.[89] 그리고 "《주역》을 배우는 자는 먼저 군자와 소인의 구별과 진퇴소장의 기미를 살펴야 한다"[90]고 하여 군자와 소인의 분별을 엄격히 한 의리역의 입장을 견지하였다.

　나아가 이유태(李惟泰; 1607~1684)는 〈역설〉(易說;《草廬集》卷64)이라는 글을 통해서 소옹을 매섭게 비판하였다.[91] 이유태는 역리(易理)가 세상에 밝혀지지 않은 이유가 소옹역에 원인이 있다고 진단하였다.[92] 그는 소옹의 역학은 단지 점치는 수단이며,[93] 도덕인의에서 역리를 구하지 않았다고 비판하였다.[94] 그는 음양의 엄격한 분별을 염두에 두면서, 소옹 상수역이 음양을 모호하게 구분하였고 존비(尊卑)를 분명히 나누지 않았음을 일관되게 지적하였다.[95] 이후에도 이러한 입장은 변하지 않고 지속되었다. 권상하는 "《주역》은 오직 주희의 본의만 참고하면 된다"[96]

---

88) 宋時烈,《宋子大全》卷131 雜著〈看書雜錄〉, "竊謂周易當以本義爲主".
89) 위의 글, "蓋邵子……亦所謂無禮不恭也 大抵天資甚高 於道之大原 不甚費思 而自然洞見 故於其進爲之方 却見疎脫 此不能無弊 故朱呂二先生不爲編入於近思 其旨微矣".
90) 權尙夏,《寒水齋集》卷34〈進士禹公聖瑞行狀〉, "尤菴先生曰 學易者 須先審於君子小人之別 進退消長之幾 然後於易可庶幾焉".
91) 이유태에 대해서는 문중양(1999), 32쪽 참조.
92) 李惟泰,《草廬集》卷24〈易說: 總論〉, "易理之所以不明於世者 以世之誦法康節之數往知來避兇趨吉之事 而不究義聖之千變萬化 以通神明之德 以類萬物之情 而立人成物之道故也".
93) 李惟泰,《草廬集》卷64〈易說: 四營成易書〉, "康節之論揲蓍掛扐之數曰 五四爲奇 而九八爲偶之說 乃揲蓍得掛而卜筮之道 非分陰陽而成易之規也".
94) 李惟泰,《草廬集》卷64〈易說: 天地人書〉, "康節之學 能用其才於窮神知化之道 而似不究易理於道德仁義之門".
95) 李惟泰,《草廬集》卷24〈易說: 三二圓章說〉; 李惟泰,《草廬集》卷24〈易說: 義易邵易有不同辭〉.
96) 權尙夏,《寒水齋集》附錄 墓道文 墓誌, "易則專主本義 而案上常置一本玩究焉".

고 하여 송시열의 견해를 묵수하였다. 한원진(韓元震)의 경우에는 소옹과 주희의 천사상(天四象)과 지사상(地四象)을 비교하면서 주희의 그것이 더욱 정밀하며, 소옹의 팔괘(八卦)는 본연의 짝을 잃어버렸다고 비판하였다.97)

(2) 소옹 상수학 이해와 보편적 원리[一理]의 강조

소옹의 상수학은 '상'(象)과 '수'(數)로서 우주와 세계를 정합적으로 설명하고자 한 이론이었다.98) 이것은 정이(程頤)의 의리역학과 함께 송대에 역을 해석하는 두 가지 주류적인 방법이었다. 의리역학이 가치와 당위적인 언설을 주장하면서 사물의 윤리적 의의를 설명하는 데 초점을 맞추었다면, 상수학은 '상'과 '수'라고 하는 고유한 기호를 통해 존재와 현상을 설명하고자 하였다. 그러한 관점에서 소옹은 한나라 상수학과는 달리 음양재이(陰陽災異)와 천인감응(天人感應)의 미신을 설명하는 데 중점을 두지 않고 '상'과 '수'를 '이'(理)에 연계시켜 세계 형성과 변화의 모델을 탐구하는 데 역점을 두었다.99)

---

97) 韓元震,《南塘集》〈經義記聞錄〉卷4 易學啓蒙, "邵子以生於陽儀者爲天四象 生於陰儀者爲地四象 朱子以生於二太者爲天四象 生於二少者爲地四象 二義俱通而朱子說恐尤密……邵子八卦 老交少 少交老 乾對兌 坤對艮 皆失其本然之配偶 不若朱子八卦 老交老 少交少 乾對坤 兌對艮 皆得其本然之配偶矣 朱子之捨邵子本意而改爲新說者 盖有以也".

98) 소옹의 학문에 대해서는 다음을 참조할 수 있다.《宋元學案》卷9〈百源學案〉上・下; 三浦國雄, 1974,〈伊川擊壤集の世界〉,《東方學報》47; 大島晃, 1976,〈邵康節の觀物〉,《東方學》52; Anne D. Birdwhistell(1989); 이봉규, 1989,〈소옹철학을 형성하는 도가적 사유와 유가적 사유〉, 서울대 석사학위논문; 조동원, 1982,〈소옹의 역사관〉,《부대사학》6; 김필수, 1995,〈소옹의 선천역(先天易) 연구〉,《공자학》1; 候外廬 外, 1984,《宋明理學史(上)》, 北京: 人民出版社(박완식 역, 1993,〈소옹의 상수학 사상체계〉,《송명이학사》I, 이론과실천); Joseph Needham・Colin A. Ronan, 1978, *The Shorter Science and Civilization in China*, Volume 1, Cambridge: Cambridge University Press(김영식・김제란 역, 1998,《중국의 과학과 문명 — 사상적 배경》, 까치).

56_

    소옹 상수학에서 '수'는 '이'와 긴밀한 관계를 가졌다. 소옹은 "천하의 '수'는 '이'에서 나오니 '이'와 어긋나면 술수에 빠지고 만다"[100]고 하였고, "천리를 따라 움직일 수 있는 경우는 조화(造化)가 자신에게 있다"[101]고 하였다. 이것을 통해서 그는 자신의 학문적 기초가 '이'에 있음을 분명히 하였고, 비록 억만년이라도 '이'로써 알 수 있다고 자신하였다.[102] 소옹의 상수학은 '수'를 기본으로 하면서도 '수'를 '이'에 종속시킴으로써 '이학적' 면모를 갖추었던 것이다.[103] 그의 이학적 면모는 다음 경로를 통해서 형성되었다.

    소옹은 음양이 서로 교역하면서 운행하는 세계의 변화에 관심을 기울였다. 정이(程頤)가 당위적인 관점에서 양(陽)·강(强)을 중요시하고 음(陰)·유(柔)를 폄하 억제하면서[104] 역리를 풀어가는 경향이 강하였다면, 소옹의 상수역은 착종하는 음양의 상호 작용하는 이치를 중심으로 논의를 전개하고자 하였다.[105] 그런 점에서 소옹의 상수역이 의리역보다 상대적으로 음양의 상의성(相依性)에 더 많은 관심을 가졌던 것은 자연스러운 일이었다.[106]

---

99) 廖名春 外(심경호 역, 1994), 368~370쪽; 候外廬 外(박완식 역, 1993), 239~240쪽 참조.

100) 邵雍,《皇極經世書》觀物 外篇, "天下之數 出於理 違乎理則入於術 世人以數而入術 故失於理也".

101) 위의 책, "能循天理動者 造化在我也".

102) 邵雍,《皇極經世書》〈漁樵問答〉, "雖億萬年 亦可以理知之也".

103) 소옹과 함께 송대 신유학의 상수학 발전에 크게 공헌하였던 채침(蔡沈)도 《홍범황극》(洪範皇極) 내편에서 성인은 '이'로 인하여 수(數)를 드러내고 천하는 수로 인하여 '이'를 밝힌다고 하였으며(蔡沈,《洪範皇極》內篇 中, "聖人因理以著數 天下因數以明理"), 또한 수의 용은 '이'에서 묘해진다고 하였다(蔡沈,《洪範皇極》內篇 序, "數之用 妙乎理").

104) 廖名春 外(심경호 역, 1994), 479쪽.

105) 위의 책, 518쪽.

106) 邵雍,《皇極經世書》觀物 外篇, "陽者道之用 陰者道之體 陽用陰 陰用陽 以陽爲用

음양교역과 상의성을 중시하려는 소옹학은 음양을 함께 포섭하는 주돈이(周敦頤; 1017~1073)의 '태극'(太極; =道=理) 관념과 만나면서 좀더 정합적인 체계를 이루게 되었다. 소옹이 직접 저술하였다고 하는 《황극경세서》 관물 내편에는 음양의 교역을 중시하면서도 존재의 생성근원이 되는 보편적 원리 즉 '태극'이라는 말이 나오지 않다가, 직전(直傳) 제자들이 정리한 관물 외편(外篇)에야 비로소 '태극'이라는 말이 나온다. 그럼으로써 내편에서 불분명하게 처리되었던 음양의 소이, 일동일정(一動一靜)의 소이인 태극 관념이 소옹학 속에 정립되었다.107) 관물 외편에 드러난 태극 관념과 그와 동일한 의미인 도(道)는 다음과 같았다.

태극(太極)은 하나인데 움직이지 않고도 둘을 낳으며, 둘이면 신묘해진다. 신묘함은 수(數)를 낳고 수는 상(象)을 낳으며 상은 기(器)를 낳는다.108)

태극의 움직이지 않는 상태가 성(性)이다. 발현하면 신묘해지고, 신묘함은 수(數)를 이루며 수는 상(象)을 이루고 상은 기(器)가 되며 기는 변화한다.109)

도(道)는 천지만물을 낳지만 스스로는 드러나지 않는다. 천지만물은 도를 본보기로 삼는다.110)

則尊陰 以陰爲用 則尊陽也 陰幾於道 故以況道也";《皇極經世書》觀物 外篇, "陽不能獨立 必得陰而後立 故陽以陰爲基 陰不能自見 必待陽而後見 故陰以陽爲倡".

107) 김필수(1995), 70~71쪽.
108) 邵雍, 《皇極經世書》觀物 外篇.
109) 위와 같음.
110) 위와 같음.

천지(天地)가 만물을 낳으니 만물로 만물을 삼는 것이다. 도(道)가 천
지를 낳으니 천지도 역시 만물이다. 도는 태극이다.111)

소옹은 태극과 도를 만물을 낳는 아주 중요한 것으로 인식하였다. 하
지만 위에서 볼 수 있듯이 그의 태극과 도는 우주의 생성과 관련된 것으
로 당위법칙(=윤리법칙)적인 성격이 부여되지는 않은 것이었다.112) 소옹
은 태극과 도의 다른 이름인 '이'(理)도 사물의 이치, 즉 '물리'(物理; =존
재법칙)의 성격으로 인식하고 있었다.113) 이것은 사물의 본원이라는 점
에서는 같으나 당위적이고 윤리적인 의미를 강하게 가졌던 정이 · 주희
계열의 '태극'과 '이' 개념과는 구분되었다.

원래 '이'에는 '존재법칙'의 의미와 '당위법칙'(=윤리법칙)의 의미가
동시에 담겨 있으나, 소옹 상수학의 '이'는 '존재법칙'의 의미가 강하였
던 것이다. 여기에 대해서 다음과 같은 이유태의 소옹 역학 비판을 주목
할 필요가 있다. 이유태는 소옹이 자연세계에서 역리를 구함으로써 정
작 '사람'을 소외시키고 있음을 비판하였다.114) 그는 소옹 상수학이 가
졌던 자연의 '존재법칙'으로서의 성격을 인지하고 있었던 것이다.

이러한 자연의 '존재법칙'을 의미하는 태극 · 도 · 이로써 소옹학은 인
간세계까지 해석하고자 하였다. 소옹은 자연세계의 존재법칙이 인간세
계로 이동해 가는 모습을 다음과 같이 묘사하였다.

---

111) 위와 같음.
112) 陳來, 1992, 《宋明理學》, 遼寧出版社(안재호 역, 1997, 《송명성리학》, 예문서원, 188
    쪽 참조).
113) 邵雍, 《皇極經世書》 觀物 內篇, "所以謂之理者 物之理".
114) 李惟泰, 《草廬集》 卷24 〈易說: 義易邵易有不同辭〉, "義聖則近取諸身 遠取諸物 以人
    性而究天地之理焉 康節則以日月在天之象 推明盈虛消息之理於地下 體天者人也 而不
    肯究道於人 而求之於地下 信無人焉則易何以成哉".

도(道)의 도는 하늘에서 다하고 하늘의 도는 땅에서 다하며, 천지의 도는 만물에서 다하고 천지만물의 도는 사람에게서 다한다. 사람이 천지만물의 도가 사람에게서 다하게 됨을 안 뒤에야 백성을 극진하게 할 수 있다.115)

소옹은 도의 도는 하늘에서 시작하여 땅으로 이동해 가고 이렇게 형성된 천지의 도는 만물에서 다하며, 다시 천지와 만물에서 운용되는 도는 사람에게도 적용된다고 설명하였다. 이러한 천지와 만물의 도가 사람에게서 다하게 됨을 안 뒤에야 백성을 극진하게 보살필 수 있다고 말하였다. 즉, 자연세계의 이치가 모두 사람에게 적용된다는 사실을 안 뒤에야 백성을 극진하게 대할 수 있다는 말이다.

이어 소옹은 만물을 극진히 하는 호천(昊天)과 백성을 극진하게 하는 성인(聖人)이 다르지 않고 하나의 도임을 말하였다. 그 이유는 만물과 만민(萬民)이 같기 때문이었다. 그는 일세(一世)의 만민과 만물이 이미 하나가 되었으니 만세(萬世)의 만민과 만세의 만물이 또한 하나의 도임이 분명하다고 역설하였다.116) 따라서 그에게 자연세계의 변화질서를 상징하는 춘(春), 하(夏), 추(秋), 동(冬)과 성인의 경전인 《역》(易), 《서》(書), 《시》(詩), 《춘추》(春秋)는 하나의 도로 인식될 수 있었다. 소옹은 자연의 춘·하·추·동과 성인의 《역》·《서》·《시》·《춘추》를 대비해서 다음과 같이 설명하였다.

115) 邵雍, 《皇極經世書》 觀物 內篇.
116) 위의 책, "天地能盡物 則謂之曰昊天 人之能盡民 則謂之曰聖人 謂昊天能異乎萬物 則非所以謂之昊天也 謂聖人能異乎萬民 則非所以謂之聖人也 萬民與萬物同 則聖人固不異乎昊天者矣 然則聖人與昊天爲一道 聖人與昊天爲一道 則萬民與萬物亦可以爲一道也 一世之萬民與一世之萬物旣可以爲一道 則萬世之萬民與萬世之萬物 亦可以爲一道也明矣".

춘(春)은 만물을 낳은 곳집이며 하(夏)는 만물을 자라게 하는 곳집이
며 추(秋)는 만물을 거두는 곳집이며 동(冬)은 만물을 갈무리하는 곳집이
다.……《역》(易)은 백성을 낳은 곳집이며 《서》(書)는 백성을 자라게 하
는 곳집이며 《시》(詩)는 백성을 거두는 곳집이며 《춘추》(春秋)는 백성
을 갈무리하는 곳집이다.117)

봄이 만물을 낳고, 여름이 만물을 자라게 하고, 가을이 만물을 거두고,
겨울이 만물을 갈무리하는 자연세계의 변화원리처럼, 똑같이 인간세계
도 《역》은 백성을 낳고 《서》는 백성을 자라게 하며 《시》는 백성을 거
두고 《춘추》는 백성을 갈무리하는 것이라고 설명하였다. 자연세계로서
인간세계를 연역하여 이해하고자 하였던 소옹의 의도는 이후 학인들의
평가에서도 잘 나타났다. 소옹의 아들 소백온(邵伯溫; 1057~1134)은 《황
극경세서》의 주요 내용을 다음과 같이 요약하여 설명하였다.

일(日), 월(月), 성(星), 신(辰), 비(飛), 주(走), 동식물(動植物)의 수(數)를
궁구하여 천지만물의 이치를 다하였고, 황(皇), 제(帝), 왕(王), 패(覇)의 일
을 서술하여 대중지정(大中至正)의 도를 밝혔다. 이에 음양의 소장(消長)
과 고금의 치란(治亂)을 뚜렷이 찾아볼 수 있다. 그러므로 이 글을 '황극
경세'(皇極經世)라 이름하고 이 편을 관물(觀物)이라고 하였다.118)

소백온은 《황극경세서》가 일·월·성·신 등으로 대표되는 자연세
계의 이치를 다한 후 이를 기반으로 황·제·왕·패로 대표되는 인간세
계를 서술하여 대중지정의 도, 즉 황극을 밝혔다고 하였다. 이에 음양의

117) 邵雍, 《皇極經世書》 觀物 內篇.
118) 王植, 《皇極經世書緒言》(中華書局) 卷首上 〈邵伯溫述皇極經世書論〉.

소장이라는 자연세계와 고금의 치란이라는 인간세계를 일관되게 살펴
볼 수 있게 되었다고 하였다. 소백온의 이 말에서 자연과 인간세계를
일관하는 하나의 법칙[皇極]을 형성하고자 하였던 소옹의 사상체계를
살펴볼 수 있다.[119] 이러한 관념에 입각하여 신최는 변화소장(變化消長)
의 이치인 자연세계의 원리로서 고금인혁(古今因革)의 이치인 인간세계
의 원리를 궁구히 하면 천지·만물·인사의 이치는 모두 함께 갖추어진
다고 말하기도 하였다.[120]

　　자연세계와 인간세계를 아우르는 하나의 보편질서를 상정하여 세상
의 모든 일을 여기에 맞추어 설명하고자 하였던 소옹 상수학의 성격을
잘 설명해 준 사람은 심희수(沈喜壽; 1548~1622)와 홍계희(洪啓禧)였다.
심희수는 소옹이 단지 원(元), 회(會), 운(運), 세(世) 네 글자만 가지고서
천지만물의 이치를 모조리 관통시켰으니, 어찌 세상의 뛰어난 호걸이
아니겠는가 칭송하였다.[121] 홍계희는 천지만물의 대소(大小), 장단(長短),
은현(隱現), 착종(錯綜)은 모두 '일리'(一理), 즉 보편적 원리를 벗어나지
않는 까닭에 복희의 역(易)이나 기자(箕子)의 홍범(洪範)과 같은 '전례'로
써 일관되게 이해할 수 있다고 하였으며, 후세에 이에 가장 능통하였던
것은 소옹의 《황극경세서》였다고 지적하였다.[122] 그는 세상만물의 모

---

119) 소옹은 그가 창작한 상수(象數)의 체계화로 우주의 일체를 개괄하고자 하였다.[候外
盧 外(박완식 역, 1993), 219쪽].
120) 申㝡, 《春沼子集》 卷4 〈皇極經世圖說〉, "以變化消長之理 窮古今因革之理 則天地萬
物人事之理該矣".
121) 《光海君日記》 卷34, 光海君 2년 10월 30일(辛丑).
122) 홍계희는 노론 낙론계로서 이재(李縡)의 제자였다. 그가 활동하였던 시기가 비록 18
세기 초·중반이기는 하나 17세기부터 이어져 내려온 서인 상수학의 전통을 보여주
는 데에는 시기적으로 큰 무리는 없으리라고 본다.(洪啓禧, 《經世指掌》 卷2 〈經世指
掌跋〉, "天地萬物大小長短隱現錯綜要皆不出於一理 故尙可以比例通焉 羲之易箕之範
亦比例也 後世之善於比例者 莫如邵子之經世書")

든 현상이 '일리'를 벗어나지 않기 때문에 어떠한 준거틀 혹은 전범으로
서 이들을 비교하여 예측할 수 있다고 말하였던 것이다.

소옹 상수학의 이러한 측면이 더욱 부각되어 조선의 지식인들에게 이
해되었던 것은 인조반정으로 북인 정권이 몰락한 뒤였다. 실제로 인조
반정 이후 서인들은 광해군대의 정치를 혹독히 비판하였다. 그 가운데
에서 광해군이 점술(占術)에 심취해서 성지(性智), 시문용(施文用), 신경달
(申景達) 등을 기용하고 여러 미신적 행위를 일삼았다는 서인 사신(史臣)
들의 비판들은 주목할 필요가 있다.[123] 이 비판은 광해군대 집권세력 북
인의 학문적 기반이었던 소옹 상수학과 깊은 관련이 있기 때문이다. 소
옹 상수학 속에는 수(數)로서 미래를 예측하는 것을 통해서 추보(推步)와
점술(占術)과 같은 '신비주의적' 성향으로 나아갈 만한 요소들이 다분히
담겨 있었다.

그러한 이유 때문에 일찍이 권필(權韠; 1569~1612) 같은 사람은 주사
(酒肆) 장인(丈人)의 말을 빌려서, 천지의 자연스러운 성품과 천지의 자연
스러운 조화에 순응할 것이지 이것을 미리 알아 어떠한 행위를 해서는
안 됨을 말하면서 소옹 상수학을 비판하였고,[124] 명대의 왕정상(王廷相;
1474~1544)은 소옹이 수(數)를 가지고 천지와 인물(人物)의 변화를 논한
이후로 '인위'(人爲)는 버리고 '정명'(定命)을 숭상하게 되었다고 그 부작
용을 지적한 바 있다.[125] 즉, 소옹 상수학 이후 인간의 노력을 무시하고

123) 《光海君日記》 卷114, 光海君 9년 4월 3일(丁酉); 《光海君日記》 卷114, 光海君 9년
    4월 8일(壬寅); 《光海君日記》 卷179, 光海君 14년 7월 10일(甲辰).
124) 權韠, 《石洲集》 外集 卷1 〈酒肆丈人傳〉, "丈人齏然而笑曰……今汝(邵雍)盜竊陳搏
    之餘論 作爲詭說 命之曰 先天之學 誇奇以眩俗 矜僞以惑世 嘻亂天下者 必子之言
    夫……我率天地之性而已 何所知哉 順天地之化而已 何所爲哉".
125) 李裕元, 《林下筆記》 卷7 〈王浚川廷相〉, "自邵子以數論天地人物之變 棄人爲而尚定
    命 以故後學論數紛紜 廢置人事 別爲異端 害道甚矣".

모든 것을 운명적인 것으로 파악하고자 하는 경향이 생겨났다는 것이다.

서인의 광해군대 북인의 학문과 정치에 대한 비판은 전통적 공부방법
인 '격물(格物), 치지(致知)'를 강조하는 것으로 나타났다. 인조 원년에 조
희일(趙希逸; 1575~1638)은 격물·치지를 새삼 강조하면서, 광해군이 요
술을 숭상하여 이단이 함께 일어나 망하였다고 지적하였다.[126] 이 말 속
에는 '신비적'이고 '우활한' 것을 찾을 것이 아니라 구체적인 사물사물
속에서 '이(理)'를 발견하여 '앎'에 이르도록 해야 한다는 의미가 담겨
있다. 서인들이 보기에, 광해군대 북인들의 학문체계는 '이'에 대한 이해
없이 말단적인 '기수'에만 집착해서 점서(占筮) 등 이단적 행위에 빠졌다
고 판단한 듯하다.

이러한 이유로 인조반정 이후 서인계는 소옹 상수학의 '이학적 면모'
에 더욱 주목하여 그것을 이해하고자 하였다. 다음 신최의 경우는 이러
한 점을 잘 보여주었다.[127] 신최는 수의 근원으로 '이'(理)를 설정하면시
모든 사물에 보편적으로 내재된 '이'를 강조하였다. 그는 '이'는 하나이
나 '수'에서 천변만화하며, '수'는 천변만화하시만 '이' 가운데 매여 있
으니 모두 하나에 근본 하는 것이라고 하였다.[128]

또한 천지만물 가운데 형기(形器)가 있는 것은 '수'에서 벗어날 수 없
으며, 모든 사물의 '수'는 일정하지 않으나 그 귀착점은 하나라고 하였

---

126)《仁祖實錄》卷1, 仁祖 원년 4월 3일(壬戌).

127) 인조대 활동하였던 대표적인 남인계 장현광(張顯光; 1554~1637)의 소옹 상수학
연구도 화담학파의 그것과는 구별되었다. 그는 처음부터 끝까지 '일리'(一理)의 관
점에서 현상세계의 생성과 운행을 설명하였는데, '일리'란 곧 태극(太極)이며 구체
적으로는 도덕·윤리질서인 오상(五常)이었다.(김낙진, 2000,〈장현광의 역학과 세계
이해〉,《도설(圖說)로 보는 한국유학》, 예문서원, 170~175쪽; 구만옥, 2004,《조선후
기 과학사상사 연구 I —주자학적 우주론의 변동》, 혜안, 131쪽)

128) 申最,《春沼子集》卷4〈皇極經世圖說〉, "理一而千變萬化於數 數亦千變萬化 而囿於
理之中 咸宗於一".

64_

다. 그러한 이유로 사람은 또한 '물'(物)이고, 만물은 또한 천지이며, 천
지는 또한 이수(理數)이며, 이수는 곧 일도(一道)라고 하여서,129) 모든 천
지사물은 즉 이수(=道)의 범주 안에 있는 것이며, 이수는 결국 사물들에
보편적으로 내재된 것이라고 하였다. 그는 부연해서 '도'는 태극이며 태
극은 '이'라고 규정지어 만물 → 천지 → 이수 → 일도 → 태극 → '이'로
이어지는 사상의 경로를 정합적으로 설명하고자 하였다. 그 이해의 전
제는 '이기불상리'(理氣不相離)였다.130)

　다음 신최와 함께 한당 계열에 있었고 소옹에 견주어지기도 하였던
조성기의 경우에는 자연과 인간세계의 구분 없이 일관되게 작용하는
'일리'를 더욱 강조하는 모습을 보여주었다.

　　대개 천하의 만 가지 일은 본시 이 '일리'(一理)이다. 이런 이유 때문에
　비록 사람들에게 고금(古今)의 차이가 있고 일에 고금의 차이가 있으나,
　'이'는 고금의 차이가 없다. 무릇 나의 정신지려(精神知慮)가 고인(古人)
　에 미치지 못하는 이유는 단지 하나의 기품(氣稟)에 얽매였기 때문이지
　'이'에 의해서 제한되어 그런 것은 아니다. 오늘날 마음에 구비된 '이'로
　옛사람의 일용이발(日用已發)의 사리를 증험하면 그 '이'는 진실로 약동
　하게 되고 그 일은 반드시 분명해진다. 생각건대, 옛사람이 만사(萬事)의
　변화에 응해서 실수한 것이 없었던 것은 이 '이'를 벗어나지 않았기 때
　문이다.131)

　그는 천하의 만 가지 일은 본래 '일리'라고 전제한 뒤, 사람과 일은

<hr />

129) 위의 글, "天地萬物之有形器者 無能逃乎此數也 故曰雖或大或小或鉅或細之數 不濟
　　而其終則一也 然則人亦物也 萬物亦天地也 天地亦理數也 理數卽一道也".
130) 위의 글, "不離乎物 而亦不可謂之局於天地萬物之形器 斯非理歟".
131) 趙聖期,《拙修齋集》卷5〈答林德涵書〉.

고금의 차이가 있으나 이 '이'만은 고금의 차이가 없다고 하였다. 이 말은 시간과 공간을 초월해서 현현하는 '이'의 보편성을 강조한 표현이었다. 이 '이'는 다음과 같이 기화(氣化)에 매몰되는 것이 아니라 기화의 주(主)가 되는 것이었다.

  단지 기화(氣化)의 이면에는 저절로 한 개의 도리의 진(眞)이 있어 비록 기화의 가운데 깃들어 행하나 실제로는 기화의 주(主)가 될 수 있으니 하늘이 그것을 얻으면 하늘이 되고, 땅이 그것을 얻으면 땅이 되고, 사람이 그것을 얻으면 사람이 된다. 그 주장하는 삼강(三綱), 오상(五常), 문장(文章), 정교(政敎)의 근본은 비록 만고(萬古)를 지나도 하루와 같다. 이런 이유로 비록 팔대(八代)의 풍랑과 천여 년 기화의 막힘에도 이 '이'의 진정한 본체를 막을 수 없었던 것이다.132)

  그는 '일리'의 진(眞)이 모든 시간과 사물을 초월해서 내재되었다는 사실을 설명하였다. '이'가 기화(氣化)의 주가 되어서 하늘과 땅, 그리고 사람에 내재되었으며, 이런 이유로 팔대의 혼란과 천여 년 기의 막힘에도 '이'의 진정한 본체는 사라지지 않았던 것이라고 설명하였다.

  이렇게 '이'를 강조하는 경향은 '이이(李珥)가 이(理)를 너무 힘없는 존재로 만들었다'는 비판으로 이어졌다.133) 그러나 그가 이러한 주장을 하였다고 해서 '이'를 어떠한 사물 밖의 독립된 실체로서 인정한 것은 아니었다. 그는 '이'를 사물의 소이연으로 설명하면서 사물사물에 따라 존재하는 '존재법칙'으로서 설명하였다.

---

132) 趙聖期, 《拙修齋集》 卷10 〈答金進士子益昌翁書〉.
133) 趙聖期, 《拙修齋集》 卷11 雜著, 〈退栗兩先生四端七情人道理氣說後辨〉,

　대저 이(理)는 다른 것이 아니라 단지 천지만물의 소이연(所以然)이다. 소이연이라는 것은 기이하고 현원(玄遠)한 물사(物事)가 아니다. 단지 사물에 따라서 사물의 본말곡절(本末曲折)의 묘(妙)가 되는 것이다. 이러한 이유로 큰 것은 반드시 큰 것의 본말곡절의 묘가 되는 바 있고, 작은 것은 반드시 작은 것의 본말곡절의 묘가 되는 바 있으니 고하(高下), 원근(遠近), 통색(通塞), 편정(偏正)에 이르러서 모두 그러하다. 비록 천지 사이에 가득 찬 무궁한 사물들은 형형색색하며 종류 종류마다 저절로 분별이 있어 각각 일성(一性)을 구비하고 있으나, 그 각각 일성의 본말곡절을 이루는 바의 본연의 묘는 하나이다. 이것이 '이일분수'(理一分殊)라는 것이 아니겠는가![134]

　그는 '이'는 천하의 소이연이며 천하의 사물은 그 소이연에 의해 각각 일성(一性)을 구비하고 있으나 일성의 본말곡절을 이루는 본연의 묘는 결국 하나라고 말하면서, 천하가 하나의 보편적 원리[一理]에 의해 주관되고 있음을 설명하였다.

　이러한 '일리'의 강조는 신최의 문하에서 공부하였던 조성기의 중형(仲兄) 조현기(趙顯期; 1634~1685)에게서도 나타났다. 조현기는, "일리가 유행하여 존재하지 아니하는 곳이 없으니 태극에서는 태극의 '이'가 되고, 우리에게는 우리들의 '이'가 되니 우리들이 갖춘 '이'는 태극의 '이'이다. 태극의 '이'가 이미 나에게 갖추어져 있으니, 나의 '이'는 갖추어져 있지 않음이 없다"고 말한 바 있다.[135]

　이와 같이 자연과 인간에 보편적으로 내재된 '일리'를 파악하는 방식은 조성기와 함께 낙론에 많은 사상적 영향을 주었던 이단상에게서도

---

134) 趙聖期, 《拙修齋集》 卷8 〈與友人書〉.
135) 趙顯期, 《一峯集》 別集 上, "嗚呼 一理流行 無往不在 在太極爲太極之理 在吾人爲吾人之理 則吾人所具之理卽太極之理也 太極之理旣賦於我則我之理無不具矣".

그대로 나타났다. 이단상은 사사물물(事事物物)의 '이'(理)는 곧 내 마음
이 갖춘 '이'라고 하였다.136) 그는 하나의 이치가 사물과 아(我)에 공통되
게 갖추어져 있다는 관점에서 사사물물의 이치는 내 마음의 이치와 하
나라고 주장하였다.137) 그러한 이유로 격물한 이후에는 물리(物理)와 인
심(人心)의 성(性)은 합쳐 하나가 된다고 하였다.138) 이러한 조성기와 이
단상의 사유방식은 18세기 전반 호락논쟁 과정에서 '일리'의 보편성을
강조하면서 인성과 물성이 같다는 논의를 전개시켰던 낙론에 영향을 주
었다.139)

　김석문(金錫文)은　서경덕이　'적연부동'(寂然不動),　'성자자성'(誠者自
成), '일기'(一氣), '태일'(太一), '무극이태극'(無極而太極)이라고 표현한140)
세계의 궁극적인 근원을 '태극'(太極), '태일'(太一), '성명'(性命), '명덕'

---

136) 李端相, 《靜觀齋集》 卷9 〈答宋尤齋〉, "事事物物之理 卽吾心所具之理".
137) 그의 이러한 사유는 그가 존경하였던 명대 심학자 설선(薛瑄)의 영향 속에서 이루어
　　졌다고 생각한다. 설선 또한 다음과 같이 언급하고 있었다. "'이'가 비록 물(物)에 있
　　으나 오심(吾心)의 '이'는 물과 은근히 합해져 통한다. 처음 통할 때는 일물이 각일리
　　(各一理)로 보이지만 궁극에 이르면 천만물(千萬物)이 다 일리이다." 이를 이동희는
　　다음과 같이 해석하였다. "이것은 주자학에서 벗어나는 것은 아니었지만 이미 지식
　　추구의 마음으로 '이'를 보는 것은 아니었다. 이것은 심의 '이'를 가지고 물리와 결합
　　하도록 만드는 것이었다. 즉 그에게 심과 '이'는 육상산(陸象山)처럼 합일로서 보는
　　것은 아니었지만 '이'가 물에만 있는 것이 아니라 또한 심에도 있다고 하여 격물에서
　　주자적인 주지주의적인 뜻이 희박해졌다."[이동희(1986), 8~9쪽] 필자도 이러한 의
　　견에 동의하며, 주자학의 '이일분수' 가운데 '이일'의 강조가 심학으로 가는 중간매
　　개가 될 수 있다고 생각한다.
138) 李端相, 《靜觀齋集》 續集 卷6 〈答崔德裕〉, "旣格之後 則物理與人心之性 會之爲一
　　故自無彼到此此到彼之分也".
139) 실제로 조성기는 인성과 물성에 구비되어 있는 '이'는 조금도 차이가 없다고 하였
　　다. 趙聖期, 《拙修齋集》 卷10 〈與金子益書〉, "蓋天之於人與物 其迹雖甚相縣 其事雖
　　甚相殊 其端雖若甚微 而其理實無毫髮之參差".
140) 徐敬德, 《花潭集》 卷2 〈原理氣〉, "撫聖賢之語 泝而原之 易所謂寂然不動 庸所謂誠
　　者自成 語其湛然之體曰一氣 語其混然之周曰太一 濂溪於此不奈何 只消下語曰無極而
　　太極".

(明德)으로 규정하기도 하였다.[141] 대략 같은 설명이지만, 서경덕이 '일기', '무극이태극'이라는 표현을 써서 '기'적인 입장과 '무'적인 입장을 드러낸 데 비해, 김석문은 직접 '성명', '태극', '명덕'이라고 하여 좀더 '이학적' 차원에서 규정하였다. 김석문에게서 사유의 출발점은 모든 천지만물의 배후에 근원이 되는 태극, 즉 보편법칙인 '일리'가 있다는 것이었다.[142]

한편, 이러한 경향은 최석정·정제두와 같은 학자들에게서도 나타났다. 최석정은 '일리'의 보편성을 전제로 다른 세계의 모습을 추측하기도 하였다. 그는 우(宇)에는 허다한 세계가 있고 주(宙)에는 허다한 개벽(開闢)이 있어 그 사이의 인간의 형색과 명목은 모두 같지 아니하고 세계의 명암과 치란은 또한 일정한 기준이 없겠지만, 음양오행(陰陽五行)의 운화(運化)와 삼강오상(三綱五常)의 윤리는 반드시 보편적이어서 존재하지 않음이 없을 것이라고 하였다. 그리고 그것은 비록 직접 보지 않고서도 '이'로써 추론할 수 있다고 하였다.[143] 즉, 모든 우주의 세계가 '일리'의 보편성 속에서 운행되므로 우주의 다른 세계에도 음양오행의 운화와 삼강오상의 윤리가 보편적으로 존재하리라는 것이다.

정제두 또한 '기'는 비록 만 가지로 다르지만 그 본체의 자연과 그 '일리'의 상체(常體)와 묘용(妙用)은 같은 것이라는 점을 강조하였다.[144] 그

---

141) 金錫文,〈易學二十四圖總解〉1쪽 18행, "易所謂太極 玄所謂太一 中庸所謂性命 大學所謂明德".

142) 장숙필, 2000,〈김석문의《역학이십사도해》〉,《도설(圖說)로 보는 한국유학》, 예문서원, 307~310쪽.

143) 崔錫鼎,《明谷集》卷11〈宇宙圖說〉, "假設宇有許多世界 宙有許多開闢 其間人物之形色名目 未必盡同 世界之明暗理亂 亦無定準 而其陰陽五行之運化 三綱五常之倫理則必普遍 而無不在 綿亘而不可易 雖非足目所到 只可以理而推之耳".

144) 鄭齊斗,《霞谷集》卷20〈先後天圖說〉, "氣雖萬殊 然而其本體之自然 其一理之常體妙用一也".

는 이것과 같은 맥락으로 "천지만물을 통해서 근원이 한 개가 되어야만 이것이 바로 '이'인 것이다. 그것은 완전하지 아니함이 없으니 유행하고 감응하며 관통하고 절도에 맞으며 넓고 넓어 시중(時中)하지 아니함이 없는 것"145)이라고 하였다.

그런데 이와 같이 '일리'를 통해 모든 사물을 통일적인 차원에서 파악하려던 방식과는 구분되게 호서 지역의 산당계 서인들은 사물을 분별적인 차원에서 파악하고자 하는 경향이 강했다. 소옹 상수학에 대해서 비판적이었던 이유태는 천(天)과 인(人)은 분별이 있으니 서로 섞일 수 없다고 하였다.146) 권상하는 천지만물을 한 몸으로 여겨서 내 몸 아닌 것이 없고 모든 만물이 '일리'를 공유하였다는 정호(程顥)의 설이 '겸애'(兼愛)에 가까운 것이 아니냐는 민진원(閔鎭遠; 1664~1736)의 물음에 동의를 표하면서 정이의 말을 빌려 분수리, 즉 분별성을 강조하였다.

(민진원이 물었다.) "정자(程子; 程顥)의 설에 천지만물을 한 몸으로 여겨서 내 몸 아닌 것이 없다고 하였는데, 사람이 천지만물과 더불어 이 '이'를 공유하고 있으나, 자세히 살펴보면 원근의 차등이 있어 다름이 없지 않습니다. 〈서명〉(西銘)에 이른바, '백성은 나의 동포이고 만물은 나와 함께 하는 것'이라는 말은 오히려 차등을 두었는데, 여기에 이른바 한 몸으로 여기니 내 몸 아닌 것이 없다는 말에는 차등의 구별이 없어 혹 겸애에 흘러 들어갈 염려가 있을 듯한데, 어떤지 모르겠습니다. 정부자(程夫子)는 다만 '이'가 하나라는 것만을 말하였을 뿐이고 인(仁)을 시행하는 방법은 가리키지 않은 것인지요?"

(권상하가 대답하였다.) "보내온 글에 이른바 다만 '이'가 하나라는 것

---

145) 鄭齊斗, 《霞谷集》 卷9 存言 中 17장, "通天地萬物 原是一箇 乃是理 其無不完全 流行感應 貫通中節 溥博時中者 是也".

146) 李惟泰, 《草廬集》 卷64 〈易說: 三二圓章說〉, "天人有別而不可相雜".

만을 말하였을 뿐이고 인(仁)을 시행하는 방법은 가리키지 않았다는 말은 매우 옳네. 어떤 사람이 남과 내가 한 몸이라고 하자, 이천(伊川; 程頤)이 다른 사람이 밥을 먹으면 자네는 배부를 수 있느냐고 하였으니 분수처(分殊處)를 설명한 것이 매우 명백하네."147)

권상하는 정호가 천지만물을 한 몸으로 여겼다는 말이 추상적인 '이일'을 말하였을 따름이고 구체적인 현실세계에서 인(仁)을 시행하는 방법을 말한 것은 아니라는 민진원의 말에 동의를 표하면서, '다른 사람이 밥을 먹으면 자네가 배부를 수 있겠는가'라는 정이의 말을 인용하여 '이일'보다는 '분수'를 강조하였다.

1.2.2. 심학풍의 형성과 성격

(1) 심학과 소옹학의 관련성

앞서 언급하였듯이 17세기 중·후반 서울·경기 지역 서인들에게서 발견되는 중요한 학문적 특징 가운데 하나는 소옹 상수학 연구였다. 신흠(申欽), 최명길(崔鳴吉), 정제두(鄭齊斗), 조성기(趙聖期), 이단상(李端相) 등은 소옹에 깊은 관심을 가졌다. 그런데 이들은 소옹에 대한 관심과 함께 심학에 대해서도 깊이 연구하고 있었다.148)

이러한 소옹학과 심학 연구의 병행은 이미 이전 시대부터 보였다. 양명학을 처음으로 적극 수용하고자 하였던 사람들이 소옹학을 깊이 연

---

147) 權尙夏, 《寒水齋集》 卷8 〈答閔聖猷〉.
148) 이 부분에서는 서울·경기 지역 서인들에게서 보이는 심성론과 그 특징을 다루고자 하며 그것을 '심학(心學)'으로 정의하고자 한다. 그 이유는 이들이 심(心)의 가치를 무엇보다도 중시하는 경향을 띠었기 때문이다. 여기에서의 심학은 '심 중심의 수양론'이라는 의미를 갖는다.

구하였던 홍인우(洪仁祐; 1515~1554), 남언경(南彦經), 이요(李瑤) 등 화담
학파였다는 사실은 소옹학과 심학의 관련성을 강하게 말해준다. 사실
서경덕 자신도 심학의 종주로서 당대에 일컬어졌는데, 김인후(金麟厚;
1510~1560)는 서경덕이 학자들을 '돈오첩경'(頓悟捷徑)의 학문에 이르게
함을 우려하기도 하였다.149)

화담학파와 양명학의 관련성은 기존 연구에서 부분적으로 언급되었
으나 사상 내적인 관련성에 대한 설명은 아직 부족하다.150) 이 부분에서
는 소옹학과 심학의 관련성 문제를 검토함으로써 소옹학을 연구한 이들
이 어떠한 방식으로 심학에 관심을 가지게 되었는가를 살펴보고자 한
다.151)

소옹학을 연구한 서울·경기 지역 서인 계열에서는 소옹학 속에서 태
극의 본원성·보편성·동일성을 추출하여 강조하려는 경향이 있었다.
이것은 보편적인 존재원리인 '이'가 시간과 공간을 떠나서 균등히게 모
든 사람의 마음과 사물에 구비되어 있다는 생각과 연결된다. 이러한 사
상적 경향은 심학으로 가는 중요한 매개 역할을 할 수 있었다.

---

149) 金麟厚, 《河西集》 附錄 卷3 〈次徐花潭敬德讀周易詩〉, "時花潭 以心學爲一時所
宗……蓋花潭之啓導學者 有不屑下學 頓悟捷徑之慮 故先生深憂之 乃步其韻以訂
之"; 宋時烈, 《宋子大全》 卷154 〈河西金先生神道碑銘〉, "於花潭則慮其弊流於頓悟
之捷徑".

150) 기존 연구에서 윤남한은 초기 양명학 수용자였던 남언경(南彦經) 등이 화담학파와
긴밀한 관계를 가졌음을 언급하였으며[윤남한(1982), 162~163쪽], 신병주는 화담학
파의 양명학을 설명하면서 화담학파가 가지고 있는 개방적 학문 경향이 양명학의 수
용을 용이하게 하였다고 지적하였다[신병주(2000), 253쪽].

151) 소옹학 속에는 원래 심(心)을 중시하는 경향이 있었다. 소옹은 심을 태극(太極)이라
고 하였으며(邵雍, 《皇極經世書》 觀物 外篇, "心爲太極 又曰道爲太極"), "선천학(先天
學)은 심법(心法)이니 도서(圖書)는 모두 중(中)에서부터 일어나고 만화만사(萬化萬事)
는 심에서 생겨난다"(邵雍, 《皇極經世書》 觀物 外篇, "先天學心法也 故圖皆自中起 萬
化萬事生乎心也")고 하였다.

　이일(理一) 관념은 심학 연구의 중요한 전제조건이었다.[152] 내 마음의 '이'와 만물의 '이'가 같기 때문에 굳이 바깥의 '이'를 찾아 나설 필요 없이 내 마음의 '이'를 궁구히 함으로써 바깥의 '이'도 자연스럽게 터득할 수 있다는 주장은, 만물이 일체이며 모두 똑같은 보편적 이치[一理]를 가졌다는 사실을 강조함으로써 더욱 논리적 근거를 얻을 수 있었다. 심학의 이러한 점은 소옹 상수학의 문제의식과 일치하였다. 다음 정호와 왕양명은 '이일'(理一) 관념과 자신의 심학을 연결시켜 이해하고 있었다.

　정호는 자신의 심학에서 중요한 전제가 되었던 만물일체 사상의 근거로서 모든 사물이 '이'를 가지고 있다는 사실을 들었다.[153] 즉 만물일체 사상의 근거로서 '이'의 보편성을 제시한 것이다. 이는 '이일분수'(理一分殊) 가운데 '이일'을 강조하는 것이었다. 실제 정호는 소옹의 학문에 대해서 '내성외왕(內聖外王)의 도'라고 칭송하였으며 '편안하고 성취하였다[安且成]'고 평가하기도 하였다.[154] 이것은 정호가 소옹학에서 자신과의 합치점을 발견하였기 때문에 가능할 수 있었다.

　왕양명 또한 자신의 심학과 '이일' 관념이 관련되어 있었음을 보여주었다. 그는 다음과 같이 말하였다.[155]

---

152) '이일'은 심학 여부를 떠나 성리학의 가장 일반적인 전제라고 할 수 있다. 단, 이 책에서 말하고자 하는 것은 '이일분수' 가운데 상대적으로 '이일'을 강조하느냐 '분수'를 강조하느냐에 따라 그 사상적 경향성에 일정한 차이를 보인다는 점이다. 심속에 담겨 있는 '이'의 보편성을 강조하면서 성인과 범인, 만물의 균등성을 주장한 사람들은 대체로 '이일분수' 가운데에 '이일'을 강조하고 '만물일체'를 주장하는 경향이 많았다.

153) 《二程全書》 冊一(中華書局) 遺書 卷2上 二先生語二上, "所以謂萬物一體者 皆有此理".

154) 黃宗羲, 《宋元學案》 1(中華書局), 卷9 〈百源學案〉 上, 367쪽, "又曰 內聖外王之道也"; 《二程全書》 冊二(中華書局) 明道文集 卷之四 墓誌銘 〈邵堯夫先生墓誌銘〉, "若先生之道 就所至而論之 可謂安且成矣"; 《二程全書》 冊二(中華書局) 河南程氏外書 第十一 〈時氏本拾遺〉, "堯夫之學 可謂安且成".

대저 이(理)에는 내외가 없고, 성(性)에도 내외가 없습니다. 그러므로 학문에도 내외가 없습니다. 강습하고 토론하는 것이 내(內) 아님이 없으며, 반관내성(反觀內省)함은 외(外)를 버린 적이 없습니다. 학문이 반드시 밖에서 도움을 받아야 한다면 이것은 자신의 성을 밖에 있는 것으로 만드는 것입니다. 이것은 (고자가 말하는) 의외(義外)이며 지(智)를 쓰는 것입니다. 반관내성이 안에서 구하는 것이라면 이것은 자기의 성을 안에 있는 것으로 만드는 것입니다. 이것은 아(我)를 가지는 것이며 자사(自私)입니다. 이것은 모두 성에 내외가 없다는 것을 모르는 것입니다.…… 격물(格物)이란 그 마음의 사물을 바로잡는 것이며, 그 의념의 사물을 바로잡는 것이며, 그 앎의 사물을 바로잡는 것입니다. 정심(正心)이란 그 사물의 마음을 바르게 하는 것이며, 성의(誠意)란 그 사물의 의념을 성실하게 하는 것이며, 치지(致知)란 그 사물의 양지를 실현하는 것입니다. 여기에 어찌 안과 밖, 저것과 이것의 구분이 있겠습니까? '이'는 하나일 따름입니다.156)

왕양명은 이(理)와 성(性)에는 안과 밖이 없다고 말하였다. 특히 성무내외(性無內外)란 말은 정호(程顥)의 《정성서》(定性書)에 나오는 말로서 '이일'(理一)을 의미하는 것이었다. 그는 '이'와 성이 내외 없이 하나이기 때문에 학문에도 내외가 없으며 이 둘을 엄격히 구분할 필요가 없다고 생각하였다. 그러므로 주자학의 격물 공부는 내적인 면을 소홀히 한 채 밖으로만 치우쳐 있다는 비판이 가능할 수 있었다. 왕양명은 심과 물, 내외를 일치시키고 격물·치지·성의·정심의 공부를 하나로 볼 수 있는 근거를 '이일'에서 찾았던 것이다.

---

155) 이 부분은 최진덕, 2000, 《주자학을 위한 변명》, 청계출판사, 446~450쪽을 참조하였다.
156) 《傳習錄》(中) 〈答羅整庵少宰書〉(1520).

　　신흠과 이수광은 이러한 소옹학과 심학의 관련성을 잘 보여주었다. 신흠은 소옹학과 심학에 깊은 관심을 보였던 대표적인 인물 가운데 하나였다. 이수광과 김상헌은 신흠의 묘지명과 행장에서 그가 정호와 소옹을 가장 사모하였다고 적었다. 신흠은 정호와 소옹을 칭송하면서 정호는 성인의 자질을 지녔고, 소옹은 성인의 재주를 가졌다고 언급하였다는 것이다.157)

　　신흠은 실제 정호에 대해서 그의 인설(仁說)이 송나라 제자(諸子)들 가운데 가장 좋으며,158) 정호의 《정성서》는 간이하고 명백하게 이전의 현인이 아직 드러내지 않았던 것을 확충 해 주었다고 말하였다.159) 이러한 인식은 자연스럽게 심학에 대한 관심으로 나타났다.160) 그는 물리(物理)를 두루 궁구하기는 쉽지 않지만 나의 마음에 대해서는 요달(了達)할 수 있으니 마음을 요달하는 것이 바로 궁리(窮理)라고 하였다.161) 즉 바깥 사물에서 찾는 것이 아니라 자신의 마음을 명확히 이해하는 것이 바로 이치를 궁구히 하는 것이라는 설명이다. 나아가 신흠은 왕양명에 대해서도 다음과 같이 긍정적으로 평가하였다.

　　문성공(文成公) 왕수인(王守仁)이야말로 진정한 유자(儒者)였다. 유학에 전념하면서도 평소 군사를 잘 통솔하였고 험준하기 이를 데 없는 지

---

157) 李睟光,《芝峯集》卷23 〈議政府領議政申公墓誌銘〉, "先儒理性之編 近代學者之說 亦皆參究 領會其趣 尤慕程伯子邵堯夫 常曰伯子有聖人之質 堯夫有聖人之才"; 申欽,《象村稿》附錄一下 行狀(金尙憲 撰), "先儒講理之書 無不硏幾極深 近代學者之說 亦皆奄貫渙釋 尤慕程伯子邵堯夫 常曰伯子有聖人之資 堯夫有聖人之才".

158) 申欽,《象村稿》卷57 〈求正錄〉 上, "宋之諸子言仁者多 程伯子仁說最好".

159) 申欽,《象村稿》卷45 外稿 第四 彙言 四, "明道定性書 簡易明白 擴前賢所未發 後來論學者 未見有及之者 以此知明道 逈拔於諸子也".

160) 申欽,《象村稿》卷40 雜著 〈心學篇〉.

161) 申欽,《象村稿》卷57 〈求正錄〉 上, "物理未易遍窮 吾心可以自了 了心卽是窮理".

역에까지 말을 달려 복파(伏波; 後漢의 馬援)와 이름을 나란히 하였으니 장하다 하겠다. 세상에서 그의 학술이 잘못되었다고 비난을 하지만 학술이란 현실에 적용할 수 있어야 귀한 것이다. 전곡(錢穀)이나 갑병(甲兵) 등 어느 것치고 유자(儒者)의 일 아닌 것이 없다. 그런데 세상에서 장구(章句)나 찾고 뒤적이는 자들은 걸핏하면 성명(性命)을 끌어대곤 하는데, 막상 정사를 처리하는 자리에 앉혀 놓으면 멍청해서 어떻게 해야 할지를 모른다. 그런데 더구나 삼군의 목숨을 책임지고서 큰 공적을 세우는 일이야 말할 나위가 있겠는가!162)

그는 왕양명이야말로 진정한 유자라고 단언하였다. 유학에 전념하면서도 군사를 잘 통솔하여 험준한 지역에까지 말을 달리며 나아갔으니 훌륭하다는 것이었다. 그리고 사람들이 그의 학술이 잘못되었다고 하나, 학문이란 현실에 적용해야 귀중한 것이라고 하였다.

정호와 소옹이 갖는 공유점을 구체적으로 보여준 사람은 신흠의 막역한 친구 이수광이었다.163) 그는 정호와 소옹을 인용해 무아(無我), 무물(無物)을 설명하면서, 정호와 소옹이 가지고 있는 사상의 공유점을 요령 있게 제시해 주었다. 이수광은 자신의 철학적 견해를 자유롭게 기술한 〈채신잡록〉(采薪雜錄; 《芝峯集》 卷24)이라는 글에서 소옹의 《황극경세서》 관물 내편에 나오는 '나 또한 남이고 남 또한 나이며, 나와 남이 모

---

162) 申欽, 《象村稿》 卷45 外稿 第四 彙言 四.
163) 이수광의 후손이 이익의 딸을 취(娶)함으로써 이수광 후손은 남인이 되는 계기를 마련하나, 이는 후대의 일이며, 이수광 자신은 서인·남인·북인의 인물들과 폭넓게 교유하고 있었다.(한영우, 1992, 〈이수광의 학문과 사상〉, 《한국문화》 13, 371쪽) 이수광의 행장과 신도비명을 각각 서인 장유와 김상헌이 썼고, 그의 제문과 만사(挽詞) 또한 서인·남인·북인이 모두 썼다는 사실은 그를 어느 한 당색으로 규정하기에 어려움이 있음을 말해 준다. 따라서 이수광을 당색에 구애됨이 없이 당시 소옹학과 심학에 관심을 가졌던 서울·경기 지역 지식인의 중요한 한 유형으로 이해하여도 무방하리라고 생각한다.

두 물이다'(我亦人也 人亦我也 我與人皆物也)는 말을 다소 변형하여 '물
(物) 또한 나요 나 또한 물이므로 성인은 무아(無我)할 수 있으며, 진정
무아할 수 있다면 무물할 수 있다'[164]고 적었다. 여기에 대해서 정경세
(鄭經世; 1563~1633)는 다음과 같은 반박하는 편지를 보내왔다.

> 당신의 말은 너무 고상해서 병통을 면치 못하겠습니다. 진경정(陳經
> 正)이, "저는 천지만물의 본체가 본래 저와 일체임을 보니 다시 제 몸이
> 제 몸 된 바를 알지 못하겠습니다" 하자, 이천(伊川)이 답하여 "다른 사
> 람이 배부르면 자네는 배고픔이 없는가?"라고 하였으니, 성현의 말은 평
> 이하고 진실됩니다.[165]

정경세는 편지에서, '천지만물의 본체가 본래 자신과 하나'라는 만물
일체 관념을 통해 다시 자신의 몸이 자신의 몸 된 바를 알지 못하겠다고
하면서 무아(無我) 관념으로 나아간 진경정의 물음과, 이에 '다른 사람이
배부르면 자네는 배고픔이 없는가'라는 정이의 답변을 소개하였다.[166]
정이의 답변은 사람과 사람 사이의 분별을 전제로 진경정의 만물일체
관념을 비판한 것이었다. 정경세는 정이의 이 말을 통해 이수광의 주장
이 잘못되었다는 논지를 폈다. 이러한 정경세의 답변에 대해서 이수광

---

164) 李晬光, 《芝峯集》卷24 〈采薪雜錄〉, "物亦我也 我亦物也 故聖人無我 能無我則無物".
165) 鄭經世, 《愚伏集》卷14 雜著 〈李芝峯采薪錄辨疑〉.
166) 《이정전서》(二程全書)에는 이 내용이 다음과 같이 실려 있다. 진경정이 천지에 가
   득 찬 것이 자신의 성이니 다시 제 몸이 제 몸 된 바를 알지 못하겠다고 하자, 정이는
   웃으면서 "다른 사람이 배부르면 자네는 배고프지 않을 수 있는가?"라고 답하였다는
   것이다[《二程全書》冊二(中華書局) 河南程氏外書 第十一, 〈時氏本拾遺〉, "陳經正問
   曰 据貴一所見 盈天地間 皆我之性 更不復知我身之爲我 伊川笑曰 他人食飽 公無餒
   乎"]. 진경정의 물음에 대하여 '천지만물이 본래 나의 몸이니'라는 정경세의 편지와
   '천지에 가득 찬 것이 나의 성이니'라는 《이정전서》의 내용이 서로 다르기는 하나
   만물일체를 말한 것에서는 동일하다 하겠다.

은 다시 다음과 같이 답변하였다.

일찍이 듣건대 정자(程子)는, "인자(仁者)는 천지만물을 일체로 삼으니 (세상에) 나 아님이 없다. 모든 것이 나라는 것을 안다면 어찌 극진히 하지 않는 바가 있겠는가?" 하였고, 소강절(邵康節)은, "사물을 자신의 주관대로 하지 않는다면 사물을 사물로서 대할 수 있다. 성인의 마음은 무사(無私)이니 마치 천지가 확연(廓然)하여 대공(大公)한 것과 같아 본래 사물과 나 사이에 틈이 없다"고 하였습니다. 그러므로 제가 이른 바는 성인의 대공무사(大公無私)의 이치를 밝히고자 할 따름이었습니다.[167]

이수광은 우선 정호의 말을 인용하여 인자(仁者)는 천지만물을 일체로 삼으니 그럴 경우 세상에는 나 아님이 없고 세상 모든 것이 나라면 어찌 세상에 대해서 극진히 하지 않을 수 있겠는가 설명하였다. 이어 그는 다시 소옹의 말을 인용하여, 사물을 자신의 주관대로 하지 않는다면 진정 사물을 사물로서 대할 수 있으며, 성인의 마음은 무사(無私), 대공(大公)하니 본래 사물과 나 사이에는 틈이 없다고 하였다. 즉, 물아일체·만물일체 관념을 지적하였던 것이다. 이수광은 정호와 소옹의 말을 인용하여 만물일체를 통한 무사·대공의 논리를 설명하는 과정에서 정호와 소옹 사상이 갖는 공유점, 즉 만물일체 관념을 잘 보여주었다. 이렇듯이 소옹과 정호 사상은 만물일체를 통해서 조우할 여지가 있었다.

이에 반해서 정이와 주희는 소옹학을 다소 폄하하려 하였다. 정이는 소옹학을 '공중누각'과 같다고 하였으며, 그 사람됨을 '무례불공'(無禮不恭)한 것으로 파악하였다. 아마도 그 이유는 소옹학이 세상을 가벼이 여기는 병폐가 있다고 생각하였기 때문으로 보인다.[168] 주희 또한 구속되

---

167) 李睟光,《芝峯集》卷24〈與鄭副學采薪錄評〉.

는 것과 정밀한 것을 싫어하고 호방한 것과 간편한 것을 좋아하는 학자
들이 소옹의 사람됨을 사모하고자 한다는 사실을 지적하기도 하였
다.169)

소옹이 무례불공하며 세상을 가벼이 여긴다는 정이의 지적과 호방하
고 간편한 것을 좋아하는 자들이 소옹을 좋아한다는 주희의 지적은, 소
옹이 사물들의 차별성을 하나하나 고려하지 않고, 이들을 하나의 기준
으로 총체적으로 파악하려고 한 것에 대해서 정이와 주희가 불만을 표
시한 것으로 이해할 수 있다. 소옹학은 자칫 사물 하나하나의 이치를
순서대로 규명하는 격물(格物)과 하학(下學) 공부에 대한 소홀로 빠질 수
있었기 때문이다.170)

소옹은 일신(一身)으로 만신(萬身)을 볼 수 있고 일물(一物)로 만물(萬
物)을 볼 수 있다고 하였다.171) 근거는 앞서 제시하였던 만물일체 관념
이었다. 만물이 일체이기에 일신의 '이'와 만물의 '이'는 같고, 따라서
자연히 일신과 일물만 상세히 살피면 외부의 사물을 따로 궁구히 하지
않아도 알 수 있게 되는 것이었다. 이 점은 심학의 문제의식과 합치되는
지점이었다. 즉, 이것은 심과 밖은 '하나의 이치'[一理]이므로 밖의 사물
을 구할 필요 없이 심에 있는 '이'만을 살피면 된다는 심학의 사고로 이

---

168) 《二程全書》 冊一(中華書局) 遺書 卷7 二先生語七, "邵堯夫猶空中樓閣"; 같은 책, 遺
書 卷2上 二先生語二上, "其爲人 則直是無禮不恭 唯是侮玩 雖天地亦爲之侮玩".

169) 黎靖德 編,《朱子語類》7(中華書局) 卷100,〈邵子之書〉, 2542쪽, "近日學者有厭拘檢
樂舒放 惡精詳 喜簡便者 皆欲慕邵堯夫之爲人".

170) 이러한 문제점은 유형원도 지적하였다. 유형원은 소옹학 속에 '하학이상달(下學而
上達)의 순서가 없음'을 지적하였다. 柳馨遠,《磻溪雜藁》(1989, 驪江出版社)〈與鄭文
翁東稷論理氣書〉別紙 83쪽, "康節物理之學也 觀物而知其理 玩物而得其妙 若聖人則
直是誠以率性 足蹈手持 無非是禮 故聖門之學 下學而上達 而康節則無是事 只把理做
奇妙事 玩弄他天機而已".

171) 邵雍,《皇極經世書》觀物 內篇, "以一心觀萬心 一身觀萬身 一物觀萬物 一世觀萬世".

어질 수 있었던 것이다. 이수광은 소옹학과 심학이 공유할 수 있는 점들을 다음과 같이 보여주었다.

전(傳)에 만물은 모두 나에게 구비되어 있다고 하였으니 대저 천지만물은 본래 나와 한 몸인 까닭에 만물의 이치를 잘 궁구히 하는 자는 만물에서 찾지 않고 자신에게서 찾는다.172)

이수광은 천지만물은 본래 나와 한 몸인 까닭에 만물의 이치를 잘 궁구히 하는 자는 만물에서 그것을 찾지 않고 자기 자신에게서 찾는다고 하였다. 정경세는 이와 같은 말에 양명학의 혐의가 있음을 지적하였다. 정경세는 이수광의 '만물에서 찾지 않고 자신에게서 찾는다'는 말이 모든 이치가 내 마음에 담겨 있으니 밖의 사물을 궁구히 할 필요 없다는 치양지(致良知)의 설, 즉 양명학의 주장과 매우 흡사하다고 판단하였던 듯하다.173) 정경세의 지적에 이수광은 정호・주희・소옹의 말을 빌려 자신의 논지를 다음과 같이 보강 설명하였다.

정자는(程子) '세상 사람들이 비록 천지만물의 이치를 궁구히 하지만 자기 몸에서 실제로 체인하지는 못한다. 그래서 오장육부모발근골(五臟六腑毛髮筋骨)에 담겨 있는 것을 아는 이가 적다. 잘 배우는 자들은 자신에게서 취하여 천지를 바라본다'고 하였고, 주자는 '이(理)는 외면에 따로 있는 일물(一物)이 아니라 곧 내 마음에 있으니, 우리들은 이것이 정말 실제로 내게 있다는 것을 체찰(體察)할 수 있어야 한다. 비유한다면

---

172) 李睟光, 《芝峯集》 卷24 〈采薪雜錄〉.

173) 鄭經世, 《愚伏集》 卷14 〈李芝峯采薪錄辨疑〉, "聖人但言致知在格物 程夫子釋之曰 物我一理 纔明彼卽曉此 合內外之道也 必如此言之 方是十分分明的確 若如此說則聖人當日 格物在致知 程夫子當日 纔明此卽曉彼矣 豈不是倒說 不幸而近於致良知之說".

마치 수양가(修養家)에서 이른바 연홍(鉛汞), 용호(龍虎)가 모두 우리 몸 안의 물(物)인 것과 같다'고 하였습니다. 저도 맹자와 정·주자 두 선생의 뜻으로 인하여 이러한 의견을 가졌던 것입니다.[174]

전(傳)에 이르기를 가까이 자신에게서 취한다고 하였고, 소자(邵子) 관물편(觀物篇)에 이르기를 일신(一身)으로 만신(萬身)을 바라볼 수 있고 일물(一物)로 만물(萬物)을 바라볼 수 있다고 하였으니, 대개 만물의 '이'는 내 몸에 구비되어 있으니 이른바 관물이라는 것은 만물의 '이'를 반관(反觀)하는 것입니다. 제가 말한 것은 본래 여기에서 나온 것입니다.[175]

이수광은 자신의 논지가 사실 정호·주희·소옹이 부분부분 언급한 것들을 나름대로 소화해 서술한 것임을 밝히면서 양명학과는 거리가 먼 것임을 주장하고자 하였다. 하지만 그의 논지 속에는 분명 정경세가 지적하였듯이 양명학으로 나아갈 수 있는 사상적 요소들이 담겨 있었다. 여기에 소옹학은 중요한 일조를 하고 있었다.

한편, 조성기 또한 소옹학에서 마련된 '이일'(理一)의 강조가 심학과 어떻게 연결될 수 있었는가를 잘 보여주었다. 조성기는 '이일'을 강조하면서 '이'에 의한 사물인식과 세계관을 강조하였다. 이 과정에서 그는 '이'가 시간과 공간을 떠나서 평등하게 '심'에 구비되어 있다고 생각하였으며, 이렇게 심에 구비된 '이'를 통해서 사람은 올바른 일을 행할 수 있다고 하였다.

생각건대 심(心)에 구비된 것은 한 개의 이자(理字)를 넘지 않습니다.

---

174) 李睟光, 《芝峯集》 卷24 〈與鄭副學采薪錄評〉.
175) 李睟光, 《芝峯集》 卷24 〈重與鄭副學書〉.

'이'는 용(用)에서 발하여 흩어져 만사(萬事)가 되니 이미 그러한 자취와 마땅히 행해야 할 방법은 옛 경전과 사책(史冊) 가운데 모두 구비되지 아니한 것이 없습니다. 지금 만약 옛사람이 이미 말한 것으로 인하여 하나하나 행한다면 이 심 가운데 구비된 '이'는 저절로 마땅히 일에 따라서 발현되어 막을 수 없을 것입니다.176)

조성기는 옛사람이 이미 말한 것을 하나하나 행한다면, 심 속에 구비된 '이'는 일에 따라서 발현되어 인(仁)을 행하고자 하면 인을 행할 수 있고, 의(義)를 행하고자 하면 의를 행할 수 있을 것이라고 하였다. '이'가 균등하게 구비되어 있는 심은 시간적 공간적 한계를 벗어나 균등한 입장에서 선(善)을 행할 수 있는 것임을 말하고자 하였다. 따라서 우리의 지식과 능력이 옛사람에 미치지 못하나 마침내는 알 수 있고 할 수 있는 것은 진실로 우리 마음의 '이'가 만물의 변화를 주재하고 천하의 일을 관장할 수 있기 때문에 가능한 것이었다.177)

그는 마음의 '이'는 고금(古今), 범성(凡聖), 허실(虛實), 내외(內外)의 구분이 없다고 하였으며, 마음의 '이'는 고(古)와 금(今)이 하나라고 하였다.178) 이러한 이유로 심 속의 '이'를 회복할 수 있다면 비록 그 자질이 주돈이·정호·정이·장재·주희에 미치지 못한다고 하더라도 그 학문은 같을 수 있으며, 당우삼대(唐虞三代)의 이상적인 정치도 이룰 수 있다고 하였다.179) 그리고 그는 자신에게서 돌이켜 구한다면 지금 자신의 심

176) 趙聖期, 《拙修齋集》 卷6 〈答林德涵書〉.
177) 위의 글, "蓋吾之知雖不及古人 而終有可知者存焉 吾之能雖不及古人 而終有可能者存焉 誠以吾心之理 足以宰萬物之變 管天下之事 而無不達者".
178) 趙聖期, 《拙修齋集》 卷8 〈答閔參奉以升書〉, "此心此理 則無古今凡聖虛實內外之分 蓋古今者 時日年月之先後 而此心此理 則古猶今也".
179) 위의 글, "是以人能讀聖賢之書學聖賢之道 復此心之此理 則內外自合 虛實相發 雖人非周程張朱 而其學則可同 雖時異唐虞三代 而其治則可追 雖文非聖訓賢謨 而其理則

술(心術)은 곧 옛날의 고현(高賢)과 더불어 하늘로부터 균등히 얻은 바이어서 한 터럭이라도 더하고 뺄 것이 없다고 하였다.180)

이처럼 그의 심학은 심에 담겨 있는 '이'에 주목한 것이었다. 그는 이 '이'가 고금을 관통하므로 당대 사람들도 옛사람의 도를 행할 수 있다고 생각하였다. 비록 구체적인 일의 자취는 다르나, '이'는 공통되므로 '이'에 따라 행동한다면 마침내 옛사람의 사업을 할 수 있다고 여겼던 것이다. 이것이 바로 조성기가 가졌던 심학의 요체였다.

이상에서 심학과 소옹학의 관련성 문제를 검토하였다. 소옹학에 깊은 관심을 가졌던 이들 가운데에는 심학에도 깊은 조예가 있었던 사람들이 많았다. 그것은 소옹학과 심학이 공유한 '이일' 관념의 영향 때문이었다. 이수광과 조성기는 소옹학과 심학이 어떻게 연결될 수 있는가에 대해서 구체적으로 보여주었다.

(2) 심성(心性)의 균등성·동일성 중시

앞서 소옹의 학문과 심학과의 관련성 문제를 검토해 보았다. 이것과 함께 서울·경기 지역 일부 서인들의 심학 연구 속에서는 모든 사람들의 심성이 균등하고 동일하다는 것을 강조하려는 경향이 나타났다. 장유(張維)와 최명길(崔鳴吉)은 심성의 균등성·동일성 강조를 다음과 같이 보여주었다.

대저 하늘이 사람에게 부여한 것으로 말하면 그지없이 신령스럽고 밝은 그것[靈靈明明者]이 아니겠는가! 사람 속에 담겨 있는 지극히 신령스

可擬 學至於此 可以通天地萬物之理於一人之心 同古今聖賢之善於一心之內".
180) 趙聖期, 《拙修齋集》 卷10 〈與金子益書〉, "今日之景物 卽昔日天地之所有也 反求諸身 而今日自家之心術 卽與昔日高賢 所均得乎天賦 而無一毫之增損者也".

럽고 밝은 그것이야말로 옛날에는 있었다가 지금은 없어진 것도 아니고 이적(夷狄)이나 중화(中華)에 따라 풍족하게 있거나 적게 있는 것도 아닌 것이다. 따라서 그지없이 신령스럽고 밝은 그것이 내 속에 들어 있다는 것을 사람들이 제대로 알고서 외물의 영향을 받지 않게 된다면 외물은 작아지고 자신은 커져서 어떤 상황에 처하더라도 자득하지 않는 경우가 없게 될 것이다.181)

장유는 하늘이 부여한 사람 속에 담겨 있는 지극히 신령스럽고 밝은 그것[靈靈明明者]은 옛날이나 지금이나 같은 것이며, 오랑캐나 중화인이나 모두 똑같이 보유하는 것이라고 하였다. 이러한 측면은 다음 최명길의 말에서도 다시 한번 확인된다.

내 마음을 흩어지게 하지 않고 가끔 정좌묵관(靜坐默觀)하여 천기(天機)의 묘(妙)함을 인식하여 항상 내 마음의 본체로 하여금 연비어약(鳶飛魚躍)의 천성에 합치되게 한다면 비록 감옥 안에 갇혀 있다고 하더라도 저절로 무우(舞雩)의 취(趣)가 있어 즐거워 근심을 잊을 것이니, 하물며 너의 거처함이 오히려 자유로운 데 있어서랴! 접하는 자들이 비록 언어 풍습이 다르더라도 또한 나의 동포 아님이 없으니, 그 천(天)이 부여한 오성칠정(五性七情)을 얻은 바가 나와 그다지 멀지 않을 것이다. 어찌 목석과 사슴의 무리들보다 낫지 않겠느냐!…… 일월한서(日月寒署)의 교체와 풍운연우(風雲烟雨)의 변태는 도체유행(道體流行)의 묘함 아님이 없어 나의 방촌(方寸) 지각의 용(用)과 더불어 상하 동류(同流)하여 섞여 하나가 되니, 단지 이에 대해서 항상 체인(體認)할 수 있다면 이른바 분명하지 않았던 것은 분명해지고 이른바 황홀하였던 것은 자연히 익숙해질 것이다.182)

　최명길은 마음을 가다듬은 후 천기의 묘함을 인식하여 마음의 본체를 자연에 합치시킨다면 저절로 즐거움이 있을 것이며, 귀양지의 사람들도 우리의 동포이니 또한 하늘이 부여한 오성(五性), 칠정(七情)을 가지고 있다고 하였다. 그리고 우주의 변화 양상을 내 마음과 합치하여 체인할 수 있다면 자연히 세상의 일들을 분명히 알 것이라고 하였다. 이것은 만물일체적 관점에서 볼 때 나의 마음, 귀양지의 사람, 우주가 모두 균등하고 동일하기 때문에 가능할 수 있었다.

　여기에서 '오성·칠정'은 하늘이 부여한 본원적인 것이라는 측면에서 앞서 장유가 말한 하늘이 부여한 '신령하고 밝은 그것'[靈靈明明者]과 같은 맥락에서 이해할 수 있다. 오성·칠정과 영영명명자는 하늘이 부여한 본원적인 것으로서 사람과 사람 사이의 공유점을 담보할 수 있는 중요한 매개체였다. 사람과 사람들의 '기'가 차별적이고 분별적인 것인 데 반해 하늘이 부여한 '이'는 균등하고 동일한 것이었다. 따라서 개념상 정확히 일치하지는 않는다고 하더라도 오성·칠정과 영영명명자는 하늘이 사람에 부여한 본성의 다른 표현으로서 이해할 수 있다. 이렇게 볼 때 장유와 최명길은 중화, 이적, 변방의 백성 누구나 하늘로부터 부여받은 본성을 균등히 가지고 있다는 사실에 주목하고자 했다고 하겠다. 그래야만 사람 사이에서 공유점을 담보할 수 있기 때문이었다.

　이와 같이 심성의 균등성과 동일성을 중시하는 경향은 이후 조성기(趙聖期), 이세구(李世龜; 1646~1700), 정제두(鄭齊斗)에게서도 보였다. 조성기는 심에 담겨 있는 '이'로 인하여 고금의 한계를 넘어설 수 있으며, 심은 만물의 변화를 주재하고 천하의 사(事)를 보전하기에 족하다고 하였다.

---

182) 崔鳴吉, 《遲川集》卷17 〈寄後亮書〉.

생각건대 옛사람의 일은 곧 요즘 사람의 일이요 요즘 사람의 일은 곧 나의 일입니다.…… 지금 비록 고금(古今)의 다름이 있고, 자취에 문자·사물의 구분이 있고, 사람에 고금·지우(智愚)의 구분이 있지만 그 사(事)와 그 '이'(理)는 아직 일찍이 같지 않은 적이 없었습니다. 그 '이'는 우리 심(心)에 구비되어 항상 일용(日用)에서 발하니 진실로 지금의 일로써 옛일을 참고하고 요즘 사람으로서 옛사람을 체득할 수 있습니다.…… 진실로 우리 심의 '이'로써 만물의 변화를 주재하기에 족하고 천하의 일을 보전하기에 족하니 우리 심의 '이'는 이미 옛사람과 다르지 않으며 금세(今世)의 일은 이미 전세(前世)와 다르지 않습니다. 비록 만난 바의 경계와 때가 피차 점점 다르나 이것을 밝히고 저것을 깨우쳐서 내외의 도가 근본에서 합쳐진다면 어찌 고금에 하나로 할 수 없는 것이 있겠습니까![183]

그는 옛사람의 일은 곧 요즘 사람의 일이요 요즘 사람의 일은 곧 나의 일이며, 우리 심(心)의 '이'는 옛사람과 다르지 않으며 금세(今世)의 일은 전세(前世)와 다르지 않다고 하였다. 옛사람과 요즘 사람은 비록 그 만난 경계와 때가 다르다고 할지라도 '이일'(理一)이라는 관점에서 보면 같기 때문이다. 즉 옛사람이든 요즘 사람이든 하늘이 부여한 '이'를 똑같이 공유하기 때문에 균등하고 동일하다는 것이다. 조성기는 옛사람과 요즘 사람을 관통하는 일리(一理)를 통해 그들의 동일성을 강조하고자 하였다.[184] 그러하기에 그는 자신 있게 이 마음과 이 이치는 고금(古今), 범성

---

183) 趙聖期, 《拙修齋集》 卷6 〈答林德涵書〉.
184) 그는 이 밖에도 다음과 같은 언급을 하였다. 대개 천하만사는 본래 하나의 이치이니 이 때문에 비록 사람들에게는 고금의 다름이 있고 일에도 고금의 다름이 있지만 '이'에는 고금의 다름이 없다고 하였다.(趙聖期, 《拙修齋集》 卷5 〈答林德涵書〉, "蓋天下萬事 本此一理 是以雖人有古今之異 事有古今之異 而理無古今之異") 이는 고금의 모든 사람들이 균등히 '일리'를 가지고 있음을 말한 것이다. 또한 그는 사람은 모두

(凡聖), 허실(虛失), 내외(內外)의 구분이 없으며 이 마음과 이 이치는 옛날과 지금이 같다고 하였다.[185] 이러한 인식은 일찍이 육상산(陸象山; 1139~1192)에게서도 보였다. 육상산은 동해에 성인이 나와도 이 마음과 이 이치가 같고, 서해에 성인이 나온다 하더라도 이 마음과 이 이치가 같으며, 남해나 북해 그 어느 곳에서 성인이 나온다 하더라도 이 마음과 이 이치는 같다고 하였다.[186]

이세구에게서도 조성기와 흡사한 생각들이 나타났다. 그는 이항복(李恒福)의 증손으로 당시 소론 계열의 대표적 학자 가운데 하나였다. 이세구는 성인(聖人)과 범인(凡人)의 미발심체는 다른 것이냐 같은 것이냐는 질문에 대해서 다음과 같이 답하였다. 그는 갑작스런 순간에 발현하는 본체는 성인과 범인이 같으며, 본연의 진(眞)은 성인과 범인이 함께 얻은 것이라고 하였다.[187] 여기에서 본연의 진은 심 속에 담겨 있는 '이'를 가리키며, 그는 성인과 범인의 미발심체의 동일성을 인정하였던 것이다.

이렇게 옛사람(古人)과 지금 사람(今人), 성인과 범인이 가지는 심체의

마음을 가지고 있고 마음에는 모두 이 이치가 있다고 하였다.(趙聖期, 《拙修齋集》 卷 6 〈與林德涵書〉, "蓋人皆有是心 心皆具是理") 그러하기에 그는 사람의 학문으로 이 마음보다 절실한 것이 없다고 하였다. 이 마음의 선함은 사람들이 모두 가지고 있고 이 마음의 묘함은 사람들이 모두 알고 있어서 또한 스스로 모든 일상사에 운용하니 때마다 그렇지 않은 적이 없었다고 말하였던 것이다.(《拙修齋集》 卷8 〈答閔參奉以升書〉, "竊以人之爲學 莫切於此心 此心之善 人皆有之 此心之妙 人皆知之 亦自運而用 之於日用尋常百事之間 無時而不然")

185) 趙聖期, 《拙修齋集》 卷8 〈答閔參奉以升書〉, "此心此理 則無古今凡聖虛實內外之分 蓋古今者 時日年月之先後 而此心此理 則古猶今也".

186) 《象山全集》(臺灣中華書局) 卷36 〈年譜〉(13세조), "東海有聖人出焉 此心同也 此理同 也 西海有聖人出焉 此心同也 此理同也 南海有聖人出焉 此心同也 此理同也 千百世之 上 至千百年之下 有聖人出焉 此心同也 此理亦莫不同也".

187) 李世龜, 《養窩集》 冊4 〈答李太素別幅〉 戊寅 四月, "瞥然之頃 其所發現者 本體則亦 不可謂非聖凡之所同得者矣⋯⋯當其闖發之時 一端呈露者 乃本然之眞 聖凡之所同者 是固鑑空衡平之體".

공통성을 인정하는 것은 정제두의 다음과 같은 말에서 좀더 직접적인
모습으로 나타났다.

> 옛날의 양설(羊舌)과 석생(石生)과 같이 악한 자들은 그 품부한 기(氣)
> 가 악(惡)하였던 것이다. 하지만 그 기가 비록 지극히 악하다고 하더라도
> 진실로 사람이라면 오직 유연(油然)히 발하는 일단(一段)만은 성인과 더
> 불어 같은 것이다. 진실로 사람의 마음이라면 비록 지극히 악한 품기를
> 지니고 지극히 흉칙한 습행을 일삼는다고 해도 오직 이 일단(一段; =天
> 性)만은 어찌 없을 수 있겠는가? 옛사람에게 이를 구한다 하더라도 나와
> 다를 것이 없으며 뒷사람에게 이를 구한다 하더라도 나와 다를 것이 없
> 다. 비록 오랑캐일지라도 다르지 않고 비록 금수일지라도 오히려 마음을
> 지닌 것이라면 또한 모두가 한 길의 밝은 곳이 있을 것이며 발하는 곳도
> 있을 것이다.188)

정제두는 모든 사람에게 천성이 온전히 갖추어져 있다고 하였다. 그
는 진실로 사람의 마음이라면 비록 지극히 악한 품기와 지극히 흉측한
습행일지라도 오직 이 천성만은 가지고 있다고 하였다. 그 천성을 고루
갖춤에는 옛사람과 지금 사람, 중화(中華)와 이적(夷狄)의 구분이 없다는
것이었다. 그 근거는 모든 사물에 균등하게 내재된 천리가 있기 때문이
었다. 그는 "내 마음과 천명(天命)은 원래 하나의 물건이니, 무릇 물리(物
理)가 유행하여 각기 다르게 흩어진 것이 어찌 피차가 있으며 내 마음
밖에 있겠는가"189) 하여 심·천명은 '이일'을 전제로 연결되어 있음을
분명히 하였다. 이러한 관점은 심(心), 성(性), 천(天)을 하나로 본 다음 언

---

188) 鄭齊斗, 《霞谷集》 卷9 〈存言〉 下.
189) 鄭齊斗, 《霞谷集》 卷2 〈答朴大叔論天命圖書 丙子〉, "大抵吾心天命 原是一物 則凡
　　物理之流行 而散殊於其間者 寧有彼此而在吾心方寸之外乎".

급에서 더욱 분명히 드러났다.

  심(心)과 성(性)과 천(天)은 하나이다. 인(人)은 오직 이 심일 뿐이요 심
은 오직 이 천일 뿐이다. 이미 심이라고 하였으면 천을 이미 거론한 것
이니 천과 인이 어찌 둘이겠는가?[190]

  그가 심(心), 성(性), 천(天)을 하나로 본 것은 앞서 말한 '이일'의 측면
에서 말한 것이다. 마음이 곧 하늘이라고 본 것은 소옹이 '마음이 곧 태
극'이라고 한 것과 같은 맥락에서 이해할 수 있을 것이다. 또한 그는 "모
두 하나의 '이'이므로 자기의 마음을 다하면 다른 사람의 마음을 다하고
다른 사람의 마음을 다하면 만물의 '이'를 다할 수 있다"[191]고 하였다.
  결론적으로, 그들은 성인과 범인의 구분 없이, 옛사람과 지금 사람의
구분 없이 모든 사람의 마음에 똑같이 갖추어져 있는 '보편적 이치'[一
理]에 주목하면서 이것을 '심학'의 근거로 확보하고자 하였다. 이것은
장유·최명길·조성기·정제두 등에게서 확연히 드러났다.

  (3) 심기(心氣)의 담연성(湛然性) 강조
  위에서 보았듯이 그들은 '이일'의 측면을 강조하면서 인(人)과 물(物),
중화(中華)와 이적(夷狄) 등의 범위를 떠나 균등하게 존재하는 어떠한 그
무엇이 존재함을 강조하였다. 그것은 심성의 균등하고 동일한 측면을
강조하는 것으로 나타났다. 그러나 이것만 가지고서는 '이(理)의 보편
성·동일성'을 강조하는 데 한계가 있었다. 현실적으로 '이'는 기(氣)를

---

190) 鄭齊斗, 《霞谷集》 卷7 〈名兒說〉.
191) 鄭齊斗, 《霞谷集》 卷2 〈與閔彦暉論辨言正術書〉, "皆一理也 故盡乎己則能盡乎人 盡
    乎人則能盡乎物".

통해서만 발현될 수 있다. 특히, '이기불상리'(理氣不相離)를 가장 중요하게 생각하였던 그들에게 '기의 역할'은 매우 중요하였다. 이기불상리를 최우선의 전제로 삼는 그들에게 '이'의 보편성·동일성을 이야기할 때 이미 기의 의미는 그 속에 담겨 있었던 것이다.192) 그들은 '이'가 올바로 발현되기 위해서는 '이'의 체현자인 기가 본질적으로는 순수하고 맑아야 한다고 생각하였다.

이이는 기를 청기(淸氣)와 탁기(濁氣)로 구분하여 현실적으로 존재하는 기에 주목하였다. 반면 서경덕은 기가 가지고 있는 '원초적인 맑음'에 더 주목하고자 하였다.193) 이것은 서경덕의 제자 박순(朴淳; 1523~1589)에 의해 '담일허명지기'(湛一虛明之氣)로 표현되기도 하였다.194) 이

---

192) 이러한 이기 관계를 18세기의 경우이기는 하나 박윤원(朴胤源; 1734~1799)은 다음과 같이 설명해 주었다. 朴胤源, 《近齋集》 卷6 〈與鹿門任公〉, "理氣不相離 故以理言而氣在其中 以氣言而理在其中".

193) 徐敬德, 《花潭集》 卷2 雜著 〈原理氣〉, "太虛湛然無形 號之曰先天 其大無外 其先無始 其來不可究 其湛然虛靜 氣之原也 ……語其湛然之體曰一氣 語其渾然之周曰太一".

194) 이것에 대한 논의는 이이와 박순의 편지 문답에 잘 나타나 있다. 서경덕의 제자였던 박순이 '담일허명지기'(湛一虛明之氣)를 주장하자, 이이는 이것이 음인지 양인지 그 구체적 성격을 분명히 해야 함을 지적하였다.(李珥, 《栗谷全書》 卷9 〈答朴和叔〉 一, "台敎所謂湛一虛明之氣 是陰耶陽耶 若是陰則陰前又是陽 若是陽則陽前又是陰 安得爲氣之始乎 若曰別有非陰非陽之氣 管夫陰陽則如此怪語 不曾見乎經傳也) 그것은 화담학파가 '선천지기'(先天之氣) 혹은 '담일허명지기'라는 개념을 통해서 원초적인 기의 존재를 설정하여 이를 '신비화'하려 하자 기의 현실적이고 구체적 성격을 분명히 하여 화담학파의 기 논의가 잘못되었음을 지적하려는 의도로 보인다. 이이는 나아가 장재와 서경덕의 논의가 음양추뉴(陰陽樞紐)의 묘가 태극에 있음을 알지 못해서 일양이 아직 생하기 전 기의 음한 것을 음양의 근본으로 삼았으니 성인의 뜻과 어긋나 있음을 지적하였다.(李珥, 《栗谷全書》 卷9 〈答朴和叔〉 二, "張子之論 固爲語病 滯於一邊 而花潭主張太過 不知陰陽樞紐之妙 在乎太極 而乃以一陽未生之前氣之陰者 爲陰陽之本 無乃乖聖賢之旨乎") 반면 박순은 '담일허명지기' 가운데 '이'는 자연히 존재하는 것이며(朴淳, 《思菴集》 卷4 〈答李叔獻書〉 一, "湛一虛明之氣 理亦在其中") 만약 태허담일지기(太虛湛一之氣)가 없다고 한다면 태극은 홀로 허공에 매달려서 음양을 낳는 것이겠는가 반문하였다. 그는 이기는 본래 선후가 없는 것임을 새삼 강조하였다.(朴淳, 《思菴集》 卷4 〈答李叔獻書〉 二, "若曰安有太虛湛一之氣 則太極

렇게 서경덕이 기의 '원초적인 맑음'에 주목한 이유는, 기를 곧 '이'라고
보았다고 여겨질 만큼 '이기불상리'를 강조하는 입장에서,[195] 기 자체
속에서 선(善)을 확보하지 않으면 안 된다는 인식 때문이었다. 즉, '이기
불상리'를 강조할 경우 이미 기 자체 속에서 선함이 확보되어야 하였다.
기와 '이'의 불상리를 극단적으로 강조할 경우 기의 선함이 확보되지 않
으면 '이'의 선(善)도 설자리를 잃어버릴 수밖에 없었다.

　서경덕은 이러한 기에 대한 자신의 생각을 정리하는 데 장재(張載)의
영향을 받았다. 그는 장재가 말한 태허(太虛)의 존재를 통해서 기의 본체
가 가지고 있는 담연(湛然)한 측면에 주목하였다.[196] 이러한 서경덕의 기
관념은 이후 일부 서울·경기 지역 서인들에게서도 보였다. 장유는 송
익필(宋翼弼; 1534~1599)의 이기론에 대해서 평가하면서 그의 이기론에
대해서 다음과 같은 의문을 표시하였다. 송익필이 '악(惡)은 기이다'고
하였는데 이것은 완전히 잘못된 말이라는 것이다.

　악(惡)이 기(氣)라고 하는 것은 완전히 잘못된 말이다. 대개 기의 본체
로 말하면 원래 선하지 않은 것이 없는데 흘러 넘쳐 어긋나게 되고 나서
야 악한 점이 있게 될 따름이다. 대저 기는 선과 악을 겸하고 있다고 말

懸空獨立而生陰陽乎 理氣本無先後也") 또한 그는 장재와 서경덕의 논의를 지극히 고
　명한 것임을 지적하였다.(朴淳,《思菴集》卷4〈答李叔獻書〉二, "張子所論淸虛一大
　此窮源反本 前聖所未發也 花潭又推張子之未盡言者 極言竭論 可謂極高明也")
195) 이이는 서경덕이 '이기불상리지묘처'(理氣不相離之妙處)를 분명히 보았지만, '인기
　위리지병'(認氣爲理之病)이 있다고 지적하기도 하였다. 이것은 서경덕 성리설을 합
　간(合看)의 입장에서 구축된 것으로 간주한 것이었다.(최영진, 1997,〈조선조 유학사
　상사의 분류방식과 그 문제점—주리·주기의 문제를 중심으로〉,《한국사상사학》
　8, 47~48쪽)
196) 徐敬德,《花潭集》卷2 雜著〈原理氣〉, "太虛湛然無形 號之曰先天 其大無外 其先無
　始 其來不可究 其湛然虛靜 氣之原也……語其湛然之體曰一氣 語其渾然之周曰太一
　濂溪於此不奈何 只消下語曰無極而太極 是則先天".

하는 것도 오히려 본원(本源)과 말류(末流)를 제대로 따지지 못한 결점이 있다고 할 것인데, 지금 곧장 기는 악하다고 말하다니, 의리를 해치고 도학에 손상을 입히는 잘못이 더욱 작지 않다 하겠다. 성즉리(性卽理)요 심즉기(心卽氣)이다. 그런데 지금 만약 '악이 바로 심(心)이다'고 한다면 사람들이 장차 뭐라고 하겠는가. 구봉(龜峯; 宋翼弼) 노인이 실언을 하였으니 애석한 일이다. 대저 근세 유선(儒先)들의 논의를 보건대, '이'와 '기'를 판연히 다른 두 가지 물건으로 간주하고 자기 주장을 세울 때마다 늘 '이는 옳고 기는 그르다'고 하는데, 이는 '이'와 '기'가 본래 묘하게 합쳐져서 두 가지로 떼어놓을 수 있는 성격의 것이 아님을 모르기 때문이다. 만약 별개의 두 가지 물건으로 나누어 놓는다면 천도(天道)도 성립되지 않고 조화도 이루어지지 않을 것이니, 이런 이치는 있을 수가 없다. 《주역》〈계사〉(繫辭)에 이르기를 일음일양(一陰一陽)을 도(道)라 하고 음양의 불측(不測)한 것을 신(神)이라 한다고 하였으며, 정호(程顥)는 기(器)가 또한 도요 도가 또한 기(器)라고 하였다. 만약 이와 같은 견식을 터득한다면 어떻게 구봉이 말한 것처럼 '이'는 선하고 기(氣)는 악하다고 할 수가 있겠는가.[197)

장유는 기(氣)를 악하다고 하는 송익필의 의견에 반대하면서 기의 본체는 선하다는 입장을 견지하였다.[198) 단지 이러한 기가 흘러 넘쳐 어긋났을 때만 악해진다고 생각하였다. 그는 기가 선과 악을 겸하였다는 말도 오히려 본원과 말류를 제대로 따지지 못한 결점이 있다고 볼 것인데, 곧장 기를 악하다고 하는 것은 도학에 손상을 입히는 잘못이 크다고 하

---

197) 張維, 《谿谷集》 卷3 〈書宋龜峯玄繩編後〉.
198) 송시열에게 송익필은 김장생이 도학의 관건을 열 수 있도록 기초를 다져 준 사람으로 인식되었다. 이를 통해 본다면 송익필은 호서 지역 김장생-송시열계 성리학 형성에 중요한 영향을 끼쳤다고 볼 수 있을 것이다. 《宋子大全》 卷172 〈龜峰先生宋公墓碣〉, "曩同春宋公浚吉謂余曰 文元公金先生師事栗谷李先生 以至道成德尊 然考其抽關啓鍵 導迪於一簣之初 則自龜峯先生 不可誣也".

였다. 그러면서 그는 '이'는 옳고 기는 악하다고 말하는 것이 '이기불상리'의 묘를 잘 알지 못하는 데서 비롯되었다고 판단하였다. 이 말 속에는 '이'는 기를 통해서만 발현되는데, '만약 기를 악한 것으로 본다면 천지조화가 과연 이루어지겠는가' 하는 의문이 담겨 있었다.

또한 장유는 서경덕과 같이 장재의 태허(太虛)의 기를 논하면서 서경덕의 '일기장존설'(一氣長存說)에도 동조하고 있었다.

기(氣)의 본체는 지극히 비어 있는 것이다. 거슬러 올라가도 시작이 없고 아무리 시간이 흘러도 끝이 없다. 크기로 말하면 그 밖이 없고 작기로는 그 안이 없다. 그래서 어디를 간들 이 태허의 기가 없는 곳은 없다. 그러니 누가 이 허(虛)를 얻어 가질 수가 있고 누가 없앨 수 있으며 누가 죽일 수 있고 누가 살릴 수 있겠는가? 천지만물 가운데에는 이 기가 아닌 것이 없다. 모이면 형태가 만들어지고 흩어지면 형태가 망가진다. 형태가 이루어지면 기는 그 형태 가운데에 있고 형태가 무너지면 기는 도로 태허로 돌아간다.…… 사람과 다른 생물들의 기는 바로 태허의 기이다. 이미 시작된 바가 없는데 어찌 끝나는 때가 있겠는가. 장재(張載)가 말하기를, "태허의 기가 모였다 흩어졌다 하는 것은 마치 물로 된 얼음이 얼었다 녹았다 하는 것과 같다"고 하였는데, 이를 보면 죽음과 삶의 설을 이해할 수 있을 것이다.199)

장유는 기의 본체가 가진 성격에 대해서 말하면서, 장재의 말을 인용하여 기의 장대함에 대해서 말하고 죽음과 삶의 이치를 설명하고자 하였다. 이상으로써 장유의 기론은 서경덕의 기론과 매우 흡사하다는 사실을 알 수 있다.

---

199) 張維, 《谿谷集》 卷3 雜著 〈雜記〉.

이것은 양명학에 많은 관심을 보이던 정제두의 경우와도 흡사하였다. 정제두는 '이기불상리'를 강조하면서 이황·이이·서경덕의 이기론을 평가하였다. 그는 이황이 '이'와 기를 이원화하고 기를 악의 근원이라고 본 것은 잘못이며, 이이가 '이'를 본래 작용하지 않는 것[無爲]이라고 여겨 힘없는 존재로 만들어버린 것은 오류라고 비판하였다. 이처럼 이황과 이이의 이기론에 대해서 비판적이었던 정제두는 서경덕의 이기론에 대해서는 긍정적인 생각을 가졌다.[200] 그는 기의 본체를 서경덕만이 깨달은 것이라고 하면서 서경덕의 이기론에 대해서 찬의를 표했던 것이다.

정제두는, 기는 비록 만 가지로 다르지만 그 본체의 자연과 그 일리의 상체(常體)와 묘용(妙用)은 같은 것임을 강조하였다.[201] 그러면서 그는 '이'를 그대로 구현시켜 줄 깨끗한 기를 '호연지기'(浩然之氣), '원기'(元氣), '대기'(大氣), '천지지기'(天地之氣), '순기'(純氣)라고 표현하였다.[202] '이'는 기를 통해서만 발현되므로 담연한 이 기를 통해서 '이'는 사신의 모습을 온전히 드러낼 수 있다. 이 점에서 그에게 기의 본체는 곧 '이'나 성(性)으로도 인식될 수 있었다.[203] 이와 같은 경향은 이세구의 경우에도 나타났다. 이세구는 '이'는 순선무악(純善無惡)하며 기 또한 본래 선하지 아니함이 없다고 하였다.[204]

위의 경우처럼 본격적으로 기의 담연한 측면을 강조하지는 않았지만, 기의 정수(精粹)인 심의 역할과 기능을 강조한 것은 조성기와 이단상도

200) 김교빈, 1995, 《양명학자 정제두의 철학사상》, 한길사, 91~98쪽.
201) 鄭齊斗, 《霞谷集》 卷20 〈先後天圖說〉, "氣雖萬殊 然而其本體之自然 其一理之常體妙用一也".
202) 김교빈(1995), 76~83쪽.
203) 鄭齊斗, 《霞谷集》 卷9 〈存言〉 中, "氣之本體爲理 …… 氣之靈皆性也".
204) 李世龜, 《養窩集》 冊6 〈心經釋義校本問答後說〉 癸亥至月, "理則純善無惡 氣亦本無不善而有參差不齊者矣".

마찬가지였다. 조성기는 심체의 허령불매(虛靈不昧)함을 강조하면서 태극, 즉 성을 보존하고 있는 심의 존재를 매우 중요시하였다. 이것은 심기를 악한 것으로 볼 때는 나올 수 없는 추론이었다. 그는 모든 사람이 심의 선함을 가지고 있고, 심의 묘(妙)함을 알고 있으니 힘써 수양해야 한다고 하였다.

삼가 사람이 학문함에는 이 심(心)보다 절실한 것이 없습니다. 이 심의 선함을 사람들이 모두 가지고 있고, 이 마음의 묘함을 사람들이 모두 알고 있으니 또한 스스로 일용심상(日用尋常)의 백 가지 일에 운용하여 어느 때고 그렇지 않은 것이 없었습니다. 그것을 구하여 보존하고 밝혀서 통하는 것에는 또한 신방비결(神方秘訣)이 없습니다. 오직 시청언동(視聽言動)의 사이에 정제(整齊)하여 한결같이 하는 데 있을 뿐입니다.205)

조성기는 사람의 학문함은 심보다 절실한 것이 없으니 기거하는 동안에도 늘 이 심을 정제하여 한결같이 하라고 하였다. 왜냐하면 심은 천리를 온전히 구비하고 있기 때문이다. 그는 심은 진실로 태극이며, 인심의 전체 태극은 본래 흠이 없다고 하면서 심 자체를 매우 긍정적으로 인식하고자 하였다.206) 따라서 성인(聖人)의 천언만어(千言萬語)가 결국에는 오인(吾人)의 한 개 심자(心字)를 벗어나지 않는다고 거듭 말하였던 것이다.207)

이단상 또한 격물(格物)의 과정에서 심의 역할에 주목하였다. 그에게서 격물의 격이란 인심(人心)으로써 물리(物理)의 지극한 곳을 궁구히 하

---

205) 趙聖期, 《拙修齋集》 卷8 〈答閔參奉以升書〉.
206) 위의 글, "自其主宰萬化 該括無遺而言 則心固謂之太極……蓋天地之所以有無窮之化者 止是一太極 人心之全體太極 本無虧缺 其參三才之用 而爲一一之物者 正在於此".
207) 위의 글, "然則聖賢之千言萬語 終不出於吾人一箇心字".

는 것이었다.208) 인심의 성과 물리를 하나로 하고자 하는 격물의 과정에서 그렇게 격물하도록 만드는 동인은 인심이었다. 그는 자연히 심의 능동성을 강조하면서 심을 중시하는 논의를 펼 수밖에 없었다.

대개 인심(人心)의 영묘함은 지(知)를 갖지 않음이 없고 천하의 사물은 이(理)를 갖지 아니함이 없습니다. 마음은 비록 일신(一身)을 주로 하나 그 본체의 허령(虛靈)은 천하의 이치를 관장하기에 족합니다. '이'는 비록 사물에 흩어져 있으나 그 용(用)의 미묘함은 진실로 일인(一人)의 심을 벗어나지 않는 것입니다. '이'는 본래 무위(無爲)하나 용은 진실로 심에 있으니 이 때문에 공자는 사람은 도를 넓힐 수 있으나 도는 사람을 넓힐 수 없다고 하였으며, 주자는 이를 해석하여 사람 밖에 도가 없으며 도 밖에 사람이 없지만 인심에는 지각이 있고 도체(道體)는 무위하다고 일렀던 것입니다. 대저 심의 본체는 이 '이'를 구비하고 있으니 본디 한 사물도 존재하지 아니함이 없는 것입니다.…… 물리의 극처(極處)를 알고자 한다면 심으로써 그 이치를 격(格)하는 수밖에 없습니다. 심으로 그 이치를 격하면 곧 이치의 극처를 알 수 있게 됩니다.209)

대개 이치는 비록 사물에 있으나 그 용(用)은 인심을 벗어나지 않는다는 것이 이미 혹문(或問)에 나와 있습니다.…… 어류(語類)에 이미 심이 그것을 관장한다고 일렀으니 그 용은 진실로 이 심을 벗어나지 않는 것입니다. 이로써 추론해 보면 이른바 '용'이라는 것은 진실로 물리가 내심에 의해서 관장된다는 것을 가리킴을 알 수 있습니다.210)

208) 李端相,《靜觀齋集》卷9〈答宋尤齋〉, "蓋格物之格者 以人心而窮物理之極者也 物格之格者 物理因人之格 而各詣其極也".
209) 李端相,《靜觀齋集》卷9〈答宋尤齋〉.
210) 李端相,《靜觀齋集》續集 卷6〈答崔德裕—附或人書〉.

위 인용문들은 그가 심혈을 기울여 '격물'에 대하여 논한 편지의 한 부분이다. 그는 41세 되던 해(1668, 현종 9) 9월에 이황의 격물설이 모호하여 알 수 없다는 송시열의 질문을 받고 이에 제현들의 격물설을 상세히 연구한 뒤 이이의 입장에서 나름의 격물설을 제시하여 송시열에게 답장을 보냈다.[211] 그는 주희의 말을 인용하여 심의 영묘함은 천하의 이치를 관장하기에 족하고 '이'는 만물에 흩어져 있지만 그 용은 심을 벗어나지 않는다고 하였다. 그러면서 격물의 과정에서 심의 주체적인 역할을 강조하였다. 즉, '이'는 본래 무위하므로 이를 구체화하여 인식하는 것은 기, 즉 심이라는 주장이었다. 이는 주희의 논리를 차용하여 자신의 격물설을 보완하고, 그 과정에서 부수적으로 심의 역할을 새롭게 부각하는 것이었다.

한편, 이것은 이후 이단상의 제자 김창협의 지각론 논리와도 유사한 맥락에서 이해할 수 있었다. 김창협은 자신의 지각론을 통해 새롭게 심의 역할을 강조하였다. 가령 그는 부모를 사랑하고 나이든 사람들을 공경하는 것은 천리의 당연이지만, 사랑해야 함을 알고 공경함을 아는 것은 인심의 영각(靈覺)임을 주장하였다.[212] 이는 부모를 사랑하고 나이든 사람을 공경하는 공리 자체도 중요하지만, 그것을 깨닫고 실천하게끔하는 심의 영각도 매우 중요하다는 주장으로 이해할 수 있다. 김창협의 이러한 주장은 심의 독자성을 확보하는 이론적 터전을 마련해 놓은 것이었으며,[213] 이단상이 격물의 과정에서 심의 역할을 강조한 것과 같은 논리적 맥락에 서 있다.

---

211) 李端相, 《靜觀齋集》 年譜 卷2 41年(戊申) 참조.
212) 金昌協, 《農巖集》 卷32 雜識 內篇 二, "愛親敬長者 乃天理之當然 知愛知敬者 乃人心之靈覺".
213) 여기에 대해서는 문석윤, 1995, 〈조선후기 호락논변의 성립사 연구〉, 서울대 박사학위논문, 69~74쪽 참조.

또한 이단상은 설선(薛瑄)과 허형(許衡)을 존신(尊信)하고 있었다. 실제로 그는 명나라 유학자 설선의 《독서록》(讀書錄)을 매우 좋아하여 이것을 나름대로 요약·정리한 《독서초어》(讀書抄語)를 만들기도 하였다. 설선은 허형을 지극히 존신하였으며, 이단상은 《독서초어》 속에 허형을 높이 평가하는 설선의 글을 그대로 적어 두었다.[214] 허형과 설선은 심학자로서 알려져 있으며,[215] 이들 심학의 영향을 이단상 또한 적지 않게 받았으리라고 생각된다.

이렇게 기의 본체가 가지고 있는 선한 측면과 이에 따른 심의 역할을 강조하는 경향은 서울·경기 지역 서인 성리학에서 중요한 특징으로 볼 수 있다.[216] 그들은 이기불상리를 전제로 할 때 '이'의 발현자는 기일

214) 李端相, 《讀書抄語》, "許魯齋余誠實仰慕 竊不自揆 妄爲之言曰 其質粹 其識高 其學純 其行篤 其敎人有序 其條理精密 其規模廣大 其胸次洒落 其志量弘毅 又不爲浮靡無益之言 而有厭文弊 從先進之意 朱子之後一人而已".

215) 이러한 이유로 후외려(候外廬)는 허형을 주자학에서 양명학으로 나아가는 중간단계로서 설정하기도 하였다.[候外廬 外, 1984, 《宋明理學史(上)》, 人民出版社(박완식 역, 1995, 〈허형(許衡)의 사상과 원대(元代) 이학사(理學史)에 있어서의 지위〉, 《송명이학사》 2, 이론과실천, 394·398쪽)] 설선(薛瑄)의 학문은 심학화의 양상을 띠며, 왕양명의 심학이 배태되는 과정에서 중요한 역할을 한 것으로 평가된다.[이동희(1986), 8~10쪽; 岩間一雄, 《中國政治思想史硏究》, 未來社, 1990(김동기·민혜진 역, 1993, 《중국 정치사상사 연구》, 동녘, 109~112쪽)]

216) 호서 지역 송시열계 서인들은 이이와 송익필의 의견을 계승하여 기를 청기와 탁기로 분류하여 이에 따라 선한 사람이 되기도 하고 악한 사람이 된다고 하였다. 이는 기의 본체가 가지고 있는 담연하고 선한 측면보다는 기의 '현실적인' 모습에 주목한 것이라고 판단된다. 송시열은 단순히 청기를 품부 받은 사람은 선인이 되고 탁기를 품부 받은 사람은 악인이 된다고 하였다. 그는 기를 청기와 탁기로 분류하였으며, 기의 본체에 대해서는 별다른 언급을 하지 않았다.(宋時烈, 《宋子大全》附錄 卷18 語錄 崔愼錄 下, "況稟得天地之元氣者 爲生知之聖人也 稟得混濁駁雜之氣者 爲下愚之不移也 此可見稟其淸氣者爲善人 濁氣者爲惡物 隨其氣之多少淸濁 而所得之理 亦爲之多少淸濁") 송시열의 제자 권상하 또한 기에는 청탁수박의 가지런하지 않은 것이 있어 청수(淸粹)한 것은 발하여 선이 되고 탁박(濁駁)한 것은 발하여 악이 된다고 하였다.(《寒水齋集》卷21 〈論性說〉, "氣有淸濁粹駁之不齊 而淸粹者 發而爲善 濁駁者 發而爲惡") 이러한 생각들은 이후 한원진에게도 이어졌다. 그는 사람의 기질에는 청수

뿐이며, 그럴 경우 기가 본질적으로 선하지 않고서는 '선의 확보'(理가
제대로 발현하는 것)는 힘들다고 생각하였던 듯하다. 그러한 과정에서 그
들은 자연히 기의 담연한 측면을 강조할 수밖에 없었다. 이 과정에서
'이'를 담고 있는 심에 대한 중요성을 인식할 수 있었고, 자연히 심에
대한 수양을 강조하는 이론들을 발전시켜 간 것이 아닌가 생각한다.

1.2.3. 경세론의 전개와 특징

(1) 군신지의·현실론 중시의 국정운영론

앞서 살펴보았듯이 소옹학 속에는 자연과 인간세계를 하나의 질서인
황극(皇極)을 중심으로 일관되게 이해하려는 의식이 깔려 있었다. '분
수'(分殊)라는 차별적인 측면보다 '이일'(理一)이라고 하는 입장을 강조
하였던 소옹학은 하나의 보편적 질서[=理一]를 강조할 가능성이 있었
다. 소옹 상수학의 인식론적 기반이었던 관물론(觀物論)은 이러한 소옹
학의 특성을 잘 보여주었다.[217]

소옹은《황극경세서》(皇極經世書)의 〈관물〉(觀物) 편을 통해서 '새로
운 물(物) 인식'에 대한 자신의 의견을 피력하였다. 그는 관물이라고 하

한 것이 있고 탁박한 것이 있어 같지 않다고 하였으며 심은 '기'이어서 선악이 있다
고 하였다.(《南塘集》卷35 雜識, "人之氣質 有淸粹者 有濁駁者 有淸而駁者 有粹而濁
者 不同有萬也"; 같은 곳, "心者氣也有善惡") 그에게는 '기의 본체'에 대한 고민들이
거의 보이지 않았다. 한편, 이황의 경우에는 담일한 기의 본체도 기인 이상 순선이라
고 할 수 없으며 '이'가 주가 되어 순선하게 되는 것이라고 하였다.(《退溪全書》卷39
〈答李公浩問目〉, "湛一氣之本 當此時 未可謂之惡 然氣何能純善 惟是氣未用事時 理
爲主 故純善耳") 이것은 이귀기천(理貴氣賤), 이존기비(理尊氣卑) 관념을 보여주는 것
이라고 할 수 있다.
217) 관물론은 소옹 상수학의 인식론적 기초였으며 소옹 사상의 근간을 형성하고 있었
다.(大島晃, 1976, 〈邵康節の觀物〉,《東方學》52, 107쪽)

는 것은 '이'로 사물을 보는 것으로서 천하의 사물은 '이'를 갖지 아니한 것이 없고 성을 갖지 아니한 것이 없고 명(命)을 갖지 아니한 것이 없으니, '이'라는 것은 그것을 궁구(窮究)한 연후에 알 수 있고 성이라는 것은 그것을 극진히 한 이후에 알 수 있고 명이라는 것은 그것을 지극히 한 이후에 알 수 있다고 하였다.[218] 이러한 그의 관물론은 자신의 편견과 감정을 배제한 채 물에 내재된 보편적인 '이'로 물을 봄으로써 물에 대한 객관적인 인식의 토대를 마련하고자 한 것이었다.[219]

소옹은 관물론을 전제로 해서 천하의 눈·귀·입·마음을 자신의 눈·귀·입·마음으로 할 수 있다면 그 눈은 보지 못하는 바가 없을 것이며, 그 귀는 듣지 못하는 바가 없을 것이며, 그 입은 말하지 못하는 바가 없을 것이며, 그 마음은 도모하지 못하는 바가 없을 것이라고 하였다.[220] 이것은 보편적 원리의 변형인 천하 사람들의 눈·귀·입·마음을 통해서 사물 인식의 객관성과 공정성을 강조한 말이있다.

이러한 객관성과 공정성의 강조는 어느 곳에서나 통용되고 누구나 가지고 있는 보편적 원리를 통하여 사람과 나라를 다스리고자 하는 정치사상과 부합할 수 있었다. 이러한 예를 잘 보여주었던 이는 조성기였다.

---

218) 邵雍,《皇極經世書》觀物 內篇, "夫所以謂之觀物者 非以目觀之也 非觀之以目 而觀之以心也 非觀之以心 而觀之以理也 天下之物 莫不有理焉 莫不有性焉 莫不有命焉 所以謂之理者 窮之而後可知也 所以謂之性者 盡之而後可知也 所以謂之命者 至之而後可知也 此三者天下之眞知也".

219) 이 점에 대해서는 馮友蘭, 1988,〈中國哲學史新編〉(第5冊), 北京: 人民出版社, 80～82쪽; 조셉 니덤 저/김영식·김제란 역, 1998,《중국의 과학과 문명—사상적 배경》, 까치, 293쪽 참조.

220) 邵雍,《皇極經世書》觀物 內篇, "此所以能用天下之目 爲己之目 其目無所不觀矣 用天下之耳爲己之耳 其耳無所不聽矣 用天下之口爲己之口 其口無所不言矣 用天下之心爲己之心 己心無所不謀矣 夫天下之觀 其于見也不亦廣乎 天下之聽 其于聞也不亦遠乎 天下之言 其于論也不亦高乎 天下之謀 其于樂也不亦大乎".

나의 규모는 이 권병(權柄)을 이미 얻어 본래 사람들이 공유하는 것을 가지고 외면의 같지 않은 것들을 하나로 할 수 있으니, 비록 천하 백천만억(百千萬億)의 무궁한 사람들도 모두 한 사람과 같이 할 수 있다.…… 나의 규모는 이 요체(要諦)를 이미 얻어 본래 사실필연(事實必然)의 하나의 이치를 가지고 만 가지 다른 것을 하나로 하니, 비록 천하의 세세한 무궁한 일들도 모두 한 가지 일과 같이 운용할 수 있다.221)

조성기는 보편적 원리인 일리를 구비한 사람의 마음이란 다 같으므로 비록 천하의 수많은 사람들을 다스린다고 하더라도 사실 한 사람을 다스리는 것과 같다고 하였다. 또한 천하의 무궁히 많은 일도 일리에서 파생되므로 하나의 일에 지나지 않는다고 하였다. 이러한 조성기의 논의에는 모두가 공유하는 보편적 원리를 상정하여 국가 통치의 기제로서 삼고자 하는 의도가 담겨 있었다. 그리고 이럴 경우 자연스럽게 객관적인 공적 기구로서 '국가'가 강조될 수 있었다.

또한 소옹학 속에는 '군신지의'를 강조하는 사상적 요소들도 담겨 있었다. 소옹이 강조한 황극은 자연세계의 변화질서 속에서 유추되어 나온 것으로 존재법칙의 성격을 갖는다. 소옹은 이러한 자연세계를 이루는 존재의 원리를 가지고 인간세계와 역사도 일관된 방식으로 해석하고자 하였다. 따라서 소옹에게 자연세계를 구성하는 질서는 인간세계를 규정하고 포섭하는 중요한 기제가 될 수밖에 없었다.

그러한 점에서 소옹이 제시하였던 복희 〈선천도〉(先天圖)의 의미는 매우 중요하다. 천지[乾坤]가 남과 북으로 바른 자리를 차지하고 대립적인 위치의 괘들이 서로 균형과 조화를 이루고 있는 복희 〈선천도〉는 소옹에게 자연세계의 이상적인 구조와 모습이었고, 나아가 인간세계까지 규

---

221) 趙聖期, 《拙修齋集》 卷9 〈答金仲和書〉.

정짓는 가장 중요한 세계질서의 기본유형이었기 때문이다.

복희 〈선천도〉는 건(乾)을 팔괘도(八卦圖)의 상부에, 방위로는 남쪽에 위치하도록 하였다.[222] 이것은 문왕(文王)의 〈후천도〉(後天圖)가 장자(長子)를 의미하는 진(震)을 왕의 상징으로 간주하고 그 자리를 동쪽에 위치시킨 것과는 대조적이었다.[223] 복희의 〈선천도〉가 이와 같이 임금의 상징을 진에서 건으로 바꾸고 그 자리도 동쪽에서 남쪽으로 옮긴 것은 새로운 임금의 모습을 창조한 것으로 볼 수 있다. 그러한 의미에서 복희 〈선천도〉를 신군주론의 의미로 해석할 수 있을 것이다.[224]

복희 〈선천도〉는 자연세계의 이상적인 모습이 천지가 남북으로 바른 자리를 차지하고 다른 괘들이 균형과 조화를 이루는 것이듯, 인간세계도 왕이 바른 자리를 차지하고 신하들은 각기 제 위치에서 균형과 조화를 이루는 것임을 말하고 있다. 그것에는 모든 인간관계를 왕을 중심으로 재구성하고자 하는 의도가 담겨 있었던 것이다.

복희 〈선천도〉의 이러한 성격을 신흠은 문왕 〈후천도〉와 대비해서 다음과 같이 설명해 주었다.

복희의 〈선천도〉는 건(乾)을 남면의 위치에 바로 놓았고, 문왕의 〈후천도〉는 진(震)을 장자의 위치에 놓았으니, 아마도 관천하(官天下)와 가천하(家天下)의 구별일 것이다. 상세(上世)와 중고(中古)의 시대적 뜻이 관련되어 있으니 대저 성인의 인혁(因革)한 뜻이 은미하다고 하겠다.[225]

---

222) 邵雍, 《皇極經世書》 觀物 外篇, "先天象數第二, 乾坤南北 天地定位 此未交陰陽 上下分也".

223)《周易》卷24〈說卦傳〉, "帝出乎震 齊乎巽 相見乎離 致役乎坤 說言乎兌 戰乎乾 勞乎坎 成言乎艮 萬物出乎震 震東方也".

224) 조동원(1982), 111~116쪽 참조.

225) 申欽, 《象村稿》 卷60〈先天窺管: 文王八卦方位說〉.

그는 복희 〈선천도〉는 건을 남면의 자리에 앉게 하였으니 '관천하'(官天下)라는 뜻이며, 문왕의 후천역(後天易)은 진을 장자의 자리에 놓았으니 '가천하'(家天下)라고 하였다. 그러면서 상세(上世)와 중고(中古)의 시대적 의미가 거기에 결부되어 있으며, 성인이 제도를 인혁(因革)한 그 뜻이 은미하다고 하였다.226)

여기에서 신흠이 복희 〈선천도〉와 상세를 관천하로서 설명하였던 것은 주목을 요한다. 신흠은 다른 곳에서 상세에는 시비나 호오가 없었고 군신 관계는 매우 간이하였으며, 그러한 가운데에서도 교화는 잘 이루어졌다고 평가한 바 있었다.227) 이러한 점에서 볼 때 신흠은 상세 시대의 관천하를 매우 이상적으로 파악하였음을 알 수 있다. 위 인용문에서 신흠의 말은 소옹의 복희 〈선천도〉가 가지고 있었던 정치사상적 의미를 보여주는 것으로서, 관천하의 의미를 제시한 것이라고 볼 수 있다. 훗날 소론계 학자였던 양득중(梁得中; 1665~1742)228)은 이러한 관천하와 가천하의 의미를 좀더 명확하게 설명해 주었다.

선양(禪讓)하는 것을 관천하(官天下)라고 이르고, 자식에게 왕위를 전해주는 것을 가천하(家天下)라고 한다. 관천하라는 것은 공천하(公天下)이다. 가천하라는 것은 사천하(私天下)이다. 공천하라는 것은 천하를 천

---

226) 위의 글, "伏羲之卦 以生出爲第 文王之卦 以反對爲第 伏羲以乾而正南面之位 文王以震而處長子之位 其官天下家天下之別乎 上世中古之時義所繫也 夫聖人因革之旨微矣".

227) 申欽,《象村稿》卷57〈求正錄〉上, "上世是非好惡俱亡 中世有是非而無好惡 季世有好惡而無是非"; 같은 곳, "上古君臣之祭 一何簡易也 都兪吁咈而已 堯舜相傳餘百年 而見諸政 今只兩典".

228) 양득중은 윤증의 문인으로서 영조대 실사구시를 중시하는 학문 경향을 가졌다. 양득중에 대해서는 유명종, 1977,〈덕촌(德村) 양득중(梁得中)의 실학사상〉,《한국학보》 6; 박광용, 1994,〈조선후기 '탕평'연구〉, 서울대 박사학위논문, 87~91쪽; 김성윤, 1997,《조선후기 탕평정치 연구》, 지식산업사, 76~82쪽을 참조할 수 있다.

하 사람들의 공공의 사물로 여기는 것이요, 오직 민생을 두텁게 하고 인류을 밝히는 것을 주로 하는 것이다. 이른바 한 사람으로써 천하를 통치하는 것이다. 사천하라는 것은 천하를 자신의 사유물로 삼는 것으로 오직 종묘에 제사하고 자손을 보호하는 것을 계책으로 삼으니 이른바 천하로써 한 사람을 받드는 것이다. 종묘에 제사하고 자손을 보호하는 것은 진실로 천자의 효도이니 가천하 이후의 일이다. 관천하 이전에는 곧 단지 하늘을 대신해 사물을 다스리는 뜻이었을 따름이다. 소옹이 《황극경세서》에서 천지의 대시세(大時勢)와 대기수(大氣數)를 통론(統論)하였는데, 이는 분명할 뿐만이 아니었다.[229]

양득중은 관천하와 가천하가 공천하와 사천하의 의미임을 밝혀 주었다. 그리고 소옹의 《황극경세서》는 이를 명확히 제시해 주었다고 하였다. 따라서 이러한 소옹학 속에는 대중지정(大中至正)의 도인 '황극'의 체현자로서의 왕의 위치와 의미가 강조될 여지가 많았다. 다음 김육의 말은 이러한 모습을 잘 보여주었다.

극(極)이란 북극성이 자리잡고 있는 곳이고, 공(拱)은 뭇별들이 주위를 둘러싸고 있는 것이다. 한 자리에 거처하여 움직이지 않고 건강(乾綱; = 天道)을 주선하여 돌보는 것은 임금이 정사를 하는 형상이며, 주위를 빙둘러 벌여 있으면서 각각 별자리를 지키고 있는 것은 신하들이 두 손을 모으고 호위해 있는 모습이다. 임금은 한결같은 덕으로 정사를 하여 운행이 건실하여 쉼이 없는 도를 체득하고, 신하는 한결같은 마음으로 위를 떠받들어 충성을 다해 직무를 봉행하는 정성을 다한다면 천지는 제자리를 찾고 만물은 다 잘 자라게 될 것이다. 그러니 어찌 여기에서 벗어난 다른 데에서 구하겠는가![230]

---

229) 梁得中, 《德村集》 卷4 〈趙苞紹事往復後說〉.

김육은 남산 아래에 터를 잡고 북면하는 형상으로 집을 지은 후 그것을 공극당(拱極堂)이라고 하였다. 위 문장은 〈공극당기〉(拱極堂記)의 일부로서 김육이 이상시하던 군신 관계의 모습을 보여준다. 김육은 극이란 북극성이 자리 잡은 곳이고, 공은 뭇별들이 주위를 둘러싸고 있는 형상이라고 말한 뒤, 이것을 각각 왕과 신하로 비유하였다.

그는 한 자리에서 움직이지 않고 건강(乾綱)을 주선하는 것은 왕이 정사를 하는 형상이고, 주위를 빙 둘러 있으면서 별자리를 지키고 있는 것은 신하들이 두 손을 모으고 있는 형상이라고 하였다. 김육은 왕을 제자리에서 움직이지 않고 건강, 즉 천도(天道)를 주선하는 북극성과 같은 존재로 부각시키고 있으며, 신하는 각기 자리를 지키며 왕을 보위하는 존재로 설명하였다.

김육의 이 말은 임금과 신하가 각기 바른 자리에 위치한 복희 〈선천도〉의 이상적인 군신 관계와 같은 의미를 보여준다. 이러한 생각은 김육이 석다산(石多山)에서 바다로 나가면서 쓴 제문(祭文)에도 나타나 있다. 김육은 만방이 북극성에 두 손을 잡고 읍(揖)하는 것은 신하가 임금을 섬기는 지극한 정성이라고 정의하였다.[231]

북극성에 대한 것은 그가 윷의 원리를 설명하는 대목에서도 등장한다. 김육은 자신이 지은 필담(筆譚)에서 수학에 능통하였던 개성의 문사인 청풍김씨 김문표(金文豹)라는 사람의 말을 빌려, 윷과 말판이 어떻게 우주의 형상을 상징적으로 반영하는지를 설명하였다. 그는 여기에서 말판의 그림은 북극성이 가운데 있고 28수(宿)가 이를 에워싼 형국을 보여준다고 말하였다.[232] 이는 그가 생각하는 우주 질서의 기본 유형이기도

230) 金堉, 《潛谷遺稿》 卷9 〈拱極堂記〉.

231) 金堉, 《潛谷遺稿》 卷9 〈石多山開洋祭文〉, "萬方拱北 臣事君之至誠".

232) 金堉, 《潛谷全書》(성균관대 대동문화연구원, 1975) 〈潛谷先生筆譚〉 404쪽, "松京文

하였다. 김육은 북극성과 이를 에워싼 별을 위에서처럼 군신 관계로 인간세계에 투영하였던 것이다. 이것은 《논어》에서 유래된 일반적인 것일 수도 있으나, 당시 대두된 송시열의 세도정치론과 비교해 보면 그 차이점이 분명하였다.

한편, 소옹학 속에는 군신지의의 의미뿐만 아니라 현실론의 성격도 담겨져 있었다. 소옹학의 '이'는 정이·주희 계열의 당위적인 '이'와 다소 차이가 있었다. 즉 소옹학의 '이'는 우주자연의 세계를 규명한 '물리'(=존재법칙)의 성격을 내포하여,[233] 당위적인 의미를 강하게 가지고 있는 정이·주희 계열의 '이'와 구분되었다. 원래 '이'에는 존재법칙의 의미와 당위법칙의 의미가 함께 담겨 있으나, 소옹학의 '이'는 존재법칙의 의미가 강하였던 것이다.[234]

소옹학의 이러한 점은 존재세계의 변화에 충실하고자 하는 현실론의 성격도 함께 보여준다고 하겠다. 존재법칙으로서 일리를 강조하는 경향은 당위적인 명분론에 집착하기보다는 그것을 넘어서는 존재의 세계, 즉 현실론에 눈뜨게 하였다. 권도(權道)의 정의를 통해서 소옹의 현실론을 가늠해 볼 수 있다. 소옹은 권도를 다음과 같이 설명하였다.

권(權)이란 사물의 경중(輕重)을 측정하는 것으로서 성인은 권을 가지고 그 경중을 참작하고 행하여 그 마땅함을 맞게 할 따름이다. 그러므로 중(中)을 잡되 권이 없는 경우는 오히려 편벽된 것이다.[235]

士金文豹 本淸風人 學業精苦 能通數學 名此以柵……柵之外圓象天 內方象地 卽天包地外也 星之居中者樞星也 旁列者二十八宿也 卽北辰居所而衆星拱之者也".

233) 邵雍,《皇極經世書》觀物 內篇, "所以謂之理者 物之理".

234) 陳來, 1992,《宋明理學》, 遼寧出版社(안재호 역, 1997,《송명성리학》, 예문서원, 188쪽 참조).

235) 邵雍,《皇極經世書》觀物 外篇.

소옹은 권(權)은 사물의 경중을 측정하는 것으로, 상황에 따라 그 경중을 참작하여 맞게 하는 것이지 오로지 하나의 중(中)에 집착하면 오히려 편벽된 것이라고 하였다. 이것은 소옹의 학문이 경세학과 만나는 지점이었다.

이상에서 살펴보았듯이 소옹학은 고유한 경세학을 가지고 있었으며, 이는 서울·경기 지역 서인들 속에서 보편적 원리, 군신지의, 현실론 중시로 구체화되어 나타났다. 황극을 통한 보편적 원리를 강조함으로써 자연스럽게 객관적이고 공적인 기구인 '국가'가 강조될 수 있는 여지를 남겼다.

또한 신흠의 복희 〈선천도〉 인식 속에서 보이는 '관천하'의 정치 이념은 그들의 군신지의 강조를 잘 보여주는 것이었다. 이러한 인식은 김육의 〈공극당기〉에서도 잘 보였다. 다음에서 제시할 그들의 군신지의와 국가질서의 강조는 이러한 사상적 배경 속에서 이루어졌다. 나아가 소옹학에는 존재세계의 변화에 충실하고자 하는 현실론의 의미도 있었으며, 이것은 실용적인 국정운영론의 사상적 바탕이 되어 주었다.

병자호란 이후 정세 판단에서 종사와 국가의 존립을 지키기 위한 논의들은 대부분 국가의 입장에서 볼 때 현실론과 짝하고 있었다. 반면에 의리명분론은 종사와 국가의 존립이라는 문제보다는 이상론의 성격을 가지고 있었다. 가령, 척화(斥和)는 의리명분론으로서는 최선의 선택이었지만 국가의 존립이라는 문제에서 볼 때 매우 위험한 결정이 될 수 있었다. 반면에 화의론은 의리명분론의 입장에서 볼 때는 흠이 있었지만, 청과 대항할 수 없는 상황에서 국가의 존립을 지키기 위한 현실적인 대안이 될 수 있었다.

병자호란 이후 청과의 대립과정에서 서인들의 행동양식은 지역과 학파에 따라 분화되는 양상을 보였다. 그것이 처음 드러났던 것은 청과의 화의론 과정이었다. 최명길은 앞서서 권도를 주장하며 주화(主和) 논의를 주도하였다. 이때 주화 논의에 참여한 사람들로는 최명길, 김류(金瑬; 1571~1648), 홍서봉(洪瑞鳳; 1572~1645), 이경석(李景奭; 1595~1671), 심열(沈悅), 이성구(李聖求; 1584~1644), 장유(張維) 등이 있었다.[236]

최명길은 '도에는 항상 된 것[經]과 임시변통의 것[權]이 있고, 일에는 경(輕)과 중(重)이 있으며, 때가 있는 곳에 의 또한 따르는 것이니 성인이 《주역》에서 중(中)을 정(正)보다 귀히 여겼던 것은 이 때문'이라고 하였다.[237] 최명길이 말한 중(中)은 시의적절함을 말하고 정(正)은 명분상의 바름을 의미한다. 그는 그때그때의 시의적절함을 고정적인 의리명분보다 높이 평가한 것이다.

이러한 관념에 입각하여 최명길은 삼대의 정치는 고금이 다르고, 풍기가 달라서 옛 제도 모두를 회복할 수 없으니, 선왕의 제도에 매몰될 것이 아니라 선왕의 마음을 얻는 것이 중요하다고 보았다.[238] 이러한 그의 입장은 당위적이고 고정적인 의리명분보다는 존재 그 자체와 현실에 좀더 관심을 기울여야 한다는 생각에서 비롯되었다.[239]

---

236) 이기남(1992), 488쪽.
237) 崔鳴吉,《遲川集》卷11〈丙子封事〉第三, "蓋道有經權 事有輕重 時之所在 義亦隨之 聖人作易 中貴於正 良以此也".
238) 崔鳴吉,《遲川集》卷7〈論官制箚〉, "三代之治 則古今異宜 風氣亦殊 固不可盡復舊制 然其課農乘恤困窮 制民産節財用 立刑法以制之 明教化以導之 能不泥於先王之制 而得先王之心 開先王之治者 則是必有其術矣".
239) 이러한 생각은 그의 손자 최석정에게도 계승되었다. 최석정은 생민(生民)의 이치가 다한다면 성왕(聖王)의 법도 고칠 수 있다고 하였다. 그는 《주역》의 '궁하면 변하고 변하면 통한다'는 말을 상기시키면서 생민의 이치가 궁해지면 성왕의 법이라도 고칠 수 있는 것이므로 지금 관제(官制)의 장애가 이와 같으니 어찌 때를 저울질해서 마땅함을 찾는 도[權時制宜之道]가 없을 수 있겠는가 하였다.(崔錫鼎,《明谷集》卷15 疏箚〈陳序官求才之方箚〉, "易曰 窮則變 變則通 通則久 傳曰 生民之理有窮則聖王之法 可改 今官制之窒碍如此 則何可無權時制宜之道……仁祖朝 臣祖父故相臣鳴吉秉銓時 箚陳所懷 變通官制")

병자·정축호란 이후 1652년(효종 3)에 있었던 신면(申冕)의 옥사는 '존
군론(尊君論)·현실론' 대 '세도론(世道論)·의리명분론'의 사상적 갈등
을 증폭시키는 계기가 된 중요한 정치적 사건이었다. 노론 측 사신(史臣)
의 기록에 따르면, "신면이 죽은 뒤에 그 여당(餘黨)들이 얼굴을 바꾸고
사류(士類)들에게 아첨하였는데, 사류들이 대우하는 것이 차이가 없지 않
았으므로 마음속으로 자못 달갑지 않게 여기다가 윤증(尹拯; 1629~1714)
을 의지할 수 있는 연수(淵藪)로 생각하고는 드디어 한편의 당파를 이루
었으니, 이것이 소론(少論)"이라고 하였다.[240] 이것은 정확한 사실은 아
니라고 할지라도 신면과 신면의 옥사가 갖는 중요성을 잘 설명해 주었
다.[241]

효종 초기에 벌어진 신면 옥사의 표면적 이유는 신면이 김자점(金自
點; 1588~1651)과 결탁하여 청나라에, '새 임금이 즉위한 후 옛 신하들을
내쫓고 산림을 등용하여 복수를 도모한다'는 참언을 하였다는 것이다.
그러나 신면 옥사 이면의 이야기는 다른 사실을 말해 준다. 신면 옥사에
관한 《당의통략》(黨議通略)과 《경종실록》(景宗實錄)에 기록된 신면의 증
손 신치운(申致雲; ?~1755)의 상소를 종합하면 다음과 같다.[242]

신면은 효종 초기 산당이 중앙정치에 참여하고자 하면서 내건 세 가
지 명분, 즉 첫째, '복수설치'(復讐雪恥)와 둘째, '강빈(姜嬪)의 원통함을

---

240) 《肅宗實錄》卷27, 肅宗 20년 10월 3일(丁酉).
241) 신면 옥사 이후 신흠 가문은 이후 계속 송시열 계열과는 적대적인 길을 가게 되었
    다. 신면의 아들 신종화(申宗華)는 허적(許積)과 결합하여 신면의 관직을 회복하고자
    하였고 신종화의 손자 신치운(申致雲)은 1721(경종 1), 1722(경종 2)년에 김일경(金—
    鏡), 박필몽(朴弼夢)과 함께 준소(峻少)로서 활동하였다. 그는 소론이 대거 탄압을 당
    하는 을해옥사(1755) 때 죽었다.[《英祖實錄》卷84, 英祖 31년 5월 21일(甲午)] 신면 가
    문이 송시열 계열에 대해서 적대적이었다는 설명은 《영조실록》권40, 영조 11년 10
    월 20일(乙酉) 조를 참조할 수 있다.
242) 李建昌, 《黨議通略》仁祖朝至孝宗朝; 《景宗實錄》卷14, 景宗 4년 5월 29일(辛未).

풀어주자는 것'과 셋째, '혼탁하고 악한 무리를 물리치고 맑고 선한 사람을 등용한다'는 일에 대해서 다음과 같이 답하였다고 한다.

원수를 갚아 치욕을 씻자는 논의는 허명(虛名)만 떠벌리고 실재(實才)가 없으면 임금을 속이는 것이 되고, 힘을 헤아리지 않고 강호(强胡)에게 도전한다면 나라의 화환(禍患)을 부르는 결과가 된다. 강씨(姜氏)의 억울함은 비록 온 나라 사람이 다 아는 바이기는 하나, 옥사가 대내(大內)에서 이루어진 것인지라 외신(外臣)으로서 감히 말할 바가 아니다. 혼탁하고 악한 자를 도태하고 맑고 선한 자를 등용하자는 설은 격렬하게 들추어내기를 힘써 신기(新奇)하게 한다면 시비가 공사(公私)를 어지럽게 하고 현사(賢邪)가 애증(愛憎)에 현혹되어 당동벌이(黨同伐異)하는 문만 열어놓아 불안한 계제만 만들게 될 것이다.[243]

신면은 복수설지는 실재가 없으면 임금을 속이고 화환을 부르는 결과를 낳게 되며 강빈의 억울함을 풀겠다는 것은 외신(外臣)으로 감히 말할 것이 아니며, 혼탁한 무리들을 물리치고 선한 자를 등용하자는 것은 당동벌이(黨同伐異)하는 문만 열어놓을 것이라고 하였다. 그러면서 그는, "그대들은 마치 봉황과 같아서 그 소리만 듣고 사람들이 저마다 사모하니, 간혹 세상에 나와서 깃을 펴는 것은 나쁠 것이 없소. 하지만 여기 내려와서 닭이나 따오기 같은 잡새들과 더불어 다투게 되면 이것은 부녀자의 웃음거리밖에 되지 않을 것"[244]이라고 하였다. 결국 당신들은 현실을 모르니 조용히 지방에나 있으라는 말이었다. 《당의통략》에 따르면, 이러한 말을 산당 사람들이 전해 듣고 매우 노여워하였으며, 결국

---

243) 《景宗實錄》 卷14, 景宗 4년 5월 29일(辛未).
244) 李建昌, 《黨議通略》 仁祖朝至孝宗朝, "冕曰爲我謝山人 君輩如鳳 聞其聲 人自慕之 時出而羽儀 亦無不可 但下與鷄鶩刺促 未有不爲婦人孺子所笑也".

이로 인해서 신면은 죽게 되었다고 한다.

이러한 상황을 정확히 확인할 수는 없지만, 산당 계열에서 신면을 몹시 경계하였던 것은 사실로 보인다. 송준길(宋浚吉)은 효종 즉위년에 정계에 들어오자마자 김자점과 교류한 이시만(李時萬), 이이존(李以存), 신면(申冕), 이지항(李之恒), 이해창(李海昌) 등을 추고할 것을 간하였다.[245] 그리고 송시열은 안방준에게 보내는 1653년(효종 4) 12월 편지에서, 1650년(효종 1)에 신면의 무리들이 안방준이 1649년(효종 즉위년) 송시열에게 보낸 글을 초록해다가 서로 전하여 읽으면서 송시열을 비판하고 있다고 전하였다.[246] 편지의 내용은, '송시열이 상소만 남겨놓고 윤허를 받기 전에 미리 돌아와 버린 것은 임금을 섬기는 도리가 아니다'와 '송시열은 벼슬을 그만두어서는 안 될 때에 그만두고 그만두어야 할 때는 그만두지 않았다'는 것이었다.[247]

신면이 송시열을 비판한 것은 두 가지 측면에서였다. 하나는 그가 '정치현실'을 모르고서 복수설치를 주장하고, 강빈 옥사의 시비를 밝히고자 하며, 다른 당파를 일방적으로 배격하고자 하는 것에 대한 비판이었고, 둘째는 송시열이 관직에 참여하는 방법과 왕을 섬기는 방법을 잘 모른다는 군신지의에 관한 비판이었다. 이 두 가지 비판은 거꾸로 신면과 그 집단이 가졌던 현실관과 군신지의의 입장을 보여주는 것이었다.

신면의 평산신씨 가문은 당시 서울·경기 지역의 유력 가문들과 혼인 관계로 연결되어 있었다. 우선 효종·현종 연간 한당을 이끌었던 김육

245) 《孝宗實錄》 卷2, 孝宗 즉위년 9월 13일(己巳).

246) 宋時烈, 《宋子大全》 卷27 〈上安隱峯〉 癸巳, "曩在庚寅 有人自京來 傳申冕輩錄得某丈(-安邦俊)與君(-宋時烈)書 相與傳誦 以爲至論".

247) 安邦俊, 《隱峰全書》 卷3 〈與宋英甫(時烈)別紙〉 己丑, "爲宋某者 雖有決去之意 姑爲遲留都下 待聖候差復而後去可也 宋某以林下讀書之人 豈不知事君之道乎……愚私語於心曰 宋某之冠 掛之於不當掛之時 不掛於當掛之日 宋某之去就 愚未可知矣".

의 청풍김씨 가문과 혼인 관계로 연결되어 있었다. 신면의 누이가 김육의 아들 김좌명(金佐明; 1616~1671)의 아내였다. 또한 신면의 부인은 윤두수(尹斗壽; 1533~1601)의 손녀였고, 동생 신변(申昪)은 이민구(李敏求; 李睟光의 子)의 딸을, 신최(申最)는 심희세(沈熙世; 沈悅의 子)의 딸을 아내로 맞아들였다.[248] 그들이 연혼 관계를 맺은 가문들은 서울 지역에 세거하던 서인과 남인의 명문 가문들이었고, 이수광과 심열에게서 보이는 것처럼 소옹학·심학·경세학에 밝은 가문들이었다.

신면의 죽음을 전후해서 서울·경기 지역 서인들이 주축이 되었던 한당과 호서 지역 서인들이 중심이 되었던 산당의 대립은 표면화되었다.[249] 이들이 대립한 첫 번째 사건은 대동법을 놓고 벌였던 김육과 김집 사이의 갈등이었다. 김육은 대동법을 시행하고자 노력하였으나, 호서 지역 서인 김집과 안방준 등은 대동법에 반대하였다.[250] 김육의 한당이 '안민익국'(安民益國)의 경세 이념을 통해 대동법과 같은 개혁론을 폈다면 김집과 같은 산당 계열은 그들이 생각하는 대의명분 중심의 개혁론을 폈다. 이러한 관점에서 산당 계열은 주로 '양민'(養民) 위주의 개혁론을 폈는데, 이것은 사실 농촌 경제의 안정을 바라는 향촌 지주층의 개혁론이라는 성격을 띠는 것이었다.[251]

---

248) 정만조(1999), 113쪽.

249) 당시 한당계 인사들은 신면과 김육을 위시해 이경석(李景奭), 한흥일(韓興一), 조경(趙絅), 김좌명(金佐明), 김우명(金佑明), 서필원(徐必遠), 김시진(金始振), 이경휘(李慶徽), 이경억(李慶億), 조원기(趙遠期), 조현기(趙顯期), 박세당(朴世堂), 김석주(金錫胄) 등이었다.[정만조(1999), 130쪽 〈표 4〉 참조] 반면 산당계 인사들은 김집(金集), 송시열(宋時烈), 송준길(宋浚吉), 안방준(安邦俊), 민유중(閔維重), 민정중(閔鼎重), 김상헌(金尙憲), 유계(兪棨), 김익희(金益熙), 김만균(金萬均), 김만기(金萬基) 등이었다.

250) 《孝宗實錄》卷3, 孝宗 1년 1월 13일(丁卯); 《孝宗實錄》卷8, 孝宗 3년 5월 16일(丙戌); 李肯翊, 《練藜室記述》卷30 〈孝宗朝 古事本末: 孝宗朝 相臣 金堉〉.

251) 정만조, 1992, 〈17세기 중엽 산림세력[山黨]의 국정운영론〉, 《택와허선도(擇窩許善道)선생정년기념 한국사학논총》, 530~531쪽.

이러한 한당·산당 사이의 갈등은 이후 계속되었다. 한당의 대표적
인물 가운데 하나였던 효종대 충청감사 서필원(徐必遠)은 서원의 폐해를
지적하면서 향교가 제 기능을 못하고 있음을 다음과 같이 말하였다.

> 향교와 서원은 그 비중이 다릅니다. 그런데 시골에 사는 선비 가운데
> 에 사족으로 불리는 자는 재주와 식견이 조금만 있어도 서원에 적을 두
> 고 원유(院儒)라고 부르면서, 향교를 마치 주막같이 보며 향교생을 노예
> 처럼 대우하여 선성(先聖)에게 석전을 드리는 곳을 잡초가 무성하게 하
> 며 국가가 문(文)을 숭상하는 뜻을 헛되게 하고 말았으니 이것이 첫째 폐
> 단입니다.[252]

서필원은 서원이 득세하여 향교가 피폐해졌으니 국가가 문교(文敎)를
장려하는 뜻이 무색해졌다고 말하였다. 그는 향교를 국가적인 공적 교
육기관으로, 서원을 사족 중심의 교육기관으로 인식하고 있었다. 그러
면서 향교가 서원에 압도되는 상황을 바람직하지 않다고 보았다.

서필원의 이러한 언급은 적지 않은 문제를 일으켜 호서 지역 서인들
의 정치적 입장에 동조하던 민정중(閔鼎重; 1628~1692) 등은 서필원을
공격하기에 이르렀다. 응교 이정영(李正英)과 부응교 민정중은 불우(佛
宇)와 범궁(梵宮)은 놓아두고 왜 하필 서원에 대해서만 그 폐해를 지적하
느냐고 서필원을 공격하였다.[253] 여기에 대해서 김육은 요즈음 선비들
이 향교는 매우 가볍게 보면서 서원은 중시하고 있는데, 그 해가 많아
의론이 분분하니 어찌 매우 한탄스럽지 않겠는가 하여 서필원의 말이
일부 설득력이 있음을 효종에게 진달하였다.[254] 그러나 송준길은 다시

---

252) 《孝宗實錄》卷18, 孝宗 8년 6월 21일(壬辰).
253) 《孝宗實錄》卷19, 孝宗 8년 7월 8일(己酉).

서필원이 중복 설립된 서원을 폐기하자고 청한 것은 매우 옳지 않다고 지적하였다.255)

이것으로 볼 때 김육·서필원은 향교의 권위 강화를 통해서 국가의 교육 기능을 일부 드높이고자 하였음을 추론할 수 있다. 이에 반해 송준길·민정중 등은 이러한 조치가 지방 서원을 중심으로 결속하고 있던 호서 지역 서인들을 견제하는 것이라고 판단하였던 것으로 보인다.

곧이어 벌어진 송준길과 서필원 사이의 영장제(營將制) 논의도 위와 같은 맥락에서 이해할 수 있다. 송준길은 자신이 시골에 있어서 시무(時務)를 알지 못하나, 백성들이 원하는 바는 영장을 파하기를 바라는 것이라고 하였다. 이에 대해서 서필원은 영장의 설치는 참으로 아름다운 법이며, 결코 파해서는 안 된다고 말하였다.256)

조선 조정이 종래 국가의 힘이 미치지 않던 사천(私賤)을 속오군(束伍軍) 등 군역에 편성시키고, 영장으로 하여금 속오군에 내한 통제를 총괄하게 하면서 토호의 세력을 약화시켰다는 것은 일반적으로 알려진 사실이다.257) 이렇게 볼 때 송준길과 서필원의 논의는 지방 사족의 입장과 국가의 입장을 각각 반영하는 것이라고 볼 수 있다.

이러한 성격의 대립은 현종 4년 11월에서 5년 윤6월까지 8개월여 동안 있었던 공의·사의 논쟁에서 절정에 달하였다.258) 청나라 사신을 맞기 위해서 모화관(慕華館)으로 친행(親幸)하는 왕의 배종(陪從)을 회피하

254) 위와 같음.

255) 《孝宗實錄》 卷19, 孝宗 8년 9월 25일(甲子).

256) 《孝宗實錄》 卷19, 孝宗 8년 10월 29일(戊戌).

257) 서태원, 1999, 《조선후기 지방군제연구—영장제(營將制)를 중심으로》, 혜안, 144쪽.

258) 사의(私義)·공의(公義) 논쟁에 대해서는 정만조, 1991, 〈조선 현종조의 사의·공의 논쟁〉, 《한국학논총》 14, 국민대 한국학연구소; 이원택, 2000, 〈현종대의 복제(服制) 논쟁과 공사의리에 관한 연구〉, 서울대 박사학위논문 참조.

114_

고자 김만균(金萬均; 1631~?)이 그 직임을 사퇴하려 한 데에서 비롯된 이 사건은 그 뒤 조정에서 많은 논란이 되었다. 김만균은 그의 조모인 연산서씨(連山徐氏)가 병자호란 때 강화도에서 순절한 점을 들어 사사로운 정으로 볼 때 원수를 접대하는 일은 차마 못할 일이라는 점을 사직의 이유로 들었다.

이러한 김만균의 청을 서필원이 비판하면서 논쟁은 시작되었고, 급기야 송시열이 참여하면서 이 논쟁은 화이지변을 중시하고 신료 중심의 세도론적 성격을 갖는 사의론(私義論)과, 군신지의(君臣之義)를 중시하고 존군적 성격을 갖는 공의론(公義論)으로 대립하는 양상을 보였다. 이 공의·사의 논쟁에서 한당은 공의를 주장하였고, 산당은 사의를 주장하였다. 이 공의·사의 논쟁은 그들이 지향하는 현실관을 잘 보여주는 경우라고 할 수 있다.

또한 공의·사의 논쟁과 같은 맥락에서 숙종 23년에는 증조부가 임진왜란 때 순절하였다 하여 체직(遞職)을 요구하는 부산첨사(釜山僉使) 이석(李錫)의 문제가 논의되기도 하였다.259) 최석정은 이석의 경우 증조부의 원수는 부모의 원수와는 다르며, 일본의 집권세력도 교체되었으니 신하로서 사사로운 의리를 말할 수 없다고 하여 반대의사를 폈다.260) 이것 또한 국가 중심의 공적 의리를 강조하는 것으로 이해할 수 있다.

명력(明曆)인 대통력(大統曆)을 청력(淸曆)인 시헌력(時憲曆)으로 교체하였던 과정은 한당 계열이 '의리명분론'보다는 '현실론'을 우선하는 모습을 보여주는 좋은 예였다. 이 교체과정을 주도한 사람들은 한홍일(韓興一), 김육(金堉), 김석주(金錫胄) 등이었다. 이들은 모두 소옹·서경덕

259) 이재철, 2000, 〈조선후기 명곡(明谷) 최석정(崔錫鼎)의 현실인식과 정국운영 방안〉, 《이수건(李樹健)교수정년기념 한국중세사논총》, 논총간행위원회, 611쪽.
260) 《肅宗實錄》卷31, 肅宗 23년 11월 13일(己丑).

계열의 상수학 연구와 일정한 관련성을 가지고 있었다. 한흥일은 소옹 상수학에 정통하였던 북인 계열 한백겸(韓百謙; 1552~1615)의 아들이었고, 김육은 역학에 조예가 깊었던 조호익(曺好益)의 제자였고 신익성과는 사돈 관계였다.[261] 김석주는 김육의 손자로서 상수학에 정통하였던 신최(申最)의 제자였다.

김육은 대통력이 비록 정교하기는 하나 시간이 오래되어 조금씩 차이가 나니 역법을 바꾸어야 한다고 하였다. 그리고 마침 서양에서 새로운 역법이 나오고 청나라에서도 역법을 바꾸었으니 지금이 역법을 바꿀 기회라고 하였다.[262] 이들은 역법 자체보다는 역법의 소이연이 되는 역리(曆理)를 우선시하고자 하였다고 볼 수 있다. 소옹은 일찍이 《황극경세서》에서 역법은 세상이 변천함에 따라 차이가 없을 수 없는데, 지금 역법을 배우는 자들은 단지 역법만 알고 역리는 알지 못한다고 지적하였다.[263] 역리는 존재의 법칙이며 보편적인 원리[一理]로서 역법을 규정짓는 소이연이었다. 역법은 시대에 따라 변화할 수 있지만 역리는 불변하는 법칙이었다.

하지만 이러한 움직임은 당시로서 볼 때 중화왕조의 역(曆)을 버리고 오랑캐의 역을 따르는 것이었으므로 적지 않은 사회적 혼란이 생길 수 있는 문제였다. 1661년(현종 2) 전 관상감 직장이었던 송형구(宋亨久)가 시헌력을 폐지하고 대통력을 회복할 것을 주장한 것이라든가,[264] 1665

261) 김육이 대통력을 시헌력으로 교체하는 과정에 대해서는 다음과 같은 일화가 전한다. 《潛谷全書》(성균관대 대동문화연구원, 1975)〈潛谷先生行狀〉, 560쪽, "先君於星曆堪興算數兵家者流 亦皆涉獵而通其說 每中夜一起 散步除除 仰觀星文 尤明於曆算 每言授時曆漸差當改 及淸人入燕時 得皇明所改號時憲曆者 頒送本國 先君察其法精巧 請於朝將送人學之".
262) 《仁祖實錄》卷46, 仁祖 23년 12월 18일(丙申).
263) 《皇極經世書》觀物 外篇, "曆不能無差 今之學曆者 但知曆法 不知曆理".
264) 《顯宗實錄》卷4, 顯宗 2년 윤7월 13일(庚寅).

년(현종 6) 송시열이 명나라 대통력이 조선에서 완전히 사라져버렸음을 안타까워하였던 것은 그러한 움직임 가운데 하나였다.265) 그러나 농사 등 실리적인 면에서 볼 때 시헌력은 국가로서는 불가피한 선택이었 다.266)

이상에서 볼 수 있듯이 서울·경기 지역 서인이 중심이 되어 주장하였던 대동법, 향교의 부흥, 영장제 주장, 공의 주장, 역법의 교체는 국가 중심의 경세론이라는 점과, 당시 상황에서 명분보다는 실리와 현실론을 강조하였다는 점에서 일정한 공통점이 있었다. 그것은 대의명분론과 신하 중심의 세도론보다는 국가적 존군적 윤리를 강조하는 것과 방향을 함께 하였다. 역사상 이러한 국가 중심의 개혁론을 잘 보여주었던 것은 한나라와 당나라 때였다. 이러한 이유로 그들은 남송 국가 모델보다는 한·당 국가 모델이 좀더 현실적이라고 인식한 것 같다.

이러한 인식은 신흠·최석정·조성기에게서 보였다. 신흠은 한(漢) 고조·문제·광무제의 장점은 당·송의 여러 임금들이 미칠 바가 아니라고 하면서, 만약 문제와 같은 자질에 주공(周公)이나 소공(召公) 같은 인물을 얻어 보좌하게 하였다면 어찌 주나라 성왕(成王)과 강왕(康王)의 시대에 미치지 못하였겠는가 하였다.267) 최석정은 삼대 이후 중화를 통합하여 그 바름을 얻은 나라는 한·당만한 나라가 없으며, 진나라와 수나

---

265) 宋時烈, 《宋子大全》 卷146 〈庚午年大統曆跋〉.
266) 이러한 인식은 송형구가 시헌력을 폐지하고 대통력을 다시 사용하자는 주장에 대해서 관상감 도제조가 반대한 말에 잘 나타나 있다. 즉, 대통력으로 보면 일식과 월식을 예견하는 데 상당한 차이가 있는 반면 시헌력으로 보면 상당히 접근하고 있다는 것이다. 당초에 시헌력을 쓰기로 정하였던 것도 이러한 이유였다고 한다.[《顯宗實錄》 卷4, 顯宗 2년 윤7월 13일(庚寅)] 이 말은 현실적으로 볼 때 시헌력이 대통력보다 천체 운행을 살피는 데 훨씬 용이함을 지적하는 것이다.
267) 申欽, 《象村稿》 卷57 〈求正錄〉 上, "漢高漢文光武明章 皆非唐宋諸辟之所可及 若文帝之資 而得周召輔之 則何渠不逮成康".

라의 학정에서 백성을 구해낸 공로는 송나라의 덕도 미치지 못하는 것
이라고 하였다.[268]

　한·당 국가를 높이 칭송하였던 것은 조성기에게서 가장 잘 나타났
다. 조성기의 형인 조원기(趙遠期)와 조현기(趙顯期)는 신면과 김육이 주
축이 된 '한당'(漢黨)에 관여하고 있었으며, 가계상으로도 평산신씨·청
풍김씨와 긴밀한 관계에 있었다. 조성기는 시폐를 해결하기 위한 현실
적인 방책으로서 한·당 국가의 규모를 배울 것을 주장하였다.[269] 이러
한 그의 주장은 하·은·주 삼대만을 이상시하면서 한·당을 패도의 시
기로 보던 당시 사상계의 일반적 분위기에서 벗어나 있었다.

　생각건대, 정치를 하는 것은 다언(多言)에 있지 않으니 도리어 힘써
행함이 어떠한가? 그런데 힘써 행함에는 반드시 일정한 바꿀 수 없는
규모가 있어야 하니 이미 삼대(三代)에 제왕을 보좌한 규모가 있고 또한
한·당(漢唐) 소강구시(小康救時)의 규모가 있다. 규모는 또한 그냥 세울
수 있는 것이 아니다. 그 유어(維御), 손익(損益), 경혁(更革), 운용(運用)의
묘는 반드시 그 세상의 기강·풍속·치란·성쇠·대체가 어떠한가에
따라서 폐단을 구하고 변통하여 그 마땅함에 곡진히 맞게 하는 것이
다.…… 저 삼대의 제왕을 보좌하는 규모를 쉽게 말할 수는 없다. 그러
나 만약 그 대치(大致)를 말한다면 불인인지심(不忍人之心)으로 불인인
지정(不忍人之政)을 행하는 것에 불과했다.…… 이 '불인인'(不忍人) 석
자를 확충하여 얻을 수 있다면 요순의 다스림 또한 이에서 벗어나지 않
는다. 더욱이 그 전체대용(全體大用)이 내 몸에 갖추어 있으니, 이를 행

---

268) 崔錫鼎, 《明谷集》 卷11 〈正統論〉, "三代以後 統合而得其正 莫如漢唐 因秦隋殘虐荒
　　淫之餘 拯民於水火之中 宋氏德不及於漢唐".
269) 조성기의 한·당 국가 규모론은 여조겸(呂祖謙)의 사상에도 깊은 영향을 받은 것이
　　었다. 여조겸의 경세학은 '지방적' 문제보다는 '국가'라는 측면에 초점이 맞추어져
　　있었다. 여조겸에 대해서는 조성산(2001), 327~331쪽 참조.

한다면 이를 누구도 막을 수 없다. 하지만 단지 사람들이 스스로 행할 수 없고 행하는 자도 그 용량을 다할 수 없을 뿐이다. 그러므로 후세의 이른바 '불인인'과 옛 성현이 말한 그것은 천심(淺深), 허실(虛實), 대소(大小), 수박(粹駁)의 같지 않음이 하늘과 땅처럼 벌어져 있다. 혹자는 그 십분의 일을 가지고, 혹자는 백천 분의 일을 가지고 그 전부를 차지하고자 하니 충분히 얻을 수가 없는 것이다. 이러한 이유 때문에 인(仁)을 가장하여 공(功)을 계교하는 습관이 후세에 어지럽게 많아지고, 널리 베풀어 백성을 구제하는 은택이 천년 동안 거의 없게 되었다. 저 한·당(漢唐)과 진·송(晉宋) 시대 소강구시의 규모는 진실로 이것과 함께 논할 수는 없지만, 시절에 맞게 환란(患亂)을 제거하고 현자(賢者)를 등용하여 백성들을 구제하여 오래도록 안정된 정세를 구축하고 영원히 치세를 이룰 기반을 이루었다. 비록 위란(危亂)의 시대 뒤에 있었지만 분위기를 전환할 힘이 있었고, 급박한 사변에 당해서도 적절하게 대응하는 데 어긋남이 없었다.…… 오늘 옛일을 고찰하여 오늘의 일을 징험하고 단점을 버리고 장점을 취하는 도에서 진실로 한·당을 비루하다고 여겨 전혀 취하는 바가 없어서는 안 된다.[270]

그는 삼대 제왕을 보좌하는 규모와 한·당 소강구시(小康救時)의 규모가 있음을 전제하고, 규모를 정하는 문제는 현실의 정세가 어떠한가를 정확히 파악하는 데 있다고 설명하였다. 그러고서는 삼대 제왕을 보좌하는 규모와 한·당 소강구시의 규모를 비교하여 설명하였다.

우선 그는 삼대에 제왕을 보좌한 규모는 '불인인지심(不忍人之心)으로써 불인인지정(不忍人之政)을 행한 것'이었다고 정의하였다. 하지만 이는 매우 이상적인 것으로서 후세 사람들은 이를 실천할 자질을 갖추지 못했음을 언급한 뒤, 이어 한·당 시대 소강구시의 규모를 설명하였다.

---

270) 趙聖期,《拙修齋集》卷4〈與林德涵書〉.

그는 물론 한·당 시대의 규모가 성현의 규모에 비해서는 부족하지만, 당대의 문제점을 해결하는 데 손색이 없었고 나름대로 큰 공로를 이루었다고 칭찬하였다. 그리고 한·당 시대의 일을 비루하다 하여 전혀 취할 바 없다고 생각해서는 안 된다고 당부하였다.

계속해서 그는 당시 조선의 폐단을 구하기 위한 구체적 방법으로 '질박함을 숭상하여 화려함의 병폐를 구해야 한다'[尙質救文]는 주장을 폈다. 또 이를 위해서는 반드시 관대돈박(寬大敦朴)으로 근본을 삼고 정심엄중(靜審嚴重)으로 용(用)을 삼은 연후에 구폐를 시정할 수 있을 것이라고 하였다.[271] 관대돈박과 정심엄중 자체가 질박함[質]은 아니나, 관대돈박하고 정심엄중한 연후에야 질박함은 기약하지 않아도 자연히 얻을 수 있을 것이라고 하였다.[272]

그는 관대돈박과 정심엄중에 대하여 설명하면서, 정치는 관대해야 하지만 형(刑)을 다스림에는 엄중해야 한다고 하였다. 만약 정치가 관대하기만 하고 형벌로써 엄중히 다스림이 없다면 나라는 유지될 수 없다고 지적하였다.[273] 그는 한나라 문제의 예를 들었다.

예전에 한나라 문제는 관대청정(寬大淸淨)으로 정치를 하였으나, 형(刑)을 운용함에는 또한 엄격하였다. 그것을 조절하고 운용하는 방법 또한 높았다. 단지 지성(至誠)에 근본 할 수 없었고 또한 커다란 교화를 도양할 예악법제(禮樂法制)가 없었던 까닭에 그 효험은 부유하게 됨에 그

---

271) 위의 글, "蓋今日規模之急務 莫先於尙質救文 而欲尙質而救文 又必以寬大敦朴爲本 靜審嚴重爲用 然後舊弊可革 新功可就".

272) 위의 글, "蓋寬大敦朴靜審嚴重非質也 然而必寬大敦朴然後 浮僞細巧之習不行 而元氣不漓 力勢渾樸矣 必靜審嚴重然後 輕易顚倒之患可絶 而動作中節 事皆的確矣 苟如是則不期質而自質矣".

273) 趙聖期,《拙修齋集》卷9〈與金仲和書〉, "若徒知寬簡之可貴 敎化之可尙 而無威刑罪罰整頓而懲肅之 則亦何以維御萬務 役使群動".

쳤던 것이다. 그러나 그 다스림의 융성함은 오히려 후세가 미칠 수 있는 바가 아니었다. 지금 이 규모를 만약 신심(身心)의 근본에 두고 정사(政事)에 미루어서 지성측달(至誠惻怛)로 명백통달(明白洞達)한다면 장차 앞서서 왕정을 행하는 근본이 될 것이니 어찌 단지 한 때의 폐단을 구하는 정치에 그칠 따름이겠는가![274]

한나라 문제는 관대돈박과 정심엄중에서 모범적인 정치를 행하였으며, 그의 정치는 후세가 미칠 수 있는 바가 아니라고 하였다. 이어 한나라 조참(曹參)의 예도 들었다. 한나라의 조참은 청정후중(淸淨厚重)하여 가혹하게 하지 않았고, 다른 사람들의 작은 허물을 덮어주기에 힘썼고, 그래서 올바른 정치를 이루었다는 사실을 언급하였다.[275]

그는 후세의 유자들이 삼대의 규모는 물론이고 한・당의 규모에 대해서도 온전히 이해하지 못하고, 단지 성현의 경전 속 문자의론을 이리저리 섞고 부연하여 설을 만드니, 그 말에 나타나는 것은 모두 졸렬하며 소략한 것이라고 비판하였다.[276] 지금의 유자들이 삼대 정치의 이상주의에만 빠져서 헛된 공론만을 일삼을 뿐이며, 실제로는 한・당의 소강지치(小康之治)도 이루기 힘든 상태임을 지적하였다.[277]

이상에서 볼 수 있었듯이 서울・경기 지역 서인이 주장하였던 청과의 화의론, 대동법, 역법의 교체, 향교의 부흥, 영장제, 공의 주장 등은 국가

---

274) 趙聖期, 《拙修齋集》 卷4 〈答林德涵書〉.

275) 위의 글, "曹參之相漢 一以淸淨厚重不苟擾 專掩匿人細過小失爲務……但後之儒者 人人能言王道之美 曹參之陋 而其做處則一與末路庸人孺子至庸愚極無能不解事者 滾合爲一".

276) 위의 글, "蓋此輩於先王之道 旣無所得 於此等規模 又全無所解 只以依樣掇拾聖賢經典中文字議論 敷衍成說……故其發諸言論者 亦皆腐爛拙短 空疎無實".

277) 이러한 그의 주장은 훗날 오희상(吳熙常)에 의해서 '잡패'(雜覇)로 비판받기도 하였다.(吳熙常, 《老洲集》 卷23 雜識, "拙修經濟 終未免雜覇也")

중심의 경세론이라는 점과 당시 상황에서 명분보다는 현실론을 더욱 중시하였다는 점에서 어느 정도 공통점이 있었다. 이러한 의식은 조성기의 경우처럼 패도로 인식되기도 하였던 한·당 국가의 규모를 가장 현실적인 국가 규모로 내세우는 데 이르기도 하였다. 여기에 소옹학 연구는 그들 경세론의 이론적 기반을 형성하는 데 중요한 영향을 끼쳤다.

(2) 개방적인 대청(對淸) 인식과 조제론(調劑論)

병자·정축년(1636·1637)의 호란과 연이은 명청교체는 17세기 조선의 지식인들의 대외 인식과 현실관에 커다란 영향을 끼쳤다. 그들 모두는 이 대변란을 야기한 청에 대해서 적개심을 가지고 있었지만, 그것을 이해하고 해결하는 방식에서는 일정한 차이점을 보여주었다. 서인 안에서 그것은 크게 두 가지 모습으로 나타났다. 호서 지역 서인들, 즉 산당계열이 대명의리와 질의를 강조하면서 완강하게 명분론을 고수하고자 하였다면, 서울·경기 지역의 서인 일부는 이러한 의리론을 비현실적인 것으로 파악하고 청의 존재를 현실로서 인정하는 모습을 보였다.278)

최명길은 1637년(인조 15) 김상헌 등의 척화 논의에 반대하면서 청과의 화의론을 주장하였다. 그의 화의론이 갖는 공로는 대청 강경론의 분위기 속에서 가려질 수밖에 없었다. 하지만 이후 비록 소수였지만 서인 사상계 일부에서는 최명길의 화의론을 불가피한 것으로 파악하려는 분위기가 형성되기도 하였다.279) 그 가운데 대표적인 사람은 박세당(朴世

---

278) 이 부분에 관해서 산당계 관료가 청의 존재를 인정하지 않았던 데 반해 한당계 관료의 대청 인식은 현실주의적 성향을 가졌다는 지적이 있었다.[정만조(1999), 135~136쪽] 이 책은 이 점을 염두에 두면서 한당계 관료를 포함한 서울·경기 지역 서인들의 개방적인 대청 인식의 모습들과 그 심성론적 근거를 살펴보고자 한다.

279) 南九萬,《藥泉集》卷17〈領議政文忠崔公神道碑銘〉, “自公歿及今四十餘年 先生長者 並公時而稱公者 其言漸出 學士大夫後公時而談公者 其論漸平 至於壹惠之襃 朝無異

堂; 1629~1703)이었다. 박세당은 조선 사람들이 침석(枕席)을 편안히 두고 자손을 보존할 수 있었던 것은 모두 최명길의 공인데, 도리어 지금 그 사람을 비방하는 것은 매우 잘못되었다고 하였다.[280]

　김만중(金萬重; 1635~1720) 또한 김상헌(金尙憲)과 정온(鄭蘊; 1569~1641)의 척화론을 '비현실적'인 것으로 파악하였다. 김만중은 김집(金集)의 동생 김반(金槃; 1580~1640)의 손자이고 김익희(金益熙)의 아들로서 송시열을 사표로 여기던 인물이었다. 그런데 그는 화의론을 어쩔 수 없는 것으로 보았다. 그는 김상헌과 정온의 행동은 사람마다 배울 수 있는 것도 아니지만, 또한 사람마다 배워야 할 것도 아니라고 하였다. 최명길에 대해서는 주화론을 펴서 시비가 많았지만 역시 어찌 스스로 그 직분을 다하여 마음에 부끄러움이 없는 자가 아니겠는가 하였다. 덧붙여 장유도 척화의 잘못을 알고 있었음을 서술하였다.[281]

　이러한 가운데 서울·경기 지역 서인 사상계 일부에서는 명청교체를 어쩔 수 없는 운명으로 인식하려는 경향이 형성되기도 하였다. 그들은 명청교체가 어떠한 원리에 의해서 운행되는 거대한 '기수'(氣數)의 변화이며, 인간이 어쩔 수 없는 것이라는 해석을 통해서 스스로 위안을 삼고자 하였다. 예를 들어, 이단상은 명청교체는 후천세(後天世)의 팔팔 운수를 거듭 만났기 때문이라고 하였고,[282] 박세당은 하늘의 대수를 거스를 수 없다는 명나라 유민 강세작(康世爵)의 말을 빌려 명청교체의 불가피함을 설명하고자 하였다.[283]

　　議 苟有其實 終必自明者 果不信歟".
280) 朴世堂,《西溪集》卷10〈遲川集序〉, "東土之人 得奠其枕席 保其子孫 皆公之賜 顧今之談者 賴其力而訕其人 不已舛乎".
281) 김만중 저/홍인표 역, 1987,《서포만필》(하), 일지사, 300~301쪽.
282) 李端相,《靜觀齋集》卷14〈濟州牧使李候序〉, "崇禎甲申 天王之禍 當後天一百二十八世 而再逢八八之灾者也".

　이러한 인식은 명나라 멸망을 역사와 현실 속에 어떻게 반영할 것인
가 하는 문제로 나타날 수밖에 없었다. 이것이 첨예하게 반영되어 나타
났던 것이 연호(年號) 문제였다. 명나라 연호를 계속 쓰느냐, 아니면 청
나라 연호를 쓰느냐 하는 문제는 명나라와 청나라를 현실적으로 어떻게
바라보느냐 하는 문제를 담고 있었다. 명나라 연호를 계속 쓸 경우에는
청나라를 정통왕조로서 인정하지 않는 것이요, 청나라 연호를 쓸 경우
에는 청나라를 현실적으로 인정한다는 의미였다.

　당시 공문서에는 청나라의 견제로 어쩔 수 없이 청나라 연호를 사용
하였지만 사문서에는 명나라의 마지막 임금인 의종(毅宗)의 '숭정'(崇禎)
연호를 계속 쓰고 있었다. 그런데 일부에서 이것을 지나치다 여겨 거부
하려는 움직임이 있었다. 예를 들면, 김수홍(金壽弘; 1601~1681)은 기해
년(1659) 복제(服制)를 기년(朞年)으로 한 것은 잘못이라는 내용으로 송시
열에게 편지를 보내면서 글미리에 청나라 연호인 '강희(康熙) 4년(1665)'
을 써서 송시열의 복수 의리를 기롱하였고,[284] 또 그의 조부 김상용(金尙
容)을 제사하는 축문에서도 '강희' 연호를 쓰려고 해서 온 문중이 그를
'가문의 적'이라 하였다고 한다.[285]

　이러한 모습이 더욱 잘 나타났던 것은 박세당의 경우였다. 그는 1682
년(숙종 8)에 선조(先祖) 박상충(朴尙衷; 1332~1375)의 비석을 세울 때 동
종(同宗)인 박세채(朴世采; 1631~1695)와 이미 멸망한 명나라 임금 의종
의 연호인 '숭정'을 계속 사용할 것인가에 대해 논쟁을 벌였다. 박세채
는 '숭정' 연호를 계속 사용하고자 하였으나 박세당은 반대하였다.

283) 朴世堂,《西溪集》卷8〈康世爵傳〉, "又曰吾知明之亡 朱氏不能復興也 漢四百年而亡
　　雖以昭烈之賢 不能復 唐與宋皆三百年而亡 明自洪武至崇禎 亦三百年 天之大數 誰能
　　違之 虜其終有天下乎".
284)《肅宗實錄》卷1, 肅宗 즉위년 11월 6일(乙丑).
285)《肅宗實錄》卷3, 肅宗 원년 4월 9일(丁酉).

박세당은 주희의 강목을 근거로 해서 이미 멸망한 나라의 연호를 억지로 끌어다 쓰는 전례는 일찍이 없었다고 하였으며,[286] 명나라 마지막 임금 의종을 '중화구주'(中華舊主)라고 객관화하여 인식하고자 하였다.[287] 그는 지금 만약 숭정 연호를 억지로 고집해서 '주희 강목의 전례'와 '갑자(간지)'만을 표시하였던 도연명(陶淵明)의 뜻'을 미진하다고 여겨 그것을 넘어서고자 한다면 이것은 미혹된 짓이라고 하였다.[288] 그가 주희의 논의로써 숭정 연호 사용을 비판한 것은 주목할 부분이다.[289]

이러한 연호 사용 문제와 관련하여 정제두와 민이승(閔以升; 1649~1698) 사이에는 관료들의 궤배(跪拜) 문제도 논의되었다.[290] 정제두는 청나라의 연호를 받으면서도 청나라 사신에게 무릎을 꿇고 절하는 궤배를 하지 않으려는 당시 관료들의 풍조를 비판하였다. 당시 조선의 관료들은 청에서 준 연호는 어쩔 수 없이 받았지만, 궤배의 예는 하지 않으려고 하였다.

그들은 오랑캐라 여기던 청나라의 정삭(正朔)을 받들고 연호를 사용하게 되었으니 이미 중화와 오랑캐의 구별이 무너진 것인데, 청나라 사신에게 무릎을 꿇고 절하는 궤배의 예까지 행하게 되면 중화로 자처하던

---

286) 朴世堂,《西溪全書》卷7〈辨和叔論紀年示兒姪〉, "又見綱目之於已絶之統 未嘗强引而續之如今之云者也".

287) 위의 글, "夫中華舊主 視之君親 容有戚疎之可言矣".

288) 위의 글, "今乃薄晦菴淵明之義 遽欲掩而過之 多見其惑也 夫只書甲子或紀本朝年月者 乃出於不用康熙之義 則取法乎淵明晦菴 其例章章 又何云有所貶而弁髮先代之義也 設如是也 淵明未免爲貶其累世臣事之晉 而朱子未免爲弁髮君臣之義也".

289) 근기남인 가운데 대표적인 인물인 허목도 강희 연호를 단순히 연도를 나타내는 의미로서 사용하였다.(許穆,《記言》卷13 原集 중편,〈竹西樓記〉; 같은 책 卷65 自序; 같은 책 卷66 自序) 그는 박세당처럼 연호 문제를 직접 거론하지는 않았으나, 자신의 글에서 강희 연호를 시기를 가리키는 의미로서 사용하였다.

290) 궤배 문제에 대해서는 김교빈, 1995,《양명학자 정제두의 철학사상》, 한길사, 197~202쪽을 참조할 수 있다.

체면은 땅에 떨어지고 만다고 생각한 것이다. 그러한 의미에서 그들은 궤배의 예를 행하지 않는 것을 자신들의 자존심을 지키는 마지막 방어선으로 생각하였다.291)

이러한 생각에서 민이승은 궤배의 예는 화이의 구별을 내세워 절대로 해서는 안 되지만, 연호에 대해서는 군신의 의를 내세워(우리 임금을 중하게 여겨서) 받들어도 괜찮다는 논리를 폈다.292) 이에 대해서 정제두는 다른 의견을 주장하였다. 그는 연호는 조정에서 받드는 것이니 봉행해도 괜찮고, 궤배는 절대로 안 된다는 것을 이중적인 허위의식이라고 생각하였다. 그가 보기에 연호를 받드는 것과 궤배를 하는 것은 한 가지로서, 둘로 나눌 수 있는 문제가 아니었던 것이다.293)

그가 생각하기에는 일단 '군신지의'를 중하게 여겨 연호를 받들고 조정의 관료가 된 이상은 궤배와 같은 치욕적인 일도 해야 하는 것이었다. 그리고 '화이지변'을 진정 중히게 여긴다면 처음부터 연호를 받들지도 말아야 하고 관직에도 나아가지 말아야 하는 것이었다.294) 그는 연호를 받들어 조정의 관료가 된 자가 궤배를 치욕이라고 여겨 하지 않는 것은

---

291) 鄭齊斗,《霞谷集》卷2〈答閔彦暉書〉四, "兄以不拜爲天下之大防 然旣承其年號 承年號獨可爲之防乎".

292) 鄭齊斗,《霞谷集》卷2〈答閔彦暉書〉二, "凡書前後 皆以跪拜則主華夷而不屈 年號則主君臣而奉行……拜跪雖不可爲 旣以吾君爲重而奉行年號 則於跪拜亦無異也 不然無君臣".

293) 鄭齊斗,《霞谷集》卷2〈答閔彦暉書〉五, "蓋盛意以年號與稱晉禮拜 爲分虛實 然以某觀之 年號若虛則稱晉禮拜亦虛矣 稱拜禮拜若實則年號亦實矣 身承其年號而不名曰陪臣 自古未之有也 何則力屈畏服不得已而承年號 與力屈畏服 不得已而行禮拜者 其義則同 雖不許正統 其年號禮拜之同爲一事無異也 雖許正統 其年號禮拜之同爲一事無異也".

294) 鄭齊斗,《霞谷集》卷2〈答閔彦暉書〉二, "大抵華夷之下 不容不嚴 君臣之義 不容不明之 二者俱有所指 俱不可廢 又無優劣之可言 但以華夷爲重者 雖至於年號一也〈年號雖欲不拘 旣以拜跪爲恥 則年號之當恥 亦無異也 不然無華夷〉以君臣爲重者 雖至於跪拜同也〈拜跪雖不可爲 旣以吾君爲重而奉行年號 則於拜跪亦無異也 不然無君臣〉".

'화이지변'도 지키지 못하고 '군신지의'도 제대로 지키지 못하는 것이
된다고 생각하였다. 이러한 생각은 정제두 자신은 부정하였지만, 민이
승이 간파하였듯이 사실 '군신지의'를 중하게 여기는 것에서 비롯되었
다.295) 다음에서 정제두의 의도를 살펴볼 수 있다.

선비가 그 사이에서 벼슬을 하든지 혹은 아니하든지 하는 것은 다만
마땅히 그 마음의 편안한 바에 따라서 해야 합니다. 마치 은(殷)나라 성
탕(成湯)이나 주(周)나라 무왕(武王)이 반정(反正)으로 백성을 구제한 것
이 의(義)가 아님이 없고, 백이(伯夷), 숙제(叔齊)와 태백(泰伯)이 굶주리고
도망가 맑은 절개를 지킨 것이 인(仁) 아님이 없는 것과 같이, 각기 그
마음에 편한 일을 하였을 뿐입니다. 진실로 이와 같다면 군자로서 군신
의 의를 중히 여겨 나가서 벼슬하는 것도 역시 도리이니, 어찌 몸을 욕
되게 하는 것이라고 말할 수 있겠습니까! 만약 이것을 주로 하고 저것을
천히 여겨 하나를 잡고 다른 하나를 폐한다면 그것은 누구나 다 실천할
수 있는 도의가 못 되는 것입니다. 이로써 말하면 벼슬을 아니 하는 것
과 몸을 바쳐 벼슬을 하는 것 두 가지의 의리는 저절로 병행하여 서로
모순됨이 없는 것이라고 말할 수 있습니다.296)

정제두는 은나라 성·탕왕이나 주나라 무왕이 반정으로 백성을 구제
한 것은 의(義) 아님이 없고, 백이·숙제와 태백이 굶어죽고 도망한 것은
인(仁) 아님이 없으니, 각기 그 마음에 편한 일을 하였을 뿐이라고 하였
다. 그러니 (화이지변을 중하게 여겨) 벼슬을 아니 하는 것과 (군신지의를

295) 鄭齊斗, 《霞谷集》 卷2 〈答閔彦暉書〉 三, "言語之間 雖不免有所抑揚 而未嘗自以爲
偏主其一端 故前書旣曰無君臣 又豈不曰無華夷耶 是其意則可見 而今來諭謂以無君臣
爲本源 似若某之有所主而爲言者然 此固未然也".
296) 鄭齊斗, 《霞谷集》 卷2 〈答閔彦暉書〉 二.

중하게 여겨) 벼슬을 하는 것 두 가지의 의리는 저절로 병행하여 서로
모순됨이 없는 것이라고 하였다.

　그러면서도 그는 '군자'로서 군신의 의를 중히 여겨 벼슬하는 것 또한
도리이니, 어찌 몸을 욕되게 하는 것이라고 말할 수 있겠는가 하였다.
즉, 화이지변보다 군신지의를 중하게 여기는 것을 일방적으로 몸을 욕
되게 하는 것이라고 비판할 수는 없다는 입장이었다. 이것은 의리명분
론에 입각한 지나친 '화이지변'에 대한 우회적인 비판으로 이해할 수 있
다.[297] 이러한 인식은 비슷한 시기에 활동하였던 호서 지역의 한원진이
'화이지변이 군신지의보다 크다는 것이 진실로 명확한 논의'라고 말한
것과는 대조되었다.[298]

　위에서 언급하였던 지나친 화이지변에 반대한 서울·경기 지역 서인
들 일부에서는 그들 주장의 심성론적 근거를 다음과 같이 보여주었다.

　　대저 하늘이 사람에게 부여한 것으로 말하면 그지없이 신령스럽고 밝
　은 그것[靈靈明明者]이 아니겠는가. 사람 속에 담겨 있는 지극히 신령스
　럽고 밝은 그것이야말로 옛날에는 있었다가 지금은 없어진 것도 아니고
　오랑캐나 중화인에 따라 풍족하게 있거나 적게 있는 것도 아니다.[299]

　장유는 하늘이 부여한 사람 속에 담겨 있는 지극히 신령스럽고 밝은
그것[靈靈明明者]은 옛날이나 지금이나 같은 것이며, 오랑캐나 중화인이

---

297) 이러한 생각은 현종대 사의·공의 논쟁에서 '군신지의'라는 공의를 통해서 '화이지
　　변'과 '춘추의리'에 근거한 '사의'를 극복하고자 하였던 '한당'(漢黨)의 사유와도 일치
　　하였다.
298) 韓元震, 《南塘集》 卷17 〈答李子三台重〉丁卯 二月, "晩村所謂華夷之辨大於君臣之
　　義者 誠是確論".
299) 張維, 《谿谷集》 卷5 〈送高書狀善行赴京師序〉.

128_

나 모두 똑같이 보유하는 것이라고 하였다. 박세당 또한 이것과 흡사한 인식을 보여주었다. 그는 현종대에 제주도에 표류한 명나라 유민을 어떻게 처리할 것인가를 논의하는 자리에서, 신속히 이들을 청나라에 돌려보내지 않은 사실을 청나라 조정에다 다음과 같이 변명하면 된다고 하였다.

저들도(청나라) 역시 사람이니 이치로써 말하면 어찌 그 마음이 움직이지 않겠습니까? 만약 '예전에 우리나라가 명나라를 대국으로 섬겼으므로 그 사람들을 차마 잡아 보낼 수 없었다'고 한다면 저들이 비록 조사한다 하더라도 어찌 거병(擧兵)까지야 하겠습니까.[300]

박세당은 청나라 사람들도 역시 사람이니 인정으로써 설득시킬 수 있다고 말하는 것이다. 그는 《사변록》중용 부분에서 성(性)의 덕이란 것은 상지(上智)라고 해서 더 있는 것도 아니요, 하우(下愚)라고 해서 모자란 것도 아니라고 말한 바 있다.[301] 그가 청나라 사람들도 사람이니 이치로써 말하면 그 마음이 움직일 것이라는 말은 이러한 심성론을 바탕으로 가능할 수 있었다. 정제두의 다음과 같은 말은 이것을 좀더 직접적으로 보여준다.

진실로 사람의 마음이라면 비록 지극히 악한 품기와 지극히 흉측한 습행일지라도 오직 이 일단(一段; =天性)만은 어찌 없을 수 있겠는가?

300) 《顯宗實錄》卷14, 顯宗 8년 7월 15일(丁巳).
301) 박세당, 《국역사변록》(민족문화추진회, 1966), 중용, 97쪽, "대개 성의 덕을 귀하다고 하는 것은 지혜 있는 이라고 해서 더한 것이 있는 것도 아니고, 어리석은 이라고 해서 빠지는 것이 있는 것도 아니기 때문이다.(夫所貴性之德者 不以上智而有所加 不以下愚而有所闕)"

옛날 사람에게 이를 구한다 하더라도 나와 다를 것이 없으며, 뒷사람에게 이를 구한다 하더라도 나와 다를 것이 없을 것이며, 비록 이적(夷狄)일지라도 다르지 않고 비록 금수일지라도 오히려 마음을 지닌 것이라면 또한 모두가 한 길의 밝은 곳이 있을 것이며 혹은 발하는 곳도 있을 것이다.302)

도(道)로써 마음을 삼고 하황절막(遐荒絶漠)의 땅을 내가 도를 행하고 학문을 할 곳으로 삼는다면…… 간교한 오랑캐와 완고한 백성이 모두 나의 적자(赤子)와 이웃 사람이 된다.303)

정제두는 옛사람과 지금 사람, 중화와 이적을 떠나 모든 사람들에게 천성이 온전히 구비되어 있음을 언급하였다. 나아가 그는 도로써 마음을 삼고 하황절막의 땅을 도를 행하고 학문 할 곳으로 삼는다면 간교한 오랑캐와 완고한 백성들도 모두 우리 적자·이웃사람이 될 것이라고 주장하였다.

요컨대, 병자·정축년의 호란과 명청교체 이후 당시 사상계는 강경한 대청의식이 주류를 이루었다. 그러나 시간이 지나고 대륙의 정세가 청 중심으로 안정되는 가운데에서 사상계 일부에서는 오랑캐 청의 존재를 현실로서 인정하고자 하는 움직임도 일었다. 그들도 기본적으로는 오랑캐의 존재를 부정적으로 인식하고 있었지만, 오랑캐도 중화와 함께 보편적 심성을 공유한다는 전제 아래 일정한 동질성을 인식하고자 하였던 것으로 보인다. 그들은 비록 다소 충차를 보였지만 지나치게 화이지변과 대명의리론을 강조하는 경향에 대해서 그 허위의식을 비판하고자 하

302) 鄭齊斗, 《霞谷集》卷9 存言 下〈學問者養心之方〉.
303) 鄭齊斗, 《霞谷集》卷7〈送柳公尙運之江界府序〉.

였다.

한편, 이들은 다른 당파에 대해서도 조제론적 입장을 가지고 있었다.[304] 인조반정 이후 인재 등용 문제에서 이러한 입장을 보였다. 김장생은 폐모 논의에 참여한 자들은 비록 재주가 있어도 절대로 등용해서는 안 된다는 강경한 입장을 확인하였고, 김상헌은 더 나아가 당시 인사정책이 은혜만을 베풀어 폐단에 흐르고 있다고 비난하였다.[305] 반면 신흠은 이귀(李貴; 1557~1633)를 논척하였던 남인 정경세(鄭經世) 등을 두둔해서 이귀의 심한 질책을 받았고,[306] '완비된 사람을 구하기 어려우니 일장일단이 있으면 단점을 버리고 장점을 취해야 한다'는 원칙에 따라 남인과 북인 일부까지도 수용하려는 인사를 시도하였다.[307] 이처럼 신흠이 다소 다른 입장을 편 것은 그의 학통이 부분적인 영향을 끼쳤다. 신흠 등 서울·경기 지역 서인들은 학통과 학맥을 비교적 전일하게 유지하던 '김장생─송시열' 계열의 호서 지역 서인들과는 달리 여러 이질적인 학통들이 섞여 있었다.

앞서 언급하였듯이 신흠은 북인에서 서인이 된 인물로서 이수광과도 절친하였으며, 그의 손자 신변(申昪)은 이민구(李敏求; 이수광의 아들)의 딸을 부인으로 맞는 등 남인과 가까운 관계였다. 최명길의 아버지 최기남(崔起南)은 어릴 적 북인계 양명학자 남언경(南彦經) 가문에서 자라 최명길 또한 이들 학풍에 간접적인 영향을 받았으리라고 생각된다.[308] 한

---

304) 한당계 관료의 붕당론이 조정론 내지 조제론적 성격을 갖는다는 지적이 이미 있었다.[정만조(1999), 134~135쪽 참조] 이 책은 이를 좀더 보완해서 서술하고자 한다.

305) 오수창, 1985, 〈인조대 정치세력의 동향〉, 《한국사론》 13, 62쪽.

306) 李建昌, 《黨議通略》 仁祖朝至孝宗朝, "副提學鄭經世典翰李埈等 與諸南人在朝者 倡爲淸議 至以李貴等 戕害骨肉 比之爾瞻 西人憤怨 謂南人欲因此變換朝廷……右相申欽臺諫黃戶+木西人也 然右經世等 爲李貴所詬罵".

307) 이희중(1995), 23쪽.

308) 윤남한(1982), 139~141쪽 참조.

당의 영수였던 김육은 스승이 남인 조호익이었으며, 조현기(趙顯期)와 조성기(趙聖期)도 경세관료 심열(沈悅)이 외가로 연결되어 있었다. 심열은 시속에 따라 부앙(俯仰)한다는 평을 들었는데,[309] 이것은 그가 의리론을 강하게 주장하지 않고, 어느 정도 유연한 현실관을 가졌음을 방증한다. 특히 조현기·조성기의 증조인 조원(趙瑗; 1544~?)은 조식(曹植)의 조카인 이준민(李俊民; 1524~1591)의 사위로서 조식의 문인이기도 하였다.[310] 이 밖에도 서울·경기 지역 서인들은 침류대(枕流臺)를 중심으로 하는 문학 활동을 통해서 북인·남인 계열과 폭넓은 교유관계를 가지고 있었다.[311]

17세기 서울·경기 지역 서인들은 앞서 살펴보았던 것처럼 소옹 상수학과 심학에 많은 관심을 표명하였다. 소옹학 속에는 소인을 '현실'로서 인정할 수 있는 여지가 마련되어 있었다. 정이가 양·강을 중요시하고 음·유를 貶下·역세하며[312] 음과 양의 내립직 의미에서 역리를 풀어갔다면, 소옹의 상수역은 착종하는 음양의 상호 작용하는 이치를 중심으로 논의를 전개하였다.[313]

이러한 측면에서 소옹의 상수역이 의리역보다 음양의 상의성(相依性)에 관심을 가진 것은 자연스러운 일이었다. 소옹은 음과 양을 서로 의지하

---

309) 《光海君日記》 卷183, 光海君 14년 11월 5일(丁酉), "沈悳卽悅也 以世家名卿 未免隨俗俯仰".

310) 정만조, 1999, 〈선조초 진주 음부옥(淫婦獄)과 그 파문〉, 《한국학논총》 22, 76쪽 〈도표 1〉 참조.

311) 침류대학사의 활동에 대해서는 고영진, 1994, 〈16세기 후반~17세기 전반 침류대학사(枕流臺學士)의 활동과 의의〉, 《서울학연구》 30; 김용국, 1979, 〈유희경(劉希慶)과 침류대〉, 《향토서울》 37; 한태문, 1991, 〈침류대시사(枕流臺詩社) 결성에 대한 시고(詩攷)〉, 《한국문학논총》 12 참조.

312) 廖名春·康學偉·梁韋弦, 1991, 《周易研究史》, 湖南出版社(심경호 역, 1994, 《주역철학사》, 예문서원, 479쪽).

313) 위의 책, 518쪽.

132_

는 관계로 인식하였고,314) 그럼으로써 소인의 존재도 '현실'로서 인정할
수 있는 가능성을 열어놓았다. 소옹은 《황극경세서》〈어초문답〉(漁樵問
答)에서 고기잡이와 나무꾼의 대화를 통해 다음과 같이 말하였다.

　　고기잡이가 나무꾼에게 물었다. "소인(小人)이 없어질 수 있을까요?"
나무꾼이 말하였다. "그렇지 않을 것입니다. 군자(君子)는 양(陽)의 정기
(正氣)를 받고 태어나며 소인은 음(陰)의 사기(邪氣)를 받고 태어납니다.
음이 없으면 양도 이루어지지 못합니다. 소인이 없으면 군자 또한 이루
어지지 않습니다. 오직 그 사이에 성함과 쇠함이 있을 뿐입니다."315)

　　소옹은 고기잡이와 나무꾼의 말을 빌려 군자와 소인의 관계성에 대해
서 설명하였다. '소인이 과연 없어질 수 있겠는가'라고 묻는 고기잡이의
말에 나무꾼은 '그렇지 않을 것'이라고 단언하면서 그 이유를 자연의 이
치로 설명하였다. 즉, 음이 없으면 양이 이루어지지 않듯이 소인이 없으
면 군자 또한 이루어지지 않는다는 것이었다. 오직 그 사이에 성함과
쇠함이 있을 뿐이라고 설명하였다. 이러한 인식은 앞서 살펴보았듯이
정이(程頤)가 양강(陽強)을 중시하고 음과 양을 대립적인 의미로 풀어가
면서 당위적인 차원에서 소인을 억제하는 것과는 구별되는 사유였다.
　　또한 서울·경기 지역 서인들의 심학풍은 '이'의 보편성과 내재화를
강조하면서 중화와 이적의 동일성, 군자와 소인의 공유점을 인식하고자
하는 측면이 강하였고, 이것은 조제보합론의 심성론적 근거로서 이용될
수 있었다. 그들은 소인을 배격해야 한다는 기본 입장을 유지하면서도

314) 邵雍,《皇極經世書》觀物 外篇, "陽不能獨立 必得陰而後立 故陽以陰爲基 陰不能自
　　見 必待陽而後見 故陰以陽爲倡".
315) 邵雍,《皇極經世書》〈漁樵問答〉.

제한적으로나마 이들을 포용할 수 있다는 논리를 가질 수 있었다.

이러한 것들은 서울·경기 지역 서인들이 남인과 제휴할 수 있는 명분으로 이용될 수 있었다. 최명길은 소북계 남인들을 등용하고자 하였는데, 그와 함께 정치활동을 하였던 인물들은 김신국(金藎國), 남이공(南以恭), 이성구(李聖求) 등이었다.[316] 또한 김육은 소북 계열 한백겸의 아들 한흥일(韓興一)과 남인 허적(許積; 1610~1680) 등과 함께 한당을 구성하였으며, 숙종대 김좌명(金佐明)과 김석주(金錫胄)는 남인의 예론에 동조하였고 허적과 결합하기도 하였다. 이러한 것들은 비록 정략적인 목적이 강하였지만 그렇다고 해서 그들이 생각하기에 명분상 무리한 일도 아니었다.

한당의 중요 일원이었던 조현기·조성기·조창기(趙昌期; 1640~1676) 형제의 탕평론은 이러한 맥락에서 이해할 수 있다. 조현기는 편당(偏黨)의 폐해를 서술하면서 사군자(士君子)는 공평한 마음을 가져야 한다고 주장하였다.[317] 또한 조성기는 송시열과 윤증에 의해서 나라가 망해가고 있음을 지적하기도 하였다. 송시열과 윤증의 문생 자제들이 혈전을 벌이며 각축하고 있으니 형세가 장차 조정이 이 무리들에 의해서 붕괴될지도 모른다고 하여 이들의 정쟁을 비판하였다.[318]

이러한 인식은 자연스럽게 탕평론으로 이어졌다. 그는 '황극을 세우고 탕탕평평(蕩蕩平平)하여 그 사람이 도움이 될 만하다고 하여 그 당이 모두 좋고 그 일이 모두 옳다 하지 말고, 그 사람이 미워할 만하다고

---

316) 이기남(1992), 492쪽.

317) 趙顯期,《一峯集》附錄: 趙正緯,《一默軒遺稿》上〈先府君行狀〉, "我國偏黨之習 爲百年痼疾 雖前輩鉅公 亦不免宛轉其中 而府君獨深惡之 嘗曰 士君子當存心正直 持論公平 是者是之 非者非之而已".

318) 趙聖期,《拙修齋集》卷6〈答林德涵書〉, "宋尹兩家門生子弟 互相訾謫攻擊 必欲角一勝於血戰 而置國事於相忘之域……勢將使堂堂聖朝 見壞於此輩之手".

하여 그 당이 모두 악하고 그 일이 모두 잘못이라고 하지 말아야 한다'
고 지적하였다.319)

조창기는 탕평론을 주장하는 소(疏)를 올렸는데, 그는 여기에서 동서
분당(東西分黨)의 연원과 동인과 서인이 서로 싸우는 상황을 서술하였
다. 그는 서인이 강하고 동인이 약한 것은 참으로 지금의 오래된 폐단이
라고 지적하면서, 근래 성상이 매양 서인만을 곡진히 옹호하려 한다고
말하였다. 그러면서 성상께서는 공평한 마음으로 능력에 따라 인재를
등용해야 한다고 주장하였다.320) 이 상소는 당시에 서인 강경론자들 사
이에 적지 않은 논란을 일으켰다. 좌의정 김수항(金壽恒; 1629~1689)은
상차하여 조창기를 어리석고 망령된 사람으로 배척하였다.321) 조창기는
숙종 원년에도 다시 붕당의 폐해와 임금이 서인을 억제하고 남인만을
등용하는 폐단에 대한 상소를 올리기도 하였다.322)

한편, 서울・경기 지역 서인의 조제론과 탕평론은 왕의 권한을 강조
하고자 한 입장과도 연결되었다. 이것은 이들이 소옹 상수학을 통해서
내세운 '일리'(一理) 관념과 관련성이 있었다. 소옹의 《황극경세서》는
황극이라고 하는 보편적인 원리에 따라서 운행되는 세계를 제시하려는
데 목적이 있었다. 여기에서 '황극'은 '일리'의 다른 표현이며 모든 존재
의 운행과 구성 원리를 의미하였다. 또한 앞서 말하였듯이 소옹의 복희
〈선천도〉는 이상적이고 엄격한 '군신' 관계를 반영하고 있었다. 소옹학
속에는 '황극'과 '일리'의 체현자로서 왕의 의미가 강조될 수 있었다.

---

319) 위의 글, "惟皇建極 蕩蕩平平 勿以其人之可佑 而仍謂其黨之眞善其事之眞是 勿以其
人之可惡 而仍謂其黨之眞惡其事之眞非 是不徒是 必深究所以是之源 非不徒非 必明
辨所以非之端 使人之邪正事之是非 先已了然於胸中 然後方可大用其喜怒哀樂之權".
320) 《顯宗實錄》 卷20, 顯宗 13년 윤7월 11일(甲申).
321) 《顯宗實錄》 卷21, 顯宗 14년 3월 11일(辛巳).
322) 《肅宗實錄》 卷4, 肅宗 원년 7월 6일(壬辰).

이것은 앞서 말하였듯이 호서 지역 산림세력들을 중심으로 형성되던 신료 중심의 세도론과 대(對)를 이루는 존왕적 입장으로 나타났다.[323] 우선, 최명길은 대신 재상권을 강화하고자 하였다. 이는 왕권의 안정 아래에서 대신에 의한 정치질서의 확립이었다.[324] 17세기 대신은 왕정의 대행자로서의 기능을 하면서도 여러 붕당간의 이해관계를 조제보합하는 역할을 해야 하였다.[325] 그러므로 대신은 왕의 신임을 받는 왕권의 대행자 역할을 충실히 할 수 있는 인물이어야 하였고, 이러한 이유로 당시 대신 재상권 강화는 존왕의 간접적인 반영으로 볼 수 있을 것이다.[326] 또한 김육은 인재를 등용하는 권한은 임금의 고유한 대병(大柄)이므로 아래에서 마음대로 해서는 안 됨을 강조하였다.[327] 남구만의 경우에도 '사람에게 형(刑)을 베풀고 사람을 죽이고 하는 것은 마땅히 하나같이 임금의 마음에서 결정되는 것이니, 어찌 대관(臺官)들의 말을 기다리겠습니까' 하였다.[328]

박세채의 황극탕평론도 위의 문제의식과 관련되어 있었다.[329] 그의 탕평론은 출척을 왕 '한 사람'에게만 한정함으로써 동인협공(同寅協恭)의 경지에 이르게 하자는 성격의 것이었다.[330] 박세채는 사(邪), 정(正)을

323) 송시열의 세도정치론에 대해서는 김준석, 1990, 〈조선후기 국가재조론의 대두와 그 전개〉, 연세대 박사학위논문, 265~301쪽 참조.
324) 이기남(1992), 499쪽.
325) 정홍준, 1996, 《조선중기 정치권력구조 연구》, 고려대 민족문화연구소, 84~85쪽.
326) 이와 대조적으로 송시열은 대신(大臣)을 보상적(輔相的) 존재로서보다는 임금을 가르치고 계도하여 왕도 정치를 실현할 수 있는 실질적 권력행사자로서 보았다고 한다.[정홍준(1996), 81쪽]
327) 《孝宗實錄》 卷3, 孝宗 1년 1월 13일(丁卯).
328) 《肅宗實錄》 卷16, 肅宗 11년 4월 15일(甲辰).
329) 박세채는 신흠 가문과 외가로 연결되었으며, 그 자신 외가의 가학에 관심을 표명하고 있었다.(朴世采, 《南溪集》 卷68 〈書外王父手書經世編年晉事後〉) 이를 통해 볼 때 그의 사상 형성에 신흠 가문의 학문이 어느 정도 영향을 끼쳤다고 볼 수 있을 것이다.

위주로 파악하면 그 사악함과 정당함에 따라 어느 한 당을 출척해야 하지만, 황극을 위주로 하면 마땅히 사특한 쪽에서는 올바른 자들을 올릴 수 있고, 올바른 쪽에서는 사특한 자들을 내칠 수 있으니 출척은 한 사람, 즉 왕에게 귀착된다고 하였다.[331] 그는 '사 아니면 정'이라는 이원적 접근이 아닌 '황극'이라고 하는 일원적 시각에서 이와 같은 논의를 전개시켰다. 당시 왕권 강화와 그에 기반한 탕평론은 이러한 논리에서 전개되었다. 그리고 이들은 사상적으로나 정치적으로 다소 입장을 달리하기는 하였지만 모두 '왕의 위상'을 강조하는 경향을 띠고 있었다.

이상에서 서울·경기 지역 서인들의 조제론과 탕평론을 서술하였다. 그들은 처음부터 다소 이질적인 학통들이 섞여 있었으며, 북인·남인들과 일정한 교류가 있었다. 더욱이 그들의 심학풍은 '이'의 보편성과 내재화를 강조하면서 중화와 이적의 동일성, 군자와 소인의 공유점을 인식하고자 하는 측면이 강하였다. 이러한 상황에서 김육이 한흥일·허적과 정치적으로 연결되거나, 김좌명·김석주가 남인과 결합한 것은 무리한 일이 아니었다. 그리고 이러한 가운데 조정론과 조제론도 나올 수 있었다. 또 한편에서는 조제론의 전제가 되는 왕권 강화에 대한 인식도 이루어지고 있었다.

---

330) 우인수, 1999, 《조선후기 산림세력연구》, 일조각, 127~136쪽.
331) 朴世采, 《南溪集》續集 卷3 〈進別單啓箚四本箚〉 六月四日 四, "主邪正 則隨其或邪或正 勢將舉一黨而黜陟之 主皇極 則當就邪邊而陟其正 就正邊而黜其邪 黜陟止於一人 而其黨自如 同趨於寅協之域 名雖似異 而實乃法大舜之善術也".

1.3. 호서 지역 송시열의 성리학 이해와 현실관

1.3.1. 이이 중심의 성리학 이해

호서 지역에는 송익필(宋翼弼), 정철(鄭澈; 1536~1598), 조헌(趙憲; 1544~1592) 이후 '절의'를 강조하는 학풍이 만연해 있었다. 정철은 기축옥(1589) 당시 정개청(鄭介淸; 1529~1590)의 〈동한진송소상부동설〉(東漢晉宋所尙不同說;《愚得錄》卷1)을 '배절의론'(排節義論)이라 하여 공격하면서 '절의' 관념을 강조하였다.[332] 이와 같은 경향은 임진왜란을 거치면서 더욱 강화되었다. 안방준(安邦俊; 1573~1654)은 절의와 국가의 관계는 원기(元氣)와 사람의 관계와 흡사하다고 전제한 뒤, 나라에 절의가 있다면 비록 대란이 일어난다고 하더라도 망함에는 이르지 않을 것이라고 하였다.[333]

그러면서 그는 조헌과 고경명(高敬命; 1533~1592)의 공로를 칭송하였다.[334] 김집(金集)은 호서 사람이라면 조헌에게서 받은 혜택이 얼마나 큰가 하면서 우리를 낳으신 이가 부모라면 우리를 살린 이는 조헌이라고 말하기까지 하였다.[335] 송시열 또한 이이 다음으로 조헌을 존경하였

---

332) 기축옥(己丑獄)과 정개청(鄭介淸)에 대해서는 김용덕, 1976, 〈정여립연구〉, 《한국학보》 4, 일지사; 김동수, 1977, 〈16~17세기 호남사림의 존재형태에 대한 일고찰〉, 《역사학연구》 7 참조.

333) 安邦俊, 《隱峰全書》 卷3 〈與延平李相公別紙〉 壬申, "節義之於國家 猶元氣之於人也 人有元氣 則雖甚病 不至於死 國有節義 則雖大亂 不至於亡".

334) 安邦俊, 《隱峰全書》 卷3 〈與北渚金相公壄〉, "夫重峯不止爲一段節義之士 考其學問操行 實吾東方數千載間所未有之眞儒也";《隱峰全書》 卷3 〈與延平李相公貴別紙〉, "嗚呼壬辰之恢復 由於湖南之保全 湖南之保全 由於諸義兵之起 諸義兵之起 由於高霽峯之首事".

138_

다고 한다.336) 이것은 호서 지역 서인들의 사상 형성에 조헌으로 상징

되는 '절의'의 학풍이 얼마나 중요한 영향을 끼쳤는가를 보여준다.

　호서 지역에서는 이렇게 절의를 강조하는 학풍과 함께 김장생(金長生)

을 통한 이이 중심의 성리학 연구도 활발한 경향을 보였다. 이것은 김장

생이 서제(庶弟) 경손(慶孫), 평손(平孫)이 연루된 계축옥사(1613)로 충청

도 연산에 내려가 강학에 힘쓰면서부터 나타났다.337) 이러한 상황을 장

유는 다음과 같이 묘사하였다.

　　계룡산 서쪽 웅진 남쪽 사이에서 사계(沙溪) 선생(＝金長生)이 강학(講

　學)을 하며 선정(先正; ＝李珥)의 도를 미루어 밝혀 사람들을 가르침에 선

　비들이 많이 종주(宗主)로 받들어 모시고 있는데, 대체로 이 지방이 양남

　(兩南)의 잘못된 풍조에 오염되지 않은 것도 그 이유를 따져보면 이 분

　덕택이라고 해야 할 것이다.338)

　김장생은 이이 성리학을 계승 발전시키면서 제자 교육에 전념하였고,

이러한 그의 활동은 이후 서인의 사상적 정체성을 확보하는 데 중요하

게 작용하였다. 이러한 상황은 광해군대 서울·경기 지역 서인들의 구

심체 역할을 하였던 이항복이 김장생을 칭찬하면서 한 다음 말에서 그

분위기를 엿볼 수 있다.

335) 金集,《愼獨齋全書》卷6〈重峯先生改葬祠宇移建通文〉丙子 九月, "況湖西士民 受
　　惠爲如何 生我者父母 活我者先生".
336) 權尙夏,《寒水齋集》卷19〈答雲田院儒〉, "老先生生長沃川 自幼習聞重峯之風 平日
　　尊仰 亞於石潭 於其碑狀諸文字可見矣".
337) 김장생의 서제(庶弟)가 연루된 계축옥사와 연산병거(連山屛去)에 대해서는 김성준,
　　1975,〈사계(沙溪) 김장생(金長生)의 생애〉,《백제연구》6, 10～14쪽 참조.
338) 張維,《谿谷集》卷5〈送巡察鄭公按湖西序〉.

공(=李珥)이 일찍이 대사간으로 서울에 왔을 적에 내가 약관의 나이로 공을 저사(邸舍)에서 배알하였더니, 학문 하는 요점을 일러주면서 말하기를, "나는 이미 돌아갈 뜻이 있으니 그대도 만일 뜻이 있다면 석담(石潭)으로 나를 찾아오게나"라고 하였는데, 이때부터 공은 돌아가지 못하였고, 나 또한 세상살이에 골몰하였다. 그리고 나는 또 공이 인재 선발하는 권병(權柄)을 잡고 있었기 때문에 출세의 배경으로 삼는다는 혐의를 부끄럽게 여겨 스스로 그 문장(門牆)에 출입을 금하였으므로 공의 일부분도 엿보지 못하였다. 그런데 지금 대사(大事)를 당하고 보니, 솜씨가 없어서 큰 문장은 발휘할 수 없고, 다만 자세히 살펴보고 신중히 쓸 수 있는 정도의 능력만이 약간 있을 뿐이다. 나의 친구 사계 김장생은 스승(=李珥)의 법도를 고치지 않고 그 설을 굳게 지켰다.[339]

이항복은 이이와 자신의 일화를 말하면서 이이 문하에서 공부하지 못한 것을 아쉬워하였다. 이이가 인재를 선발하는 권병을 잡고 있었기에, 출세의 배경을 삼는다는 혐의를 피하기 위해서 이이 문하에 끝내 들어가 공부하지 못하였다고 하였다. 그러한 이유로 훗날 큰 일을 당해서도 별다른 능력을 발휘하지 못하였음을 아쉬워하였다. 반면에 친구 김장생은 이이의 법도를 고치지 않고 그 설을 굳게 지켰음을 칭찬하였다.

이러한 상황은 《소학집설》(小學集說) 편찬에서도 보였다. 이항복은 《소학》에 대한 주소(註疏)들이 번다함을 염려하여 이에 장단점을 정리하려고 하였는데, 김장생은 이이가 이미 이러한 작업을 해놓았다고 하면서 《소학》 한 질을 이항복에게 보여주었다. 이항복은 이를 찬탄하면서 《소학집설》의 발문을 지었다.[340] 이러한 일화들은 김장생이 이이 성

---

339) 李恒福, 《白沙集》 卷4上 〈栗谷先生碑銘〉.
340) 李恒福, 《白沙集》 卷2 〈小學集說跋〉, "成化間 有淳安程氏者 治河于濟 濟南多名士 彬彬有伏生之遺風焉 因與其徒 日講小學 辨質訂正 爲註疏六卷 以畀東使之聘上國者

리학을 충실히 고수하고 있었음을 말해 준다고 하겠다. 이이－김장생－ 송시열로 이어지는 호서 지역 학통은 이러한 배경에서 형성되었고, 이 들 학통은 절의와 이이 성리학을 강조하는 특징을 가졌다.

17세기 후반 송시열로 대표되는 서인 산림세력들은 병자호란 이후 남 송대의 상황과 조선의 상황을 동일시하면서 주자학을 통해서 지배질서 의 위기를 극복하고자 하였다.[341] 그들은 주로 호서 향촌사회를 기반으 로 하였던 재야의 도학자들이 중심이었으며, 효종·현종 연간 산당을 형성하면서 자신들의 사상적 정치적 입지를 넓혀갔다. 그들은 조정론(調 停論)의 거부, 신료 중심의 세도우선론, 양민(養民) 우선의 경세론을 주장 하였다.[342]

이러한 국정운영론의 사상적 기반으로서 호서 지역 서인들은 이이 성 리학을 고수하였고, 여기에 절의를 강조하는 학풍이 더해지면서 이른바 '주자 절대화' 관념이 만들어졌다.[343] 이러한 학풍은 송시열이 '학문을 하는 데는 주자를 종주로 삼고, 의를 갖는 데는 춘추를 본받아 절의를 숭상하여 사설(邪說)을 물리쳤다'는 말에 단적으로 보였다.[344] 이러한 '주자 절대화' 관념은 당시 유력 가문들이었던 안동김씨·여흥민씨·연

東人始得欣覲焉 其後何吳陳氏之說 稍稍出海外 而學者局於井觀 猶守株先入 崇信程 說 殊不知諸家語有長短 理或抹般 余嘗病之 妄欲參校會趣 以便考閱 一日 金鐵原長生 見訪 因語及之 金言栗谷已先宰割 子何重勞 遂以其藏一峽見示 余甲管曰 不亦善乎 儘 師逸而功倍矣 因續史纂入梓 以壽其傳". 이 일화는 김장생의 문집에도 실려 있다.(《沙 溪全書》卷3〈答申叔正湜〉)

341) 宋時烈,《宋子大全》拾遺 卷7 雜著〈崿對說話〉, "古聖之言 或以時勢異宜 而有不能 行者 至於朱子 則時勢甚近 且其所遭之時 與今日正相似 故臣以爲其言一一可行也".

342) 산당 세력의 국정운영론에 대해서는 정만조(1992) 참조.

343) 송시열의 '주자 절대화' 형성 과정에 관해서는 김준석, 1988, 〈17세기 기호주자학의 동향〉,《손보기박사정년기념 한국사학논총》 참조.

344) 宋時烈,《宋子大全》附錄 卷19〈記述雜錄〉韓元震, "尤翁學宗朱子 義秉春秋 崇節義 闢邪說".

안이씨 등의 지지를 받으면서 중앙 학계에서 점차 그 입지를 넓혀갔다.

훈척 가문을 포함한 이들 유력 가문들은 임진왜란과 병자호란으로 인한 정치적 사상적 혼란 상황에서 송시열의 주장들을 통해 자신들이 처한 집권 기반의 위기를 넘어서려 하였다. 즉, 당시 대표적 산림이었던 송시열의 주장들을 통해서 흔들리던 집권이념들을 다시 정립하고, 이를 기반으로 자신들의 정치적 사상적 입지를 확고히 하고자 하였던 것이다. 이를 통해 그들은 전쟁의 패배와 실정에 대한 책임도 면할 수 있었을 것이다.

송시열의 주자 절대화 경향은 모든 경전의 이해를 오로지 주희를 통해서만 터득해야 한다는 것을 주요 내용으로 하였다. 송시열은 김장생이 정자(程子)와 주자(朱子)의 말이 아닌 주소(註疏)는 굳이 읽지 않아도 된다고 한 말을 인용하면서, 정자와 주자의 주설(註說)이 아닌 제유(諸儒)의 설들은 그냥 보아 넘길 뿐이리고 히였디.[345] 이외 같이 모든 경전을 주희를 통해서만 이해하기 위해서는 주희의 저작만 실려 있는 《주자대전》(朱子大全)의 중요성과 그에 대한 연구가 일차적인 과제로 떠오를 수밖에 없었다.

《주자대전》에 심층적인 연구와 주석 작업을 결정적으로 촉발시켰던 것은 갑인예송(甲寅禮訟; 1674)에서 서인이 패퇴하면서부터였다. 송시열이 《주자대전》의 해설서인 《주자대전차의》(朱子大全箚疑)를 기획하였던 시점은 그가 1675년(숙종 1) 갑인예송으로 패퇴하여 유배된 때였다. 송시열은 윤휴가 주자를 공척(攻斥)하고 정권을 잡게 된 것은 주자의 글

---

345) 宋時烈, 《宋子大全》 附錄 卷17 語錄 崔愼錄上, "且非程朱註說 則只得看過而已 不必多讀 沙溪每敎人曰 不必讀註疏也"; 《宋子大全》 附錄 卷17 語錄 崔愼錄上, "先生曰 雖先儒說 非朱子之註 則豈無誤者乎 故沙溪每以爲非朱子註 則不必致工者 以其多謬誤故也 諸儒說何足信也".

이 널리 알려지지 못하였기 때문이라고 스스로 진단하였고, 따라서 사람마다 주자의 글을 독해할 줄 알게 하면 사특한 설들이 자연히 행하여질 수 없을 것이라고 생각하였다.346) 노론의 정치사상 대부분이 주희에서 나온다고 볼 때 주희 저작에 대한 좀더 정밀한 이해와 그 보급은 자신들의 '의리명분론'을 강화시키는 데 중요한 자양분이 될 수 있었을 것이다.

그런데《주자대전차의》저술에는 이외에 더욱 중요한 목적이 담겨 있었다. 그것은 이황의《주서기의》(朱書記疑;=節要記疑)의 잘못된 점들을 변정(辨正)하려는 것이었다. 이 목적은 앞서 제시한 주희의 저작에 대한 해설서 편찬과 의리명분론의 강화라는 것보다 더욱 중요한 의미를 가졌다. 왜냐하면 당시까지 주자학 이해의 정통으로서 당색을 떠나 오현(五賢) 가운데 하나로 존경받던 이황에 대한 비판은 주자학 이해의 정통을 이이 쪽으로 이동시키려는 정치적 사상적 의미를 강하게 담고 있었기 때문이다.347)

송시열은 이황의《절요기의》(節要記疑)가 매우 온당하지 못한 것이 있으므로 의심나는 것에 대하여 문목(問目)을 만들어 동료들과 토론하였고, 이것이 이 책을 짓게 된 또 다른 동기였다고 하였다.348) 그의 제자 권상하(權尙夏) 또한 이황의《주서기의》설들을 사람들이 독신(篤信)하

---

346) 宋時烈,《宋子大全》附錄 卷7 年譜 戊午(1678), "又曰 吾之爲此 抑又有一事 賊鑴旣攻斥朱子 不遺餘力 宣擧父子 終始黨助 以厄斯文……此其禍 甚於洪水猛獸矣 若使人人知讀朱子書 則邪說自無所售 倘蒙諸賢不憚用力 終見究竟 則庶可爲明聖學扶世敎之一助 遂自乙卯以後 專心大全 隨手箚錄 晨夕孜孜 未嘗少輟".

347) 당시 송시열의 '주자 절대화' 경향과 이이 선양의 관련성은 김준석(1988), 357~360쪽을 참조할 수 있다.

348) 宋時烈,《宋子大全》附錄 卷7 年譜 戊午(1678), "先生嘗曰 退溪節要記疑 頗有未甚安者 故不免因其所疑 作爲問目 質之知舊 而如此處頗多 心甚不安 然苟其所疑不妄 而諸友商證 終得其是 則亦退溪先生之所願聞也".

여 잘못된 점들을 알지 못하니, 그것을 바로잡기 위함이 원래《주자대전 차의》의 의도였다고 하였다.[349] 이와 같이《주자대전차의》에는 '이황 의 주자학 이해'를 변정하고자 하는 목적이 깊이 개입되어 있었다.

이러한 이유들 때문에《주자대전차의》의 정리와 간행은 노론의 정치 적 운명과 그 궤를 같이하였다.[350] 서인이 재집권한 경신환국(1680) 이후 1683년(숙종 9) 송시열은《주자대전차의》를 일차 정리하여 숙종에게 올 렸다.[351] 그러나 그는 다시 상소를 올려 좀더 수정할 것을 기약하였으 나[352] 기사환국 과정에서 죽었고, 죽기 바로 전에 권상하와 김창협에게 이 책의 완성을 부탁하였다.[353] 결국《주자대전차의》가 간행된 것은 1716년(숙종 42) 9월이었다.[354] 이 해 7월에는 숙종이 윤증(尹抍)을 비판 하고 송시열을 두둔한 '병신처분'(丙申處分)이 있었다.[355]

송시열의《심경석의》(心經釋疑) 간행 또한 이황 성리학을 변정한다는 목적이 깊이 깔려 있었다.[356] 송시열은 이황이 주해한 이 책이 애초에

---

349) 權尙夏,《寒水齋集》卷20〈答季文〉丙申, "箚疑始工 初爲辨正記疑而作也 記疑之說 擧世篤信 雖有誤處 人不知其然 如有疑端 安得不辨乎".

350)《주자대전차의》성립과정에 대해서는 김준석(1988), 369~381쪽 참조.

351)《肅宗實錄》卷14, 肅宗 9년 6월 29일(庚子).

352)《肅宗實錄》卷14, 肅宗 9년 8월 1일(庚子).

353) 宋時烈,《宋子大全》卷139〈朱子大全箚疑序〉;《寒水齋集》年譜 己巳(1689), "尤菴 先生構箚疑序文 授先生曰 從今箚疑 君與仲和 商量修改 對曰疑處 當以問目呈稟 曰不 須爾也 吾衰甚矣 雖自照管 每患誤勘 君二人直可相議梳洗 有何疑難".

354)《肅宗實錄》卷58, 肅宗 42년 9월 24일(庚辰).

355)《肅宗實錄》卷58, 肅宗 42년 7월 6일(癸亥).

356) 이황은 자신의 사상 형성에서 그 어느 책보다 정민정(程敏政; ?~1499)의《심경부 주》(心經附註)에 의지하였고, 그 중요성을 강조하였다.(佐藤仁, 1990,〈李退溪와 心經 附註〉,《退溪學報》68, 255~257쪽) 그러한 이유로 자연히 이황은《심경부주》에 대 해서 제자들과 많은 토론을 하였고 그 과정에서 다음과 같은 연구성과들이 나왔다. 이황 문하에서 나온《심경》연구서는 이함형(李咸亨)의《심경강록》(心經講錄), 조호 익(曺好益)의《심경질의고오》(心經質疑考誤), 조목(趙穆)의《심경품질》(心經稟質), 이 덕홍(李德弘)의《심경질의》(心經質疑) 등이 있었다.(이봉규, 1996,〈송시열의 성리학

144_

인쇄된 것이 없었고 단지 베껴서 전하였는데, 베껴서 전하는 즈음에 잘
못된 것이 없지 않았으므로 자신이 《심경석의》를 이정(釐正)하게 되었
다고 술회하였다.357) 물론 고쳐 바로잡는 기준은 이이의 성리설이었
다.358)

이후 영남 남인 김성유(金聲裕)는 상소를 올려 《심경석의》가 이황의
증정(證訂)을 거치지 않은 것이라고 하였고, 또한 송시열이 이 책을 임의
로 삭제하고 보충한 것을 죄로 삼고자 하였다.359) 남인이 집권하는 기사
환국 이후 검토관 김방걸(金邦杰) 또한 김성유의 주장을 이어 송시열의
《심경석의》가 이황의 정정(訂定)을 거친 것이 아니라고 하여, 임금과 선
현을 속였다고 하면서 《심경석의》를 열람해서는 안 됨을 주장하였
다.360) 그러다가 갑술환국(1694) 직후 서인이 집권하자 이여(李畬; 1645~
1718)의 요청으로 이 책은 간행되었다.361)

이렇게 《심경석의》를 놓고 서인과 남인 사이의 공방전이 있었던 것
은 《심경석의》의 변경이 이황의 성리설을 폄하하고 이이의 성리설을
옹호하는 방향에서 이루어졌기 때문이다.362) 영남 남인의 비판은 송시
열 자신이 《심경석의》 교정에 착수할 때부터 이미 예측하였던 것이
다.363) 그는 '퇴계가 논설한 것에 의심할 만한 것이 많은데, 나는 하나하

설 연구〉, 서울대 박사학위논문, 64~65쪽)
357) 《肅宗實錄》 卷12, 肅宗 7년 8월 17일(丁酉).
358) 宋時烈, 《宋子大全》 附錄 卷8 年譜 辛酉(1681), "釋疑舊本 不但於語句之間 有所差誤
其性情理氣之說 不能無後世之惑 先生參以朱子及栗谷諸說 要以歸於十分明備".
359) 《肅宗實錄》 卷27, 肅宗 20년 10월 18일(壬子); 權尙夏, 《寒水齋集》 卷4 〈上尤菴先
生〉 戊辰.
360) 《肅宗實錄》 卷20, 肅宗 15년 윤3월 9일(丙午).
361) 《肅宗實錄》 卷27, 肅宗 20년 10월 18일(壬子).
362) 지두환, 1999, 〈심경석의(心經釋義)〉, 《문헌과 해석》 6, 157~158쪽 참조.
363) 權尙夏, 《寒水齋集》 卷19 〈與或人〉, "先生嘗以此事出於睿旨 所不敢辭 然嶺人必以
我爲輕動退翁成書 添一罪過矣".

나 분변하여 밝히지 않을 수 없지만, 이것이 영남에 전해진다면 반드시 한 가지 큰 죄안이 될 것'이라고 예견하고 있었다.364)

송시열은 평소 이황과 그의 학문에 대해서 불만족스러운 모습을 보였다. 가령, 송시열은 이황의 《사서질의》(四書質疑) 주해 가운데 잘못된 점을 지적하기도 하였고,365) 이황이 조광조를 평한 '허망하게 착수하여 실패하였다'[虛著見敗]는 말은 놀랍고 의심스럽다고까지 하였다.366)

더욱이 송시열은 이황의 학설 가운데에는 주희와 같지 않은 것이 있다고 직접 말하기도 하였다. 그러면서 그의 문집이 읽기가 어렵기 때문에 《퇴계집차의》(退溪集箚疑)라는 제목으로 자신이 일찍이 주석서를 쓰려고 하였으나, 시작을 하고 끝을 맺지 못하였으니 혹 계속하여 완성시키는 자가 있기를 바란다고 하였다.367) 이것은 이이의 이기설이 대강 문리만 통한 사람이면 쉽게 이해하고 알 수 있다는 말과는 대조되었다.368)

이러한 점에서 《주자대전차의》와 《심경석의》 작업에는 기존 이황 중심의 주자학 이해를 이이 중심의 주자학 이해로 전환시키기 위한 정치적 사상적 의도가 깊이 내재되었다고 볼 수 있다.369) 송시열은 《주자대전차의》와 《심경석의》 작업을 통해서 이황의 학문적 권위를 반감시키

---

364) 宋時烈, 《宋子大全》 附錄 卷14 語錄, "仍曰退溪所論說 多有可疑者 余不得不一一辨明 而此若流傳嶺外 則必爲余一大罪案矣".

365) 宋時烈, 《宋子大全》 卷134 〈論語未卽是本說〉.

366) 宋時烈, 《宋子大全》 卷72 〈與李擇之〉 丙寅 八月 八日, "曾以靜菴文集序文 有所敎示矣 今考退溪文集 則常有不滿之意……所謂虛著見敗者 尤令人驚訝 蓋靜菴以誠正之學施君民之志 其治敎之盛 非後世所及 而今乃斥以虛著 誠非後學所敢知者".

367) 宋時烈, 《宋子大全》 卷131 雜著 〈看書雜錄〉, "退溪之學最爲無蔽 而其作處與朱子不同 豈余所見之妄耶 今世士友多讀其文集 然亦難看 故余嘗欲爲註釋 始功而未果焉 或有繼而成之者則善矣".

368) 위의 글, "栗谷理氣說 如破竹然 雖粗解文理者 皆知之矣".

369) 김준석(1988), 357~360쪽.

고, 이이를 주자학 이해의 정통으로서 자리 잡게 하고자 하였다.

이러한 과정을 통해서 서인—노론 계열은 자신들이 '주희—이이'로 이어져오는 주자학의 정맥임을 자임하였고, 이를 계승한 송시열이야말로 주희의 전체대용(全體大用)의 심전(心傳)을 얻은 유일한 사람임을 말할 수 있었던 것이다.370) 이것은 그들이 사상적 정통성과 함께 정치적 정통성을 자임하는 데에도 매우 중요한 기제였을 것이다.

1.3.2. 심성론의 특징과 전개

이이 성리학을 충실하게 계승하고자 하였던 호서 지역 서인들의 심성론은 김장생과 송시열을 통해서 살필 수 있다. 먼저 김장생에 관해서 살펴본다.

이기(理氣) 두 글자는 알기도 어려우며 말하기는 더욱 어렵다. 다만 '이'가 기 가운데 있는 것은 알고 있으나, '이'가 스스로 '이'이고 기가 스스로 기인 것을 알지 못하면 이기가 일물(一物)이라고 하는 병통이 있는 것이다. 다만 '이'가 스스로 일물이 되는 것을 알고 있으면서도 기와 더불어 본래 서로 분리되지 않는다는 것을 알지 못한다면 (理를) 허공에 매단 잘못이 생기는 것이다. 모름지기 하나이면서 둘이요, 둘이면서 하나인 것을 안 이후에야 병폐가 없게 된다.371)

---

370) 權尙夏,《寒水齋集》卷23〈懷德興農影堂晦菴朱夫子奉安祭文〉, "恭惟我夫子 實孔子 後一人而已 四海九州之內 五六百年之間 其所尊親 罔有窮已 然其最專而無貳者 莫如我 東土之人 東人之中 得其全體大用之傳 以任繼往開來之責者 又莫如尤菴宋文正公也".
371) 金長生・金集,《沙溪愼獨齋全書》下(明寶精版社, 1978) 沙溪先生全書 卷45 語錄 宋 時烈錄 813쪽.

이것은 김장생의 이기 관념을 잘 보여주는 대목이다. 그는 서경덕의 이기론과 이황의 이기론을 함께 비판하였다. 그는 서경덕의 이기론은 '이'가 기 가운데 있다는 것을 알고 있었으나 '이'가 스스로 '이'이고 기가 스스로 기인 것을 알지 못하여 이기를 일물이라고 한 병폐가 있다고 지적하였다. 그리고 이황 계열의 이기론은 '이'가 스스로 '일물'(一物)이 되는 것을 알고 있으면서도 기와 더불어 본래 서로 분리되지 않는다는 것을 알지 못하여 '이'를 허공에 매단 잘못이 있다고 하였다. 그러한 이유로 '이'와 기는 하나이면서 둘이고, 둘이면서 하나라고 하였다.

이러한 이기 관계를 정합적으로 설명하기 위해서 김장생은 발하는 것은 기이고 발하게 하는 소이는 '이'라고 하는 이이의 이기론을 충실히 고수하고자 하였다.372) 따라서 그는 사단칠정논쟁(四端七情論爭)에서 '기발이이승지'(氣發而理乘之)만 인정하였고, 이이의 칠정이 사단을 포함하고 있다는 설을 그대로 따랐다. 이것은 성론(性論)에서도 마찬가지였다. 발하는 것이 기뿐이라면 현실 속에서는 기질지성만이 존재하고 본연지성은 기질지성 속에 포함되어야 하는 것이었다.

이러한 점에서 그는 이이에게서 '칠포사설'(七包四說)과 '기질지성포본연지성설'(氣質之性包本然之性說)을 그대로 이어받았다고 할 수 있다.373) 그에게 본연지성은 기질지성 속에서 기를 제외하고 단지 '이'만을 가리키는 것이었다.374) 김장생의 주장대로라면 현실 속에서는 칠정

---

372) 김장생의 성리설에 대해서는 다음 논문을 참조하였다. 장세호, 1992, 〈김장생(金長生)의 사단칠정설〉, 《경성대학교논문집》 13-1; 김낙진, 1998, 〈사계(沙溪) 김장생(金長生)의 심성·수양론〉, 《퇴계학보》 97·98; 황의동, 2000, 〈김장생(金長生)의 성리학 연구〉, 《동서철학연구》 20.

373) 장세호(1992), 239쪽.

374) 金長生·金集, 《沙溪愼獨齋全書》 上(明寶精版社, 1978) 沙溪先生全書 卷17 〈近思錄釋疑〉 284쪽, "本然之性則專言理而不及乎氣".

과 기질지성만 존재하며, 이 칠정과 기질지성이 '객관적인 법칙(=理)'에 잘 맞았을 때, 즉 중절(中節)하였을 때에만 이것은 사단이 되고 본연지성이 되는 것이었다.

　이러한 관점은 송시열에게 계승되었다. 송시열은 앞서 김장생이 그랬던 것처럼 이황 학파와 서경덕 학파의 이기론을 동시에 비판하였다.

　　지금 음양(陰陽)과 도(道)를 판연히 두 가지라 한다면 진실로 둘로 갈라 보는 미혹에 빠지게 되지만, 또 직접 음양을 곧 도라고 하면 다시 도와 기(器)의 구분을 모르게 되는 것이다. 만약 일음(一陰) 위에다 '소이'(所以) 두 글자를 붙여서 본다면 부자(夫子)의 뜻을 손바닥을 가리키듯 훤히 알 수 있다.375)

　음양과 도를 판연히 두 가지로 나눈다고 한 것은 이황 학파를 가리키며, 음양을 곧 도로 보는 것은 서경덕 학파의 이기론을 가리킨 것이다. 그러면서 그는 일음(一陰) 위에다 '소이' 두 글자를 붙여서 본다면 부자(夫子)의 뜻을 마치 손바닥을 가리키듯 훤히 알 수 있을 것이라고 하였다. 이때 소이는 일음일양(一陰一陽)하게 하는 것, 즉 '이'였다. 이러한 인식은 다음에서 더욱 선명하게 나타나 있다.

　　그가 또 묻기를, "그렇다면 주자(周子; 周敦頤)의 동(動)과 정(靜)이 서로 그 뿌리가 된다고 한 것과 소자(邵子; 邵雍)의 양은 음을 모(母)로 하고 음은 양을 부(父)로 한다는 말은 잘못된 것인가?" 하므로, 이에 대해 나는 또 다음과 같이 대답하였다. "그런 말이 있었다. (그런데) 대체로 양도 무(無)에서 생길 수 없고, 음도 무에서 생길 수 없으므로 그 순환하여 꼭

375) 宋時烈, 《宋子大全》 卷136 雜著 〈一陰一陽之謂道〉.

들어맞는 묘가 진실로 그렇지 않을 수가 없는 것이다. 그렇지만 동과 정이 서로 뿌리가 되게 하는 소이는 무엇이며, 음과 양이 서로 생하게 하는 소이는 또 무엇인가? 비유하면, 마치 나의 몸은 아버지에게서 태어났고 아버지의 몸은 또 할아버지에게서 태어났는데, 나의 몸을 일러 아버지가 낳아준 것이요, 할아버지에게서부터 온 것이 아니라고 한다면 어찌 도를 아는 자라 하겠는가" 하였다.376)

송시열은 주돈이의 동(動)과 정(靜)이 서로 그 뿌리가 되며, 소옹의 음은 양의 모(母)가 되고 음은 양을 부(父)로 한다는 논의를 비판하였다. 송시열이 생각하기에 중요한 것은 동정음양(動靜陰陽)의 '소이'를 분명히 인식하는 것이었다. 그는 사물을 추동하는 소이를 중요시해야 한다는 생각 속에서 이이·김장생의 이기론에 동조하였고, 사단칠정론에서도 '기발이이승지'만을 인정하였다.

한편, 송시열은 사단은 칠정 가운데 절도에 맞는 것이라고 본 이이의 의견에 의문을 표시하기도 하였다. 그는 주희가 말한 측은(惻隱), 수오(羞惡)와 같은 사단에도 역시 '중절'(中節)과 '부중절'(不中節)이 있다는 말을 인용하여, 사단에도 절도에 맞는 것[=中節]과 맞지 않는 것[=不中節]이 있다고 주장하였던 것이다.377) 이것은 지금까지 칠정 가운데에서 중절한 것이라고 여겨온 사단조차도 사실은 불완전한 것이며, 이것 역시 '객관적인 법칙(=理)'에 맞추어야 한다는 주장이었다. 즉, 마음에서 일어나는 모든 감정은 객관적인 법칙에 맞는지 확인해야 하는 것이었다. 이것은 수양론을 좀더 적극적으로 요청하는 것으로 볼 수 있다. 이러한 수양

376) 위와 같음.
377) 宋時烈, 《宋子大全》 卷133 雜著 〈退溪四書質疑疑義〉 二, "栗谷先生於此 辯論甚詳 而但以四端爲七情中中節者而言 此爲未安 朱子曰惻隱羞惡有中節不中節 是則四端亦 有不中節者 豈栗谷偶未之見耶".

에 대한 적극성과 엄격성은 다음과 같이 '본연지성'의 본래적 선함보다 는 '기질지성'의 제한성을 좀더 강조하는 것으로 나타났다.

기질을 변화시키는 데 대한 공부에 힘쓰지 아니하고 성선설만 고수하 면서 성현의 문에 들어가기를 바란다면, 이것은 심지 않고 거두려 하는 것과 같으니 어찌 선인(善人)이 될 수 있겠는가? 더구나 천지의 원기(元 氣)를 타고난 사람은 나서부터 아는 성인이 되고, 혼탁하고 박잡한 기운 을 타고난 사람은 몹시 어리석어 기질을 변화시킬 수 없게 된다. 이것으 로 맑은 기운을 타고난 사람은 선인이 되고 탁한 기운을 타고난 사람은 악인이 된다는 것을 볼 수 있다. 그 기운의 청·탁이 많고 적음에 따라 서 얻어지는 이치도 청·탁이 많고 적게 된다.378)

송시열은 '본연지성'을 주로 하여 성선설만 고수한다면, 요순과 보통 사람들도 동일한 성(性)을 가지고 있지만 이 성만 강조해서는 성현의 문 에 들어가기 힘들다고 하였다. 왜냐하면 현실적인 성인 '기질지성'은 만 갈래로 다르기 때문이다. 성선설만을 고수해서 성현의 문에 들어가기를 바란다면 이것은 심지 않고 거두려 하는 것이라고 하면서, 그는 기질을 변화시키는 공부를 강조하였다.

이어 송시열은 천지의 원기를 타고난 사람은 성인이 되고, 혼탁하고 박잡한 기운을 타고난 사람은 몹시 어리석어 기질을 변화시킬 수 없다 고 하여 기의 청탁으로 선인(善人)과 악인(惡人)을 분별하였다. 이것은 그 가 본연지성의 본래적 선함보다는 기질지성의 제한성에 많은 비중을 두 고 있었음을 보여준다. 이러한 그의 관점은 엄격한 수양론의 이론적 바 탕이 되어 주었다.379)

---

378) 宋時烈, 《宋子大全》 附錄 卷18 語錄 崔愼錄 下.

요컨대, 김장생·송시열은 '기발이이승지'만 인정하면서 칠정은 사단을 포함하며 기질지성은 본연지성을 포함한다고 하였다. 그들의 논의대로라면 현실적으로 존재하는 것은 칠정과 기질지성뿐이며, 이것이 객관적인 준칙에 잘 맞았을 때(=中節) 사단이 되기도 하고 본연지성이 되기도 하는 것이다. 더욱이 송시열은 사단마저도 절도에 맞을 때와 맞지 않을 때가 있다고 전제하여 좀더 엄격한 입장을 견지하고자 하였다.

그들은 이러한 심성론을 기반으로 모든 인간의 감정과 행동을 '이'에 맞추고자 하는 문제에 집중하였다. 이럴 경우 그들은 중절의 기준인 '이'를 구체적으로 어떻게 제시할 것인가 하는 문제에 관심을 기울일 수밖에 없었다. 김장생이 '이'의 현실적 반영인(=天理之節文) 예를 중시한 것은 이것과 관련하여 이해할 수 있으며, 송시열이 공리적인 행위규범으로서 의리명분론에 관심을 기울였던 것도 그의 심성론 속에서 유추해볼 수 있다. 결국, 김장생과 송시열은 모든 인간의 감정과 행동을 예와 의리명분론에 맞추고자 하는 문제에 집중하였던 것이다. 문제는 그들이 제시하였던 예와 의리명분론이 모두 서인 의리와 긴밀한 관련성을 갖는다는 점이었다.

이럴 경우 김장생·송시열에게 어떤 사람의 도덕적 평가는 그의 행동

---

379) 본문에서 서술하였듯이 송시열은 사단은 칠정 가운데 절도에 맞는 것이라고 본 이이의 의견에 의문을 표시하면서 사단에도 중절과 부중절이 있음을 주장하였다. 이는 이이보다 한층 엄격한 방향에서 성리설을 전개한 것으로 볼 수 있다. 한편, 조성기─김창협으로 이어지는 학맥에서는 이이의 '이'가 성선설을 주장하는 데 한계가 있다고 하면서 이이의 이기론을 비판하고 '이'의 내재성·능동성을 새롭게 강조하는 모습을 보였다. 둘 모두 이이의 이기론을 비판하면서 새로운 이기심성론을 주장하였으나 방향은 분명한 차이를 보였다. 전자는 이이의 주장에서 더욱 엄격한 방향으로 성리설을 전개해 갔으며, 후자는 이이의 주장이 성선설을 펴는 데 한계가 있다고 하여 '이'의 내재성·본원성을 강조하는 방향으로 성리설을 전개해 갔다. 조성기와 김창협의 이기론에 대해서는 이 책 2.4.1 참조.

이 서인 의리의 반영인 예와 의리명분론에 부합하는지 부합하지 않는지 하는 문제로만 판가름 날 수밖에 없었다. 여기에 부합하면[=中節] 올바른 행동이 되고, 부합하지 않으면[=不中節] 그릇된 행동이 되는 것이다. 그러한 이유로 송시열은 항상 양자택일식의 판단을 요구하였다.

송시열은 이경여(李敬輿; 1585~1657)에게 주는 편지에서 심술(心術)을 논할 때는 반드시 의(義)와 이(利)를 구분하고, 도학을 논할 때에는 반드시 종통(宗統)인지 여파(餘派)인지를 분석하고, 인물을 논할 때에는 반드시 충(忠)과 사(邪)를 변별하기 바란다고 하였다.380) 송시열은 자손(子孫), 질손(姪孫)에게 보이는 글에서도 사람에게는 음과 양이 있고, 사(事)에는 의(義)와 이(利)가 있고, 물건에는 흑(黑)과 백(白)이 있으니 이를 항시 경계해서 바른 선택을 해야 한다고 말하였다.381) 그에게 둘 사이에 선다는 것은 철저히 부정되었다. 둘 사이에 선 대표적 인물로 그는 윤증을 지목하였다.382)

이러한 의(義) 아니면 이(利), 종통 아니면 여파, 충(忠) 아니면 사(邪)라는 이원적 인식은 군자·소인 논의에도 영향을 끼쳤다. 그에게 모든 사람은 군자 아니면 소인이었고, 둘 사이에 선다는 것은 불가능하였다. 이러한 군자와 소인의 엄격한 분별의식은 소인으로 지목한 정파에 대한 강한 반감으로 나타났고, 따라서 그는 조정론(調停論)에 대해서 반대할 수밖에 없었다. 송시열은 다음과 같이 말하였다.

380) 宋時烈,《宋子大全》卷27〈上白江李相國敬輿〉, "論心術則必分義利 論道學則必謹宗擘 論人物則必辨忠邪".
381) 宋時烈,《宋子大全》卷134〈示諸子孫姪孫等〉, "人有陰陽 事有義利 物有白黑 此日用之相接者也 汝等戒之哉".
382) 위의 글, "觀轍近則懼敗深 汝等不見尼尹乎 當黑水之攻斥朱子也 初蓋依違 卒與之心融神會 陽抑陰助 以成其勢 卒至於大禍滔天 家國破敗 此孟朱闢邪說 至於苦死如仇敵也 毫釐之差 千里之謬 況所差非毫釐耶 渠亦豈知末流之至此哉 惜矣惜矣".

아! 조정론(調停論)을 낸 이로는 명도(明道; 程顥)보다 앞설 분이 없는데, 명도는 과화존신(過化存神)의 묘가 있었기 때문에 장돈(章惇)과 채경(蔡京)의 면목을 고쳐 놓을 수 있었지만, 이천(伊川; 程頤) 이하의 유자들은 흠이 없을 수 없었기에 주자는 또한 말하기를, "요즘에 이른바 지평(持平)이란 것은 곧 소인들의 세력을 크게 도와서 군자들의 폐해가 되게 하는 것이다"고 하였습니다. 대체로 도덕과 역량이 명도에게 미치지도 못하면서 감히 조정하려는 계책을 한 사람은 낭패하지 않은 이가 드물었습니다. 이천과 주자 같은 아성들로도 해내지 못하였는데, 더구나 그에도 미치지 못한 사람이야 말할 나위가 있겠습니까! 자신의 몸만이라도 빠져 나와 함정에 떨어지지 않은 것만도 다행인 것입니다.[383]

송시열은, 조정론은 정호가 내세운 것인데 그는 인격이 '과화존신'(過化存神)하여 사람들을 교화시킬 수 있었으나 그 밖의 사람들은 조정할 능력을 가지고 있지 않음을 말하였다. 그는 타고난 사품이 내단히 높다면 정호를 배워야 할 것이나, 그렇지 못하다면 정이의 규모 있는 말을 배워서 표준을 삼는 것만 같지 못하다고 하였다.[384] 그에게는 이것과 저것의 이해관계를 조절하는 '조정론'은 설자리가 없었다.

또한 송시열의 심성론은 그가 생각하기에 이미 '이'에 부합한 것, 즉 서인 의리에 부합한 것이라면 다른 잘못은 용인할 수 있다는 식으로 변형될 수 있었다. 송시열은 송나라 원우(元祐; 哲宗) 시대의 제현들이 소인 채확(蔡確)의 시구(詩句)를 가지고 죄를 만든 것이 비록 너무 심한 듯도 하지만, 주희가 그 일을 그다지 그르게 여기지 않은 것은 선악의 구분이 이미 정해져 있었기 때문이라고 말하였다.[385] 즉, 선악의 구분이 명확히

---

383) 宋時烈, 《宋子大全》 卷27 〈上白江李相國敬輿〉.
384) 宋時烈, 《宋子大全》 卷20 〈辨訛毁牛溪之謗仍白先誣疏〉 己巳正月, "惟當以天資大段 高 則學明道 不然則不如學伊川有規模之言爲準而已".

154_

나누어진 상태에서 '소인' 당파를 공격함은 이미 대의가 옳은 일이니 방법이 조금 잘못되었더라도 괜찮다는 논리였다.

그러므로 송시열은 남인과의 당쟁 과정에서 소인으로 지목하던 남인을 제거하기 위해서라면 비록 방법이 올바르지 않더라도 용인할 수 있다는 입장을 가졌다. 이것은 1682년(숙종 8) 고변(告變) 사건 처리과정에서 김익훈(金益勳; 1619~1689) 등 훈척의 도덕적 잘못을 용인하고 이들을 지지하는 것으로 나타났다.[386)]

이러한 현실인식 태도는 심성의 발현에서 '중절'과 '부중절'이 중요하다는 그의 심성론의 논리체계와 연결되어 있었다. 즉 '중절'과 '부중절'만 강조될 경우 가치평가가 '결과적'인 것에만 치중하는 경향이 있었고, 모든 논의들의 옳고 그름이 소인과 이적을 멸하기 위한 것이냐 아니냐 하는 문제로만 결정될 수 있었던 것이다. 이들 심성론의 발전과 전개는 그들이 부닥친 사회적 상황과 긴밀하게 결합되어 있었다.

송시열 단계에서 중화와 이적의 구분, 군자와 소인의 분별은 그들에게 무엇보다도 중요한 정치적 과제였다. 송시열에게 존주대명의 의리를 지키고, 서인당의 정체성을 지키는 것은 무엇보다도 중요하였다. 이러한 목적을 지키기 위해서는 좀더 엄격한 심성론이 필요하였다. 더욱이 숙종대 환국 과정에서의 경험과 노·소론 분기과정은 결정적으로 그에게 이러한 동기를 부여하였다고 생각한다.

송시열은 이러한 위기의식 속에서 '사단'조차도 그것이 올바른 것인

---

385) 宋時烈, 《宋子大全》 卷27 〈上安隱峯〉, "元祐諸賢 憂蔡確之不可制 至案以詩句 雖似已甚 然朱子不甚非之 而反以范忠宣爲不是者 豈以淑慝之大分已定 故左右之道 有不得不然耶".

386) 宋時烈, 《宋子大全》 卷50 〈答李啓周〉, "今日勳戚有功無罪 誠如來諭 只是時輩 不辨義理 妄加攻斥 而自謂淸論 此甚可笑"; 《肅宗實錄補闕正誤》 卷14, 肅宗 9년 2월 2일 (甲戌).

지를 다시 살펴야 한다는 생각으로 발전시켰다. 이이 단계에서 사단은 그 자체로 일단 중절한 감정이었다. 그러나 송시열 단계에서 그것은 재검토되었다. 이러한 송시열의 심성론은 같은 서인 안에서조차 엄격하게 군자인지 소인인지를 살펴야 한다는 의식이 반영된 것으로 볼 수 있다. 윤증에 대한 개인적 경험은 그에게 이러한 생각을 발전시키는 데 중요한 계기를 부여하였을 것이다.

요컨대, 서울·경기 지역 서인의 심학풍은 모든 사람들의 심 속에 담겨 있는 '이'를 전제로 하여, 그들이 가진 동일성의 측면을 강조하고자 하는 심성론을 전개하였다. 반면에 호서 지역 송시열의 심성론은 보편타당한 법칙인 '이'에 맞느냐[中節] 맞지 않느냐[不中節] 하는 문제에 관심을 기울이는 방향으로 전개되었다.

1.3.3. 이단 시비와 존주론

앞서 살펴보았듯이 송시열계 호서 지역 서인·노론들은 이이의 주자학 이해와 '절의'를 주요 내용으로 하는 '주자 절대화' 경향을 통해서 자신의 사상적 정치적 입지를 넓혀가고자 하였다. 이러한 송시열 계열의 '주자 절대화' 경향은 두 가지 형태로 나타났다. 하나는 주자학 이외의 것을 모두 이단으로 문제 삼는 '이단 시비'였고, 또 하나는 중화 질서를 존중하고자 하는 '존주론'(尊周論)이었다. 이것들은 모두 강한 정치성을 갖는 것으로서, 노론들이 자신들의 입지를 강화하는 데 유용한 도구로 활용되었다.

송시열은 주자학에서 벗어나는 다른 사상들을 모두 '이단'으로 규정지었다.[387] 송시열에게 주희의 주석에 의심을 품거나 상대화하려는 노력은 주자학과 사회질서에 대한 공격으로 인식되었다. 송시열이 윤휴의 가장 큰 잘못으로 주희를 공척(攻斥)한 사실을 지적하면서 '주자를 공격하는 자라면 그 무엇이든 못하겠는가!'[388]라고 한 것은 이러한 그의 입장을 잘 말해 준다.

사실, 윤휴는 주희를 정면에서 비판하였던 것은 아니었다. 오히려 주희를 객관화하고자 하는 의도가 더욱 강하였다.[389] 송시열 측으로부터 집중 비판을 받았던 윤휴의 '《논어》의 주는 읽을 필요가 없습니다'[390]라는 말에 대해서 윤휴 자신은, 훈고(訓詁)를 읽는 데 매우 긴요한 부분 말고는 정문(正文)을 살펴서 그것으로써 정신을 오로지 하여 공력을 쓰는[專精用工] 바탕으로 삼고자 하였을 따름이지, 주문(註文)은 읽을 것이 못 된다고 한 것은 아니라고 해명하였다.[391] 그렇지만 '주자 절대화' 경

---

387) 정유년(1657, 효종 18) 정만창(鄭晩昌)이 송시열에게 '주희의 의논을 따르지 않는 자는 다 이단이 됩니까' 질문하자 송시열은 그렇다고 대답하였다.(宋時烈, 《宋子大全》 附錄 卷15 語錄 李樺錄, "鄭晩昌 問於先生曰 不從朱子之論者 皆不免爲異端乎 先生曰 然")

388) 權尙夏, 《寒水齋集》 卷21 〈己巳行中語錄〉, "金溝時 先生問曰 鑴之罪何事最大 尙夏 對曰 謀逆之罪最大 先生微笑而言曰 君之窮理工夫未深矣 尙夏曰 然則凌侮朱子是最 大罪乎 先生點頭曰然 人苟凌侮聖賢 則何事不爲乎".

389) 이러한 그의 입장은 다음에서 잘 보인다. 그는 송시열 측으로부터 자신의 논의가 신기한 것을 좋아하여 주자의 설과 다르다는 지적을 받고 다음과 같이 대답하였다. 그는 "후학이 시골 사람을 무함하는 마음도 가질 수 없는 것인데 더구나 옛날의 성현에 대해서이겠는가. 경서의 뜻이 매우 심오하고 광범하여 학자들이 더욱 깨닫지 못하는데, 내가 옛사람의 말에 대해서 실로 전인들과 다른 해설을 한 것이 있다. 그러나 함부로 달리하려고 한 것이 아니고 단지 전인이 말한 것에 따라서 반복해서 해석하는 뜻을 말하였을 뿐이다. 일찍이 주자의 글을 읽어보건대, 그는 경서의 주석을 낼 때 썼다가 다시 지우기도 하고 지웠다가 다시 쓰기도 하였으며 때로는 자기 스스로 뜻을 깨닫고서 고쳤고, 때로는 친구 및 문인들의 말에 따라 고치기도 하여 죽음에 이른 뒤에야 그만두었으니 여기서 경서의 뜻을 구명하기가 어렵고 대현의 마음이 매우 공정한 것을 알 수 있다. 이것이야말로 옛 사람이 글에다 쓰지 않고 마음을 전한 깊은 뜻인데 어떻게 주자의 말에 어긋난다고 할 수 있겠는가" 하였다.(윤휴 저/오규근 역, 《국역백호전서》 10, 민족문화추진회, 1997, 87쪽)

390) 《肅宗實錄》 卷2, 肅宗 원년 1월 18일(丁丑).

391) 윤휴 저/오규근 역(1997), 206~207쪽 부록 2 行狀 上, 원문 129쪽, "且以爲訓詁之誦

향의 학문적 입장에 서 있었던 사람들에게 윤휴의 그러한 언급은 주희
의 주석을 무시하는 것으로 비추어졌고, 김만중(金萬重)으로부터 바로
비판을 받았다.392)

한편, 당시 주희의 주석에 의문을 품고 개주(改注)한 사람은 윤휴만이
아니었다. 조익(趙翼; 1579~1655)도 그러하였다. 조익은《서경천설》(書
經淺說),《용학곤득》(庸學困得) 등의 책에서 주희의 주석을 제법 고쳤다
고 한다.393) 그러나 조익에 대해서 송시열은 온건한 태도를 보였다. 송
시열은 그 이유를 송준길의 말을 빌려 '윤휴는 주자를 능멸하고 자기의
설을 옳다고 한 것에 뜻을 둔 것이었고, 조익은 마음에 의심스러운 것이
있어 다른 사람에게 질정(質正)을 구한 것이니, 이는 흑백의 다른 것'이
라고 설명하였다.394) 하지만 권상하는 이러한 송시열의 설명이 다소 미
진하다고 생각하였는지, '윤휴는 성토하고 조익은 용서하는 뜻'을 후세
사람들이 알도록 해야 하니, 이에 대해서 좀더 해명히는 논변이 있어야
할 것이라고 하였다.395) 수제자 권상하조차 송시열의 설명에 무언가 아
쉬움이 있다고 생각하였던 것이다.

이것에서 윤휴 비판과 조익 옹호에 대한 학문 외적인 '정치적 맥락'을
추론해 볼 여지가 마련된다. 송시열의 윤휴 비판은 사실 현종·숙종대
예송 논쟁과 깊은 관련성을 가졌다. 그리고 조익에 대한 옹호는 그의
정치 행적에 이유가 있었다. 송시열이 찬술하였던 조익의 신도비명(神道

讀 大段緊要處外 宜省於正文 以爲專精用工之地耳 非以註文爲不足讀也".

392)《肅宗實錄》卷4, 肅宗 원년 윤5월 26일(癸丑).

393)《孝宗實錄》卷14, 孝宗 6년 3월 10일(乙未).

394) 宋時烈,《宋子大全》卷77〈答趙光甫〉癸亥 別紙, "尹鑴凌侮朱子而自是己說 某爺有
疑於心而求質於知者 迥然白黑之不同 自聞斯言也 憂慮頗減矣".

395) 權尙夏,《寒水齋集》卷4〈上尤菴先生〉丁卯 至月, "困得之悉去章句 代以新說 誠有僭
易之失 然其下還主朱子說 而且其一生 尊慕朱子 亞於聖人 則豈可與悖亂之賊 同歸於侮
聖之一轍也 然先生之一討一恕之意 不可不使後人知之 幸留一轉語略爲論辨如何".

158_

碑銘)에 따르면, 조익은 정철(鄭澈)이 이산해(李山海)의 공격을 받았을 때
그를 도왔으며, 인조대 사친복제(私親服制) 논의 때에도 김장생의 예론
을 지지하였고, 이이·성혼의 문묘 종사를 청하기도 하는 등 서인 의리
에 매우 충실한 입장을 보였던 것이다.396)

　이러한 송시열의 이중적 태도는 단지 윤휴와 조익의 경우에만 한정되
었던 것이 아니었다. 어쩔 수 없이 '대청황제공덕비문'(大淸皇帝功德碑
文), 즉 '삼전도비문'(三田渡碑文)을 함께 지었던 이경석과 장유의 경우에
도 그러하였다. 송시열은 이경석과 장유에게 이중적인 태도를 보였다.
그는 삼전도비문을 지었다는 이유로 이경석에게는 매우 강경한 입장을
보인 데 비해, 함께 지었던 장유에게는 모순되게도 존중하는 태도를 보
였다. 이러한 송시열의 이중적 태도를 남구만도 지적하였다. 남구만은
송시열이 장기(長鬐)에 유배되어 있는 동안 장유를 매우 극찬하는 비문
을 지었으며, 그 글이 궁중에 유입되었음을 언급하였다.397) 그러면서 어
찌 이경석은 마땅히 용서할 만한데도 도리어 폄박(貶薄)하고, 장유는 마
땅히 죄줄 만한데도 추존(推尊)함이 이와 같은가 하여 송시열의 이중적
인 태도를 꼬집었다.398)

　이어 송시열 계열은 윤선거(尹宣擧), 윤증(尹拯), 박세당(朴世堂), 최석
정(崔錫鼎)을 '주자의 주석을 무시하고 성인을 업신여겼다'는 것으로 비
판하였다. 그들은 윤선거와 윤증이 윤휴를 두둔하였으며, 병자호란 때
죽지 않아 절의를 지키지 못하였음과, 박세당의《사변록》(思辨錄)이 주

─────────────
396) 宋時烈,《宋子大全》卷162〈浦渚趙公神道碑銘〉幷序
397) 남구만은 장유가 효종비 인선왕후(仁宣王后) 장씨(張氏)의 아버지였던 사실이 송시
　　열에게 영향을 끼쳤다고 본 것이다.
398) 南九萬,《藥泉集》卷29〈論白軒晦谷西溪〉, "宋相乃於長鬐圍籬中 作谿谷碑文 極有
　　稱道 其文至於流入禁中 何白軒之當恕而不恕 反貶薄之至此 何谿谷之當罪而不罪 反
　　推尊之若此耶".

희의 주석을 마음대로 고치고, 최석정의 《예기유편》(禮記類編)이 주희의
입장에서 벗어나 있었음을 지적하였다. 그러나 경전해석 문제는 표면적
인 이유일 뿐, 이것은 사실 정치적인 문제와 깊은 관련성을 가졌다. 이들
은 모두 소론에 가담하는 인물들로서 송시열 측과 정치적으로 대립하고
있었다. 이러한 사실은 서인-노론이 내건 '주자 절대화' 관념이 갖는
정치적 성격을 잘 보여준다고 하겠다.

한편, '주자 절대화' 관념의 한 축이었던 '존주론'은 두 가지 형태로
전개되었다. 첫째는 '대명의리론'이었다. 대명의리론은 명나라의 은혜
를 기념하는 방식으로 전개되었다. 송시열은 효종의 묘당을 세실(世室)
로 정할 것을 건의하여 이를 관철시켰다.399) 또한 그는 명나라 마지막
임금 의종의 연호인 '숭정' 사용을 고집하였고, 박세채의 반대에도 태조
의 위화도회군을 존주대의에서 나온 것이라 하여 존호를 가상(加上)할
것을 청하기도 하였다.

송시열은 태조의 존호를 가상하는 문제에 대해서 "오늘날 사람들이
호로(胡虜)를 달갑게 섬기고 다시 존주의 의가 있음을 알지 못하므로, 이
것으로 인하여 지금 사람들로 하여금 존주의 의가 있다는 것을 알게 하
려는 것이다"400) 하였다. 그리고 그는 오랑캐 원나라를 섬겼다고 하여
기존에 추앙되던 허형(許衡)을 문묘에서 출향할 것을 청하기도 하였
다.401) 나아가 신종(神宗)과 의종(毅宗)의 신주(神主)를 모시기 위해 화양
동(華陽洞)에 만동묘(萬東廟)를 짓고,402) 이후 그의 제자들은 대보단(大報

---

399) 《肅宗實錄》 卷14, 肅宗 9년 2월 21일(癸巳).
400) 宋時烈, 《宋子大全》 附錄 卷18 語錄, "今日之人 甘心事虜 不復知有尊周之義 故因此
欲使今人知有尊周之義也".
401) 《肅宗實錄》 卷12, 肅宗 7년 12월 14일(癸巳).
402) 만동묘에 대해서는 전용우, 1990, 〈화양서원과 만동묘에 대한 일 연구〉, 《호서사
학》 18 참조.

壇) 건립을 추진하였다.403)

둘째는 중국의 제도를 따라서 조선 고유의 풍속을 변화시키고자 하는 것이었다.404) 송시열은 부인들과 미관자(未冠者)들의 변발(辮髮; 뒤로 길게 땋은 머리)은 모두 오랑캐 풍속에서 나온 것이므로, 자신의 집안 사람들은 쌍계(雙紒; 두 갈래로 땋아 올린 머리)를 하고 변발을 하지 않도록 하였으며, 만년에는 부인에게 중국의 제도를 따라 고(髻)를 올려 머리를 꾸미게 하면서 세속에서 놀라고 기이하게 여기는 것도 혐의하지 않았다고 한다.405) 세상 사람들이 놀라고 기이하게 여겼다는 것은 그것이 당시 일반적인 풍속과는 상당 부분 차이가 있었음을 의미한다. 그리고 그는 '현고'(顯考), '현비'(顯妣)는 원나라 제도이므로 자신의 집에서는 이적의 제도를 피하여 신주(神主)의 분면(粉面)에 '현'(顯) 자를 쓰지 않고 '고(考), 비(妣)'만 쓴다고 하였다.406)

더욱이 송시열은 조선 고유의 혼인풍속을 오랑캐의 풍속으로 낮추어 보고 중국의 제도를 존중하려는 경향을 보였다. 송시열은 당시 민간에서 행해지던 동성(同姓) 간의 결혼에 반대하는 상소를 올렸다.407) 그는 '혼인할 때 동성을 아내로 취하는 것은 예가 아니니, 비록 본관은 같지 않더라도 성의 글자가 같으면 혼인하지 못하게 금하소서' 하여 동성 결

403) 대보단 건립에 대해서는 정옥자, 1998,《조선후기 조선중화사상 연구》, 일지사, 66~99쪽 참조.

404) 宋時烈,《宋子大全》附錄 卷18 語錄 崔愼錄 下, "先生慨然有意於唐虞三代之風 而立朝則以尊攘爲急務 居家則以遵用華制爲變俗之漸".

405) 위의 글, "國內婦人及童子未冠者之辮髮 皆胡俗也 先生家童子之雙紒而不辮髮者 業已久矣 晩來又令婦人 皆從華制而作髻爲首飾 不以駭俗爲嫌 蓋純用華夏 盡變夷風 馴致比屋可封之俗者 實先生志也".

406) 宋時烈,《宋子大全》附錄 卷17 語錄 崔愼錄 上, "加顯字於考妣上者 胡元制也 故吾家避胡之制 於神主粉面 不書顯字 只書考妣字".

407)《顯宗實錄》卷16, 顯宗 10년 1월 4일(戊戌).

혼을 금지시켰다. 한편, 당시 조선의 풍속은 친척일 경우에는 성(姓)이 같거나 다름을 떠나 결혼하지 않는 것이 일반적이었다. 그런데 그는 이성(異姓)일 경우에는 가까운 친척 사이라도 괜찮다는 생각을 가지고 있었다.

송시열의 재종손(再從孫) 송이석(宋彝錫)이 물었다. "타우(打愚) 이상(李翔)이 딸이 있다 하는데, 아우 송주석(宋疇錫)과 혼인 말을 할 수 없습니까?" 하자, 송시열은 "왜 할 수 없겠느냐. 이 타우의 장인은 주석의 조모의 종형제이니, 이 타우의 아내와 주석의 애비는 성이 다른 재종형제이다. 중원(中原)의 관점에서 보면 남과 같은 사이이니 어찌 남과 혼인말을 할 수 없겠느냐" 하였다. 송이석은 다시 물어, "사람들이 말하기를 '중국 사람이 가까운 친척과 혼인함은 그 풍속이 그러해서이고, 우리나라 사람은 비록 먼 친척이라도 혼인을 하지 않으니 이 역시 풍속이 그러해서이다. 혼인은 풍속을 따라야 하고 도리 또한 그러하다' 하는데 이 말이 어떻습니까?" 하자, 송시열은 "우리나라는 오랑캐 풍속이 있어 모족(母族)과 처족(妻族)을 중히 여기기 때문에 이런 말이 있는 것이니, 오랑캐 풍속을 어찌 반드시 따를 필요가 있겠느냐" 하였다.408)

이러한 인식에는 조선 고유의 풍속보다는 중국의 혼인제도를 따르겠다는 의식이 강하게 작용하고 있었다. 송시열은 모족과 처족을 중히 여기는 것은 이적의 풍속이라고 하면서, 중국 사람들의 이성(異姓) 결혼 풍속을 따르고자 하였다. 그럴 경우 비록 친척이라고 하더라도 이성이면 혼인이 가능하다고 생각하였다.409)

---

408) 宋時烈, 《宋子大全》 附錄 卷17 語錄 崔愼錄 上.
409) 송시열은 모족(母族)과 처족(妻族)을 중시 여기는 것을 오랑캐 풍속이라고 매우 비하하였다. 그는 구양수(歐陽脩), 여조겸(呂祖謙)의 전후처(前後妻)가 모두 한 사람

162_

　　만년에 송시열은 외손자 윤주교(尹周敎)를 재종손녀의 남편으로 삼으려 하였는데, 이럴 경우 이성의 9촌 숙질간이 부부가 되는 셈이었다. 여기에 대해서 송시열은 "주자께서 아들 숙(塾)의 딸을 자신의 사위 황직경(黃直卿)의 아들 노(輅)에게 시집보냈다. 이는 동기간의 아주 가까운 남매 사이에도 서로 혼인을 한 것인데, 더구나 소원한 친척이야 말해 무엇하겠는가? 나는 마땅히 주자를 따를 것"이라고 하여 그 혼인을 끝내 관철시켰다.410) 송시열은 모족과 처족을 중히 여기는 이적의 풍속을 비루하게 여겼고, 척속이라도 성이 다르면 혼인이 가능한 중국의 풍속을 따르려고 하였던 것이다.

　　하지만 이 말을 전하여 들은 윤증은 "동방의 풍속은 그렇지 않으니 주자의 그 일은 본받을 것이 못 된다"411)고 송시열의 행위를 비판하였다. 윤증은 비록 예의로는 무방하다고 할지라도 척속 간의 혼인에는 반대하였던 것이다. 그 이유는 조선 고유의 풍속을 존중하였기 때문이다. 그는 종자매가 고부 사이가 되고 부자가 서로 동당아서(同堂亞壻)가 되

의 딸이었음을 예로 들면서, 이를 보면 중국 사람들이 처족을 남으로 여겼음을 알 수 있다고 하였다. 이어 그는 우리나라는 소중화(小中華)로 불리면서 처족을 멀리 할 줄 모르고 심지어 처의 자매를 '아주머니[嫂]'라고 부르며 자기 종족처럼 지내고 있다고 한탄하기도 하였다. 《宋子大全》附錄 卷18 語錄 崔愼錄 下, "先生曰 周公制禮 有一國諸侯之女 嫁於他國而歸 則在傍隣二國諸侯 又各以一女送之 而各率其姪娣二人 共爲一人之妻妾 生子則皆以己出而撫育之 此聖人所以參酌人情而制爲婚姻之禮也 中原之人 不替古昔 至於宋 取人之二女者多矣 歐陽脩前後妻 卽一人之女 而呂伯恭賢者也 取韓無咎之二女爲前後室 可見其無害於禮義 我國之人如彼 誠可笑也 焉得免重母族妻族之夷風也"; 같은 곳, "嘗曰呂伯恭前後室 皆韓無咎女 可見華人之遠別於妻族也 我國號稱小中華 而不知遠其妻族 至呼妻之姊妹以嫂而與之如己族 何其無識也".

410) 위의 글, "及至晩年 先生將以外孫尹周敎 爲再從孫女之女婿 蓋異姓九寸叔姪爲夫婦 先生每以爲朱子以其子塾之女 妻其婿黃直卿之子輅 此其同氣至親之甥妹 相對爲婚姻也 況其疏親乎 吾當法朱子也".

411) 宋時烈, 《宋子大全》 卷132 雜著 偶記, "且今以異姓婚姻之辨 或以朱子說及黃輅夫婦 爲言 則彼(=尹拯)乃敢曰 東俗不如此 朱子不足法云矣".

며, 형제가 아서가 되고 처남·매부가 동시에 되는 것을 예의로는 무방할지 모르나 지금 풍속은 크게 금하고 있음을 지적하였다.412)

훗날 강화학파의 일원이었던 정동유(鄭東愈; 1744~1808) 또한 이 사실들을 언급하면서 이성근촌(異姓近寸) 사이에 서로 통혼하지 않는 것은 우리나라의 돈후한 풍속인데, 이 미풍양속을 헐어버리고 일방적으로 중국의 풍속을 좇으려고 하는 것이 과연 옳은 일인지 모르겠다며, 송시열의 주장을 무리한 것이라고 비판하였다.413) 결국 이성혼인이면 지친(至親)이라도 가능하다는 송시열의 견해는 당시 풍속과는 상당한 거리가 있었으며, 조선의 풍속을 중국화하려는 것으로 볼 수 있다.

이상에서 송시열의 '주자 절대화' 관념이 어떻게 현실 속에서 반영되었는가를 살펴보았다. 주자 절대화 관념이 현실에 반영된 모습은 크게 두 가지 형태를 띠었다. 첫째는 이단 시비였고, 둘째는 존주론이었다. 노론은 남인·소론늘의 주자학 이해들 '이난'으로 규정하면서 이들의 학문적 정체성에 문제를 제기하였다. 이것은 결국 노론이 이해한 주자학만이 올바른 것이었음을 입증하고, 그것으로 그들의 권력 기반을 확고히 하기 위함이었다.

한편 존주론은 크게 두 가지로 나누어졌는데, 하나는 대명의리론 차원에서 중국을 높이는 것이었고, 또 하나는 중국의 풍속에 맞추어 조선의 풍속을 교정하는 것이었다. 이 가운데에서 특히, 중국의 풍속에 맞추

---

412) 尹拯, 《明齋遺稿》 卷23 〈答鄭夏鎭〉, "所示從姉妹之爲姑婦 父子之爲同堂亞壻 以俗情言之 似爲未安 而禮義則恐無所妨 未知如何 蓋亞壻之稱 只言於同生 而無稱於四寸以外者矣 第念兄弟之爲亞壻 妻娣妹夫之互爲者 亦於禮義無妨 而今俗以爲大禁 若或有之 則大以爲譏議云 此等處俗情 亦似難擺脫也耶 且孤陋見聞不廣 須更加詢問 而商量處之 如何".

413) 鄭東愈, 《晝永編》, "若其異姓近寸之不相通婚 自是我國美俗 其敦厚忠朴之義 於此可見 則必欲毀此美風 自謂從華俗者 實未知其可也".

어 조선의 풍속을 교정하는 것은 당시 사람들의 일반적인 인식과는 상당한 거리가 있는 것으로서, 그의 존주론을 이해하는 데 중요한 측면이라고 생각한다.

2장

17세기 말에서 18세기 초
낙론계 학풍의 형성과 현실인식

17세기 서인 학계는 서울·경기 지역과 호서 지역으로 분화되어 가는 양상을 보였나. 이러한 분화는 당시 한낭(漢黨)과 산낭(山黨)의 내립으로 나타났고, 이후에는 낙론(洛論)과 호론(湖論)의 분화에 중요한 영향을 끼쳤다. 18세기 전후, 다시 말하면 17세기 말에서 18세기 초반의 시기는 기사환국(1689)과 갑술환국(1694)으로 정국이 급변하면서 남인과 서인 사이에 일진일퇴의 공방이 있었으며, 서인들은 다시 노론과 소론으로 분열하였다. 이 과정에서 '이단 시비'가 촉발되었으며, 급기야 치열한 노·소론의 대립 속에서 신임옥사(1721·1722)가 일어나기도 하였다. 이 시기 동안 김창협·김창흡 형제는 노론의 이론가로서 중요한 활약을 하였다.

그들은 정치적인 면에서 호서 지역 서인-노론들과 의리론을 공유하였지만 학풍의 구체적 내용에서는 그들과 구별되는 사상적 색채를 띠고 있었다. 이는 17세기 서울·경기 지역 서인 학풍의 영향에서 말미암았다. 이 과정에서 그들은 호서 지역과 구별되는 새로운 성리학풍을 발전시켜갔다. 이것은 그들이 가졌던 유연한 화이론과 현실관의 근거가 되었으며, 낙론계 학풍 형성에 중요한 영향을 끼쳤다.

성리학과 함께 그들이 주장하였던 문학 논의들도 주목해 보아야 한다. 낙론계는 새롭게 당송고문(唐宋古文)을 주장하면서 '도문일치'(道文一致)를 지향하였다. 이러한 당송고문 주장 속에는 소론과 남인을 비판하고 주자학적 의리론을 문학의 영역에까지 확장하려는 목적이 담겨 있었다. 이것은 송시열 이래 사상의 순정화(純正化) 작업의 일환으로 나타났으며, 17세기 말에서 18세기 초 사상계에서 일어났던 이단 시비 문제와 긴밀한 관련성을 갖는 것이었다.

또한 그들은 천기(天機) 관념을 통해서 당시 역관(譯官)을 중심으로 성장하던 중인층을 포용할 사상적 근거를 만들어가고 있었다. 17세기는 역관이 청·일간의 중개무역을 주도하면서[1] 역량을 축적해 갔고, 그 축적된 역량은 점차 문화적인 영역에까지 확장되었다. 천기 관념은 이러한 시대의 변화에 조응하는 사상적 기제로서 적절히 활용될 수 있었으며, 이를 통하여 그들이 중인층 및 하층민에 대해서 가졌던 인식의 일단을 알 수 있다. 그들의 성리학과 문학 논의는 그 시대의 변화와 밀접한 관련성을 갖는 것으로서, 18세기 전반에 걸쳐 중요한 영향을 끼치고 있었다.

---

1) 유승주·이철성, 2002, 〈17세기 역관 주도의 대청무역과 대일 중개무역〉, 《조선후기 중국과의 무역사》, 경인문화사.

2.1. 김창협·김창흡의 정치와 학문 경향

2.1.1. 송시열 의리론의 표방

김창협·김창흡을 비롯한 안동김씨는 송시열계 노론 의리론 형성 과
정에서 중요한 위치에 있었다. 그들의 증조부 김상헌이 '대명의리'를 주
장하면서 병자호란 당시 대표적인 척화신으로 활동하였고, 김상헌과 송
시열의 관계 덕분에 안동김씨는 처음부터 송시열과 정치적으로 긴밀히
결합할 수밖에 없었다. 그 뒤 안동김씨는 현종대 한당·산당 대립기 동
안 산당의 창구 역할을 맡기도 하였다. 노소 분기 과정에서도 안동김씨
는 당시 유력한 가문이었던 여흥민씨·청풍김씨·광산김씨·연안이씨
등과 함께 송시열 계열 노론 의리론에 농조하였고, 이것은 노론이 소론
을 압도하고 정치적 우세를 점하는 데 커다란 영향을 끼쳤다.

김창협이 송시열과 처음 대면하였던 것은 그가 24세 되던 1674년(숙종
즉위년) 6월, 현재 경기도 양평군 소재 용문산(龍門山)에서의 만남을 통
해서였다.[2] 그는 이때부터 편지를 주고받으면서 궁금한 점들에 관해 질
문을 하였다고 한다.[3] 그는 28세 때인 1678년(숙종 4) 〈상우재상서문목〉
(上尤齋尙書問目)에서는 《상서》(尙書), 《중용》(中庸), 《맹자》(孟子) 〈호연
장〉(浩然章)의 의심스러운 뜻과 임진왜란 당시 요동으로 피난 갈 것을
의논할 때 제신(諸臣)들의 거취가 갖는 의미들에 관하여 논하였다.[4]

---

2) 金昌協, 《農巖集》 卷35 附錄 年譜 上, "甲寅 六月陪尤齋先生會于龍門山".

3) 金昌翕, 《三淵集》 卷27 〈仲氏農巖先生墓誌銘〉, "甲寅會尤齋先生于龍門 所質問多獲
印可 自是書疏往復 期許益重".

4) 金昌協, 《農巖集》 卷12 〈上尤齋尙書問目〉 戊午; 〈上尤齋問目〉 戊午; 〈上尤齋中庸疑
義問目〉 戊午; 〈上尤齋孟子浩然章義問目〉.

31세 때인 1681년(숙종 7)에는 양시(楊時; 1053~1135), 나종언(羅從彦; 1072~1135), 사마광(司馬光; 1019~1086), 소옹(邵雍) 등의 학술과 배향(配享) 문제에 대해서 문의하였고,[5] 그 해 송시열이 조정에서 물러나자 애석해하면서 '출처지의'에 대해서 물었다.[6] 34세 때인 1684년(숙종 10)에는 《심경석의》(心經釋疑)의 뜻에 대해 문의하였고,[7] 38세 때인 1688년(숙종 14)에는 화양동에 가서 권상하와 함께《주자대전차의》에 대해 강토하였고 송시열에 배례하였다.[8]

송시열과의 관계가 더욱 긴밀해지는 것은 39세 때 기사환국을 겪으면서부터였다. 기사환국 과정에서 아버지 김수항(金壽恒)의 죽음은 김창협이 전보다 더 송시열에 동조하는 분수령이 되었다. 김창협이 소극적인 태도를 떠나 적극적으로 노론 의리를 내세웠던 것은 기사환국 과정에서 아버지 김수항이 죽음을 당하면서부터였다.《당의통략》은 이 사실을 다음과 같이 전하고 있다.

처음에 김수항 형제가 국정을 맡았을 때 크고 작은 모든 일을 송시열의 뜻을 받아 시행하였다. 그러나 때때로 송시열의 꾸짖음을 받으므로 김수항의 여러 아들이 또한 불평하였다. 송시열과 김수항이 함께 재앙을 당하자 김수항의 아들 김창협은 송시열을 빙자하여 김수항을 중히 여기려고 이때부터 전심으로 송시열을 높이고 숭상하자 노론 가운데에서 전에 송시열을 의심하던 자들 또한 다 하나가 되어 소리를 함께하니, 이것은 김창협이 주창한 때문이었다.[9]

---

5) 金昌協,《農巖集》卷12〈上尤齋問目〉辛酉.
6) 위와 같음.
7) 金昌協,《農巖集》卷12〈上尤齋心經釋疑問目〉甲子.
8) 金昌協,《農巖集》卷35 附錄 年譜 上, "戊辰 拜尤齋先生于華陽洞; 與遂庵權公尙夏同行講討朱子大全箚疑 暇日陪先生遊葩谷屛川內外仙遊洞 有華陽諸勝記".

이에 따르면 김수항 형제가 국정을 맡아 다스릴 때에 송시열의 뜻을
받들어 시행하면서도 송시열의 꾸짖음을 받으므로 김수항의 여러 아들
들이 이를 불만으로 여겼다고 한다. 그러나 기사년에 김수항이 죽음을
당하자 김수항의 아들들은 송시열을 빙자하여 김수항을 높이려는 의도
에서 송시열을 전심으로 숭상하고자 하였다는 것이다.[10] 특히, 여기에
서 김창협의 역할이 컸던 것으로 기술되어 있다.

실제로 송시열은 경신환국 직후 남인들을 제대로 처벌하지 못하였기
때문에 '허견(許堅)을 잘못 죽였다'는 말이 등장하기도 하고, 급기야 김익
훈이 탄핵을 당하게 되었다고 여겨, 김수항과 민정중 등 당시 서인 대신
들의 일 처리에 노골적으로 불만을 드러내고 있었다.[11] 여기에 대해서
김수항의 아들들이 송시열에게 불평하는 마음을 가질 수 있었을 것이다.
그러나 기사년에 김수항이 죽음을 당하자 김창협·김창흡은 송시열을
적극 옹호하면서 노론 의리론을 강하게 주장하는 경향을 보였다.

김창협은 송시열에게 김수항의 묘표를 부탁하는 글 속에서 '노론 의
리'를 분명히 하였다. 그는 김수항의 죽음을 둘러싼 당시 정세를 다음과
같이 인식하였다. 사류들이 처음에는 훈척들의 공로를 인정하다가 연소
배들 가운데 명예를 좋아하는 무리들이 훈척들을 공격하였는데, 김수항
은 '훈척과 사류가 구분되기는 하나 지금의 훈척은 또한 사류로부터 온
사람들이고 또 사직을 안정시킨 공로가 있으니 진실로 분명한 죄악이

---

9) 李建昌,《黨議通略》肅宗朝.

10) 남구만도 이 점을 지적하여 김수항의 뜻은 송시열과 같지 않았는데, 김수항의 아들
들이 그 아비를 위하여 일시의 졸렬함을 숨기고자 하면서 그 아비의 뜻을 농락하여
비록 하늘을 미혹되게 하는 죄과에 이르러도 거리끼는 바가 없었으니 애통하다고
하였다.(南九萬,《藥泉集》卷29〈論白軒晦谷西溪〉)

11) 宋時烈,《宋子大全》附錄 卷18 語錄 崔愼錄 下, "竊見今日事 鑴雖已死 而其說尚行
也 文谷老峯 皆一代名類 而俱在相位 如癡如聾 況彼年少爲臺諫者乎 庚申以來 不能克
明是非 含糊度日 至使有誣殺賊堅之語 此則大臣不明之罪".

아니면 심하게 물리치는 것은 마땅하지 않다'고 하였다. 그러자 연소배들은 김수항에 대해서 불쾌하게 여겼다는 것이다. 김수항은 군자·소인은 함께 설 수 없으니 조정론(調停論)은 사의(私意)에서 말미암은 것이라는 김상헌의 훈계를 어려서부터 복응(服膺)하였던 까닭에 조정에 있는 동안 한 번도 조정론을 주장하지 않았다고 하였다.[12] 그러한 이유로 기사년의 화를 당한 것으로 생각하였다.

갑술환국 이후 남구만(南九萬) 등 소론이 세자의 보호를 위해 장희재와 남인들에 대해서 온건한 태도를 보이자 김창협은 남구만에게 편지를 보내, "흉도들에게 아첨해 앞날의 화를 면해 보려고 하면서 그 두려워서 겁내고 움츠리며 겸연쩍어하는 작태는 사람들을 낯 뜨겁게 만들고, 사람들을 분개하여 답답하게 만들며, 또한 사람들을 애통하게 만들고 있으니, 혹시 불행하게도 국가에 변고가 생긴다면 몸을 내던져 국가에 바치며 절조를 지키고 의리를 위해 죽을 사람이 있겠습니까!"라고 하여 소론의 정치적 입장을 분명히 하라고 촉구하였다.[13]

그는 최석정(崔錫鼎)에게도 이와 비슷한 의견을 펼쳤다. 그는 1698년(숙종 24) 최석정이 남인들을 등용하려고 하자, 이에 불만을 품고서 '주자가 희녕(熙寧), 원풍(元豊) 연간의 옛사람들(=王安石)을 정호(程顥)가 등용한 것을 (부정적으로) 논한 설'을 인용하여 남인을 조용하는 것에 대한 반대 의사를 분명히 하였고, '정호의 조정론'을 구실 삼지 말 것을 요구하였다.[14]

1701년(숙종 27) 인현왕후의 죽음으로 드러난 희빈 장씨의 인현왕후에 대한 저주사건은 소론에게 불리한 방향으로 정국을 움직이게 하였다.

---

12) 金昌協, 《農巖集》 續集 卷下 〈上尤齋先生書〉 己巳.
13) 金昌協, 《農巖集》 卷17 〈與南領相〉 甲戌.
14) 金昌協, 《農巖集》 卷17 〈與崔右相錫鼎〉.

이 사건으로 숙종은 장희재를 사형시키고 희빈 장씨를 자진하게 하라는
비망기를 내렸다.[15] 이것은 그 동안 세자 보호를 위해서 장희재와 희빈
장씨를 보호하려던 남구만 등 소론 측 입장에서 보면 정치 명분상 심대
한 타격이 아닐 수 없었다. 그러한 기회를 놓치지 않고 노론은 소론에게
정치적 사상적 공세를 펼쳤다. 그 가운데 '반주자학적' 요소를 문제 삼
는 '이단 시비' 문제는 중요한 비중을 차지하였다. 박세당의 《사변록》
시비와 최석정의 《예기유편》 시비는 그 가운데 대표적인 경우였다.

1703년(숙종 29) 《사변록》 변파 논의에서 김창협과 김창흡은 이론적
으로 매우 중요한 역할을 담당하였다. 《사변록》 변파 시비는 사실 박세
당이 이경석(李景奭)의 신도비명을 쓰면서 송시열을 공격한 데에서 말미
암았다.[16] 이러한 송시열에 대한 직접적인 공격은 노론 측을 자극하였
고, 결국 노론은 《사변록》을 들어 박세당을 공격하기에 이르렀다. 숙종
은 이관명(李觀命; 1661~1733)과 권상유(權尙游; 1656~1724)에게 《사변
록》을 변파하도록 명하였다.[17]

이에 권상유는 김창협에게 도움을 청하였고, 김창협은 권상유에게
《사변록》을 논척하는 두 편의 글을 보냈다.[18] 김창협은 박심(朴鐔)에게
보내는 편지에서 박세당을 논척하며, "비록 그가 육상산·왕양명처럼
따로 도학의 종지를 만들지는 않겠지만 후생 가운데에 그러한 풍조를
기뻐하는 자들은 대개 주자를 경시하고 이론(異論)을 좋아해 그 해가 적
지 않을 것이며, 더욱이 이러한 종자들이 끊이지 않는다면 어찌 육·왕
과 같은 자들이 나오지 않으리라 보장하겠는가" 하였다.[19]

---

15) 《肅宗實錄》 卷35, 肅宗 27년 9월 23일(丁未); 《肅宗實錄》 卷35, 肅宗 27년 9월 25일
   (己酉).
16) 南九萬, 《藥泉集》 卷29 〈論白軒晦谷西溪〉.
17) 《肅宗實錄》 卷38, 肅宗 29년 6월 21일(乙未).
18) 金昌協, 《農巖集》 卷15 〈與權有道論思辨錄辨〉, 〈與權有道再論思辨錄辨〉.

172_

이렇게 김창협은 노론 의리를 주도하는 위치에 있었지만, 그에 대한 소론 측의 포섭 노력은 계속해서 진행되었다. 이것은 그의 외숙(外叔)이 었던 나양좌(羅良佐; 1638~1710)를 통해서 주로 이루어졌던 것으로 보인 다.[20] 송시열의 잘못들을 하나하나 지적하면서 김창협을 소론으로 끌어 들이기 위해 노력하던 외숙 나양좌에게 김창협은 다음과 같이 말하였다.

> 만약 지친(至親) 사이에 취향이 달라서 논의를 지극히 하여 하나로 하지 않을 수 없다고 한다면 외삼촌과 조카의 친함은 오히려 아버지와 자식간의 중함과 같지 않으니, 조카로 하여금 선인(先人)의 평생 뜻을 배반하게 하고 외삼촌의 지금 논의를 좇게 한다면 외삼촌과 조카 사이는 좋아지겠지만, 부자(父子)가 취향을 달리한다면 어떠한 사람에 해당하겠습니까?[21]

김창협은 외삼촌과 조카의 관계보다는 아버지와 자식의 관계가 더욱 중하므로 아버지 김수항의 유지를 따르겠다는 입장을 분명히 하였다. 그는 송시열이 김수항을 헐뜯었다는 나양좌의 말에 대해서도 송시열의 성격이 워낙 준엄해서 평소 친한 사람들에게도 진실로 뜻에 옳지 않다고 여기는 것이 있으면 언어로 나오는 것이 많았다고 하였다. 그러면서 송시열과 김수항의 관계는 대체로 흠이 없으니, 설혹 한때의 일로 그러한 일이 있었다손 치더라도 그리 중요한 것은 아니라고 하였다. 그는

19) 金昌協,《農巖集》卷16〈朴大叔〉癸未.
20) 송시열은 나양좌를 매우 경계하여 김창협에게 자신의 편지 별본(別本)을 보여주지 말 것을 지시하기도 하였다. 이것은 자신의 편지가 나양좌를 통해서 소론 측으로 유출될 것을 경계하기 위함이었다.(宋時烈,《宋子大全》卷89〈與權致道〉己巳 三月 七日, "其札又欲摸置別本 意甚善矣 不使仲和(金昌協)知之 似未安而每以其渭陽(羅良佐) 爲慮也 此則量處也")
21) 金昌協,《農巖集》卷11〈上仲舅〉甲申.

오히려 이러한 것으로 송시열과 김수항의 관계를 흠집 내려는 것은 공
정한 논의가 아님을 역설하였다.[22]

한편, 송시열과 김수항을 옹호하고 노론 의리를 강력히 주장하는 것
과 함께 김창협은 주자학에 깊이 심취하는 모습도 보였다. 이것은 송시
열의 '주자 절대화' 경향에 영향을 받았던 것으로 보인다. 김창협이 송
시열이 죽으면서 부탁한《주자대전차의》완성에 본격적으로 박차를 가
하였던 것은 기사년 이후부터였다.[23] 그는 1689년 9월 경기도 영평(永平)
응암(鷹巖)에 가서 주자학 연구에 몰두하였으며,《주자대전차의》연구
에 공을 기울였다.[24] 이 시기는 김창협이 주자학에 매우 심취해 있던
때였다. 그가 얼마나 주자학에 심취해 있었던가는 다음의 사실에서 살
펴볼 수 있다.

김창협은 1691년(숙종 17)《주자대전》과 함께 중요한 성리학 교재로
사용되던《성리대전》에 대하여 잘못된 점들을 지적하였다. 그는《성리
대전》에 실린 '주자 문인'들에 대한 내용이 매우 소략하고 편집이 엉성
하다고 설명하면서 문제점들을 지적하였다.[25] 즉, 실려야 할 것은 실리
지 않고 별로 중요하지 않은 문인들과 말들은 실려 있다는 것이다.

이것은 주자학만을 절대시하는 관점에서 나올 수 있는 인식이었다.
주자학을 절대시하는 관점에서 볼 때《성리대전》은 주희와 주희 제자
들에 대해서 소략한 것으로 보일 수밖에 없었다. 이와 함께 김창협은

---

22) 金昌協,《農巖集》卷11〈上仲舅〉乙酉.
23) 權尙夏,《寒水齋集》年譜 己巳, "尤菴先生構箚疑序文 授先生曰 從今箚疑 君與仲和
    (金昌協) 商量修改 對曰疑處 當以問目呈稟 曰不須爾也 吾衰甚矣 雖自照管 每患誤勘
    君二人直可相議梳洗 有何疑難".
24) 金昌協,《農巖集》卷35 年譜 己巳 참조.
25) 金昌協,《農巖集》卷31 雜識 內篇 一, "性理大全朱子門人類 所載門人極草略 而其取
    捨輕重 全無權衡……凡此皆草略苟簡 絶不堪點檢".

사서(四書)의 소주(小註)에도 주희의 정설과는 다른 것들이 많다고 지적하기도 하였다.26) 이것은 모두 그가 기사환국 이후 주자학에 대해서 정치한 연구를 벌이던 1690·1691년 동안에 나타났다.

주자학을 절대시하고자 하는 경향은 모든 경전은 오로지 주희를 통해서만 터득해야 한다는 것을 주요 내용으로 하였다. 이처럼 모든 경전을 주희를 통해서만 이해하기 위해서는 주희의 저작만 실려 있는《주자대전》에 대한 연구가 일차적인 과제가 될 수밖에 없었고, 주돈이·소옹·장재·정호·정이와 북송대 성리학자를 포함해서 다양한 학자들의 성리설을 망라하는《성리대전》을 폄하하는 인식이 형성될 수밖에 없었다.

김창협은 1695년의 편지에서《주자서절요》를 자세히 완미해서 보면 성현의 용(用)과 의리의 정(正)이 자연히 점차로 마음에서 보일 것이고, 지금 논하는 바의 시비와 득실을 또한 다른 것에서 구하지 않고도 절충할 수 있을 것이라고 하였다.27) 1700년 이병정(李秉鼎)에게 보내는 편지에서도 그는 잡되게 책을 읽는 것은 해로운 일임을 지적하면서 한결같이 주자의 교법을 준수한 연후에야 두루 미치는 효과를 보게 될 것이라고 하였다.28)

이러한 모습은 김창협에게만 한정된 것은 아니었다. 그의 동생 김창흡은 기사년 이후 사상적 방황을 하다가 다시 경학으로 돌아왔다. 그는 조카 김신겸(金信謙; 1693~1738)의 "염(濂), 낙(洛)의 여러 책들에 대해서 뜻을 오로지 하기는 언제부터입니까?"라는 질문에, "기사년 이후 사서에 전심하였고, 어려서는《참동계》에 많은 공을 기울였다"고 대답하였다.29)

---

26) 金昌協,《農巖集》卷33 雜識 內篇 三, "四書小註所載諸說 頗有與朱夫子定說相戾者 雖其大旨不悖 而語意有病 曲折可疑者 又不翅多焉".

27) 金昌協,《農巖集》卷17〈與李伯祥〉乙亥.

28) 金昌協,《農巖集》卷20〈答李秉鼎〉壬午.

29) 金昌翕,《三淵集》拾遺 卷31 語錄, "信謙又問曰 專意濂洛諸書 始自何年 曰己巳以後

행장에 따르면 그는 기사년 이후 1691년(숙종 17)《중용》을 읽은 뒤 과거 노장과 불교에 대한 관심을 버리고 유학에 전념하였다고 한다.[30)

이러한 사유의 변화 속에서 그 또한 형 김창협처럼 노론 의리를 적극 주창하는 경향을 보였다. 그는 1698년(숙종 24) 기사년에 송시열·김수항을 죽일 것을 주장한 이서우(李瑞雨), 오시복(吳始復) 등을 등용하고자 한 최석정과 절교하였다.[31)] 김창흡은 그 뒤 1702년(숙종 28) 충청남도 회덕을 방문하여 호유(湖儒)들과 교유하면서 노론으로서의 정체성을 확고히 하였다.[32)] 당시 그는《주자서절요》와《강목》만 숙독하고 정밀하게 연구한다면 천하를 횡행하는 데 어려움이 없을 것이라고 말할 정도로 주자학에 대해 자부하였다.[33)]

앞서 언급하였듯이 이때는 장희재와 희빈 장씨의 인현왕후 저주사건으로 노론이 정치 명분상 우위를 차지해 가는 시기였다. 노론은 이때를 놓치지 않고 더 나아가 이난 시비 논생을 통해 '주자학' 대 '빈주자학'으로 사상계를 양분하려는 모습을 보였다. 당시 그가 주자학에 기울어지는 모습을 보인 것은 이러한 맥락에서 이해할 수 있다. 이후 김창흡은 형 김창협과 함께 박세당의《사변록》이 갖는 '이단성'을 증명하기 위한 변파 논의에 적극 가담하였다. 그는 박세당의 문인 이덕수(李德壽; 1673∼1744)에게 편지를 보내 송시열을 옹호하고 박세당을 논척하였다.[34)]

却專意四書 又曰少時愛好參同契 多所着工".

30) 金昌翕,《三淵集》拾遺 卷32 附錄 行狀, "辛未外除 猶處苫塊 不御酒肉 而至痛結轕 無以自解 則往棲山寺 繙閱佛典 以求塞悲之方 已而讀中庸書 怳然自感悟者 實去舊好 而專意儒學".

31) 金昌翕,《三淵集》拾遺 卷32 附錄 行狀, "戊寅崔錫鼎爲相 請用己巳凶黨李瑞雨等 先生極痛恨 貽書絶之".

32) 이승수, 1998,《삼연(三淵) 김창흡(金昌翕) 연구》, 이화문화출판사, 186∼196쪽.

33) 金昌翕,《三淵集》拾遺 卷27〈湖行日記〉19日, "問讀朱子節要 何如 余對曰 只節要 與綱目 熟讀精究 則橫行天下 無有礙窒".

　이상에서 보건대, 김창협·김창흡 형제는 송시열 계열 노론 의리론과 주자학 연구에 적극 동조하는 경향을 보였다. 이것에는 두 가지 요인을 찾아볼 수 있다. 첫째, 김상헌과 송시열의 관계는 이들이 송시열 계열과 연합하는 일차적인 계기를 만들었다. 둘째, 기사환국에서 아버지 김수항의 죽음은 이들로 하여금 노론 의리론에 더욱 적극적으로 나서게 하는 계기를 마련하였다. 김수항을 높이기 위해서는 송시열을 높여야 한다는 의식이 그들에게 자리 잡았던 것이다. 또한 그들이 학문적으로도 주자학에 많은 관심을 갖는 것은 기사환국을 전후한 시기였다. 김창협이 《주자대전차의》 연구에 힘쓰고, 김창흡이 노장과 《참동계》에서 사서로 학문적 관심을 이동시켜 간 것은 기사년을 전후한 시점이었다.

2.1.2. 서울·경기 지역 서인 학풍의 계승

　김창협·김창흡은 기사환국 과정에서 김수항의 죽음을 지켜보면서 송시열계 노론 의리론에 적극 가담하였고, 주자학 연구에 전념하는 경향을 보였다. 하지만 구체적인 학문 내용에서는 호서 지역 송시열 계열 서인들과는 다소 구분되는 경향을 보였다. 그들은 송시열계 노론 의리론과 주자학 연구의 큰 원칙은 견지하면서도 구체적 내용에서는 17세기 서울·경기 지역 서인의 학문 경향에 크게 영향을 받고 있었다. 서울·경기 지역 서인 가운데 그들 형제에게 구체적인 영향을 준 이들은 이단상(李端相), 조성기(趙聖期), 이세구(李世龜)였다.[35] 여기서는 17세기 서

---

34) 金昌翕, 《三淵集》 卷22 〈與李德壽〉; 《肅宗實錄》 卷38, 肅宗 29년 4월 17일(壬辰).
35) 김양행(金亮行)이 찬(撰)한 김창흡 〈행장〉(金昌翕, 《三淵集》 拾遺 권32)에 따르면, 김창협·김창흡은 1667년(현종 8) 그들이 각각 17세, 15세 되던 해에 이단상에게 직접 수업을 받았으며, 1669년(현종 10) 9월에 이단상이 죽자 수업을 중단하였다. 김창흡은 1676년(숙종 2) 그가 24세 되던 해에 조성기와 종유강토(從遊講討)하여 도의지

울·경기 지역 서인 학풍의 어떠한 점들이 김창협·김창흡에게 전래되었고 영향을 끼쳤는가를 구체적으로 살펴보고자 한다. 서울·경기 지역에서 김창협·김창흡 형제에게 사상적 영향을 준 이단상·조성기·이세구의 학문적 특징을 간략히 언급해 보면 다음과 같다.

이단상은 조선 중기 대문장가였던 연안이씨 이정구의 손자로서, 정치적으로는 송시열 계열에 동조하였지만 사상적으로는 일부 구분되는 면이 있었다. 이단상은 역학(易學)에 심취해 있었으며, 특히 소옹 상수학에 깊은 관심을 가지고 있었다.[36] 이러한 이유로 이단상은 송시열에게서 너무 역에 대한 관심이 많다는 지적을 받았고, 원칙과 실천을 중시하는 《소학》과 같은 기본 경전을 읽으라는 충고도 들었다.[37]

교(道義之交)를 맺었다. 이때 김창협도 함께 학문을 강토(講討)하였다. 이와 같이 김창협·심창흡의 사상 형싱에는 송시열뿐민 아니라 이딘상·조성기도 많은 영향을 끼쳤다고 볼 수 있다. 한편, 소론 이세구와 김창협·김창흡의 관계도 주목해야 할 부분이다. 김창협과 이세구의 관계는 1704년(숙종 30) 나양좌에게 보내는 편지에 나와 있다. 김창협은 여기에서 박세냉에 관해 이세구와 담화하였는데 이세구도 "빅세당의 인격은 존경할 만하지만 잘못된 학술에 대해서는 분명히 분변하고 통렬히 배척하지 않을 수 없다"는 자신의 말에 동조하였다고 하였다. 그러면서 김창협은 이세구에 관해 학문을 함에 법도를 잘 지키는 사람이라고 평하였다.(金昌協,《農巖集》卷11〈上仲舅〉甲申) 또한 김창흡과 이세구와의 관계는 다음에 나와 있다.《肅宗實錄補闕正誤》卷34, 肅宗 26년 7월 30일(辛卯), "前掌令李世龜卒 世歸字壽翁 文忠公恒福之曾孫……金昌翕所趨 如燕越而心服其心學". 이에 따르면 김창흡의 정치적 지향은 그와 달랐으나 이세구의 심학에는 감복하였다고 한다. 이세구의 문집에는 1693년 김창흡과 교유한 편지가 남아 있다.(李世龜,《養窩集》4冊〈與金子益書〉癸酉) 김창흡의 부인은 이세장(李世長)의 딸이었는데, 이세장은 이항복의 증손자였으며 이세구는 이세장의 종형이었다. 그러한 관계로 보건대, 이세구와 김창흡의 교유 사실은 그 개연성을 충분히 짐작할 수 있다. 다만 이세구의 아들이 소론의 영수 이광좌(李光佐)였던 관계로 노론 측에서는 김창흡이 이세구와 교유한 사실이나 편지들을 모두 제거하였을 가능성이 있다.

36) 李喜朝,《芝村集》卷24〈先府君遺事〉, "如皇極經世書·性理諸家解等書 尤好看玩 其於象數精微之蘊 深有所自得".
37) 宋時烈,《宋子大全》卷170〈靜觀齋李公神道碑銘幷序〉.

이러한 인식 차이는 송대 학자 여조검(呂祖儉; ?~1196)에 대해서도 보였다. 이단상은 여조검이 자호(自號)하였던 '대우'(大愚) 두 자로 스스로를 면려하고자 송시열에게 이것으로 설을 지어줄 것을 부탁하였다.[38] 이에 대해서 송시열은 주자가 여조겸의 학문을 병통으로 여긴 뜻이 있었는데, 지금 이단상이 주자보다 뒤에 태어나 어찌 다시 이것을 가지고 스스로를 칭하려 하는가 하며 의문을 표시하였던 것이다.[39] 이것은 이단상과 송시열이 가지고 있었던 미묘한 학풍의 차이를 보여주는 것이라고 하겠다. 또한 이단상은 현종대에 일어난 공의(公義), 사의(私義) 논쟁에서도 송시열과는 달리 공의를 주장하기도 하였다.[40]

조성기의 학풍 또한 이단상과 흡사한 면모를 보였다. 조성기는 이단상처럼 소옹학에 심취하였으며, 특히 소옹 상수학의 인식론적 근거였던 관물론(觀物論)에 깊은 영향을 받았다. 이러한 영향은 '이'의 보편성을 강조하는 '일리'(一理) 관념으로 나타났다. 또한 그는 여조겸의 사학과 경세학에 대해서도 많은 관심을 보였다. 이러한 관심 속에서 심학을 깊이 연구하였고, 한·당(漢唐) 국가의 규모에도 찬성하여 사공학(事功學)에도 관심 갖는 모습을 보이기도 하였다.

이들과 더불어 김창흡이 감복하였다는 이세구의 심학도 중요하다. 그는 심학에 상당한 조예가 있었으며, 소론 계열의 대표적 학자 가운데 한 사람이었다. 이세구는 낙론의 종지가 되는 성인(聖人)과 범인(凡人)의 미발심체(未發心體)가 같음을 주장하였다. 그는 갑작스런 순간에 발현하는 본체는 성인과 범인이 같으며, 본연의 진(眞)은 성인과 범인이 함께

38) 李端相, 《靜觀齋集》 卷9 〈答宋尤齋〉.

39) 宋時烈, 《宋子大全》 卷64 〈答李幼能〉 乙巳.

40) 정만조, 1991, 〈조선 현종조의 사의(私義), 공의(公義) 논쟁〉, 《한국학논총》 14, 79~80쪽.

얻는 것이라고 하였다. 그는 성인과 범인의 미발심체의 공통성을 인정
하였던 것이다.[41] 또한 기의 불선함을 부정하면서 단지 고르지 못함이
있다고 하였다.[42] 이러한 것들은 이후 낙론 형성에 중요한 영향을 끼쳤
던 사상적 요소들이었다.

이러한 그들의 학문 경향은 김창협·김창흡에게 수용되었다. 우선 조
선 중기 화담학파 이래로 발전되어 온 상수학풍의 계승을 들 수 있다.
김창협·김창흡 모두 상수학에 대해서 깊은 관심을 보였지만,[43] 그 계
승에서는 김창흡의 역할이 특히 두드러졌다. 그는 소옹과 주돈이에게
많은 관심을 보였다. 그는 《역학계몽》(易學啓蒙), 《황극경세서》(皇極經
世書), 《율려신서》(律呂新書), 《홍범황극내편》(洪範皇極內篇)의 상수학
관계 서적들을 사서 외에 돌아가면서 공부해야 한다고 하였다.[44] 그러
나 이러한 연구와 관심에도 그는 상수학에 관한 구체적인 저술을 남기
시는 못하였다.[45] 오히려 그는 연구와 저술의 몫을 김석문(金錫文)을 통
해서 만회하려는 모습을 보였다. 김창흡은 상수학 연구의 어려움을 토

---

41) 李世龜, 《養窩集》 冊4 〈答李太素別幅〉 戊寅 四月.

42) 李世龜, 《養窩集》 冊6 〈心經釋疑校本問答後說〉 癸亥, "氣亦本無不善 而有參差不齊
者矣".

43) 김창협이 상수학에 대해서 연구한 부분은 일부 찾을 수 있지만(《農巖集》 卷31 雜識
內篇 一, 15·16장 60~65칙) 본격적인 저술을 남기지는 않았다. 김창협은 1685년 김창
흡에게 보내는 편지에서 소옹 상수학 연구의 어려움을 토로한 바 있다.(《農巖集》 卷11
〈答子益〉, "邵子書 惟患不得縫罅耳 一路稍開 則漸有窺尋穿穴之端 到此正好玩究透徹
而每苦心力易倦 半途廢輟 此可惜耳") 이것으로 보건대, 그 또한 소옹 상수학 연구에
전념하려 하였음을 알 수 있다. 한편, 소옹 관물론의 수용은 다음에서 그 흔적을 엿볼
수 있다.《農巖集》 卷24 〈三一亭記〉, "盖善觀物者 不以物觀物 而以象觀物 不以象觀象
而以理觀象 以象觀物 則無物而非至象也 以理觀象 則無象而非至理也".

44) 金昌翕, 《三淵集》 卷35 〈日錄〉, "易學啓蒙·皇極經世·律呂新書·洪範內篇四件書
循環玩索於四書工夫之餘 庶合於古之游於藝之道也".

45) 黃胤錫, 《頤齋亂藁》 2(한국정신문화연구원, 1995) 卷13 己丑(1769) 八月 十六日(己
丑), 504쪽.

180_

로하면서 김석문에게 '자네가 상수를 이해하거든 나에게 가르쳐 주게나' 하였다고 전한다.[46] 이처럼 김창흡의 상수학에 대한 관심은 김석문과 연결되어 있었다.

17세기 후반 조성기를 중심으로 형성된 '일리' 관념의 강조도 김창협·김창흡에게 이어졌다. 김창협·김창흡은 조성기의 '일리' 강조를 수용하여 이이 성리학의 '이통기국'(理通氣局)이 '이'(理)의 역할을 너무 작게 평가하였다고 비판하였다. 김창협은 일찍이 조성기가 이이의 이기론에 대해서 아쉬움을 토로하는 것을 보고, 그 당시는 왜 그러한지 이해하지 못하였지만, 지금 생각해 보니 이이의 이기론에는 진실로 부족한 것이 있다고 술회하였다.[47] 그러면서 그는 "이(理)가 비록 정의(情意)와 조작(造作)이 없다고 하지만, 그 필연(必然), 능연(能然), 당연(當然), 자연(自然)함은 진북계(陳北溪)의 설과 같으니 또한 주재(主宰)가 없지 않다"고 하였다. 이러한 인식에서 그는, 기(氣)는 결국 '이'의 명(命)을 듣는다고 하여 '이'의 실제적인 역할을 강조하였다.[48] 그는 이것을 통해서 인간의 선악을 기의 청탁만으로 돌린 이이의 성리설에 대해서 비판하였다.

이러한 논의는 김창흡에게도 이어졌다. 그는 이이처럼 선과 악을 청기(淸氣)와 탁기(濁氣)의 발출로만 귀결하는 것은 성선(性善)을 중하게 여기지 않은 것이니, 맹자의 본뜻과는 다른 것으로 보았다. 그러면서 김창협이 말한 "기가 지극히 맑은 경우는 절대로 악정(惡情)의 발함이 없으니 여기에서 성(性)이 본래 악이 없으며 악은 단지 기의 행위임을 볼 수 있고, 기가 지극히 탁한 경우에라도 혹 선정(善情)의 발함이 있으니 여기에서 선은 성에 근원하고 기는 끝내 그것을 가릴 수 없음을 알 수 있다"

46) 金昌翕,《三淵集》拾遺 卷31 語錄, "又謂金錫文曰 君解此以敎我 蓋難求處 不可求曉".
47) 金昌協,《農巖集》續集 卷下〈四端七情說〉.
48) 위와 같음.

는 것을 치밀한 논의라고 칭찬하였다.[49] 이것은 인간의 선을 기의 청탁으로만 돌리지 않고, '이'의 실제적인 역할 속에서 바라보려는 입장에서 비롯되었다.

이이의 이기론과 심성론을 보완 수정하려는 이러한 견해들은 이이의 견해를 묵수하고자 하였던 호서 지역 노론들의 강한 반감을 불러일으켰다. 권상하와 한원진은 조성기의 이기론과 사단칠정론을 비판하였고,[50] 한원진은 김창협 이기론의 문제점을 조목조목 거론하였다.[51] 급기야 김창협의 사단칠정론은 권상하의 요청으로 원집(原集)에 들어갈 수 없었다.[52] 이러한 '일리'의 강조는 나아가 인물성동론의 이론적 바탕이 되었고, 이후 호론계 한원진에게서 인물무분(人物無分)이라는 비판을 받았다.

이것과 함께 서울·경기 지역 서인들의 심학풍도 수용되었다. 이것은 김창협의 '지각론'(知覺論)을 통해서 살펴볼 수 있다. 그는 이(理; =性)로서의 지(智)와 기(氣; =心)로서의 지각을 분리한 '지각론'을 통해서 '성과 심의 구별'이라고 하는 주자학의 종지를 주장하는 동시에 지각을 심의 고유한 속성으로 돌려 심의 '허령불매'(虛靈不昧)를 강조하고자 하였다. 그의 지각론은 당시 학계에서의 일반적인 논의, 즉 지(智)를 오상(五常) 가운데 하나로 보고, 지가 발한 것이 지각이라고 보는 시각과는 구분되었다. 이러한 김창협의 지각론은 다음과 같은 점에서 이전 시대의 심학을 좀더 '주자학적' 측면에서 재조정하는 논의였다.

---

49) 金昌翕, 《三淵集》 卷33 〈日錄〉.
50) 權尙夏, 《寒水齋集》 附錄 年譜 己亥, "辨拙修齋理氣說"; 韓元震, 《南塘集》 拾遺 卷6 〈拙修齋說辨〉.
51) 韓元震, 《南塘集》 卷29 〈對農巖集中理氣問〉.
52) 吳熙常, 《老洲集》 卷24 雜識, "農巖四端七情說 精深微密 發明眞蘊 多造退栗所未臻之理 可謂無窮者義理 而前賢之所留蘊 後賢發之也 曾聞印集之時 遂庵以其有參差於栗谷 力主刪去之 論見漏於原集".

김창협은 심(心)과 성(性)을 혼동하는 것이 유(儒)와 석(釋)이 혼란스러워진 이유라고 분석하였다.53) 그는 불교의 진여법성(眞如法性)이라는 것은 '이 마음의 지각(=心)'일 따름이며 양명의 '양지(=心)가 천리(=性)라는 설'도 이것과 조금도 다르지 않다고 하였다.54) 즉, 불교의 진여법성과 양명학의 양지는 단지 지각이며 기(氣;=心)일 따름인데, 불교와 양명학은 이것을 성과 일치시키고 있다는 것이다. 그가 생각하기에, 심과 성의 구분을 모호하게 하는 것은 이단으로 빠지는 중요한 원인이었다. 김창협의 이러한 심과 성의 분리의식은 송시열의 '주자 절대화' 경향과 만나면서 이루어진 결과였다. 심과 성을 엄격히 구분하여 불교와 양명학 등 이단 논의로부터 주자학의 정체성을 지키고자 하는 목적의식이 강하게 작용하고 있었던 것이다.

이처럼 김창협은 심과 성을 나누어 일방 성의 가치만을 강조한 듯 보이지만, 실제로 심에 대한 그의 논설을 살펴보면 그렇지 않다. 그는 심의 지각이 가지고 있는 신묘영명의 성격을 강조하면서 심의 가치를 강조하였던 것이다.55) 즉, 부모를 사랑하고 나이든 사람들을 공경하는 것[愛親敬長]은 '천리의 당연(=天理)'이며, 사랑해야 함을 알고 공경함을 아는 것[知愛知敬]은 '인심(人心)의 영각(靈覺)'임을 균형 있게 설명하였다.56) 이것은 부모를 사랑하고 나이든 사람들을 공경하라는 공리 자체도 중요하지만, 그것을 깨닫고 실천하게끔 하는 심의 영각도 매우 중요함을 설명한 것으로 파악할 수 있다.

---

53) 金昌協, 《農巖集》 卷32 雜識 內篇 二, "陽明之學 直以良知爲天理 則心與性混矣 心性之混 儒釋之所以亂也".
54) 위의 글, "此知其所說眞如法性 雖極其廣大玄妙 要不過此心之知覺耳 陽明良知卽天理之說 與此無毫髮之異".
55) 위의 글, "知覺……若其正訓 須以神妙靈明者爲言".
56) 위의 글, "愛親敬長者 乃天理之當然 知愛知敬者 乃人心之靈覺".

김창협의 지각론에 대해서 호서 지역 송시열의 적통을 이었던 권상하는 김창협이 지각(=心)은 크게 여기고 성은 작게 여겼다고 지적하였으며,[57] 그의 지각론을 끝내 받아들일 수 없다고 하였다.[58] 김창협의 심의 가치를 높이는 경향은 이후 김창흡의 〈논지자설〉(論智字說;《三淵集》卷25)에서 더 직접적으로 드러났다. 여기에서 김창흡은 김창협의 지각론을 좀더 정교하게 가다듬으면서 낙론의 종지인 '심의 독자성'을 확보할 수 있는 이론적 터전을 마련해 놓았다.[59] 이것은 호락논쟁 과정에서 낙론계 심성론의 주요 논지로서 작용하였다.

또한 심학과 관련해 김창협은 '미발심체'를 다음과 같이 보았다. 그는 주희의 말을 빌려 미발심체일 때는 공부를 필요로 하는 상태가 아니며 요순으로부터 길거리의 사람에 이르기까지 하나라고 하였다. 근래 학자들 가운데에는 '미발' 때에도 병통이 있으니 힘을 기울여 다스려야 한다는 수장을 펴는 자들이 있는데, 이는 주희의 이 말을 살피지 않은 결과라고 보았다.[60]

이렇게 미발심체가 요순으로부터 길거리의 사람들에 이르기까지 하나이기 위해서는 심기(心氣)의 본체가 같아야 한다는 전제도 필요하였다. 김창흡은 심은 기(氣)의 정상(精爽)이 모이는 곳으로 그 '소소영영'(昭昭靈靈)과 '지신지묘'(至神至妙)의 본체는 요순에서부터 길거리의 사람까지 같다고 생각하였다.[61] 이러한 심학적 경향은 이후 한원진에 의해 불

---

57) 權尙夏, 《寒水齋集》附錄 年譜 辛卯, "農巖之見 大知覺而小覷性者 其說易偏 而判心性爲二用 其失亦不少".

58) 權尙夏, 《寒水齋集》 卷16 〈答郭景文〉.

59) 여기에 대해서는 문석윤, 1995, 〈조선후기 호락논변의 성립사 연구〉, 서울대 박사학위논문, 69~74쪽 참조.

60) 金昌協, 《農巖集》 卷32 雜識 內篇 二, "朱子云 未發時 自著不得工夫 未發之時 自堯舜至於塗人一也 朱子論未發之義多矣 此言最明白直截 近時學者有謂未發時 容有病痛 須待用力醫治 蓋亦不考乎此矣".

교의 심순선설(心純善說)과 다를 바 없다는 비판을 받았고 유석무분(儒釋無分)으로 지목되었다.[62]

이상에서 김창협·김창흡이 17세기 서울·경기 지역 서인 학풍을 계승하는 면모를 살펴보았다. 김창협·김창흡은 서울·경기 지역 서인의 소옹 상수학과 심학의 전통을 잇고 있었고, 이기론에서도 조성기의 '일리'(一理) 강조의 영향을 받아 호서 지역 서인들과 다른 의견을 가지고 있었다. 이것은 이후 펼쳐지는 호락논쟁의 중요 원인으로 작용하였으며, 다음에 살펴볼 화이론에 대한 새로운 이해와 현실관에 많은 영향을 끼쳤다.

2.2.3. 화이론에 대한 새로운 이해와 현실관

김창협·김창흡은 17세기 서울·경기 지역 서인의 상수학·이기론·심학의 전통을 계승하였다. 이것은 그들의 현실인식에 영향을 끼쳤다. 앞장에서 살펴보았듯이 소옹 상수학과 심학에는 현실을 '의리'와 '명분'이 아닌 '현실' 그 자체로 파악하게 하는 관념과, 오랑캐도 우리와 같은 성품을 가진 존재라는 인식이 담겨 있었기 때문이다. 이러한 인식을 바탕으로 그들은 송시열을 묵수한 쪽보다는 유연한 화이론을 가졌다.

그들이 송시열 계열과는 다소 구분되는 화이론을 가지고 있었음은 한족(漢族)으로서 원나라에 출사하였던 허형(許衡)에 대한 인식과 정통(正統) 관념을 통해서 살펴볼 수 있다. 허형의 처세와 그에 대한 인식은 오

---

61) 金昌翕,《三淵集》卷21〈籤論李顯益禽獸五常說〉.

62) 韓元震,《南塘集》卷19〈與宋士能別紙〉庚申 七月, "今日學者 但見其湛然虛明之同而不知其有氣稟本色之不同者 遂認心以爲至善 此則與釋氏同病"; 같은 책 卷20〈答權亨叔別紙〉丁卯 八月, "釋氏曰心善而儒者亦曰心善 是儒釋無分也".

랑캐인 청나라에 굴복한 당시 조선의 상황과 관련해서 중요한 현실인식의 기준이 될 수 있었다. 즉, 허형의 원나라 출사를 어떻게 바라보느냐에 따라 청나라 통치 상황에서 한족과 조선의 지식인들이 어떻게 행동해야 하는가 하는 출처의 문제가 달라질 수 있었다. 나아가 이것은 청나라의 중원 지배를 바라보는 시각을 간접적으로 반영하였다.

송시열은 허형을 문묘에서 출향(黜享)해야 한다는 의견을 내세우면서 그에 대한 매우 부정적인 입장을 가졌다.[63] 그것은 청나라에 대한 복수설치를 주장하면서 엄격한 화이분별 의식을 가지고 있던 그로서는 당연한 입장 표명이었을 것이다. 반면에 김창협은 허형을 그 자품이 진실로 넓고 굳세며 그 학술 또한 주자 이래로 드문 경우라고 비교적 높이 평가하였다.[64] 또한 그는 오랑캐 원의 세상에 허형이 성리설로써 그 임금을 깨우치고 선비들을 양성하였다고 하여 그의 공로를 인정하였다.[65] 이러한 인식은 송시열의 부정적인 입장과는 사뭇 달랐다.

이러한 김창협의 허형을 보는 관점은 이단상과 조성기에게서 영향 받았다. 이단상은 명나라 유학자 설선(薛瑄)의 《독서록》을 매우 좋아하였는데, 설선은 허형을 지극히 존신(尊信)하고 있었다. 이단상이 설선의 《독서록》 속에서 중요한 글들을 요약·정리한 《독서초어》(讀書抄語) 속에는 허형을 높이 평가하는 설선의 글이 그대로 적혀 있었다.[66] 조성기 또한 송대 이후 가장 존경하는 유학자로 허형을 지목하였다.[67] 이것은

---

63) 《肅宗實錄》 卷12, 肅宗 7년 12월 14일(癸巳).
64) 金昌協, 《農巖集》 卷31 雜識 內篇 一, "余謂魯齋資稟 固爲弘毅 其學術 亦朱門以後 所罕有 薛文淸亦嘗亟稱之".
65) 金昌協, 《農巖集》 卷22 〈贈黃敬之赴燕序〉.
66) 李端相, 《讀書抄語》, "許魯齋余誠實仰慕 竊不自揆 妄爲之言曰 其質粹 其識高 其學純 其行篤 其教人有序 其條理精密 其規模廣大 其胸次洒落 其志量弘毅 又不爲浮靡無益之言 而有厭文弊 從先進之意 朱子之後一人而已".
67) 趙聖期, 《拙修齋集》 卷12 附錄 〈行狀〉, "宋諸儒之後 最尊許魯齋 以爲人品之高 規模

호락논쟁 과정에서 한원진에 의해서 오랑캐를 섬긴 허형을 존신한다는 이유로 화이무분으로 지목 받는 빌미가 되었다.[68] 허형을 인정하는 것은 한원진이 보기에는 중화와 이적을 구분하지 않는 것으로 비춰졌던 것이다.

둘째, 김창협·김창흡은 정통(正統) 관념에서도 도덕적 의미를 부여하지 않았다. 당시에 청나라의 연호를 쓰지 않았던 사람들은 그 이유로 오랑캐인 청나라를 정통으로 인정할 수 없음을 들었다. 청나라가 정통이 아니기에 그 나라를 인정할 수 없고, 따라서 청나라 연호 대신 명나라 마지막 왕 의종(毅宗)의 숭정(崇禎) 연호를 사용하고자 고집하였던 것이다. 이러한 의식 속에는 정통 관념에 화이분별과 그에 따른 강한 도덕적 의미가 담겨 있었다. 이러한 정통 관념에 대해서 김창흡은 새로운 주장을 내세웠다. 그는 정통 관념에 도덕적 의미를 부여할 필요가 없다고 하였다. 김창흡은 당시 정통 논의가 여러 가지로 분분한데, 주자의 논의는 이것을 명확히 하였다고 하면서[69] 다음과 같이 정통을 정의하였다.

정통에서 정은 '사정(邪正)의 정(正)'이 아니라 '편정(偏正)의 정(正)'의 의미니 구역의 넓고 좁음으로 말할 따름이다. 만약 선악의 실제로써 사와 정이라고 한다면 진(秦), 진(晉), 수(隋)와 같은 것들이 어찌 그 가운데 낄 수 있었겠는가! 그렇다면 선악·화이를 가릴 것 없이 천하를 하나로 한 자가 곧 정통이니 이외에 다른 논의는 옳지 않다.[70]

---

68) 韓元震,《南塘集》卷20〈答權亨叔別紙〉丁卯 八月, "推尊許衡 以爲聖門眞儒 旣以爲 眞儒 則當學其人 是華夷無分也".

69) 金昌翕,《三淵集》卷36 漫錄, "(朱熹)答曰……只天下爲一 諸侯朝覲獄訟皆歸 便是得 正統".

70) 金昌翕,《三淵集》卷36 漫錄.

김창흡은 '정통의 정'은 '사정의 정'이 아니라 구역의 넓고 좁음을 의미하는 '편정의 정'이라고 하면서, 도덕적 의미가 들어가 있는 것이 아니라고 하였다. 그러면서 그는 선악·화이를 가릴 것 없이 천하를 하나로 한 자가 곧 정통이라고 정의하였다. 이것은 정통에서 정을 '부정(不正)을 바로잡는다는 의미의 정(正)'으로 본 당시의 일반적인 정통론과는 구별되었다. 김창흡의 의견대로라면 청나라가 중원을 실질적으로 통일하여 지배하고 있으니 일단 정통으로 인정할 수 있을 것이다.

그의 형 김창협 또한 소식(蘇軾; 1036~1101)의 정통론이 가장 올바르다고 하면서 주희 강목에서 정통의 뜻도 이것이라고 하였다. 그러면서 그는 후세에 정통설을 논하는 자들은 모두 유추함이 너무 지나치니 억지로 일을 만들어내고 있다고 비판하였다.[71] 소식의 정통 개념은 김창흡이 말하였듯이 천하를 소유한 것을 의미할 따름이었다. 그런 의미에서 임금이 자리를 찬탈한 자 또한 당시의 정통으로 인식할 수 있다.[72]

허형에 대한 관점과 정통 관념에서 보이는 그들의 유연한 사고방식은 청나라에 대해서 좀더 객관적인 인식을 가능하게 하였다. 그들에게는 청나라 것이라면 무조건 배척하는 것이 아니라 그 속에서 '중화의 유풍'을 발견해 배우려는 인식이 싹틀 수 있었다. 김창협은 1705년(숙종 31) 연경으로 떠나는 황흠(黃欽; 1639~1730)에게 준 글에서, 사람들이 요순과 하 우왕, 은 탕왕, 주 문·무왕이 다스리고 공맹정주가 가르침을 폈던 중국을 오랑캐의 젖냄새 나는 더러운 곳으로 여겨 다시 살펴볼 만한 (중화의) 문화유산이 없다고 생각하는데, 이는 잘못된 인식이라고 분명히

---

71) 金昌協,《農巖集》卷34 雜識 外篇, "東坡正統論 其說最不可易 朱先生綱目正統意 正如此 此意本自簡易 後之爲正統說者 皆推之太過 要是强生事耳".

72) 金昌翕,《三淵集》卷36〈漫錄〉, "朱子以前 爲正統之說者 莫如東坡之明快也 其曰正統之爲言 猶曰有天下云爾 簒君者亦當時之正而已".

지적하였다.[73] 그러면서 그는 자신의 지적 경험을 토대로 다음과 같이
말하였다.

연경에서 온 문학·역사 서적들을 저는 많이 보았습니다. 그 가운데
에는 또한 근래 인사들이 지은 서(序), 인(引), 제(題), 평(評)이 있었는데,
가끔 식견이 정밀하고 말이 확실하며 문장이 깊고 넓어서 우리 동방의
학자들이 미칠 수 있는 바가 아니었습니다. 이들은 과거시험을 준비하며
공부하는 수재에 불과한데도 오히려 이와 같으니, 하물며 산림에서 도를
강하는 선비들에서겠습니까! 애석하게도 저는 그 이름을 듣고 그 책을
읽지 못하였습니다. 공께서 행하시어 시험 삼아 나를 위하여 널리 찾으
시고 다행히 그 사람을 얻게 된다면 오히려 중원 문화유산의 유풍을 볼
수 있을 것입니다.[74]

그는 연경에서 오는 여러 서적들을 통해서 당시 청나라의 문화수준이
매우 높음을 인지하고 있었다. 이것은 그가 생각하기에 원나라 때 허형
처럼 오랑캐 치하에서도 도학을 밝히고 중화의 문화유산을 지키고자 하
는 한족 출신의 학인들이 있었기 때문에 가능하였다. 그는 황흠에게 이
러한 사람들을 찾아달라고 말하였다. 그는 청나라와 청나라 속의 중화
문화를 구분해서 인식하면서 중화문화는 수용하고 받아들여야 함을 말
하였던 것이다. 이는 청나라와 그 속에서 나온 것이라면 무조건 배척하
는 당시의 일반적인 태도에서 벗어나 청나라 문화를 좀더 객관적인 차
원에서 바라보고자 하는 것이었다. 이것은 그가 맹목적인 화이분별을
비판적으로 인식하였음을 의미한다.

---

73) 金昌協, 《農巖集》 卷22 〈贈黃敬之欽赴燕序〉.
74) 위와 같음.

이 밖에 그들의 다양한 현실관을 살펴보면 다음과 같다. 김창흡은 주희와 왕패 논쟁을 벌이며 패도의 공리성을 주장한 진량(陳亮)을 긍정하는 말을 하기도 하였다. 그는 진량의 문집을 보니 가슴이 확 트인다고 하면서 부유(腐儒)가 되고 싶지 않은 자는 절대 이 책을 폐해서는 안 된다고 하였다.[75] 진량은 패도 주장으로 주자학의 전통에서 벗어난 인물이었고, 진량에 대한 이러한 긍정적인 언급은 그가 가진 사상의 다양성을 보여주는 것이라고 할 수 있다.

또한 김창협은 봉건제를 공(公)으로 보고 군현제를 사(私)로 보는 일반적인 견해를 비판하고, 군현제의 공적인 성격을 부각하려는 언급을 하기도 하였다.[76] 김창협이 군현제의 공적 성격을 강조한 것은 '국가 중심의 경세'를 중시하는 것으로 이해할 수 있다. 이러한 그들의 사상적 경향은 실용적인 한·당(漢唐) 국가의 규모를 강조한 조성기의 학풍에 연원을 두고 이루어졌던 것으로 보이며, 이후 이천보(李天輔; 1689~1761)에게 그 유풍이 전해졌다. 이천보는 표면적인 명분보다는 실제적인 효과를 구하는 데 힘써야 한다는 논의를 전개시키면서, 이상적인 삼대보다는 한나라의 통치를 거론하였다.[77]

김창흡은 불교에 대해서도 비교적 온건한 입장을 가졌다. 김창흡은 승도의 국가적 사회적 필요성에 대해서 인식하고 있었다. 김창흡은 승도들이 수목을 보호하고 산객들을 영접하니 이들을 폐할 수 없다고 하였고, 승도들도 김창흡을 존경해 진사대감이라고 불렀다고 한다. 특히 그

---

75) 金昌翕, 《三淵集》 卷17 〈答敬明〉, "陳同甫集覽之 甚豁人胸懷 世之欲免腐儒窠臼者 不可廢也".

76) 金昌協, 《農巖集》 卷32 雜識 內篇 二, "是以秦氏之郡縣 其心雖不公而其法爲近於大公 三代之封建 其心雖至公而其法則未得爲大公 有能以三代之心而行秦氏之法 則大公之道 其在是矣 今必曰封建公而必可爲 郡縣私而不可爲者 非通論也".

77) 박광용, 1998, 《영조와 정조의 나라》, 푸른역사, 185쪽.

는 참선과 면벽을 실제 행하였고,[78] 심지어 그가 지은 염불가는 민간에
유포되기도 하였다.[79] 사실 이러한 불교에 대한 포용적인 입장은 비단
김창흡뿐만은 아니었다. 당시 서울·경기 지역 서인 계열 가운데에는
불교에 대해서 호의적인 입장을 갖는 인물들이 적지 않았다. 그 가운데
대표적인 사람은 최창대(崔昌大), 이덕수(李德壽), 이하곤(李夏坤; 1667~
1724), 조구명(趙龜命; 1693~1737)이었다. 이들은 서인-소론 계열이었고,
김창협·김창흡 형제와 긴밀한 교유 관계가 있었다.[80]

한편, 그들은 이이와 송시열에 대해서도 호서 지역 노론처럼 일방적
으로 추종하지 않았다. 김창협·김창흡은 앞서 보았듯이 이이의 이기론
에 대해서 의문을 표시하였다. 김창흡은 더 나아가 이이의 논의가 명쾌
하기는 하나 멀리 내다본 사려 깊은 것이 아니어서 치밀함이 결여되어
있다고 하였으며,[81] 이이의 《동호문답》(東湖問答)에서 패주(覇主)의 재
지고하(才智高下)를 논한 부분은 의문의 여지가 많다고 하였다.[82]

송시열에 대해서도 김창협은 정식 스승으로 여기기보다는 '스승의 정
의(情義)가 있었다'는 표현을 썼으며,[83] 송시열이 장유의 문장을 동방 제
일이라고 하였던 것에 대해서도 그가 명나라 문장을 많이 보지 못해 그

---

78) 黃胤錫, 《頤齋亂藁》 5(한국정신문화연구원, 1999) 卷28 己亥(1779) 四月 初二日(丙
辰) 475쪽.

79) 이상보, 1980, 《한국불교가사전집》, 집문당, 115·399쪽.

80) 이들의 개별적인 불교관과 불교시에 대해서는 다음 논문에 상세하다. 유호선, 2002
〈17C 후반~18C 전반 경화사족(京華士族)의 불교수용과 그 시적 형상화〉, 고려대 박
사학위논문.

81) 金昌翕, 《三淵集》 拾遺 卷26 日錄, "大抵 栗翁論議 非不明快 而多取便一時 而非所
謂謨遠慮行之悠久者也 朱子所規南軒 欠沈潛愼密者 栗翁之謂也".

82) 金昌翕, 《三淵集》 卷35 漫錄, "看東湖問答 多有可疑處 其論覇主才智高下 而晉文爲
勝於晉桓 屈昭烈於宋太祖之下 殊欠愜當".

83) 金昌協, 《農巖集》 卷20 〈與愼無逸〉, "尤翁吾所尊也 雖未嘗受業爲師弟子 而出入門
下數十年 情義篤矣".

렇게 평한 것이라고 말하기도 하였다.[84] 이러한 그의 태도는 권상하 등
이 송시열을 오로지 추종하였던 것과는 비교되는 부분이다.

다음 일화는 그러한 면모를 단적으로 보여준다. 권상하가 송시열의
화상찬(畫像贊)을 지을 때 "군유(群儒)를 합쳐 대성(大成)하였다"라는 말
을 쓰자, 김창협은 "'대성'이라는 말은 공자에게 쓰는 말이지 송시열에
게 쓴다면 너무 미안하지 않은가" 하였다. 이에 대해서 권상하가 한홍조
(韓弘祚)에게 어떠하냐고 하자, 한홍조는 송시열에게 '대성'이라는 말을
쓰지 못할 이유가 없다고 하였고, 권상하도 이에 동조하였다.[85]

이상에서 살펴보았듯이 그들은 유연한 화이론과 현실관을 전개하였
다. 오랑캐인 원을 섬겼다고 해서 송시열이 매우 부정적으로 인식하였
던 허형을 김창협은 긍정적으로 인식하고 있었다. 정통론에서도 송시열
계열과는 다른 입장 차이를 보였다. 김창협·김창흡은 정통에서의 정자
(正字)를 도덕적인 의미가 강한 '시정의 정'으로 이해하지 않고 구역의
넓고 좁음을 의미하는 '편정의 정'으로 바라보았다. 이렇게 볼 때 오랑
캐 청을 정통으로 보는 것도 가능할 수 있있다. 그리고 진량이나 불교
문제에 대해서도 유연한 입장을 가졌다. 이것과 함께 송시열 개인에 대
해서도 호서 지역 노론들의 절대적인 추숭과는 대조적으로 비교적 객관
적 태도를 갖고자 하였다. 이러한 인식의 단서들은 당대에는 잘 드러나
지 않았지만, 이후 호락논쟁 과정과 18세기 전개되는 낙론계의 현실대
응론에 적지 않은 영향을 끼쳤다.

---

84) 金昌協, 《農巖集》 卷34 雜識 外篇, "尤翁亟推谿谷文章 謂爲東方第一……竊恐未
然……尤翁實不多見明文 槪謂明人皆僞學古文 不知自有遵巖荊川一派 谿谷正在其範
圍中耳".
85) 權尙夏, 《寒水齋集》 附錄 〈黃江問答〉.

2.2. 초기 낙론 학맥의 형성과 계보

이단상·송시열·조성기를 통해서 서울·경기 지역과 호서 지역 서인들의 사상적 영향을 함께 받았던 김창협·김창흡 형제는 이후 많은 제자들을 두었다. 그들은 1689년(숙종 15) 이후 관직에 나아가지 않고 학문 연구에만 몰두하는 과정에서 많은 제자들을 양성하였고, 그 제자들은 18세기 초에서 중엽에 이르는 시기 동안 학계와 정계에서 중요한 활약을 하였다. 이때는 아직 호락논쟁이 본격화되는 시기가 아니어서 그들을 '낙론 학맥'이라고 곧장 규정하기는 어려운 점이 있으나, 이후 전개되는 낙론 학맥의 모태가 된다는 점에서 '초기 낙론 학맥'이라는 명칭을 붙이도록 하겠다.

이 절 끝 부분에 나오는 〈표 2-1〉과 〈표 2-2〉는 김창협·김창흡 문하의 사람들을 정리한 것이다. 김창협과 김창흡은 비슷한 시기에 활동하였지만 시대적 상황과 개인적인 성향이 다소 달라 구분되는 학맥과 학문 경향을 형성하였다. 김창협 단계는 노론·소론이 분화되는 과정이어서 훗날 소론에 가담하는 인물들도 다수 있었으며, 또한 호락논쟁이 본격화되기 이전이라 호론에 동조하는 제자들도 있었다.86) 김창협의 제자들이 낙론계 학맥에서 가장 다양한 구성원의 모습을 보였던 것은 이러한 이유 때문이다. 그러한 과도기적 단계를 지나 김창흡에 이르면 노

---

86) 이 당시의 논쟁은 엄격한 의미에서 호락논쟁으로 명명하기는 어렵다. 이 당시 이루어진 논쟁은 권상하 문하에서 한원진(韓元震)과 이간(李柬)의 논쟁, 농연(農淵) 문하에서 이현익(李顯益)과 박필주(朴弼周)의 논쟁과 같이 문하의 내부적인 논쟁으로 전개되어, 서울과 호서 지역 사이의 논쟁을 의미하는 호락논쟁은 아니었기 때문이다.

론·소론 분기와 호락간 성리설 인식의 차이가 점차 선명해지면서 정치적으로나 사상적으로 문하의 제자들이 전일화되는 모습을 보였다. 특히, 신임옥사(辛壬獄事)는 학맥과 학풍의 성격을 규정할 만큼 중요한 정치적 사건이었다.

먼저, 김창협 문하의 사람들을 살펴보면 그와 인척관계에 있었던 사람들이 눈에 띈다. 그의 오제(五弟) 김창즙(金昌緝; 1662~1713)과 육제(六弟) 김창립(金昌立; 1666~1683)을 비롯해 상용계(尙容系) 일가였던 김시보(金時保; 1658~1734)와 김시좌(金時佐)가 있었다. 그리고 영조대 탕평정국 아래에서도 많은 활약을 하여 이후 '청의(淸議)를 지켜 선비들의 깊은 존경을 받았던 인물'로 평가받기도 하였던 이의현(李宜顯; 1669~1745)은 그의 척질(戚姪)이었다.[87] 이의현은 영조대 문형과 영의정을 지냈으며 김창협의 당송고문 운동을 계승하는 문학 부분의 수제자이기도 하였다. 또한 이희조(李喜朝; 1664~1700)는 김창협의 스승이자 장인인 이단상의 아들로서 김창협의 처제였다. 오진주(吳晉周)와 유수기(兪受基)는 김창협의 사위였다.

김창협 문하에서 성리설에 뛰어난 재능을 보인 대표적인 인물은 어유봉(魚有鳳; 1672~1744)과 이현익(李顯益; 1678~1717)이었다. 어유봉은 김창협의 성리학풍을 계승하면서 1716년(숙종 42) 권상하와 금수오상설(禽獸五常說)에 대해서 논변을 벌였다.[88] 어유봉이 김창협을 얼마나 충실히 따르고자 하였는지는 김창협의 사칠설을 《농암집》(農巖集) 잡지(雜識) 편에 넣고자 하였던 사실에서 알 수 있다. 이 설은 이이·이황의 것과 달라 당시부터 문제가 되었고, 김창즙 등의 만류로 결국 문집에 넣지

---

87) 《英祖實錄》 卷61, 英祖 21년 4월 8일(庚戌).
88) 어유봉의 성리설에 대해서는 김태년, 1994, 〈기원 어유봉의 인물성론〉, 《인성물성론》(한국사상사연구회 편, 한길사) 참조.

못하였다.89) 김창즙 등이 이 논설이 권상하 문하의 학설과 달라 논란이
일어날 것을 염려하였기 때문이었다.90) 박필주(朴弼周; 1665~1748)조차
이 설에 의문을 가졌다.91) 이와 같이 그 누구보다 김창협을 따르고자
하였던 어유봉이었지만, 그의 동생 어유구(魚有龜; 1675~1740)가 경종의
장인이 되고 소론과 교감한다는 혐의를 받으면서 점차 낙론 학맥에서
소외되는 모습을 보였다.92)

반면 이현익은 이채롭게 인물성이론을 주장해 호론에 동조하기도 하
였다. 그가 이렇게 인물성이론을 주장해 호론에 동조하였던 것은 한때
권상하 문하에서 수학하였던 것이 작용한 결과였다.93) 이현익은 김창
협·박필주·어유봉과 논변을 벌였으며, 낙론계 학풍을 형성하는 데 중
요한 영향을 끼쳤던 조성기와 이단상에 대해서도 많은 의문점을 표시하
였다.94) 이러한 이현익의 입장은 낙론계 학맥을 형성하는 데 중요한 영
향을 끼쳤던 조성기와 이단상에 대한 학문적 권위를 훼손하는 것이었
다. 그에게는 송시열과 호론에서 보이는 세계관도 일부 보였다. 예를 들
어 천지간에는 오로지 음과 양뿐이라는 이원론적 관점은 송시열의 그것
과 흡사한 일면이 있었다.95)

---

89) 김창협의 사칠설은 1854년 발간되는 《농암속집》(農巖續集)에 실렸다.

90) 魚有鳳,《杞園集》年譜 卷1 癸卯.

91) 朴弼周,《黎湖集》卷18〈農巖四七說識疑〉.

92) 魚有鳳,《杞園集》年譜 卷2 丁未; 權燮,《玉所稿》(堤川本) 34 雜著 3〈魚贊善文〉.

93) 魚有鳳,《杞園集》卷26〈鎭安縣監李公行狀〉, "又從遂菴先生權公尙夏 多所講質".

94) 李顯益,《正菴集》卷19 雜識〈漫錄〉, "靜觀齋集有數處可疑 如以心爲合理氣 而以虛
靈二字爲虛則主理言而氣在其中 靈則主氣言而理在其中云者 是本於盧玉溪之說 而與
朱子不合矣".; 李顯益,《正菴集》卷19 雜識〈漫錄〉, "拙修齋論理以四種立說 一曰本
然命物 一曰乘氣流行 一曰渾融合一 一曰分開各主張 此說殊好 愚亦欲如此看 蓋以言
理者 每以理氣之不相離而只就氣中言理 故於樞紐根柢之意 說不去此說於乘氣上 特說
本體一着 所以與愚說合 但因此而以四端之發爲非氣使而然 心之善者 爲不干氣事者
推之太過 反落在理有爲氣無爲之科".

이현익과 함께 권섭(權燮; 1671~1759)도 백부 권상하와의 인연으로 호론에 기우는 경향을 보였다. 그는 권상하의 조카로서 김창협과 김창흡의 학문적 영향을 받았다. 그의 생부는 권상명(權尙明)이며 외조부는 이세백(李世白; 1635~1703), 외숙은 이의현(李宜顯)이었다. 처가는 소론과 노론의 명문가로서 이항복의 증손 이세필(李世弼; 1642~1718)과 조성기의 재종형이었던 조경창(趙景昌; 1634~1694)이었고, 처형 이태좌(李台佐; 1660~1739)는 좌의정을 지낸 당대 소론의 대표 인물이었다. 그의 인척 관계는 낙론, 호론, 소론에 걸쳐 있었다. 하지만 그는 신임옥사로 주변의 인물들이 죽음을 당하자, 중년에 이르러서 청주로 내려가 그곳에서 호론으로 입장을 정하였다. 이러한 그의 사상 성향은 이이, 송시열에서 권상하로 이어지는 도통을 정리한 도통가를 통해 살필 수 있다.[96]

홍석보(洪錫輔; 1672~1729)는 홍상한(洪象漢; 1701~1769)의 아버지이자 홍봉한(洪鳳漢; 1713~1778)의 백부였으며, 조겸빈(趙謙彬)은 노론 시대신의 한 사람인 조태채(趙泰采; 1660~1722)의 삼자(三子)였다. 이재형(李載亨; 1665~1741)은 김창협이 북평사(北評事) 때 제자로 받아들인 함경도 사람이었다. 김창흡은 그를 본 뒤 탄복하고 김창집(金昌集; 1648~1722)에게 추천하여 참봉으로 삼도록 하였다.[97] 이재형은 낙론이 함경도

---

95) 李顯益, 《正菴集》 卷20 雜識 下 〈立論〉, "天地之間 只是陰與陽而已 正與邪而已 今以鑴爲陽爲正 尤翁爲陰爲邪則已矣 不然而以尤翁爲陽爲正 則鑴爲陰爲邪 而美村義理是何義理 若以尤翁爲陽爲正 而不以鑴爲陰爲邪 不但不爲陰爲邪 顯有右之之跡 而每欲掩其右之之跡 故不免爲陽關陰右之態矣". 송시열은 자손・질손에게 보이는 글에서도 사람에게는 음과 양이 있고, 일에는 의(義)와 이(利)가 있고, 물건에는 흑(黑)과 백(白)이 있으니 이를 항시 경계해서 바른 선택을 해야 한다고 말하였다.(宋時烈, 《宋子大全》 卷134 〈示諸子孫姪孫等〉, "人有陰陽 事有義利 物有白黑 此日用之相接者也 汝等戒之哉") 그에게 둘 사이에 선다는 것은 철저히 부정되었다.

96) 박이정, 2002, 〈18세기 예술사 및 사상사의 흐름과 권섭(權燮)의 황강구곡가(黃江九曲歌)〉, 《관악어문연구》 27; 이상원, 2003, 〈도통가(道統歌)와 황강구곡가 창작의 정치적 배경〉, 《한민족어문학》 43.

지방으로 전파되는 데 중요한 역할을 하였다.

한편, 김창협의 문하에서 이채로운 것은 소론 가문 출신의 학인들이 있었다는 사실이다. 이들은 엄격히 볼 때 낙론 학맥이라고 볼 수는 없지만 김창협 문하의 학풍 이해를 위해서 언급하면 다음과 같다. 신정하(申靖夏; 1680~1715)는 숙종대 영의정을 지낸 신완(申琓; 1646~1707)의 둘째 아들이었다. 신완은 박세채의 제자로서 경세관료이자 탕평관료였다.[98] 이러한 가문의 신정하가 김창협의 문하에서 공부할 수 있었던 까닭은 그의 외조부가 조원기(趙遠期)였다는 데 있다. 김창협이 조원기의 동생인 조성기와 친분관계가 있었던 이유로 신정하가 김창협의 문하에 들어올 수 있었던 것이 아닌가 짐작된다.

이하곤(李夏坤)은 경주이씨 이인엽(李寅燁; 1656~ ?)의 아들로서 최석정이 그의 고모부였고, 최석정의 아들 최창대와는 사촌간이었다. 이인엽은 신완과 동서 사이로서[99] 박세당이 《사변록》 사건으로 유배 갈 때 변호하여 이를 막고자 하였다.[100] 이러한 이하곤이 김창협 문하에 들어올 수 있었던 것은 그의 어머니가 조현기의 딸이었고, 앞서 신정하의 경우처럼 김창협이 조현기의 동생 조성기와 친분관계가 있었던 데에서 연유를 찾을 수 있다.

조문명(趙文命)은 영조대 탕평대신 조현명(趙顯命)의 형으로서 김창협의 친동생 김창업(金昌業; 1658~1721)의 딸과 혼인하였다.[101] 그는 파붕당(破朋黨)의 설을 제창하였고 정미환국(丁未換局; 1727)으로 소론이 재

---

97) 《英祖實錄》 卷14, 英祖 3년 11월 28일(庚辰).

98) 신완(申琓)에 대해서는 다음 논문이 참조된다. 이근호, 1999, 〈숙종대 신완(申琓)의 국정운영론〉, 《조선시대사학보》 8.

99) 이근호(1999), 100쪽.

100) 《肅宗實錄》 卷38, 肅宗 29년 4월 28일(癸卯).

101) 정만조, 1986, 〈귀록(歸鹿) 조현명(趙顯命) 연구〉, 《한국학논총》 8, 128쪽.

진출하면서 이조참의에 임명되었다. 그 해 조문명의 딸은 효장세자(孝章世子)의 빈(嬪)이 되었다. 그는 김창업의 사위였기에 김창협 문하에 들어와 공부할 수 있었다.

신정하·이하곤은 김창협 문하 가운데에서 특히 뛰어난 문사로서 당대에 널리 알려져 있었다. 이하곤은 시·서·화에 상당한 조예가 있었던 인물로, 신정하는 유명한 시인으로 알려졌다. 이러한 그들의 모습을 통해서 문학 영역에서 특히 두각을 나타내던 김창협 제자 그룹들의 면모를 확인할 수 있다.

다음, 김창흡 문하의 사람들을 살펴보면 김창협과 마찬가지로 그의 일가 사람들인 김제겸(金濟謙; 1680~1722), 김용겸(金用謙; 1702~1789), 김신겸(金信謙), 김원행(金元行; 1702~1772), 김문행(金文行), 김시정(金時淨), 김시민(金時敏; 1681~1747) 등이 있었다. 여기에서 단연 주목되는 인물은 김원행이다. 그는 어릴 적 김창흡 문하에서 공부하였고, 이후 이재(李縡)의 제자가 되어 18세기 후반에는 실질적인 낙론의 종장이 되었다. 이 밖에 김시민은 상용계(尙容系)로서 시서화로 이름이 높아 이병연(李秉淵; 1675~1735) 이후 팔표기(八驃騎) 가운데 하나로 불렸고,102) 조성기와 왕양명에 대해서도 높이 평가하였다.103)

김용겸은 김창즙의 아들로서 예학에 밝았으며, 경제학에도 관심이 많아 유형원의 《반계수록》(磻溪隨錄)을 손수 베껴서 읽곤 하였다.104) 그의 학문 성향 가운데에 특이한 점은 명물도수지학(名物度數之學)에 대한 폭넓은 관심이었다. 예를 들어 황윤석은 김익휴에게 보내는 편지에서 김

---

102) 이규상 저/민족문학사연구소 한문분과 역, 1997, 《18세기 조선인물지—병세재언록(幷世才彦錄)》, 창작과비평사, 47쪽.

103) 金時敏, 《東圃集》 卷1 〈謹書拙修集後〉; 같은 책 卷7 〈題王文成集後〉.

104) 오수경, 2000, 〈교교재(嘐嘐齋) 김용겸(金用謙) 연구〉, 《한문학보》 2, 199~200쪽.

용겸과 역범(易範), 율력(律曆), 자서(字書), 운학(韻學), 병진(兵陳), 관직(官職), 정목(井牧), 산수(算數), 예악(禮樂) 등에 토론하였음을 기뻐하면서 '천고(千古)의 큰 기쁨'이라고 하였다.[105]

이러한 김용겸의 학문적 관심은 사실 가학의 영향이 컸는데, 김창흡과 김창즙의 역학 연구가 그의 학문 형성에 중요한 밑거름이 되었던 것이다.[106] 김신겸은 그에 대해서 준결평실(峻潔平實)하나 다만 침정(沈靜)이 부족한 것이 흠이라고 하였지만, 단 세속의 말하기 어려워하는 병통은 없었다고 평하였다.[107] 이렇듯 자유분방한 성격을 갖춘 김용겸이었기에 훗날 북학파 인물들과의 교유도 가능하였다. 그는 이 교유 과정을 통해서 농연학풍을 북학파에게 전해 주는 역할을 맡았다.[108]

김시민과 김용겸이 김창흡의 경세학풍에 대한 관심을 전승하였다면 김신겸은 새로운 학문보다는 안동김씨 가학과 의리학을 충실히 계승하고자 하였다. 김신겸은 김창흡을 가장 오랫동안 모시면서 그의 영향을 많은 부분 받았고, 김창흡의 행장이 김신겸의 아들 김양행(金亮行; 1715~1779)에 의해서 씌어진 것도 이러한 이유 때문이었다. 이는 사실 의발(衣鉢)의 전수와 같은 의미를 가지는 것이었다.[109] 그러나 신임옥사로 인한 백부 김창집(金昌集)과 장인 이이명(李頤命; 1658~1722)의 죽음은 그의 사상이 보수적인 방향으로 선회하는 데 크게 영향을 끼쳤으리라고 생각한다. 그는 주변의 사람들과 안동김씨 인물들의 유사들을

---

105) 黃胤錫, 《頤齋亂藁》 2(한국정신문화연구원, 1995) 卷12 己丑(1769) 3月 25日(戊申) 369쪽 〈與金士謙書〉.

106) 위의 책 卷13 己丑(1769) 8월 16일(乙丑) 504쪽; 金時保, 《茅洲集》 卷10 〈祭圃陰文〉 참조.

107) 金信謙, 《橧巢集》 卷2 〈百六哀吟-濟大〉, "名用謙少余九歲 峻潔平實 但欠沈靜 然無世俗難言之病".

108) 박종채 저/김윤조 역주, 1997, 《역주과정록》, 태학사, 49쪽.

109) 閔遇洙, 《貞菴集》 卷13 〈橧巢金公行狀〉; 金亮行, 《止菴集》 卷8 〈三淵先生行狀〉.

정리하고 이를 후세에 전하는 데 주력하였다.[110]

김창흡의 제자 가운데에서 낙론 성리설로 가장 조예가 깊었던 인물은 박필주였다. 그는 1742년 윤봉구(尹鳳九)와 이기심성론에 대해서 논쟁을 벌이면서 낙론의 종지를 지키고자 하였다.[111] 또한 그는 영조 전반 의리 탕평론을 대표하는 인물이기도 하였다. 그는 재종조였던 박세채의 조제 론을 높게 평가하였고, 당론을 없애야 한다는 탕평 정국을 긍정하였 다.[112] 이렇게 의리탕평론을 주장하고 박세채의 조제론에 근접하는 논 의를 내놓았던 것은 그가 비교적 온건한 정치적 입장을 가지고 있었음 을 보여주는 것이라고 하겠다.

이러한 그의 시국 인식은 탕평론에 대하여 좀더 적극적인 반대 입장 을 취하던 이재와 미묘한 노선 차이를 야기하였다. 이러한 정황은 이재 가 그에게 보낸 편지를 통해 살펴볼 수 있다. 이재는 박필주의 1743년(영 조 19) 출저 문제에 대해서 비판적이었다. 과연 현 징국이 현자(賢者)기 출사할 상황인가 하는 의문이었다. 이재는 혹 이용만 당할 수 있음을 경계하였던 것이다.[113] 더욱이 이재는 박필주의 상소문이 구체적인 일 은 거론하지 않은 채 원론만 제시하고 있으며, 문체 또한 너무 유순하다 고 비판하였다.[114]

---

110) 金信謙, 《檜巢集》 卷2 〈百六哀吟〉; 같은 책 卷9 〈夢窩府君遺事〉, 〈星山遺事〉, 〈老稼 齋府君遺事〉.
111) 이경구, 1995, 〈김창흡(金昌翕)의 학풍과 호락논쟁〉, 서울대 석사학위논문, 55쪽. 〈표 1〉 참조.
112) 박광용, 1994, 〈조선후기 '탕평'연구〉, 서울대 박사학위논문, 73~77쪽.
113) 李縡, 《陶菴集》 卷10 〈答朴尙甫〉 癸亥.
114) 李縡, 《陶菴集》 卷10 〈答朴尙甫〉, "以愚見言之 古人論事 先說義理 必以當世事政之 得失實之而後 其所說義理轉益分明 而今高明之疏則全說理而不說事 昔時朱子近世尤 翁章箚 恐不如是 李君之以爲未安 豈亦以此歟 還鄕後疏本 府隸姑不謄至 而與月前封 事一樣云 蓋知高明進言之體 專以巽與爲主 悅繹之效 深有望於吾君也".

신임옥사 이후 강경론이 우세하던 노론 학계에서 박필주의 상대적으로 온건한 시국 인식은 문제가 될 수 있었다. 더욱이 박필주의 아버지인 박태두(朴泰斗)의 일곱 형제들이 의론이 갈라져 노·소론으로 나뉘었던 것과,[115] 1746년(영조 22) 탕평파 송인명(宋寅明; 1689~1746)의 추천으로 출사하였던 것도 대외적으로 그가 노론의 정통 학맥임을 자임하기에 어려운 점으로 작용하지 않았나 생각한다.[116] 실록에는 1746년의 출처에 대해서 비난하는 자들이 적지 않았다고 서술되어 있다.[117] 그러한 이유로 박필주는 앞서 어유봉의 경우처럼 노론 학계의 중심 자리에 서지 못하였다. 신임옥사 이후 노론 학계는 엄격한 노론 의리론을 주장할 수 있는 인물과 사상 경향을 필요로 하였던 것이다.

이병연은 시인으로서 '김창흡 이후 이병연 한 사람'이라는 말이 나올 정도로 문명(文名)이 높았다.[118] 그가 김창흡 문하에 들어갈 수 있었던 것에는 그의 처가 조원기의 딸로서 앞서 신정하·이하곤의 경우처럼 김창흡과 조성기와의 친분관계가 작용하였다고 생각된다. 그는 남유용(南有容; 1698~1773), 신정하(申靖夏), 안중관(安重觀; 1683~1752), 이정섭(李廷燮; 1688~1744), 이덕수(李德壽), 이하곤(李夏坤), 정선(鄭敾; 1676~1759), 조구명(趙龜命), 조문명(趙文命), 정래교(鄭來僑; 1681~1757), 홍세태(洪世泰; 1653~1725) 등과 교유하고 있었으며, 여기에는 노·소론계 인물과 중인(中人)들이 망라되어 있었다.[119] 이병성(李秉成; 1676~1748)은 그의

115) 박종채 저/김윤조 역(1997), 239쪽.
116) 그는 영조 전반 의리탕평론을 대표하는 인물이었으며[박광용(1994), 73~78쪽], 박지원은 탕평파 송인명(宋寅明)이 박필주를 이조판서로 추천하였던 것은 정치적 술수였다고 증언하였다(《燕巖集》卷9 別集 考槃堂秘藏〈大考資憲大夫知敦寧府事贈諡章簡公府君家狀〉).
117)《英祖實錄》68, 英祖 24년 7월 辛酉.
118) 이규상 저/민족문학사연구소 한문분과 역(1997), 46쪽.
119) 교유 인물들에 대해서는 이상주, 1995,〈사천(槎川) 이병연론(李秉淵論)〉,《한문교육

동생이었다.

유명악(兪命岳)과 유척기(兪拓基; 1691~1767)는 부자간이었다. 유척기
는 준론으로서 탕평 정국에 가담하여 주목되는 인물인데, 그는 영조 16
년 우의정이 되어 김창집·이이명을 복관시키는 경신처분(庚申處分;
1740)을 실현시키기도 하였다. 이희지(李喜之; 1681~1722)는 이사명(李師
命)의 아들로서 신임옥사 때 죽었고, 민형수(閔亨洙; 1690~1741)는 민진
원의 둘째 아들이며 민유중(閔維重; 1630~1687)의 손자였다. 민형수는 동
생 민통수(閔通洙)와 함께 소론 이광좌(李光佐; 1674~1740)를 소척(疏斥)
하였으며, 1740년에는 위시(僞詩) 사건과 관련해 고초를 겪기도 하였다.

김창흡의 제자 가운데에는 그의 학문 전수를 거절하고 경세학에 관심
가졌던 인물도 있었다. 안중관은 재야에 은거하면서 학문 연구에만 몰
두하였다. 그는 경세학에 커다란 관심을 가져서 문사 위주의 김창흡 제
자 그룹에서 이채로운 모습을 보였다. 농연 문하의 인물들은 주로 문학
과 성리학 중심이었는데, 안중관은 경세학에도 조예가 깊었던 것이
다.[120] 안중관은 병법(兵法)에 관심을 가져 《손자병법》을 숙독하곤 하였
고,[121] 〈치도〉(治道)라는 글에서는 정치운용론을 펼치기도 하였다.[122]
또한 그는 대명의리론에도 투철하여 이명한(李明漢; 1595~1645)이 지은
〈재조번방송〉(再造藩邦頌)을 개찬하여 조선의 공을 줄여 언급하였으
며,[123] 〈출처설〉(出處說)에서는 허형과 오징과 같은 인물들을 긍정적으

연구》9, 218~219쪽 참조.
120) 安重觀, 《悔窩集》〈悔窩安先生文集序〉(南廷哲 撰), "盖其志氣之壯如是 故論經濟則
廣大而纖悉 爲文章則磊落而慷慨 以至百家傍技 靡不涉獵貫穿".
121) 安重觀, 《悔窩集》 卷4〈孫子十三篇去註序〉.
122) 여기에서 그는 관대한 정치와 엄격한 정치를 각각 논하면서, 때에 따라서 이를 적
절히 조정해야 함을 언급하였고, 난세에는 엄격하게 처벌하는 정치를 펼 것을 주문
하였다.(安重觀, 《悔窩集》 卷7〈治道〉)
123) 安重觀, 《悔窩集》 卷8〈再造藩邦頌〉.

로 바라보지 않았다.124) 그가 교유하였던 인물도 민우수(閔遇洙; 1694～
1756), 민형수(閔亨洙; 1690～1741), 민백순(閔百順), 김종수(金鍾秀; 1728～
1799) 등 주로 강경한 노론 의리론을 견지하였던 인물들이었다.

한편, 사제 관계를 맺은 것은 아니었으나 시로써 김창흡의 지우를 입
었던 이천보(李天輔)는 주목해야 할 인물이다.125) 그는 연안이씨 이정구
(李廷龜)의 5세손으로서, 김창협은 이천보 아버지에게 고모부가 되었다.
그는 의리탕평을 주창하면서 원경하(元景夏; 1698～1761) 등 노론 완론
(緩論) 세력과 외척당 홍계희(洪啓禧), 김상로(金尙魯; 1702～？), 홍봉한에
대한 비판세력으로 활동하였고,126) 낙론 학맥을 기반으로 하는 정치세
력을 형성하였다. 그가 친밀하게 교유하였던 인물들 가운데는 남유용(南
有容), 오원(吳瑗; 1700～1740), 황경원(黃景源; 1709～1787)이 있었으며,127)
이들은 모두 이재의 제자들이었다.

이상에서 살펴본 것처럼 농연 학맥 안에는 호론과 소론 문인들도 있
는 등 아직 낙론계로서의 학파적 정체성이 명확하였다고 볼 수 없다.
하지만 신임옥사를 거치면서 변화의 모습들이 포착되었다. 어유봉과 박
필주는 농연 문하의 수제자라고 할 수 있으나 정치적인 이유들로 훗날
낙론 학맥을 주도적으로 계승하지는 못하였다. 또한 이현익, 권섭, 김신
겸, 안중관 같은 이들은 호론 측과 비교적 가까웠는데, 여기에는 권상하
와의 관계와 신임옥사 등이 영향을 끼쳤다. 농연 문하의 이의현, 박필주,
이천보와 같은 주요 인물들은 대체로 의리탕평을 주창하였고, 이후에도
이는 오랫동안 낙론계의 주요한 정치적 입장이었다.

---

124) 安重觀, 《悔窩集》 卷7 〈出處說〉.
125) 《英祖實錄》 卷97, 英祖 37년 1월 5일(乙巳).
126) 박광용(1994), 81쪽.
127) 黃景源, 《江漢集》 卷8 〈晉菴集序〉.

표 2-1. 김창협·김창흡 문인 계보도[128]

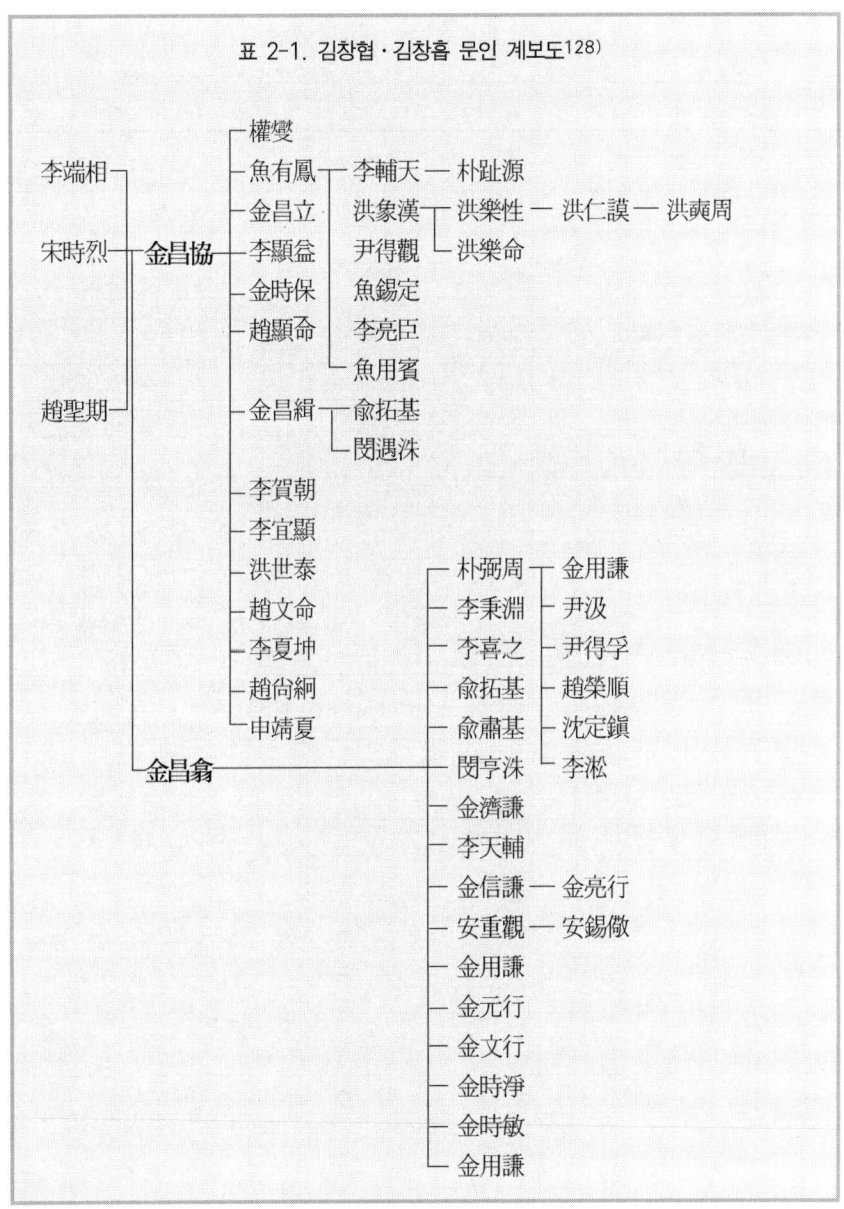

128) 이 표는 《전고대방》(典故大方; 강효석, 1982, 명문당)과 관련 문집에 의거, 작성하였다.

표 2-2. 김창협·김창흡 문하의 주요 인물

성명	생몰연대	본관	호	사승	문집	관직	비고
金昌協	1651~1708	安東	農巖	李端相 門人	農巖集	대사성, 대사간	金壽恒 子
金昌翕	1653~1722	安東	三淵	李端相 門人	三淵集	서연관	金壽恒 子
金昌緝	1662~1713	安東	圃陰	金昌協 門人	圃陰集		金壽恒 子, 金昌協 五弟
魚有鳳	1678~1752	咸從	杞園	金昌協 門人	杞園集	호조참의, 승지, 찬선	性理學에 조예 깊음
金昌立	1666~1683	安東	澤齋	金昌協 門人	澤齋遺唾		金壽恒 子, 金昌協 六弟
李顯益	1678~1717	全州	正菴	金昌協 門人	正菴集		權尙夏에게도 受學
金時保	1658~1734	安東	茅洲	金昌協 門人	茅洲集		
李賀朝	1664~1700	延安	三秀軒	金昌協 門人	三秀軒遺稿	현감, 공조좌랑	李端相 子, 宋時烈 門人
李宜顯	1669~1745	龍仁	陶谷	金昌協 門人	陶谷集	영의정	金昌協 戚姪, 文學에도 뛰어남
洪錫輔	1672~1729	豊山	睡隱	金昌協 門人		대사헌, 도승지	民田에 대한 量田 주장, 洪象漢 父
權燮	1671~1759	安東	玉所	金昌協 門人	玉所稿	嘉義大夫	伯父 權尙夏, 外叔 李宜顯, 妻男 李台佐
吳晉周	?	海州	無爲齋	金昌協 門人			吳斗寅 子, 金昌協 女婿
李瑋	1676~1727	全州	斗天	金昌協 門人		군수	魚有鳳과 돈독한 교제
趙榮福	1672~1728	咸安	錫五	金昌協 門人		개성유수	漢城府 右尹
趙謙彬	?			金昌協 門人		不仕	趙泰采 三子
李載亨	1665~1741	全州	松巖	金昌協 門人	松巖集		咸北 鏡城 출신
兪受基	?	杞溪	逸軒	金昌協 門人			金昌協 女婿
趙尙綱	1681~1746	豊壤	鶴塘	金昌協 門人		이조판서, 병조판서	緩論蕩平 주장
申靖夏	1680~1715	平山	恕菴	金昌協 門人	恕菴集	헌납	申琓 子, 母 趙遠期 女
洪世泰	1653~1725	南陽	柳下	金昌協 門人	柳下集	蔚山監牧官	中人 詩人
黃載重	1664~1718	平海	龜巖	金昌協 門人		不仕	經學硏究 전념
趙文命	1680~1732	豊壤	鶴巖	金昌協 門人	鶴巖集	좌의정, 우의정	母 金萬均 女, 金昌業 婿, 少論蕩平派, 孝章世子嬪 父

申命鼎	?	平山	隱坡	金昌協 門人			
洪鳳祚	1680~1760	南陽	刻山	金昌協 門人		지중추부사, 대사성	글씨에 능함
李夏坤	1677~1724	慶州	澹軒	金昌協 門人	頭陀草	不仕	少論 李寅燁 子, 佛教에 관심, 李秉淵·尹淳·鄭歚·尹斗緖와 교유, 書畫에 힘씀, 母 趙顯期 女
玄若昊	?~1709	星州	三碧堂	金昌協 門人			
朴弼周	1665~1748	潘南	黎湖	金昌翕 門人	黎湖集	좌찬성,우찬성	性理學에 능통
安重觀	1683~1752	順興	悔窩	金昌翕 門人	悔窩集	현감, 공조좌랑	〈鋼役私論〉과 〈去朋黨說〉로 良丁의 役 문제와 建極之治 제시
李秉淵	1671~1751	韓山	槎川	金昌翕 門人	槎川詩鈔	부사	妻 趙遠期 女, 유명 詩人
李秉成	1675~1735	韓山	順庵	金昌翕 門人	順庵集	부사, 군수	李秉淵 弟
宋堯佐	1678~1723	恩津	默翁	金昌翕 門人			宋浚吉 曾孫
兪命岳	1667~?	杞溪		金昌翕 門人		청주목사	
李喜之	1681~1722	全州	凝齋	金昌翕 門人	凝齋集		李師命 子, 李頤命 姪
金時敏	1681·1747	安東	東圃	金昌翕 門人	東圃集	군수, 현간	母 趙遠期 女
金令行	1673~1755	安東	弼雲翁	金昌翕 門人	弼雲遺稿	군수, 첨지중추부사	
趙明履	1697~1756	林川	道川	金昌翕 門人	道川集	판윤	趙顯期 孫, 少論 李光佐 黨으로 지목됨
李德載	1683~1739	全義		金昌翕 門人		지평, 정언	金昌翕 婿, 李麟佐亂에 공 세움, 洪致中의 천거 받음, 蕩平策 주장
金純行	?	安東	撆庵	金昌翕 門人		현감	
兪拓基	1691~1767	杞溪	知守齋	金昌翕 門人	知守齋集	영의정	
兪肅基	1696~1752	杞溪	兼山	金昌翕 門人	兼山集	참봉, 현감, 전주판관	母 趙顯期 女, 성리학 연구에 전념
金用謙	1702~1789	安東	嘐嘐齋	金昌翕·朴弼周 門人		공조판서, 참봉	金昌緝 子, 金時保에게도 수학, 학문과 典教에 조예, 《반계수록》에 관심
金信謙	1693~1738	安東	臨巢	金昌翕 門人	臨巢集	不仕	金昌業 子
金元行	1702~1772	安東	渼湖	金昌翕·李縡 門人	渼湖集	찬선	金昌協 孫
李天輔	1698~1761	延安	晉庵	金昌翕 門人	晉庵集	영의정	義理蕩平에 앞장섬

* 앞의 표는 《典故大方》(姜斅錫, 明文堂, 1982), 《한국민족문화대백과사전》(한국정신
문화연구원), 《韓國人名字號辭典》(계명문화사, 1988), 《朝鮮儒敎淵源》(장지연 저/조수
익 역, 솔출판사, 1998)과 《18세기 조선인물지: 幷世才彦錄》(이규상 저/민족문학사연
구소 한문분과 역, 창작과비평사, 1997)와 각종 문집을 참고하여 작성하였다.

한편, 안중관 같은 이를 제외하고는 뚜렷한 경세가적 면모를 갖춘 이
가 없었다. 원래 조성기의 영향으로 경세학은 농연 학풍의 중요한 한
부분을 차지할 수도 있었으나, 김창협·김창흡에게 성리학자·문장가
의 측면이 부각되면서 경세학은 표면에 드러나지 못하였다. 신임옥사
이후 노론 학계에 퍼져 있던 보수적인 의리론 위주의 학풍은 경세학의
발전을 더욱 더디게 하였다.

2.3. 당송고문을 통한 주자학적 의리론 정립

김창협·김창흡은 서울·경기 지역 서인과 호서 지역 송시열의 학풍
을 절충하면서 새로운 학문 경향과 화이론을 주창하였으며, 그러한 과
정에서 낙론계의 종장으로 떠올랐다. 하지만 이들의 활동은 성리학 부
분에만 국한된 것은 아니다. 이들은 문학의 영역에서도 새로운 문풍을
주도하고 있었다. 김매순(金邁淳; 1776~1840)이 김창협을 주희의 의리와
구양수(歐陽修; 1007~1072)의 문장을 겸비하였다고 평가한 것은 여기에
기인한다.129)

김창협·김창흡은 17세기를 풍미하던 기존의 진한고문풍(秦漢古文風)

---

129) 金邁淳, 《臺山全書》(계명문화사, 1985) 卷14 家史 〈農巖先生〉, "論者曰國朝儒賢盛
矣 若歐陽子之文章 朱文公之義理 合爲一家者 惟先生庶幾焉".

을 비판하면서 새롭게 당송고문(唐宋古文)을 제창하였다. 그들이 이렇게 새로운 문풍을 전개시킬 수 있었던 것은 앞서 서술하였던 유연한 화이론과 함께 주변 인물들의 많은 연행 기회를 이용해 청나라 서적들을 다수 구입할 수 있었으며, 그러한 과정에서 명말청초의 새로운 사상조류들을 습득할 수 있었기 때문이었다.130) 그들은 일찍부터 중국에서 진한고문풍을 비판하면서 등장한 명대 당송고문파·공안파(公安派) 등 여러 사상 조류들을 접하였던 것이다.131)

이 부분에서는 '문풍의 변화'를 통하여 낙론계의 현실인식을 조명해 보고자 한다. 문풍은 당시의 사회적 맥락에서 볼 때 단순한 문학의 범주를 벗어나서 '문화 전반의 풍조'를 일컫는 의미였으며, 따라서 많은 쟁론을 일으키는 대상이었다.132) 그리고 문풍을 주도한 자들은 정계와 사상계에서도 상당한 영향력을 행사하면서 당대 문화 전반에 현실적 힘을 발휘하고 있었다.

그러므로 당시 주류적인 문풍, 즉 사회적 합의를 이끌어 내었던 문풍은 당대의 문화적 정치적 지향점을 반영하였음을 추론할 수 있다. 그러한 점에서 '문풍의 변화'는 당시 사람들에게 정치와 밀접한 관련을 갖는 것으로 인식되었다.133) 문풍의 변화와 그 의의를 살펴보는 과정에서

---

130) 그들의 명청문학 수용 양상은 고연희, 1996, 〈17C말 18C초 백악사단(白岳詞壇)의 명청문학 수용양상〉, 《동방학》 1, 한서대 동양고전연구소 참조.

131) 명대 진한고문파인 전후칠자와 당송고문파, 공안파에 대해서는 周勳初 외 저/중국학연구회 고대문학분과 역, 1992, 《중국문학비평사》, 이론과실천, 214~230쪽 참조.

132) 문장이 가지고 있었던 사회적 영향력은 다음과 같은 말에 잘 드러나 있다. 趙聖期, 《拙修齋集》 卷10 〈答金子益書〉, "夫文章者 名譽之所萃 議論之所關也 是故門戶由此而分 爭端由此而起".

133) 이 점은 당대인들의 인식 속에는 뿌리 깊은 것이었다. 허목·이하곤·정조의 다음과 같은 말들은 이러한 사실을 단적으로 보여준다. 許穆, 《記言》 附錄 〈眉叟許先生年譜〉 卷1 庚子, "一時政刑治體 發於聲音 著於文章 故古人聽其言而知其政 見其文而憂其時"; 李夏坤, 《頭陀草》 冊16 〈洪滄浪詩集序〉, "記曰聲音之道 與政通 季札聞諸國

그 속에 담긴 낙론계의 사상적 지향점과 현실인식을 살펴볼 수 있을 것이다.

2.3.1. 진한고문풍의 복고주의

임진왜란을 거치면서 명나라와 잦아진 교류는 다양한 문물을 접할 기회를 제공하였고, 그러한 과정에서 전래된 명대 진한고문풍은 선조대 이후 조선 문단에 중요한 영향을 끼쳤다.[134] 명대 진한고문풍은 전후칠자(前後七子)로 불리는 14인의 문인에 의해 발전되었다. '이(李), 하(何)'라고 일컬어지는 이몽양(李夢陽; 1472~1529)과 하경명(何景明; 1423~1521)은 전칠자(前七子)의 중심인물이었으며, '이(李), 왕(王)'이라고 불린 이반룡(李攀龍; 1514~1570)과 왕세정(王世貞; 1526~1590)은 후칠자(後七子)의 중심인물이었다. 그들은 명대의 부패한 정치에 아첨하고 문장의 수식만을 일삼는 대각체(臺閣體) 문학에 반대하면서 선진양한(先秦兩漢)과 성당대(盛唐代)의 웅혼한 문풍을 배우고자 일어난 문학 일파였다.

17세기 조선의 대표적인 문장가들인 윤근수(尹根壽; 1537~1616), 이수광(李睟光), 유몽인(柳夢寅), 신흠(申欽), 신익성(申翊聖), 신최(申最), 정홍명(鄭弘溟; 1592~1650), 김류(金瑬; 1571~1648), 조익(趙翼), 김상헌(金尙憲), 조찬한(趙纘韓; 1572~1631), 조위한(趙緯韓; 1558~1649), 이경석(李景奭), 조경(趙絅; 1586~1669), 정두경(鄭斗卿) 등에게 명대 진한고문풍은 중요한 영향을 끼쳤다. 그들은 선진양한과 한위성당의 문체를 배우기에 노

之晉 能辨其風俗汙隆 夫今日詩道之弊 豈皆諸君之過也 亦世運升降之大機也"; 正祖,《弘齋全書》卷163 日得錄, "況文章之道大矣 治敎之汚隆也 風俗之醇漓也 人心之正僞也 視此爲高下升降 而十卜其八九".

134) 강명관, 1995, 〈16세기 말 17세기 초 의고문파의 수용과 진한고문파의 성립〉, 《한국한문학연구》 18, 304쪽.

력하였다. 이들의 상당 부분은 문형의 지위에까지 올랐으며 당대의 문풍을 주도하면서 외교문서와 과거시험 등을 담당하였다.[135]

이와 같이 명대 진한고문풍이 조선 사회에 광범위하게 설득력을 가질 수 있었던 이유로는 여러 가지를 꼽을 수 있을 것이다. 하지만 그 가운데 중요한 요인으로 병자호란 이후 대청 외교 문제가 중요한 현안으로 떠오르면서 외교문서 작성의 증가로 상고적인 문체의 필요성이 늘어났던 것과, 남성적인 선진양한의 문체와 격정적인 한위성당(漢魏盛唐)의 시풍을 배움으로써 전쟁 이후 침울해져 있던 17세기 조선 사회의 분위기를 쇄신하려는 목적을 지적할 수 있다.[136] 이렇게 형성되기 시작한 진한고문파 일부에서는 주목할 만한 사상 경향이 나타났다. 그것은 복고주의와 그에 따른 송대 학문의 폄하 경향이었다.

명대의 전후칠자로 대표되는 진한고문파는 '시필한위성당'(詩必漢魏盛唐), '문필선진양한'(文必先秦兩漢)을 내세우면서 당나라 이후의 글은[137] 읽을 필요도 없다는 다소 파격적인 주장을 폈다.[138] 이러한 진한고문파의 파격적인 언명 속에는 선진양한 이전의 고문을 숭상하고자 하는 복고주의와 함께 송대 학문이 갖는 사회적 권위를 반감시킬 수 있는 요소가 담겨 있었다.

진한고문풍에 관심 갖던 사람들의 복고주의와 그에 따른 송대 학문에 대한 폄하 경향은 여러 경우에서 확인할 수 있다. 명대의 진한고문풍

---

135) 위와 같음.

136) 안대회, 1999, 《18세기 한국한시사 연구》, 소명출판, 23쪽.

137) 구체적으로는 대력(大曆) 연간(唐 代宗의 연호, A.D. 766), 즉 만당(晚唐) 이후를 가리켰다. 이것은 다음 자료에 의거한 것이다. 《明史》 卷287 〈王世貞〉, "其持論 文以西漢 詩必盛唐 大曆以後書勿讀".

138) 《明史》 卷286 〈李夢陽〉, "夢陽獨譏其萎弱 倡言文必秦漢 詩必盛唐 非是者弗道"; 《明史》 卷287 〈王世貞〉, "其持論 文以西漢 詩必盛唐 大曆以後書勿讀".

을 조선에 소개하였던 이항복은 명의 학풍은 양한(兩漢)시대 이상의 것
만을 높이 평가하고 송대의 학문을 치지도외한다는 사실을 선조에게
다음과 같이 상세히 전하였다.

중국 사람은 품성이 심후할 뿐 아니라 그 문장도 규모가 광활하여 작
문에서는 양한(兩漢) 이상을 논하고 시율(詩律)은 소무(蘇武)와 이릉(李陵)
을 일컫는데, 송나라의 학문[宋朝之學]은 도외시하고 논하지도 않습니
다. 그 수창자는 이몽양(李夢陽)인데 이몽양은 상고(尙古)의 학문을 하여
한 시대의 대유(大儒)가 되었습니다. 그 뒤로 왕세정(王世貞)의 무리가 호
응하여 풍습이 크게 바뀌었습니다.139)

이항복은 선조에게 이몽양과 왕세정이 상고의 학문을 하여 송조(宋
朝)의 학문은 치지도외하고 있었음과 이들 때문에 중국의 풍습이 크게
바뀌었음을 설명하였다. 이항복은 진한고문파의 영향으로 고문사(古文
辭)를 좋아하여 송유(宋儒)의 진부한 문장을 따라 배우지 않았다고 전한
다.140)

한편, 신흠은 소년 시절 제자백가와 구류(九流)의 서적을 모두 읽었으
며, 제자백가와 육왕학 계통의 학자들에게 호의를 보이기도 하였다. 그
는 정이-주희 계열의 학문적 전통을 일부 반성하고 한나라 학문의 중
요성을 재조명하였다.141) 같은 시대에 활동하였던 신흠의 막역한 친구
이수광 또한 서한 이전의 글은 문(文)과 질(質)이 다 같이 여유가 있었으
나 송 이후의 글은 문과 질이 다 부족하다고 말하면서 《역》(易), 《춘추》
(春秋), 《국어》(國語), 《노자》(老子), 《장자》(莊子)와 같은 고문을 높이 평

139) 《宣祖實錄》 卷112, 宣祖 32년 윤4월 13일(辛卯).
140) 李廷龜, 《月沙集》 卷35 〈答金沙溪〉 別紙, "此翁喜爲古文辭 不有沿習宋儒陳文".
141) 박희병, 1999, 《한국의 생태사상》, 돌베개, 215쪽.

가하였다.[142) 그가 높이 평가하였던 글 가운데에 《노자》와 《장자》 같은 이단 서적이 있었던 사실은 주목해야 한다. 다음, 유몽인은 고문을 높인 대표적인 경우였다.

> 나는 성품이 고문(古文)을 좋아하였다.……… 매번 오경사서(五經四書)를 읽고 전주(箋註)를 읽지 않았으니 그 문장이 고문이 아님을 싫어해서였 다. 고(古)가 있음을 알아도 금(今)이 있음을 알지 못하니 일찍이 당나라 이후의 문장에는 눈길조차 주지 않았다.[143)

그는 오경사서를 읽으면서 그 전주(箋註)는 읽지 않았으니 전주의 문 장이 고문이 아니라는 이유 때문이었다. 그러면서 그는 당나라 이후의 문장에는 눈길조차 주지 않았음을 술회하였다. 이는 앞서 언급하였듯이 진한고문파의 근본 주장이기도 하였다. 이러한 학문태도는 송대 학문을 대표하는 주자학의 폄하로 연결될 수 있었다.[144)

실제 유몽인과 같은 시대의 박기(朴瑺), 성진선(成晉善), 차천로(車天輅; 1556~1615)와 같은 인물들은 주자학에 대해서 일부 폄하하는 언급을 하 고 있었다. 예를 들면 성진선의 경우, 경전을 읽을 때 주희의 주석을 아 예 틀렸다고 치부해버리고 자신의 소신대로 해석하였다고 전한다.[145) 조익의 경우에도 주희와는 다른 경전 주석을 시도하였다.[146)

---

142) 한영우, 1992, 〈이수광(李晬光)의 학문과 사상〉, 《한국문화》 13, 379쪽.

143) 柳夢寅, 《於于集》 後集 卷4 〈答崔評事有海書〉.

144) 이러한 진한고문풍과 탈주자학적 학문 경향과의 관련성을 언급한 논문은 다음이 있다.(한명기, 1992, 〈유몽인(柳夢寅)의 경세론 연구〉, 《한국학보》 67, 126~130쪽; 신 익철, 1998, 《유몽인 문학 연구》, 보고사, 36~39쪽)

145) 한명기, 1999, 《임진왜란과 한중관계》, 역사비평사, 170~171쪽 참조.

146) 조익은 《서경천설》(書經淺說), 《용학곤득》(庸學困得) 등의 책에서 주희의 주석을 일부 고쳤다고 한다.[《孝宗實錄》 卷14, 孝宗 6년 3월 10일(乙未)]

이후 진한고문파의 대표적인 시인이었던 정두경 또한 진한고문파의 이러한 특성을 잘 보여주었다. 그는 고문의 독서에 힘을 기울였으며, 《좌전》(左傳)과 《장주》(莊周), 그리고 굴원(屈原), 사마천(司馬遷), 가의(賈誼), 양웅(揚雄)의 글을 열심히 학습할 것을 권하였다.[147] 여기에는 《장주》와 같은 이단 서적은 포함되었지만 송대의 산문은 들어 있지 않았다. 또한 그는 송시(宋詩)를 비하한 명대 전후칠자의 의견에 적극 동조하였다. 그는 송나라 시인들은 시의 정종(正宗)이 아니므로 꼭 배울 필요는 없다고 하였다. 이에 덧붙여서 그는 시를 처음 배우는 사람이 송시를 익히면 체제와 격조가 점차 낮아진다고 하였다. 정두경은 우리가 비록 후세에 태어났지만 옛 것을 배우면 높게 되니, 낮은 수준[=宋詩]에 굽신거릴 필요는 없다고 말하면서 송시를 비하하였다.[148]

정두경은 16세기 단학(丹學)의 최고봉이었던 정렴(鄭磏)의 후손으로서, 동방단학의 개산조라고 불리는 권극중과는 평생 교우를 맺은 인물이었다. 그는 자연스럽게 도가와 같은 이단적인 분위기에 영향을 받을 수밖에 없었다. 이러한 도가의 영향은 그의 제자였던 홍만종(洪萬宗)의 《해동이적》(海東異蹟)과 《순오지》(旬五志)에 잘 반영되어 나타났다. 홍만종은 여기에서 도인(道人)과 이인(異人)들을 소개하면서 도가적인 세계에 침잠하는 경향을 보였다.[149]

한편, 진한고문에 곧장 나아가 그 문체와 시대정신을 배우고자 하였던 진한고문파의 태도는 허목 등 근기남인을 중심으로 전개되었던 고학적 학문 경향과 그 맥을 같이하였다.[150] 진한고문풍의 복고주의와 송대

---

147) 남은경, 1998, 〈동명 정두경 문학의 연구〉, 이화여대 박사학위논문, 52쪽.
148) 洪萬宗, 《旬五志》附錄 〈東溟詩說〉.
149) 이 문단의 서술은 남은경(1998), 25쪽; 한영우, 1991, 〈17세기 후반~18세기 초 홍만종(洪萬宗)의 회통(會通)사상과 역사의식〉, 《한국문화》 12, 396~397・403쪽 참조.
150) 여기에는 명대 진한고문파 왕세정・이몽양의 영향이 어느 정도 작용하였다고 생

학문에 대한 객관화 경향은 주회의 주석에 의거하지 않고 육경에 곧장 나아가 그것을 있는 그대로 해석하고자 하였던 고학적 학문 경향과 맥을 같이할 수 있었던 것이다.[151] 이러한 고학 연구 경향은 진한고문파로 분류되는 허목을 중심으로 나타났다.[152]

허목은 자신의 문집인 《기언》(記言)의 서문에서 이 《기언》의 글들은 육경을 근본으로 삼고, 예악을 참고하고 백가(百家)의 변(辯)을 통하여 지은 것이라고 하였다.[153] 또한 그는 문장의 길굴(佶倔)함을 사모하여 머리가 희도록 꾸준히 은반(殷盤; 《書經》 商書의 盤庚)을 외었다고 고백하였으며,[154] 창힐체(蒼頡體; 새 발자국을 모방하여 글씨를 만든 것)의 옛 글을 매우 좋아하였다고 술회하였다.[155] 이것은 그가 얼마나 육경과 옛 글자를 좋아하였고, 이를 학문의 전범으로 삼고자 노력하였는지 보여 준다.

이러한 그의 고문에 대한 관심은 자연히 당송의 문장보다 선진양한의 문장을 더 높이 평가하려는 것으로 나타났다.[156] 그는 한유(韓愈)와 유종

각된다. 허목이 왕세정·이몽양에 대해서 알고 있었던 사실은 이동인, 2000, 〈17세기 허목(許穆)의 고학(古學)과 춘추재이론(春秋災異論)〉, 서울대 석사학위논문, 21~22쪽 참조.

151) 이러한 사례는 일본 도쿠가와(德川) 시대 고문사학파(古文辭學派)의 종장인 오규 소라이(荻生徂徠; 1666~1728)의 경우에서도 발견할 수 있다. 오규 소라이는 진한고문파 왕세정·이반룡의 문집을 보고, 당시 절대적인 권위를 갖던 주자학의 결점을 발견하고 고문사학(古文辭學)의 존재를 아는 계기를 마련하였다고 술회한 바 있었다. 그는 《변도》(弁道)에서 "자신이 하늘의 총령(寵靈)으로 인해서 왕·이의 책을 얻어 읽고서 비로소 고문사가 있음을 알게 되었다"고 말하였다.[尾藤正英, 1974, 《日本の名著》16(荻生徂徠), 中央公論社, 101쪽; 王家驊, 1988, 〈日中儒學の比較〉, 六興出版, 230쪽]

152) 허목은 진한고문파로 분류되고 있다. 김도련, 1998, 《한국 고문의 원류와 성격》, 태학사, 57쪽 참조.

153) 許穆, 《記言》 〈記言序〉, "記言之書 本之以六經 參之以禮樂 通百家之辯 能發憤肆力 且五十年".

154) 許穆, 《記言》 別集 卷1 〈自戲〉, "文章千古慕佶倔 白首磊落誦殷盤".

155) 許穆, 《記言》 別集 卷6 〈與柳馨遠德夫〉, "僕性苦篤好倉頡古文 無所售於世 自知無用".

원(柳宗元)이 서한(西漢)의 말단을 이었으나, 예스러운 기질은 양웅(揚雄)에게 미치지 못하였다고 평가하였다.157) 평가 기준이 '예스러움'에 있었기 때문에 당송고문파의 대가였던 한유와 유종원에 대한 평가가 양웅의 그것보다도 못하였던 것이다. 한유와 유종원은 고문운동의 주창자이며, 유교적인 순정한 글을 쓰려고 노력하였던 데 비해, 양웅은 그의 행적 때문에 주자학적 입장에서 볼 때 '이단적'인 인물에 가까웠다.158)

이러한 그의 견해는 경학에서도 살필 수 있다. 그는 세상 사람들이 송대 정주(程朱)의 주석에 익숙해져서 그들의 문체를 배우지 않고서 지은 문장은 '이'가 승(勝)한 문장이 아니며, 육경의 고문은 한갓 오활하고 진부한 말이라고 하고 있으니, 이는 잘못된 견해라고 다음과 같이 비판하였다.

문학을 논하는 자들이 '진실로 정·주씨를 배우지 않고서 문장을 짓는 것은 유자들의 이승(理勝)한 문장이 아니며, 육경 고문은 한갓 오활하고 진부한 말'이라고 한다. 나는 생각건대 유자들이 높이는 바는 요와 순과 공자만한 이가 없고, 그 말의 '이승'하기로는 또한 《역경》, 《춘추》, 《시경》, 《서경》만한 것이 없는데도 오히려 이와 같이 오활하고 진

---

156) 허목의 고문 경도는 훗날 정조의 다음과 같은 평가로 이어졌다. 정조는 허목이 진한 이후의 문장은 읽지 않았던 까닭에 그 문장은 기굴(奇崛), 굉이(宏肆)하였다고 평가하였다. 正祖, 《弘齋全書》卷161 日得錄 文學, "眉叟記言 酷好古文 蓋其八十年讀書 未嘗讀秦漢以後文 故其文奇崛宏肆 況其槐梧之表秀古之氣 脫然有出塵相 無怪當時之人 目以神仙中人". 여기에서 허목이 진한 이후의 문장을 주목하지 않았다는 사실을 확인할 수 있다.

157) 許穆, 《記言》卷5〈文叢序〉, "惟韓柳氏 繼西漢之末 而古氣不及揚雄".

158) 양웅은 전한 말 외척 왕망이 유씨를 멸망시키고 신(新)나라를 세울 때 왕망에게 아부하였다고 한다. 이를 주희는 매우 못마땅하게 여겨 강목을 지을 때 양웅이 죽었다는 기사를 특별히 '망대부 양웅이 죽다[莽大夫 揚雄死]'라고 폄하하여 썼다. 《資治通鑑綱目(一)》(보경문화사) 第八 中, 戊寅 490쪽, "莽大夫 揚雄死……雄所作法言卒章 盛稱莽功德可比伊尹周公 後又作劇秦美新之文以頌莽 君子病焉".

부한 것이라고 (그들이) 말하는 것은 아마도 (그들이) 고문에는 거의 미
칠 수가 없고, 주석가들이 풀어 쓴 것을 알기 쉽다고 여기는 까닭이 아
닐까 한다.159)

허목은, 세상 사람들이 육경을 오활하고 진부한 것이라고 여기는 이
유는 고문을 이해하지 못하고 정주와 같은 주석가들의 글을 알기 쉽다
고 생각하기 때문이라고 분석하였다. 그는 고문과 주석가들의 문체(=箋
註文字)를 구별해서 인식하였던 것이다.160) 고문과 주소(註疏)를 분리하
여 고문 자체를 높이고자 하는 의식은 앞서 유몽인의 경우에도 확인할
수 있었다.

이와 같이 고문을 높이는 경향은 한유(漢儒)들의 공을 높이는 방향으
로 나타나기도 하였다. 허목은, 한유들은 옛날과 멀지 않아 전인(前人)들
에게서 예전부터 전해 내려오는 이야기를 들은 바가 있어 여러 경의 주
소를 짓고, 경의 뜻을 비로소 밝혔으니 하·은·주 삼대의 예가 후세에
도 없어지지 않은 것은 실로 한유 덕택이라고 하였다.161) 이것은 신흠의
경우와도 매우 흡사하였다.162) 신흠 또한 허목과 같은 견지에서 한유의
공로를 칭송하였던 것이다.163)

이와 더불어 제자백가에 대한 관심도 보였다. 허목은 제자백가에 힘

---

159) 許穆,《記言》卷5〈答朴德一論文學事書〉.
160) 그는 주소(註疏)가 일어나자 고문이 없어졌다고 하였다. 許穆,《記言》卷5〈答客子
言文學事書〉, "註疏起而古文廢".
161) 許穆,《記言》卷2〈漢儒祀於學〉, "漢儒去高未遠 猶有舊聞於前人者 諸經註疏作而經
義始著 至程朱氏 因以明之 三代之禮得不沒於後世者 實漢儒有力焉".
162) 박희병(1999), 215쪽 참조.
163) 申欽,《象村稿》卷57〈求正錄〉上, "漢之立國 三代以後最爲近古 儒者亦多弘博 如漢
無儒者 則後世無以稽古 宋賢亦本漢儒所傳而刪潤之 漢儒之功 多矣哉 後之人 不知漢
儒之功大 而唯務詆訾 異矣".

을 기울인 지 30년이 되도록 마침내 얻은 바가 없었으므로, 돌이켜 육경에서 구하여 50세에 문장을 이루었다고 술회한 바 있다.[164] 이처럼 비록 제자백가에서 얻은 바가 없었다고 말하였으나, 〈문총〉(文叢)의 저작을 통해서 그는 제자백가에 대한 폭넓은 이해를 보여주었다.[165] 그 가운데에서 특히 그의 도가적 취향이 주목되기도 하였다.[166] 그가 제자백가에 관심을 가졌던 이유는 진(秦)나라 이후 성인의 문장이 노자로 옮겨가고 백가에 흩어졌다는 생각에서 비롯되었다.[167] 즉, 그가 생각하기에 제자백가의 문장은 비록 괴벽스럽지만 그래도 성인의 유풍이 남아 있다는 것이다. 도가에 대한 관심은 앞서 살펴보았듯이 정두경과 홍만종에게서도 살필 수 있었다.

이상에서 진한고문풍의 복고주의 경향에 대해서 살펴보았다. 17세기의 주요 문형들이 대부분 진한고문풍의 영향을 받았다는 사실은 진한고문풍의 사회적인 영향력을 잘 말해 준다. 명대 진한고문파의 영향을 받았던 사람들 가운데 일부에게서 사상적으로 주목되는 부분은 복고주의와 그에 따른 '송대 학문의 폄하' 경향이었다. 명대 진한고문파는 당대(唐代) 이후의 글은 읽지 않아도 된다는 말을 공공연히 하였다. 이것은 당대 이전의 문장과 학문을 존숭하고 송대 학문의 권위를 반감시키는 기능을 하였다. 이러한 문풍과 학문 경향은 송시열과 이의현이 주희의 학문뿐만 아니라 문장과 시도 최고로 여기던 것과 비교하면 그 차이

---

164) 許穆, 《記言》 卷65 〈自序〉 一, "平生無他嗜好 好讀書 肆力於諸子百氏書三十年 卒無所得 反而求之六經 五十成文章".

165) 許穆, 《記言》 卷5 〈文叢序〉.

166) 한영우, 1989, 〈17세기 중엽 남인 허목(許穆)의 고학(古學)과 역사인식〉, 《조선후기 사학사 연구》, 일지사, 92~99쪽 참조.

167) 許穆, 《記言》 卷58 〈自評〉, "至秦專用法術 焚滅詩書 天下逢大亂 聖人之文 貳於老氏 散於百家".

가 명확하게 드러났다.[168]

2.3.2. 낙론계 당송고문풍의 정치이념

17세기 후반 송시열을 중심으로 형성된 '주자 절대화' 관념은 서울의 유력가문이었던 안동김씨·여흥민씨·연안이씨 등의 지지를 받으면서 중앙 학계에서 점차 그 입지를 넓혀갔다. 그들의 주자 절대화 경향은 모든 경전의 이해를 오로지 주희를 통해서만 터득해야 한다는 것을 주요 내용으로 하였다. 이러한 이유로 주희 이외의 주석은 모두 이단으로 인식되었고, 자연 배격의 대상이 될 수밖에 없었다.

송시열의 주자 절대화 경향과 그에 따른 '이단' 시비 움직임은 윤휴·윤증 문제를 거쳐 송시열 사후인 1703년(숙종 29)과 1709년(숙종 35) 노론측이 제기한 박세당의《사변록》논쟁과 최석정의《예기유편》논쟁에서 절정에 달하였다. 노론은 소론·남인의 학문 경향을 '이단'으로 내몰았다. 그들은 이를 기반으로 자신들의 정치권력을 확고히 하고자 하였다. 이것은 단지 정치적 사상적 영역에만 국한된 것은 아니었다. 문학 영역에서도 그러한 모습들이 나타났다.

송시열은 문장에서도 주희를 가장 높이 평가하였다. 주희의 글은 갖추어지지 않은 것이 없으니, 아마도 문장 또한 주희만한 이가 없다는 것이었다.[169] 이러한 송시열의 인식에는 도(道)에 깊어지면 문(文)은 자

---

168) 宋時烈,《宋子大全》附錄 卷18 語錄 崔愼錄 下, "朱子之文 無所不具 而從心所欲 吐辭爲文 則竊恐文章亦莫如朱子也"; 李宜顯《陶谷集》卷27 雜著〈雲陽漫錄〉, "朱夫子 於詩 亦一意銓詮古選體 諸作俱佳 齋居感興 以梓潼之高調 發洙泗之妙旨 誠千古所未有 余竊愛好 常常吟誦焉".

169) 宋時烈,《宋子大全》附錄 卷18 語錄 崔愼錄 下, "朱子之文 無所不具 而從心所欲 吐辭爲文 則竊恐文章亦莫如朱子也".

연히 좋아진다는 전통적인 성리학적 문학사상이 영향을 끼치고 있었던 것으로 보인다. 그는 "문장을 짓고자 한다면 사서를 읽어서는 안 되고 반드시 《장자》, 《사기》와 같은 외가서(外家書)들을 읽어야 합니까"라는 제자의 질문에, "비록 의리를 취하지 않고 다만 문장을 짓는다 하더라도 사서를 버릴 수는 없다"는 답변을 하였다.170)

사서를 통해서 도를 밝힐 수 있다면 문은 자연히 이루어진다는 입장이 그의 답변에 전제되어 있었다. 그는 장유와 이식(李植) 같은 사람들의 문장을 평가함에서도 주자학을 열심히 연마하였던 사실을 유독 부각하여 중요하게 언급하였다.171) 이러한 사실들에서 의리뿐만 아니라 문장에서도 주자학과 사서를 중시하는 송시열의 태도를 엿볼 수 있다.

이러한 이유 때문에 진한고문은 송시열에게 자연히 배격의 대상이 될 수밖에 없었다. 그는 명대 진한고문파의 문장을 모두 가문(假文)이라고 비판하였다.172) 앞서 살펴보았듯이 진한고문풍에는 복고주의 경향이 담겨 있었다. 이러한 경향은 주자학을 포함한 송대 학문이 갖는 사회적 권위를 떨어뜨리고 '이단' 학풍에 관심을 갖게 하는 것으로 나아갈 소지가 있었다.

이러한 분위기에 대한 견제는 송시열이 1670년(현종 11)에 쓴 《해동이적》 발문에서부터 나타났다. 송시열은 홍만종의 편찬작업에 대해서 '마땅히 쏟지 말아야 할 곳에 마음을 쏟은 옳지 않으며, 괴팍한 책에 기괴한 것들을 적은 일은 잘못된 일'이라고 말하였다.173) 이러한 송시열의

---

170) 宋時烈, 《宋子大全》 卷17 語錄 崔愼錄上, "問人言欲爲文章 則讀四書不可 必讀莊馬及外家書可也 此言何如 曰 豈其然乎 豈其然乎 雖不取義理 而只爲文章 捨四書不可".
171) 宋時烈, 《宋子大全》 卷147 〈書澤堂政院日記後〉; 같은 책 卷156 〈谿谷張公神道碑銘〉.
172) 宋時烈, 《宋子大全》 附錄 卷14 語錄 李喜朝錄, "先生曰 然 明時人不度自家力量 妄欲效擬秦漢 都是假文矣".
173) 宋時烈, 《宋子大全》 卷146 〈海東異蹟跋〉.

평가는 《해동이적》의 서문을 썼던 홍만종의 스승 정두경의 칭찬과는 매우 대조적이었다.

정두경은 우선 노자의 교리는 천하를 다스릴 만하니 한나라 문제는 이 도를 가지고 태평성대를 이루었으며, 장유후(張留候)는 이 도를 가지고 큰 공을 세웠고, 조참(曺參)과 급암(汲黯)은 이 도를 터득하여 각기 이름난 신하가 되었다고 하면서, 노자가 불씨보다 훨씬 훌륭함을 말하였다. 그러면서 그는 유향(劉向)과 갈홍(葛洪)이 《열선전》(列仙傳)을 지어 옛날의 이인(異人)들을 후세에 전하였는데, 홍만종 역시 《해동이적》을 지음으로써 유향·갈홍에 버금가는 공로를 남겼다고 하였다.174)

송시열의 홍만종에 대한 평가와 함께 신흠과 이정구 문장에 대한 평가도 주목해야 할 부분이다. 송시열은 1679년(숙종 5) 이선(李選)에게 보내는 편지에서 '나는 명나라의 글을 좋아하지 않았는데, 신흠은 오로지 명나라 글을 주상하고 이성구는 주장하지 않았으니 그 글을 논한다면 이정구가 나은 듯하다'고 말하였다.175) 이러한 평가는 신흠의 문장을 이정구보다 낫다고 여기던 당시 사람들의 일반적인 생각과는 다른 것이었다.176) 하지만 뜻을 평이하게 서술하는 주희의 문체를 최고로 여기고 명대 진한고문파를 배격하던 송시열이 평이하고 이치에 가까운[近理] 문장을 썼던 이정구를 신흠보다 높이 평가하였던 것은 당연한 일이었다.

이러한 문학적인 측면과 함께 송시열의 평가에서 정치·사상적인 요

---

174) 洪萬宗, 《海東異蹟》 序(鄭斗卿 撰).

175) 宋時烈, 《宋子大全》 卷72 〈答李擇之〉 己未 4月 25日, "但愚平生不喜明文 玄翁專主明作 而月沙則不主 故嘗以爲論其文 則月沙似勝云".

176) 金昌協, 《農巖集》 卷34 雜識 外篇, "月沙象村 同時齊名 前後論者 互有軒輊 當時文苑之論 頗以象村爲勝 觀谿谷所序二公文集 可見也 至近世尤翁 始以月沙爲勝 蓋象村視古修辭 藻飾之功多 月沙隨意抒寫 紆餘之致勝 尙辭者右象村 主理者取月沙 固各有所見也".

220_

소들은 더욱 주목해야만 한다. 연안이씨 이정구 가문의 이단상·이희조
(李喜朝) 등은 송시열 계열과 정치적으로 긴밀히 제휴하면서 17세기 중
반 이후 산당의 창구 역할을 하였다. 반면에 신흠 가문은 송시열과 깊은
원한 관계에 있었다. 효종 3년(1652)에 일어난 신흠의 손자 신면 옥사 과
정에서 신흠 가문과 송시열의 산당 계열은 깊은 원한 관계가 되었다.
신흠 가문의 송시열에 대한 적대감은 이후 계속 이어졌다. 숙종 연간
신종화(申宗華)와 영조 연간 을해옥사(1755) 때 죽은 소론 신치운(申致雲;
?~1755)은 이를 대표한다고 하겠다.

　이렇게 신흠 가문이 송시열과 적대 관계를 형성한 데에는 사상적인
차이도 적지 않은 영향을 끼쳤으리라 생각한다. 신흠 가문은 사상적으
로 송시열과 매우 이질적인 성향을 보이고 있었다. 앞 장에서 언급하였
듯이 신흠은 제자백가와 육왕학에 관심을 갖고 한학(漢學)을 재조명하고
자 하였다. 더욱이 신흠과 후손 신익성(申翊聖), 신최(申最), 신경(申昴)은
소옹 상수역학에 심취하였다. 이 같은 학문 경향은 주자학과 《소학》·
사서를 중심으로 하는 송시열의 그것과는 적지 않은 차이를 갖는 것이
었다.

　이처럼 송시열은 나름의 문장관을 가지고 있었고, 이에 입각한 자신
의 의견을 피력하고 있었다. 하지만 송시열 자신은 문장을 전문적으로
연마한 문장가가 아니었으므로 그의 문장관에는 이후 제자들이 보기에
불철저하거나 미진한 점들이 있을 수밖에 없었다. 다음 1673년(현종 14)
이희조와 나눈 대화는 이후 김창협에 의해서 특히 문제가 되었던 대목
이다.

　　이희조: 문장은 누가 제일입니까?
　　송시열: 시는 동명(東溟; 鄭斗卿)이 매우 높고 문은 이단하(李端夏)다.

이희조: 태학사(太學士; 金萬基)의 문장은 어떠합니까?

송시열: 어릴 적부터 사람들은 숙성하다고 하였다.

이희조: 좌상(金壽恒)의 문장은 어떠합니까?

송시열: 이 사람도 두루 잘한다고 하였다.

이희조: 계곡(谿谷; 張維)의 문장은 명나라에서는 당할 만한 자가 없습니까?

송시열: 그렇다. 명나라 때의 사람들은 자기의 역량을 헤아리지 않고 망령되이 진·한을 모의(模擬)하려고 하였으니 모두 가문(假文)이다.[177]

위에서 송시열이 문장으로 칭송한 사람들은 모두 서인이었다. 그는 시와 문에서 정두경과 이단하를 각각 최고로 지목하였으며, 장유의 문장은 명나라에서도 당할 자가 없을 것이라고 극찬하였다. 하지만 이러한 그의 평가는 송시열 자신이 평소 가졌던 문장관과 모순되거나 다소 과장된 것들이 있었다. 17세기 진한고문파의 대표적 인물 가운데 하나였던 정두경을 높이 평가하였다든가,[178] 장유를 명나라에서도 당할 자가 없다고 평하였던 것은 이후 적지 않은 문제가 되었다.

송시열이 정두경을 최고로 지목하였던 것은 아마도 당시 일반적인 평가를 따랐던 것으로 보이며, 이단하는 자신의 제자이자 친분이 깊던 이식의 아들이라는 사실이, 장유를 높이 평가하였던 것은 그가 효종비 인선왕후(仁宣王后) 장씨(張氏)의 아버지였다는 사실이 상당 부분 작용하였

177) 宋時烈, 《宋子大全》 附錄 卷14 語錄 李喜朝錄.

178) 송시열은 다른 곳에서 정두경 문장의 병통을 지적하기는 하였으나, 현존하는 문인들 가운데 그와 비견할 자는 없다고 그의 문장을 인정하였다. 宋時烈, 《宋子大全》 附錄 卷18 語錄 崔愼錄 下, "鄭東溟之文 不能無病 雖不得爲通古文章 然今日文人才士 未有其比 亦可謂今日之文章也".

222_

다고 생각한다. 이러한 송시열의 견해와 관점이 좀더 정교해지고 체계
를 잡아갔던 것은 이후 김창협을 통해서였다.

　김창협은 명대 진한고문파의 문장을 폄하하고 이치에 가까운 문장을
써야 한다는 송시열의 관점에 기본적으로 동의하였다. 이러한 관점이
잘 반영되었던 것은 신흠과 이정구 문장에 대한 평가였다. 김창협은 이
정구를 신흠보다 높이 평가한 송시열의 뜻을 따랐다.179) 하지만 몇몇 구
체적인 평가에서는 일부 문제점을 제시하였다. 그 가운데 위의 장유를
동방 제일의 문장으로 평가한 송시열의 말을 가지고 김창협은 송시열이
명대 당송고문파인 왕신중(王愼中; 1509~1559)과 당순지(唐順之; 1507~
1560) 같은 사람들이 있음을 알지 못해서 그렇게 평가한 것이라고 말하
였다.180)

　그는 여기에서 새롭게 명대 당송고문파의 존재를 조명하고자 하였다.
그는 산문에서 한유와 구양수의 문장을 칭찬하고, 이를 계승한 명대 당
송고문파의 문장을 높게 평가하였다.181) 그리고 시에서도 송시가 천기

179) 金昌協,《農巖集》卷34 雜識 外篇, "月沙象村 同時齊名 前後論者 互有軒輊 當時文
苑之論 頗以象村爲勝 觀谿谷所序二公文集 可見也 至近世尤翁 始以月沙爲勝 蓋象村
視古修辭 藻飾之功多 月沙隨意抒寫 紆餘之致勝 尙辭者右象村 主理者取月沙 固各有
所見也"; "象村天才敏妙 而深厚不足 又學諸子及國策 且喜皇明諸大家 故其文態度俊
麗 光彩絢爛 但少質實之意 雋永之味 月沙天才華瞻 而高簡不足 日不規規於古人繩墨
出之甚易 故其文紆餘通暢 絶無艱難拘窘之態 但體裁少典嚴 格調不古雅 兩家長短 槩
不出此 以夫子從先進之義 則尤翁之論 其殆近矣乎".
180) 위의 글, "尤翁亟推谿谷文章 謂爲東方第一……竊恐未然……尤翁實不多見明文 槩
謂明人皆僞學古文 不知自有遵巖荊川一派 谿谷正在其範圍中耳".
181) 위의 글, "韓文原道外 與孟簡書及文暢書 論議正大 筆力宏肆 不減孟子文章"; "明文
如遵志陽明遵巖荊川 皆是歐蘇流派 就中遵志規模宏大 筆力滂沛而少收斂裁剪之功 陽
明天才豪敏 有操縱有闔闢 而少深淳典厚之致 此所以不及歐蘇 遵巖荊川宏大不如遵志
豪敏不如陽明 而體裁則加密焉 然要不出乎王度內耳"; "明人如空同弇州一派 固非韓歐
正脈 至於遵志陽明遵巖荊川數大家 皆深於經術 優於理致 宏博精深 高明峻潔 皆非谿
谷所能及".

(天機)가 발현된 것에 가까우며, 읽으면 성정의 진실됨을 볼 수 있다고 하여 송시를 재평가하였다.182)

김창협은 이러한 관점을 바탕으로 해서 17세기 진한고문파의 대표격인 정두경을 집중적으로 비판하였고,183) 연산군대와 중종대 활동하였던 박은(朴誾; 1479~1504), 박상(朴祥; 1474~1530), 이행(李荇; 1478~1534) 같은 인물들을 재평가하였다.184) 또한 그는 당시까지 최고의 문장가로 추앙받던 고려 말의 대표적 문인 이규보(李奎報; 1168~1241)를 비판하고, 이색(李穡; 1328~1395)과 같은 인물을 새롭게 주목하기도 하였다.185)

세밀하게 따져볼 때 정두경과 이규보에 대한 김창협의 비판은 다소 구분되는 면이 있었다. 정두경에 대한 비판이 의고문풍(擬古文風)과 '온유' 및 '체험의 진실성'에 대한 문제에 주로 초점이 맞추어졌다면, 이규보에 대한 비판은 그의 반수양론적인 독서태도에서 비롯된 학식(學識)과 지의(志意)의 결여에 대한 것이었다.186) 하지만 이러한 차이점이 있음에도 정두경·이규보에게는 일정한 공통점이 포착된다. 그들은 김창협이 보기에 주자학적 교양과 수양이 부족하고 순정하지 않은 학문 배경을

---

182) 위의 글, "宋人雖主故實議論 然其問學之所蓄積 志意之所蘊結 感激觸發 噴薄輸寫 不爲格調所拘 不爲塗轍所窘 故其氣象 豪蕩淋漓 時有近於天機之發 而讀之有可見其 性情之眞也".

183) 위의 글, "世稱本朝詩 莫盛於穆廟之世 余謂詩道之衰 實自此始"; "鄭東溟出於晚 季……其才具氣力 實不及挹翠諸公……要其所就 未能超石洲·東岳而上之也"; "東溟 詩……其實殆古人所謂鈍賊".

184) 위의 글, "挹翠軒 雖學黃陳 而天才絶高 不爲所縛 故辭致淸渾 格力縱逸"; "容齋詩 雖格力不及挹翠 而圓渾和雅 意致老成 足爲一時對手".

185) 위의 글, "近見壺谷所編箕雅目錄 稱李奎報文章爲東國之冠 余意此論殊不然……其 學識鄙陋 氣象庸下……文則當推牧隱爲大家 詩則當推挹翠爲絶調"; 李宜顯, 《陶谷 集》卷27〈雲陽漫錄〉, "李文順文章 爲東國之冠 而其論文評詩 多有鄉暗可笑者 況其 餘乎 牧隱出於其後 文章深厚自然 有不可及處".

186) 최현태, 1997, 〈농암(農巖) 시론(詩論)의 분석적 검토〉, 《한국한시연구》 5; 송혁기, 2000, 〈김창협 문학비평의 당대적 위상〉, 《고전문학연구》 18.

가진 인물들이었다.

정두경은 앞서 언급하였듯이 무(武)를 강조하였으며 도가적 성향을 가진 인물이었다.[187] 《현종개수실록》에 있는 그의 졸기에는 서인-노론이 추구하던 주자학 이념과는 거리가 먼 그의 성향이 잘 나타나 있다. 졸기에 따르면 그는 성품이 술을 좋아하고 몸단속에 신경을 쓰지 않았다고 한다. 그러한 예로 서인 사신(史臣)은 다음 일화를 제시하였다. 그가 경기도사(京畿都事)로 있을 때, 군읍(郡邑)의 어떤 자가 '성묘(聖廟)에 빗물이 새니 수선해야 한다'고 알리자 정두경은, '한 조각 썩은 나무판을 뭐 하러 덮어주는가' 하였다고 한다.[188] 정두경은 공자 이하 여러 현인들의 위패를 '썩은 나무판'으로 비유하였던 것이다. 이어서 서인 사신은 대개 그가 모든 일 처리를 이런 식으로 하였기 때문에 문한(文翰)의 직책을 얻지 못한 것이라고 기록하였다.

또한 정두경은 남인 조경(趙絅)과도 교유하는 등 친밀한 관계에 있었다.[189] 조경은 서인 송준길(宋浚吉), 이유태(李惟泰)와 갈등을 겪었고, 1660년(현종 1)에는 송시열과 대립하였던 윤선도(尹善道; 1587~1671)에 동조하는 상소를 올리기도 하였다. 이러한 이유로 조경은 1680년(숙종 7)에 서인들에 의해 현종 묘정에서 출향되었다.[190] 조경은 현종조의 예송을 거치면서 남인의 원로로 널리 인식되었으며, 포천에 세거하였던

---

187) 남은경(1998), 25쪽.

188) 《顯宗改修實錄》卷27, 顯宗 14년 6월 5일(癸卯). 남인에 의해서 기록된 《현종실록》의 정두경 졸기[《顯宗實錄》卷21, 顯宗 14년 6월 5일(癸卯)]가 구체적인 점을 생략한 채, "성품이 호탕하고 술을 즐겼다. 그래서 자신을 검속하지 못하였고 농담을 잘하였다(性豪嗜酒 不自檢束 且善恢諧)"고 적고 있는 데 비해, 서인이 편찬한 《현종개수실록》은 이처럼 비교적 상세히 정두경의 잘못된 점들에 대해서 기록하였다.

189) 《顯宗改修實錄》卷26, 顯宗 13년 12월 5일(丙午).

190) 조경(趙絅)에 대한 서인들의 관점은 다음에 잘 나타나 있다. 《肅宗實錄》卷11, 肅宗 7년 6월 17일(戊戌).

그의 후손들은 남인 명가로 훗날 손꼽혔다.191) 정두경 사후(1673)인 갑인예송(甲寅禮訟; 1674) 이후 서인이 궁지에 몰리는 상황에서 정두경과 조경의 친밀한 관계는 중요한 의리의 문제가 될 수 있었을 것이다. 이후 정두경의 문집인《동명집》(東溟集)은 소론 남구만의 도움으로 간행되었고, 그 서문도 최석정이 썼다.192) 그는 노론으로부터 소외되고 있었다.

앞서《해동이적》을 지었던 정두경의 제자 홍만종도 정두경과 비슷한 사상 배경을 가졌던 인물이다. 그는 서인 계열이었지만, 삼교통합적인 모습을 보였으며, 남인 허견(許堅)의 종매(從妹)를 첩으로 삼는 등 남인과도 친밀한 관계를 형성하였다. 더욱이 홍만종의 아버지 홍주세(洪柱世; 1612~1661)는 송시열과 대립하였던 신면과 가까운 사이였다.193) 홍만종은 노론들에게 나쁜 평가를 들었고, 결국 노소 분기 과정에서 소론 쪽에 섰다.194)

이규보는 유·불·선에 고루 관심을 가졌던 삼교통합적인 인물이었다.195) 따라서 그에게는 주자학의 관점에서 볼 때 문제 될 소지들이 많았다. 가령, 백거이(白居易; 772~846)의《장한가》(長恨歌)에서 죽은 양귀비와 당 현종을 만나게 하기 위해 도사가 활약하는 대목에 대하여 이황은 허탄하고 기괴하다고 비판한 바 있었다. 그러나 이규보는 그의 〈동명왕편서〉(東明王篇序)에서 그 대목을 긍정적으로 수용하였다.196) 김창협

---

191) 정만조, 2000, 〈조선후기 경기북부지역 남인계 가문의 동향〉,《한국학논총》23, 78~88쪽.

192) 崔錫鼎,《明谷集》卷8〈東溟集序〉.

193)《顯宗改修實錄》卷3, 顯宗 원년 6월 10일(癸巳).

194) 한영우(1991), 376~382쪽 참조.

195) 이규보의 삼교통합적 사상 경향에 대해서는 다음 논문들을 참조할 수 있다. 마종락, 1998, 〈이규보(李奎報)의 유학사상〉,《한국중세사연구》5; 김철웅, 1999, 〈이규보의 도교관〉,《한국사상사학》13; 박윤진, 2001, 〈이규보의 불교관에 대한 일고찰〉,《사총》53.

이 이규보 시에 대해서 비판한 논점도 이와 같은 주자학적 수양론 부족과 그에 따른 학식·지의의 결여에 있었다.197) 이규보의 시에는 주자학의 관점과는 어울리지 않는 것들이 상당 부분 있었다.198)

반면 김창협이 새롭게 조명하고자 하였던 인물들은 주자학적 입장에 충실한 사람들이었다. 이색은 고려말 성리학자로서 도학을 문학에 적용한 작가였으며,199) 이행·박은·박상은 한결같이 주자학적 입장에 충실한 문장가들이었다. 이행은 이식의 고조부로서《소학》을 주제로 한 시를 지었고, 엄격한 도학적 역사인식을 가졌다고 한다.200) 박은은 연산군대에 직언으로 목숨을 잃었으며,201) 박상은 철저한 유자로서 어려운 상황에서도 도·불에 침잠되지 않고 유가적 세계관을 지켰다고 평가받고 있다.202)

농연 일문(農淵一門)에서 당송고문가와 그것을 계승한 명대 당송고문파를 높였던 이유는 대부분 그들의 문장이 경술(經術)과 학술에서 나왔다고 생각하였기 때문이다. 김창협은 명대 방효유(方孝孺; 1357~1402), 왕양명(王陽明), 왕신중(王愼中), 당순지(唐順之) 등을 모두 경술에 깊고 이치에 밝아 굉박정심(宏博精深)하고 고명준결(高明峻潔)하다고 평가하

---

196) 이종호, 1989, 〈퇴계미학의 기본성격 하〉,《안동문화》10, 안동대 안동문화연구소, 141쪽.
197) 최현태(1997), 277~283쪽; 송혁기(2000), 497~500쪽.
198) 최현태(1997), 281쪽.
199) 이동환, 1997, 〈이색(李穡)에게 있어서의 도학의 문학적 천발(闡發)〉,《목은이색학술사상중한연구회 발표요지》, 중국인민대 동방문화연구소(中國人民大東方文化研究所)·한국목은연구회(韓國牧隱研究會) 공동주최; 유호진, 1999, 〈이색 시 연구—도학 성향의 작품을 중심으로〉, 고려대 박사학위논문.
200) 김기림, 1996, 〈이행(李荇)의 시세계 연구〉, 이화여대 박사학위논문, 59~81쪽.
201) 이종묵, 1995,《해동강서시파연구》, 태학사, 200~201쪽.
202) 이러한 박상의 면모에 대해서는 박은숙, 1988, 〈눌재박상(訥齋朴祥)문학연구〉, 고려대 석사학위논문, 41~51쪽 참조.

였다.203)

이의현은 당송팔대가가 모두 경술에 바탕을 두고 글을 지었고, 소씨 (蘇氏) 부자가 비록 종횡가(縱橫家)의 기습(氣習)에서 벗어나지 못하였다 고 하더라도 그 연원은 육경에서 나왔으니, 천고문장(千古文章)의 정맥 (正脈)은 여기에 있다고 말하였다.204) 또한 그는 방효유의 문장이 의리・ 학술에서 나왔고, 명나라 300년 동안 그에게 미치는 자가 없었다고 극찬 하기도 하였다.205) 방효유는 명대 대표적인 정주학자였다. 반면에 그는 명대 진한고문파 문인들의 글은 육경에 근본하지 않았던 까닭에 말이 순하지 아니하고 이치는 흐트러졌다고 평가하였다.206)

농연 일문이 비록 소식과 왕양명의 글을 당송고문의 범주에서 긍정적 으로 평가하였지만, 그들이 말하였던 경술과 학술의 의미는 일차적으로 육경과 주자학적 측면에서 규정될 수밖에 없었다. 주자학자로서 집권층 이었던 그들이 글 쓰는 데서 중요하게 지적한 도더저 수양과 교양이 실 제 내용은 육경과 주자학일 수밖에 없기 때문이었다. 따라서 소식과 왕 양명 문장에 대한 일부 긍정적인 평가도 현실적으로 '좋은 글' 이상의 의미는 갖기 어려웠다.

그러한 점에서 정・주의 의리와 당송고문은 동일한 맥락에서 논의될

---

203) 金昌協, 《農巖集》 卷34 雜識 外篇, "至於遜志陽明遵巖荊川數大家 皆深於經術 優於 理致 宏博精深 高明峻潔".

204) 李宜顯, 《陶谷集》 卷27 雜著〈雲陽漫錄〉, "是以上自兩漢諸公 以至唐宋八大家 皆本 經術爲文 蘇氏父子 雖未能脫縱橫氣習 其原則亦出六經 千古文章正脈 實在於此".

205) 방효유(方孝孺)에 대해서는 黃宗羲, 《明儒學案》 中冊(華世出版社) 卷43 諸儒學案 上 一, 〈文正方正學先生孝孺〉 참조. 李宜顯, 《陶谷集》 卷28 雜著〈陶峽叢說〉, "方孫志 (方孝孺)・劉誠意(劉基)・宋潛溪(宋濂) 以義理學術 發爲文詞者也 此爲一派 孫志尤滂 沛浩瀚 有明三百年文章 絶無及此者 潛溪其亞 而誠意尤潛溪之匹也".

206) 李宜顯, 《陶谷集》 卷27 雜著〈雲陽漫錄〉, "皇明王李諸人 專學先秦諸子 意欲跨韓歐 而上之 與左馬並驅 而其文不本於經故 語不馴而理則媿".

성격의 것이었다. 윤봉구는 송시열의 문장이 한유·구양수의 문사(文詞)
와 정자·주자의 의리가 복합되어 이루어진 것이라고 하였다.207) 또한
김창협은 주희의 의리와 구양수의 문장을 겸비하였다고 평가받았고,208)
김창흡은 송나라 때 정·주의 의리와 구·소의 문장은 은미한 것에 들
어가고 지극함을 이루어 부족함이 없다고 하였다.209) 다음 정조의 말은
구양수와 소식 등 당송고문가들의 문장이 당시 지배이념이었던 주자학
과 어떠한 관련성을 가졌는지 잘 보여주었다.

　　우리 조정의 입국(立國) 규모는 온전히 송나라를 모방하였다. 치법(治
　法)이 서로 부합할 뿐만 아니라 문체 또한 그러하였다. 구양수·소식 등
　의 글 같은 것은 모두 천자의 계획을 보좌할 수 있는 문장으로 치세의
　기상을 충분히 징험할 수 있다고 말할 만하다. (그런데) 명청문집(明淸文
　集)에 이르러서는 온전히 꾸미기에만 힘써 하나도 볼 만한 것이 없으니
　지금 사람들이 명청문자(明淸文字) 보기를 좋아하는 것은 진실로 그 까
　닭을 알지 못하겠다.210)

정조는 당송고문의 대가였던 구양수와 소식 등의 문장은 모두가 천
자의 계획을 보좌할 수 있는 문장으로 치세의 기상(氣象)을 충분히 징험
할 수 있다고 하였다. 정조에게 구·소의 문장이 천자의 계획을 보좌할
수 있는 것이었다면, 주자학은 천자의 계획을 보좌할 수 있는 의리요

---

207) 宋時烈, 《宋書續拾遺》 附錄 卷2 墓誌(尹鳳九 撰), "爲文章 雖不屑屑於作者軌轍 多積
　　博發 汪洋浩大 頃刻數千言如風驟雨集 變化百出而皆自所學中出來 是蓋韓歐文詞 程
　　朱義理 經緯而成章也".
208) 金邁淳, 《臺山全書》(계명문화사, 1985) 卷14 家史〈農巖先生〉, "論者曰國朝儒賢盛
　　矣 若歐陽子之文章 朱文公之義理 合爲一家者 惟先生庶幾焉".
209) 金昌翕, 《三淵集》 卷36 漫錄, "宋時程朱之義理 歐蘇之文章 皆能入微造極 殆無餘憾".
210) 《弘齋全書》 卷161 日得錄.

이념이었다. 여기에서 당송고문가들과 그들을 계승하려 하였던 명대 당송고문파의 문장이 주자학과 매우 밀접히 관련되어 있음을 알 수 있다.

이것으로 볼 때 당송고문풍을 주도하고 주자학의 입장에 충실하였던 사람들의 문학을 높이고자 하였던 김창협의 의식 속에는, 주자학을 중심으로 한 송대 학문을 문화의 전범으로 설정하고자 하는 목적의식이 담겨 있었다고 할 수 있다. 문풍에 대한 김창협의 주장들을 담고 있는 잡지(雜識) 외편(外篇; 《農巖集》卷34) 총 146항목 가운데 93개의 항목이 기사환국 직후 노론이 절치부심하던 1691년(숙종 17)과 1692년(숙종 18)에, 나머지 45개의 항목은 《사변록》 변정 논의가 있었던 1703년(숙종 29), 그 뒤 1705년(숙종 31)과 1707년(숙종 33)에 걸쳐서 작성되었다는 것은 이러한 사실을 더욱 뒷받침한다.

농연 일문에서 문장과 관련해 주희의 권위를 얼마나 높이 평가하고 있었는지는 김창협의 제자 이의현의 다음 언급에서 구체적으로 확인할 수 있다.

주자가 〈대학보망장〉(大學補亡章)을 지었는데, 그 글은 순전히 송나라 사람의 문체로 상고(上古)의 문장이 아니었다. 대개 문은 세대를 따라 못해지는 까닭에 비록 주자의 아성(亞聖)됨을 가지고도 힘이 미치기 어려움이 있었던 것이다. 그런데 만약 억지로 고문을 흉내내고자 한다면 또한 진실한 도리가 아니다. 그런 까닭에 이를 하지 않았던 것이다. 이에 근거해서 살펴보면, 뒷사람이 억지로 (무슨 뜻인지도 모를) 난해한 말들을 지어 옛날을 본받고자 하는 것은, 다만 병 없이 찡그리고 신음하는 것으로 치부되기에 족할 뿐 식자(識者)가 취할 바가 아님을 알 수 있겠다.[211]

---

211) 李宜顯, 《陶谷集》 卷28 雜著 〈陶峽叢說〉.

이의현은 주희의 〈대학보망장〉을 언급하면서 의고문풍, 즉 진한고문풍을 지적하였다. 주희가 〈대학보망장〉을 새로 지었는데, 그것은 순전히 송나라 사람의 글로서 원래 《대학》이 지어졌던 시대의 글이 아니었다. 그는 주희가 억지로 상고의 글을 흉내 내지 않고 송나라의 문장으로서 그 의미를 추론하여 〈보망장〉을 새로 지었으니, 이것으로 미루어 보건대 억지로 고문을 흉내 내는 것은 식자(識者)가 취할 것이 아님을 알겠다고 서술하였다.

이의현은 진한고문풍을 비판하기 위한 예로서 주희의 〈대학보망장〉을 끌어왔다. 그런데 여기서 이의현 자신이 평소 가지고 있던 경학관을 짐작할 수 있다. 만약 엄격한 의미에서 본다면 〈대학보망장〉은 주희의 위작(僞作)이며, 따라서 상고의 경서로 볼 수 없다. 그러나 이의현은 〈대학보망장〉을 주희의 위작으로 보지 않고 그것을 사실 그대로 받아들이려 하였다. 오히려 상고의 글을 억지로 만들어내는 것을 배격하고 있었다. 이것은 그가 엄격하게 육경 그 자체에 충실하였던 것이 아니라, 주희를 통해서 육경에 이르고자 하는 경학적 입장을 취하였음을 보여준다고 하겠다. 이러한 그의 태도는 앞서 유몽인과 허목이 육경 고문 그 자체만 일단 중요시하였던 태도와는 분명한 대조를 보이는 것이었다.

이러한 학문 태도는 허목의 고학적 학문 경향을 비판하는 것으로 나타났다. 김창협은 허목을 진한고문풍의 의고주의와 관련지으면서 다음과 같이 우회적으로 비판하였다.

노학암필기(老學菴筆記)에 이르기를, "한대의 예서(隷書)는 세월이 오래되어 비바람으로 벗겨지고 좀먹어 글자가 분명하지 않다. 그런데 요즘에 두중미(杜仲微)가 이에 짐짓 몽당붓으로 예서를 쓰고서 스스로 한각(漢刻)의 유법(遺法)을 얻었다고 말하니 어찌 그럴 수 있는가!" 하였다.

내가 근세에 허목의 이른바 고전(古篆)을 보니 바로 이와 같은 종류였다. 단지 전서(篆書)와 예서(隷書)뿐만 아니라 시 또한 그러하다. 고악부(古樂府)의 요가(鐃歌), 고취(鼓吹)의 종류들은 구자(句字) 가운데에 끊기는 것이 많고 가끔 읽을 수 없는 것도 있는데, 이것은 누락된 것들이 있어서 그러할 따름이다. 그런데 이반룡(李攀龍)의 무리들은 그것을 살피지 않고 이에 억지로 길굴(佶屈)한 말들을 지어서 고체(古體)라고 하니, 이것은 두중미(杜仲微)의 한예(漢隷)이며 허목의 고전(古篆)과 같은 종류이다.212)

김창협은 '옛 것을 따르는 행위들'이 사실은 무지에서 비롯되었음을 비판하였다. 그는 한대의 예서는 비석의 글자가 오래되어 분명치 않은 것인데 '몽당붓'으로 이를 쓰고서 한대의 유법(遺法)을 얻었다고 자부한다든가, 고악부의 시들 가운데 잘 독해할 수 없는 것들은 글자가 누락되어 그런 것인데 그것을 본받고서 '고체'(古體)라고 하니, 이런 것들은 모두 무지에서 비롯된 것이라고 하였다.

이 글은 사실 명대 대표적인 진한고문파의 한 사람이었던 이반룡을 비판하기 위한 목적에서 씌어졌으나, 그 속에는 옛 것을 맹목적으로 숭상하는 경향에 대한 비판도 담겨 있었다. 김창협은 그 대표적 인물의 하나로 허목을 지목하였다. 김창협은 진한고문파의 무지한 행동들과 허목이 고전(古篆)을 쓰는 것은 같은 부류라고 공격하였다. 그의 이 말은 그가 내건 진한고문풍 비판이 갖는 정치적 의미가 어떠한 방향에서 형성될 수 있는가를 보여주었다.

다음 소론 문인 남극관(南克寬; 1689~1714)의 김창협·김창흡에 대한 반론도 그러한 측면들을 잘 보여준다.213) 남구만의 손자였던 남극관은

---

212) 金昌協, 《農巖集》 卷34 雜識 外篇.
213) 이 부분에 대해서는 안대회, 1995, 《조선후기 시화사(詩話史) 연구》, 국학자료원, 132~136쪽에 힘입은 바 크다.

김창협과는 다른 문학적 견해들을 제시하였다. 그는 우선 조선에 끼친 명대 진한고문파의 공을 인정하였다.[214] 또한 남극관은 이규보를 뛰어난 작가라고 평가하였다. 그는 작가의 기를 높이 평가하는 진한고문풍의 미학 기준에 서서 이규보를 그 어느 작가보다 훌륭하다고 인식하였다.[215] 그러한 관점의 연장선에서 남극관은 박세당을 당대 문장의 제일인으로 꼽았으며,[216] 정두경의 문장도 뛰어난 것으로 여겼다.[217] 대신에 그는 이식의 문장이 그 기에서 매우 암삽(暗澁)하다고 폄하하였다.[218]

  남극관은 허목에 대한 평가에서도 김창협과 명확한 입장 차이를 보였다. 그는 허목의 문장이 단지 옛 것에 심취해서 나온 것만은 아니라고 한 박세당의 언급을 자신의 문집에 적었으며,[219] 직접 허목의 문장은 '아질고간'(雅質高簡)하다고 평가하기도 하였다.[220] 또한 그는 '예서가 행해지자 고문은 모두 없어졌다'는 허목의 생각을 계승하였다.[221] 이러한 것들은 김창협의 견해와는 정면으로 대립되는 것으로서, 여기에서 문풍을 두고 벌어졌던 미학 기준의 차이를 확인할 수 있다. 나아가 남극관은 김창협·김창흡 형제에 대하여 매우 비판적으로 인식하고 있었다.

214) 南克寬,《夢囈集》乾〈端居日記〉, "余嘗謂王李之禍 中國大矣 而在我國則有破荒之功 宜尸而祝之也".
215) 南克寬,《夢囈集》坤〈謝施子〉, "崔簡易文 雖似沈實 然命辭局澁 只效古人字句小巧 不曉篇章大體 理致又無可觀 比李相國 不及遠矣 金昌協稱崔而詆李不遺力 亦可笑也".
216) 위의 글, "西溪之文 不特東方所未有 恐南宋以下 無其儔也"; "東國之文 集成於西溪 詩亦隨之".
217) 위의 글, "東溟之詩 當爲本朝第一".
218) 위의 글, "澤堂文 甚暗澁 非謂字句體製也 其氣然也".
219) 위의 글, "西溪論許眉叟 觀其文 亦知非山野木強徒泥於古者也".
220) 南克寬,《夢囈集》乾〈端居日記〉, "許眉叟 雖非適時 其雅質高簡 豈不賢於王李之浮浪乎".
221) 南克寬,《夢囈集》坤〈謝施子〉, "王政至秦而大變 古文亦絶……隷字行而天下不復知有古文矣".

즉, 새로운 중국의 문예비평을 조금 얻어듣고는 곧장 선배들을 비판하
는 부박한 무리들이라는 것이었다.222)

  훗날 황윤석은 나라에 당론(黨論)이 있은 이후로 의리 시비를 막론하
고 일체 서로 통하려 하지 않아 비록 시문자화(詩文字畵)의 말단적인 것
이라도 서로 보려 하지 않았다는 사실을 전하였다.223) 즉, 서인으로 자
처하는 자들은 동인의 문자를 일체 보려 하지 않았고, 노론으로 자처하
는 자는 소론의 문자를 물리쳐 보려 하지 않았다는 것이다. 이러한 사실
로 볼 때 김창협과 남극관의 첨예한 견해 차이는 18세기 초반 당색에
따른 문풍과 미학 기준의 차이를 보여준다고 하겠다.224)

  이상에서 보건대, 김창협의 당송고문 주장과 송시(宋詩)의 재조명에는
송시열의 주자학적 의리론이 깊이 깔려 있었다. 그들이 폄하하고자 하
였던 인물이 주자학에서 일정하게 벗어나 있었던 사람이었다면, 그들이
재조명하고자 하였던 인물은 주자학에 충실하였던 사람이 다수를 차지
하였다. 진한고문풍 비판의 이면에는 17세기 말에서 18세기 초 노론에
서 일고 있던 '이단' 비판의식과 주자학적 의리론이 깊이 관련되어 있었
던 것이다. 김창협 계열은 당송고문 주장을 통해 송시열의 사상 경향을
계승하면서, 이를 문학의 영역에 적용하고자 하였다고 할 수 있다.225)

---

222) 南克寬,《夢囈集》乾〈端居日記〉, "金詩視其弟 筋力不如 亦頗雅靚 卽其所就而篤論
   之 大金婁江之苗裔 而小金竟陵之流亞也";《夢囈集》乾〈端居日記〉, "王·李之波東
   漸 學詩而兼文者 上數子 專學文者 月汀·玄軒·淸陰·汾西·東淮·春沼·息菴也
   谿谷亦略有染焉 兩金輩後出轉黠 稍聞中土之論 頗諱淵源 要不出其圈續也".
223) 黃胤錫,《頤齋亂藁》2(한국정신문화연구원, 1995) 卷9 丁亥(1767) 十二月 十一日(辛
   未) 53쪽.
224) 안대회(1995), 48~55쪽 참조.
225) 그렇다고 하여 김창협이 송시열을 일방적으로 추종한 것은 아니었다. 이 부분과 관
   련하여 낙론계의 왕양명 문장관에 대해서 언급할 필요가 있다. 김창협은 양명학에
   대해서는 매우 부정적이었지만 왕양명의 문장에 대해서는 신중한 평가를 내리려고
   하였다. 즉, 왕양명의 문장은 진실로 과장하는 곳이 있기는 하나 재주가 높아 문장의

234_

또한 이러한 노력은 '도문일치'(道文一致)의 연장선에서 이해할 수 있으며,226) 허목 비판과 남극관의 예에서 볼 수 있듯이 당쟁적인 측면에도 적지 않은 영향을 받고 있었다.

2.4. 천기(天機) 관념의 신분론적 기능

　김창협 · 김창흡은 낙론계의 종장으로 떠오름과 함께 새로운 문풍을 이끌면서 문학에서도 상당한 영향력을 행사하였다.227) 무엇보다 시에서 김창흡의 영향력은 대단한 것이어서, 소론이었던 조구명(趙龜命)조차 동방인의 누추하고 비루한 기습을 씻어내어 중국과 방불한 자는 300년 이래로 김창흡 한 사람뿐이라고 말한 바 있었다.228) 또한 김창흡의 말을

　　구사를 잘하니 단지 장황한 것만은 아니라고 평가하였다.(《農巖集》卷34〈雜識〉外篇, "至於遜志 · 陽明 · 遵巖 · 荊川 數大家 皆深於經術 優於理致 宏博精深 高明峻潔 皆非溪谷所能及 陽明誠有誇張處 然其天才自高 長於操縱 非徒爲張皇者也 尤翁實不多見明文 槩謂明人皆僞學古文 不知自有遵巖荊川一派") 나아가 이의현(李宜顯)은 왕양명의 학문은 배척해야 하나, 그 문장은 취할 만한 것이 있음을 말하기도 하였다.(《陶谷集》卷28 雜著, "陽明 · 白沙 以異學爲文 而陽明之文尤爽 新學則當斥 而文則可取") 그들은 큰 틀에서 볼 때 송시열의 문장관을 계승하고 있었지만 이처럼 한편에서는 그것에서 일정하게 일탈하여 왕양명의 문장도 어느 정도 인정하는 모습을 보이고 있었다. 이것은 송시열과 낙론계 사이에 놓인 차이를 보여주는 것이라고 생각된다. 즉, 낙론계는 송시열의 생각을 기본적으로 따르면서도 일정하게 그것에서 자유로운 모습도 함께 보여주었던 것이다.
226) 이러한 인식이 잘 나타나 있었던 것은 조현기 문집에 서(序)를 쓰면서 한 김창흡의 다음과 같은 말이었다. 金昌翕, 《三淵集》卷23〈一峰集序〉, "蓋公少時 與息菴金公 同學文章於申春沼之門 並蒙奬許 而主理主詞 意見差異 故其與息菴書原本本 深斥其摸擬粉澤之陋 惟恐文與道之或二也".
227) 《肅宗實錄》卷46, 肅宗 34년 4월 11일(丁巳);《景宗修正實錄》卷3, 景宗 2년 2월 21일(丙子).

후진지사(後進之士)들이 금과옥조처럼 받들었다는 이하곤의 증언과, 김창흡의 한 마디 말이 천하의 선비들을 경중(輕重)할 수 있었다는 이천보의 언급은 그가 가졌던 문학에서의 영향력을 단적으로 보여주었다.[229]

그들은 새로운 문풍을 주도하면서 기존 의고문풍을 비판하였다. 그리고 그 비판의 근거로서 개인의 솔직한 심성의 발현을 중요시하는 천기론(天機論)이라는 문학이론을 발전시켰다. 17세기 말에서 18세기 초반에 의고문풍을 비판하기 위한 창신론의 일환으로 김창협·김창흡 형제를 중심으로 문단에 등장한 천기론은, 이후 18세기 동안 조선 문단의 대표적인 시 비평 이론으로 자리 잡았다. 이 부분에서는 천기론이 함의하고 있던 사회적 의미를 신분론의 측면에서 살펴보고자 한다. 그 과정에서 이들이 중인층과 하층민에 대해서 가졌던 인식의 일단이 드러날 수 있을 것이다.

2.4.1. 천기 관념과 낙론의 관련성

신분 귀천에 관계없이 누구에게나 담겨 있는 성정(性情)의 진실성을 강조하였던 천기론은 '본연지성'(本然之性)을 강조하면서 인(人)과 물(物), 성인(聖人)과 범인(凡人)의 구분 없이 누구에게나 담겨 있는 보편적 성품을 강조하였던 낙론의 주장과 연결되는 측면이 있었다. 이러한 관점에서 본다면 낙론과 천기론은 18세기 초반 어떤 공통된 '논리적 기반' 위에서 서로 유기적 관련성을 가졌던 사상체계였음을 추론할 수 있다. 당시는 사상과 문학이 엄격히 분리되어 존재하는 사회가 아니었다.

---

228) 趙龜命,《東谿集》卷8〈焚香試筆〉.
229) 李夏坤,《頭陀草》冊16〈洪滄浪詩集序〉; 李天輔,《晉菴集》卷8〈送李槎川赴三陟序〉.

236_

논의를 전개함에 앞서 중요한 전제로서 다음을 언급하고자 한다. 당시 문인들의 천기 관념 이해에는 다양한 층위가 존재하였다. 천기론은 김창협·김창흡 같은 낙론 계열 지식인에게서 선구적으로 시작되었지만 그들의 전유물은 아니었으며, 또한 18세기의 전유물도 아니었다.[230] 따라서 여기서 다루고자 하는 천기 관념은 낙론에서 이해한 그것으로 논의의 범위를 제한하여 서술하고자 한다. 조성기—김창협—김창흡 등 낙론 계열이 그들의 사유구조 속에서 이해하였던 천기 관념으로 그 논의를 제한하려는 것이다. 따라서 남인·소론 지식인들이 인식한 천기 관념은 여기에서 따로 다루지 않았다.

천기란 말 그대로 '하늘의 기밀'로서, 자연의 오묘한 질서 내지 기밀로 이해할 수 있다. 천기에 대해서는 현재 상당히 많은 논의와 개념 정의가 있었다. 하지만 아직 완벽하게 합의된 정의는 없는 상태이다. 그것은 천기 개념이 가지는 복합성에 일차적으로 기인한다고 생각한다. 이 책에서는 천기의 여러 개념 정의 가운데에서 '천리적'(天理的)인 의미를 가진 것에만 논의를 제한하며, 중인층 문학을 인정하는 방향에서 사용된 '천기' 관념을 중심으로 논의를 전개하고자 한다.[231]

---

230) 17세기 천기론에 대해서는 장유의 장자적 천기론을 중심으로 다룬 다음 논문이 있다. 정연봉, 1989, 〈장유(張維) 시문학 연구—장자적 천기론을 중심으로〉, 고려대 박사학위논문, 67~107쪽.

231) 천기 용어는 《장자》에 나오는 말이었으나(《莊子》〈大宗師〉, "其嗜欲深者 其天機淺;〈天運〉, "天機不張而吾官皆備 無言而心說 此之謂天樂;〈秋水〉, "今予動吾天機 而不知其所以然"), 《근사록》에도 차용되어 기욕(嗜欲)과 대비되는 '천리'의 의미로 사용되고 있다(《近思錄》 卷12 警戒類, "人於天理昏者 是只爲嗜欲亂著他 莊子言其嗜欲深者 其天機淺 此言却最是"). 《근사록》에서의 천기 관념은 성리학자들이 가장 기본적으로 생각한 천기 관념에 대한 이해일 것이다. 서경덕은 천기를 '우주의 조화'라는 의미로 사용하기도 하였다.(徐敬德, 《花潭集》 卷1 〈天機〉) 이렇게 볼 때 '천기' 용어의 사용은 성리학적 전통에서 크게 무리한 일은 아니었다. 기존 연구 가운데 천기를 천리와 관련하여 본 연구로는 다음이 있었다. 천기를 '천리 곧 천지자연의 이법적

물론, 천기는 천리와 개념상 구분된다. 그 구분점은 아마도 기(氣)와의 관계성에 연유할 것이다. 천기가 동적(動的)이고 기적(氣的)인 의미가 강하고,232) 사물의 자연스러운 모습을 그대로 긍정한다는 측면에서 비교적 '도덕성'에서 자유로운 데 비해서, 천리는 정적(靜的)이고 도덕적인 성격이 강하였다.

이러한 측면에서 볼 때 천리론을 '성적(聖的) 진지(眞摯)'의 미학 이념으로 천기론을 현실세계의 '속적(俗的) 진실(眞實)'을 함축 지향하는 미학 이론으로 정리할 수 있다.233) 그렇지만 '속적 진실'의 미학과 '성적 진지'의 미학이 양립할 수 없는 것은 아니었다.234) 그 둘은 교섭 가능한 것이다. 이러한 모습은 일찍이 성리학자들의 논설 속에서 잘 드러난다.

서경덕은 육신의 이기적 활동[=形氣之私]과 인간이 실현해야 할 이타적 사회성[=天理之公]인 인의(仁義)를 함께 자연성의 연장에서 파악하여 이 둘을 구분하지 않았다.235) 즉, 먹고 마시는 일상적인 행위[=天機]와 도덕적인 인의[=天理]는 본질적으로 구분할 필요가 없다는 것이다. 또한 김창협은 성정(性情)의 정(正; =天理)을 소화한(혹은 포함한) 성정의 진

질서가 사물 개개에 드러난 역동적 양상'이라고 본 연구(송혁기, 1996, 〈김창협(金昌協) 문학론의 연구〉, 고려대 석사학위논문, 38쪽), '자연 현상 그 자체의 운행법칙, 자연 개개사물에 역동적으로 드러나는 구체적이고 생생한 본질'이라고 본 연구(고연희, 1997, 〈김창흡(金昌翕)·이병연(李秉淵)의 산수시와 정선(鄭歚)의 산수화 비교고찰〉,《한국한문학연구》 20, 299쪽), '조선 후기 천기론은 기욕과 대립되는 천리로서의 의미와 시인의 영감을 의미하는 것으로 구분되며, 한 인물 또는 한 용례 속에서 이 두 가지 것이 혼합해서 사용되기도 하였음'을 지적한 연구가 있었다(윤재민, 1999,《조선후기 중인층 한문학의 연구》, 고려대 민족문화연구원, 348~358쪽).

232) 진영미, 1999, 〈천기(天機)의 개념과 특성〉,《한국한시연구》 5, 294~298쪽.

233) 이동환, 2001, 〈조선후기 '천기론'의 개념 및 미학이념과 그 문예·사상사적 연관〉,《한국한문학연구》 2, 137~139쪽.

234) 위의 글, 138쪽.

235) 한형조, 1996,《주희에서 정약용으로》, 세계사, 126~127쪽.

(眞; =天機)을 추구하여 이를 일치시키려 하였고, 임성주(任聖周; 1711~1788)는 이자(理字; =天理)에서 '자연'(=天機)을 발견하여 당연·소이연(=天理)을 자연(=天機)으로 귀결시키려 하였다. 이것은 모두 천기와 천리를 아우르려는 시도였다.236)

또한 이 책에서 많은 천기 정의 가운데에서 '천리적'인 의미를 갖는 것으로 논의를 제한한 이유는 천기 관념의 문학적 영역보다는 신분론을 중심으로 한 사회적 영역을 다루기 위해서이다. 중인문학의 가치를 인정하고 그것을 옹호하는 맥락에서 씌어졌던 '천기' 용어는 '천리'로 대체해도 크게 의미가 손상되지 않는 것들이었다. 그때 사용된 천기 관념은 인공(人工), 욕망(慾望)과 대비되거나, 인간의 보편적 능력을 부각하는 의미를 강하게 가지고 있었다.237) 다음은 중인층이나 하층민의 말과 글을 인정하는 방향에서 사용된 '천기' 관념의 용례들이다.

삼가 생각하건대, 천진(天眞)이 드러남에는 안배(按排)를 용납하지 않으니 여항의 아이들과 아낙네의 입에 많이 있다. 늙은 사대부들의 글은 여러 번 고치니 말은 비록 풍성하나 천기(天機)와는 차이가 있다.238)

대저 사람은 천지의 중정(中正)을 얻고 태어나니, 그 정을 느끼어 말로 표현한 것이 시가 됨은 신분의 귀천 없이 한 가지이다.…… 그 느껴서 울림이 천기(天機) 가운데에서 자연히 흘러 나온 바 아님이 없으니, 이야말로 진정한 시이다. 만약 공자로 하여금 읽게 해도 그 지은이가 미천하

---

236) 이동환(2001), 140쪽.

237) 이러한 점에서 천기 관념이 17세기에는 개인적 편차와 그에 따른 차별성을 의미하는 것으로 쓰이다가 18세기 들어 선천적 신분의 귀천에 영향 받지 않는 인간의 보편적 능력을 부각시키는 방향을 취하였다는 지적은 주목할 필요가 있다.(우응순, 1990, 〈조선중기 사대가(四大家)의 문학론 연구〉, 고려대 박사학위논문, 166쪽)

238) 金昌翕, 《三淵集》 卷35 日錄.

다고 하여 그 시를 버리지는 않을 것이다.[239)]

대저 시란 천기(天機)이다. 천기가 사람에게 깃드는 경우 그 지체를 가리지 않으니 물루(物累)에 담박한 사람은 천기를 얻을 수 있는 것이다. 위항(委巷)의 선비들은 궁천(窮賤)하여 세상의 이른바 공명(功名)과 영리(榮利)가 마음을 밖으로 굽히고 안으로 어지럽히는 바 없으므로 쉽사리 천기를 보전할 수 있으니 업(業)에 마음을 두고 전념하는 것이 그 형세인 것이다.[240)]

이것은 김창흡·홍세태·이천보가 사용한 천기의 용례들이다. 김창흡은, 천진(天眞)은 여항의 아이들과 아낙네들의 입에 많이 있다고 하였다. 그러면서 사대부들의 노련한 글은 천기와는 일정한 차이가 있다고 하였다. 여기에서 천진과 천기는 '진실성'을 의미하고, 김창흡은 그 진실성이 사대부보다 여항의 아이들과 아낙네들에게 더 많다고 하였다. 여기에서의 천진과 천기는 인공과 대비된다. 홍세태는 사람의 정이 말로 표현되어 시가 됨은 신분의 귀천 없이 동등한 것이라고 하였다.

사람은 천지의 중정(中正)인 본연지성(=天理)을 모두 동등하게 받고 태어나니 그 성이 발하여 정이 되고 그 정이 시로 됨은 귀천 없이 한 가지라는 설명이었다.[241)] 이천보는 시란 곧 천기라고 하면서 천기가 사람에게 깃드는 경우 그 지체를 가리지 않으니 물루(物累)에 담박한 사람이라면 천기를 온전히 얻을 수 있다고 하였다. 이는 《근사록》에서 이미 보였던 기욕(嗜慾)에 대비되는 천리로서의 의미였다.[242)]

---

239) 洪世泰, 《柳下集》 卷9 〈海東遺珠序〉.

240) 李天輔, 《晉菴集》 卷6 〈浣巖集序〉.

241) 낙론계 박윤원은 인성에는 귀천이 없다고 명시한 바 있었다. 朴胤源 《近齋集》 卷23 〈記李生夢鯉事〉, "雖庶人之賤 不可以不修身也明矣 蓋人性無貴賤也".

천기에 대한 세부적인 의미들이 사람에 따라서나 글 맥락에 따라서 조금씩 다를 수는 있으나, 그것에는 일관된 의미가 있었다. 그것은 천기가 하늘에서 부여받은 자연적이고 본질적인 것으로서 인위적인 것이 끼어들지 않았다는 점이다. 그러므로 천기는 어디에는 많고 어디에는 적은 것이 아니며, 모든 사람들에게 똑같이 드러나고 깃들 수 있는 것이었다. 이것은 천기가 어떤 특수한 계층만이 독점하는 것이 아니라 모든 계층이 차별 없이 가질 수 있는 것임을 의미한다고 하겠다.[243]

사람과 사물, 성인과 범인이 모두 같이 천리를 '온전히' 부여받아 내재한다는 낙론의 주장은 위에서 본 바와 같이 모든 사람과 사물들에 천기가 차별 없이 드러나고 깃들 수 있다는 천기 관념의 주장과 그 논리구조가 매우 흡사하였다. 다음은 유만주(兪晩柱; 1755~1788)의 《흠영》(欽英)에 있는 말이다.

시가(詩家)들 가운데 혹 천기(天機)를 말하는 자들은 천기 밖에 조격(調格)이나 사취(詞趣)에 대해서는 모두 자구를 안배하는 것이라고 여긴다. 그러나 아기가 우물에 들어가는 것을 보고서 구하는 것은 인(仁)의 실마리인데, 곧 이를 자랑하여 "나의 이 마음으로 곧 성인이 될 수 있다"고 말하여 결국 확충(擴充)하지 않는다면 그저 한 범부일 뿐이다. 천기에서 발하여 점찬(點撰)을 빌리지 않는 것은 본디 시의 근본이다. 하지만 곧 이를 크게 여겨 시의 지극한 공이라 생각하면서 이리저리 마음대로 써 내려 간다면 이는 곧 하나의 악시(惡詩)일 뿐이다.[244]

---

242) 《近思錄》卷12 警戒類, "人於天理昏者 是只爲嗜欲亂著他 莊子言其嗜欲深者 其天機淺 此言却最是".

243) 우응순(1990), 166쪽.

244) 兪晩柱, 《欽英》2(서울대학교 규장각, 1997) 第8冊 己亥(1779)년 12월 12일(壬戌).

유만주는 요즘 천기를 말하는 자들은 어구(語句)를 꾸미는 것들을 모두 일종의 작위적인 것이라고 비판하는데, 이는 문제 있는 견해라고 지적한다. 그러면서 그는 다음과 같은 비유를 들었다. 즉, 아기가 우물에 들어가는 것을 보고 구한 행위는 인(仁)의 한 단서에 불과한데, 이를 두고 스스로 성인으로 자부한 나머지 인을 확충하려는 노력을 게을리 한다면 그저 평범한 사람이 되고 말 것이라는 것이다. 그러면서 천기가 중요하기는 하지만 그것을 과신해서는 안 됨을 지적하였다.

유만주의 이 글은 시에서 천기가 중요하지만 후천적인 노력도 중요함을 지적하기 위해서 씌어졌다. 그런데 그가 사람들에게 자신의 의견을 효과적으로 알리기 위해서 사용한 이 비유를 주목할 필요가 있다. 그는 인(仁)이라고 하는 본연지성 문제를 거론하면서, 그것을 천기 관념과 대대적(待對的)으로 설명한 것이다. 이것은 본연지성이 모든 사람과 사물에 보편적으로 내제되어 있다는 낙론의 논지와 모든 사물에 천기가 깃들어 있다는 천기 관념의 상호 관련성 문제를 추론할 수 있는 중요한 단서가 되는 부분이 아닐 수 없다.

낙론은 천리(天理=本然之性)가 모든 사물에 차별 없이 내재되어 있다는 사실을 강조함으로써 인간과 금수의 본연지성이 같고, 성인과 범인의 미발심체(未發心體)가 본질적으로 같다는 주장을 폈다. 이것은 제한적으로나마 물성(物性)과 범인(凡人)의 개별적 가치를 인정하는 것으로 연결될 수 있었다. 사람과 사물의 본원적 직관적 결합을 강조하고, 천기가 모든 사람과 사물에 내재되어 유동함을 강조한 조성기·김창흡의 천기 관념은 이러한 낙론 성리학과 사상적 기초를 공유하였던 것으로 보인다. 사실 17세기 후반 천기론의 성립은 낙론의 성립과 매우 깊은 관련이 있었다. 낙론 형성 과정에 중요한 영향을 끼쳤던 조성기와 김창협·김창흡은 천기 관념의 이론적 기반도 다졌던 것이다.[245] 따라서 그들의

242_

사유과정을 따라가면 이들 천기론 발상의 근간을 이루었던 성리학 사상
도 추론해 볼 수 있을 것이다.

　김창협과 김창흡은 조성기와 밀접한 교유 관계를 유지하며 많은 사상
적 영향을 받았다.246) 그 가운데 가장 중요한 하나는 '이'의 주재성(主宰
性)을 강조하는 이기론이었다. 이것은 낙론 성리학 성립에 가장 중요한
전제 가운데 하나였다.247) 김창협·김창흡은 조성기의 '일리' 강조를 수
용하여, 이이의 이통기국설(理通氣局說)이 '이'의 역할을 너무 작게 평가
하였다고 비판하였다. 조성기는 "만약 '이'를 작위(作爲)하는 바 없는 것
으로 해서 마침내 마음의 선악을 단지 기의 청탁에만 귀속시킨다면 '이'
는 선악에 관여하는 바 없어 이른바 '이'라고 하는 것은 단지 한 개의
하찮은 사물로서 있으나마나 한 것이 되어 버릴 것"이라고 하여 이이의
이기론에 대해서 아쉬움을 토로한 바 있었다.248)

　김창협은 '조성기가 이이의 이기론에 대해서 아쉬움을 토로하는 것을
보고, 그 당시는 왜 그러한지 이해하지 못하였지만 지금 생각해 보니
이이의 이기론에는 진실로 부족한 것이 있다'고 술회하였다.249) 그러면

---

245) 이승수, 1995, 〈17세기말 천기론의 형성과 인식의 기반〉, 《한국한문학연구》 18에서
　　도 조성기·김창협·김창흡의 천기 관념이 형성되는 과정을 다루고 있다.
246) 김창협과 김창흡은 조성기를 거유(巨儒)로 인정하면서 그와 종유(從遊)하였다. 《肅
　　宗實錄》 卷14, 肅宗 9년 6월 14일(乙酉); 金昌協, 《農巖集》 卷13 〈答林德涵〉, "成
　　卿……其於窮格之功 所得實深 雖求之近世先達亦未易得"; 金昌翕, 《三淵集》 拾遺 卷
　　31 語錄, "先生曰 窮理之學 拙修齋爲難 吾輩得於拙修齋者 甚多".
247) '이'의 주재성(主宰性)이 강조되기 위해서는 자연히 '이'를 온전히 발현하도록 해줄
　　'담연지기'(湛然之氣)의 존재가 필수불가결이다. 만약 기가 형기적(形氣的)인 성격만
　　을 가지고 있다면 '이'는 기를 온전히 주재할 수 없고 자신을 발현할 수도 없을 것이
　　다. 따라서 이 책에서 담연한 기의 존재를 따로 언급하지 않았지만, 일리의 보편성·
　　동일성·주재성을 이야기할 때 이미 담연한 기의 존재를 전제로 하였다는 점을 미리
　　언급하고자 한다. 낙론에서 심기(心氣)를 중심으로 한 '담연지기'에 대한 논의는 낙론
　　성립의 매우 중요한 전제 가운데 하나였다.
248) 趙聖期, 《拙修齋集》 卷11 雜著 〈退栗兩先生四端七情人道理氣說後辨〉.

서 그는 "'이'가 비록 정의와 조작이 없다고 하지만, 그 필연(必然), 능연(能然), 당연(當然), 자연(自然)함은 마치 진북계(陳北溪)의 설과 같으니 또한 주재(主宰)가 없지 않다"고 하였다. 이러한 인식에서 그는, '기'는 결국 '이'의 명령을 듣는다고 하여 '이'의 실제 역할을 강조하였다.

이러한 논의는 김창흡에게도 이어졌다. 그는 이이처럼 선과 악을 청기와 탁기의 발출로만 귀결시키는 것은 성선을 중하게 여기지 않는 것이니, 맹자의 본뜻과는 다른 것이라고 여겼다. 그러면서 김창협이 말한 "기가 지극히 맑은 경우는 절대로 악정(惡情)의 발함이 없으니 여기에서 성이 본래 악이 없으며 악은 단지 기의 행위임을 볼 수 있고, 기가 지극히 탁한 경우에라도 혹 선정(善情)의 발함이 있으니 여기에서 선은 성에 근원하고 기는 끝내 그것을 가릴 수 없음을 알 수 있다"는 것을 치밀한 논의라고 칭찬하였다.250) 이것은 인간의 선을 기의 청탁이 아닌 '이'의 주재로부터 해석하려는 입장에서 비롯되었다.

조성기와 김창흡 사이에서 벌어진 '태극논변'은 위의 이기심성론에서 기를 넘어선 '이'의 주재성 강조가 어떻게 현실세계에 반영되어 나타날 수 있는지를 잘 보여주었다.251) 이 태극논변은 현실세계, 즉 기질 속에서 태극의 존재양태를 규명하고자 하는 목적에서 마련되었다. 김창흡은 조성기가 태극의 순수한 본체성을 강조하려는 나머지 태극을 현실세계와 분리시켰다고 판단하고서, 현실세계 속에서 엄연히 드러나는 태극의 존재를 설정하고자 이 점에 대하여 조성기에게 말하였다.252)

---

249) 金昌協, 《農巖集》 續集 卷下 〈四端七情說〉.

250) 金昌翕, 《三淵集》 卷33 〈日錄〉.

251) 이하의 태극 논변은 문석윤(1995), 37~50쪽 참조.

252) 金昌翕, 《三淵集》 卷18 〈答拙修齋趙公〉 一, "大抵理之與氣 難言先後 難可分開 而截斷而上之 挑出而外之者 所以明爲本體也爲統體也 此之謂不雜形氣之太極 及其流行在物則卽陰陽而爲不離陰陽之太極 卽五行而爲不離五行之太極 以至卽氣化卽形化 無不

　　논의 뒤에 조성기의 생각도 강조점이 조금 다를 뿐 사실은 김창흡과 크게 다르지 않음을 확인하였다. 그들은 태극이 현실세계를 벗어나 초월적으로 존재하는 것이 아니라 현실세계 속에서 형기(形氣)에 구애받지 않고 그대로 작용하고 있다고 생각하였다.[253] 그러한 이유로 태극을 담고 있는 현실존재들은 '동일성'을 가지며 유기적으로 통일될 수 있었다. 왜냐하면 태극은 보편적 원리로서 모든 사물의 공통된 '존재원리'이기 때문이었다. 그들은 '기질'(=形氣)이라고 하는 차별성에 구애받지 않고 작용하는 태극의 보편성·내재성, 그리고 그로 인한 사물들의 '동일성'을 강조하고 싶었던 것이다.[254] 이것은 태극의 성격 가운데 사물에 개별적으로 있는 속성인 '각구태극'(各具太極)보다는 사물에 보편적으로 내재된 '통체태극'(統體太極)의 성격을 강조하는 것이었다.

　　이러한 관점에서 조성기는, '이'(=太極)는 고금(古今), 범성(凡聖), 허실(虛實), 내외(內外)의 구분이 없으므로 '이'는 옛날과 지금이 같은 것이라고 하였다.[255] 이렇게 '이'가 기질에 구애되지 않고 모든 사물에서 동일

皆然……竊瞯執事之意 有似愛惜太極之名 加諸二五諸品 慮或虧損體面 侵漫界分者 然區區竊所未解 且理不可名 矧可圖乎 然夫旣細意描寫 貫以一圓者 欲人就向形氣上 認取有不雜者存也.

253) 김창흡은 기에 내재되었어도 변하지 않는 태극의 존재를 강조하였으며《三淵集》卷18〈答拙修齋趙公〉), 조성기 또한 기속에서 현현하는 태극의 존재를 강조하였다 (《拙修齋集》卷10〈答金子益書〉).

254) 문석윤(1995), 40쪽 참조. 이 점은 권상하 등 호론 계열이 태극의 존재형태를 '초형기적'(超形氣的)인 관념적 태극과 기질에 구애받는 현실적 '태극'으로 이원화한 것과는 대조를 이루었다. 호론에게서 태극은 관념 속에서 아주 순수한 상태로 존재하든가, 아니면 '기'라고 하는 현실 속에서 변질된 상태로 되어버리든가 하는 존재였다. 이에 반해 낙론의 태극은 현실 속에서 자신의 존재를 현현하는 것이었다. 조성기와 김창흡이 실질적으로 낙론과 낙론 계열 천기 관념의 이론적 기반을 다졌던 인물이라는 점을 감안해 보면, 그들 사유의 출발점이었던 이 태극 논변은 중요하게 읽혀야 할 대목이라고 생각한다.

255) 趙聖期,《拙修齋集》卷8〈答閔參奉以升書〉, "此心此理 則無古今凡聖虛實內外之分 蓋古今者 時日年月之先後 而此心此理 則古猶今也".

하다는 주장은 다음과 같이 천기를 체득하는 데 가장 중요한 전제요건
이 되었다.

　생각건대, 하늘이 사람과 사물에 대하여 그 자취가 비록 심히 차이가
나고 그 일이 비록 서로 다르고 그 단서가 비록 매우 은미한 것 같으나
그 '이'는 진실로 조금도 차이가 없다. 그래서 진실로 인위(人爲)의 한격
(限隔)을 제거하고 천리(天理)의 진순(眞淳)을 회복할 수 있다면 무릇 우
리가 천리를 따라서 뭇 사물의 경계에서 행하는 것은 시(時), 사(事), 경
(境)을 따라 들어가 자득(自得)하지 못하는 것이 없게 된다. 그리고 저절
로 마땅히 깊이 깨닫는 것이 있어서 넉넉하게 함께 즐기고 넘쳐흘러 그
칠 수 없는 것이 생긴다.256)

　하늘이 사람과 사물에 대하여 '이'는 진실로 조금도 차이가 없다는
위의 말은 낙론이 주장한 인성(人性)과 물성(物性)이 본질적으로 나르지
않다는 것과 같은 논리구조를 갖는다.257) 그는 '이'가 사람과 사물에 차
별 없이 내재되어 있으므로 사람과 사물을 같은 이해선에서 파악할 수
있으며, 이것은 다시 사람과 사물이 합일될 수 있는[物我一體] 중요한
조건이 된다고 여겼다.
　만약 천리가 부여한 진정한 마음을 어떤 사람이 회복할 수 있다면,
그는 사람과 사물 사이에 놓여 있는 경계를 넘어 저편에 있는 사물의
본질을 진정으로 이해하고 인식할 수 있을 것이다. 그러한 단계가 바로
천기가 유동하는 지점이었다. 김창흡은 이것을 '물(物)과 아(我) 사이에
천기(天機)가 유동(流動)한다'고 표현하였다.258) 조성기가 천기도 천리처

---

256) 趙聖期, 《拙修齋集》 卷10 〈與金子益書〉.
257) 호론은 '이'는 물(物) 속에서 기와 결합하여 성(性)이 되어 버리니 인(人)과 물(物)의
　　 본연지성은 현실적으로 같을 수 없다고 하였다.

럼 모든 사물에 균등하게 내재되었다고 본 것은 천리와 천기의 이러한 관계성 때문이었다.[259] 조성기는 천기가 유동하여 발현되는 상태를 '넉넉하여 함께 즐기고 넘쳐흘러 그칠 수 없는 것'이라고 표현하였다.

위에서 보았듯이 조성기에게 천리와 천기는 명확한 차이가 없으며 오히려 자연스럽게 전이되는 것으로 쓰이고 있었다. 구분하자면 천리는 말 밖에서 파악되는 '추상적인' 것이었고, 천기는 눈앞의 현상 속에서 역동하는 '구체적인' 것이었다.[260] 이러한 천리와 천기의 구분에 대해서 김창흡은 좀더 분명한 입장을 취하였다. 김창흡은 천기와 천리를 구분하여 이것이 사물의 이치, 즉 '물리'(物理)의 두 가지 양상임을 다음과 같이 설명하였다.

사물의 이치[物理]에는 뒤섞어 그 묘함을 일컫는 경우가 있고 가려내어 올바른 것을 구하는 경우가 있다. 예컨대 화육(化育)이 끊임없이 유행하여 위·아래에서 환히 드러난다는 측면에서 말한다면 새·물고기·동물·식물과 기는 것, 서는 것, 거꾸로 서는 것이 모두 그 안에 있으니, 비록 암수가 뒤엉켜 어지러운 것, 강약이 서로 능멸하는 것, 범과 표범의 울부짖음, 뱀이 똬리를 틀고 있는 것 등은 모두 '천기'라 말해도 된다. 만약 근원을 파헤쳐서 그 순수와 지선만을 취한다면 까마귀의 어짊과 범의 자비와 벌의 의로움과 물수리의 분별은 곧 '천리'(天理)가 된다. 하나는 형기(形氣)상에서 본 활의(活意)이고 하나는 성명(性命)상에서 인식한 정리(正理)이다.[261]

---

258) 金昌翕, 《三淵集》 拾遺 卷31 語錄, "物我之間 天機流動".

259) 趙聖期, 《拙修齋集》 卷1 〈春日病中對甁花〉, "誰識天機均物物 各隨時節弄精神".

260) 趙聖期, 《拙修齋集》 卷2 〈和金子益〉, "至理源源言外妙 天機歷歷眼中論".

261) 金昌翕, 《三淵集》 卷33 日錄.

김창흡은 사물의 이치, 즉 물리에는 섞어서 그 묘함을 지적하는 경우와 분리하여 그 올바른 것을 지적하는 경우가 있다고 전제한 뒤, 그 묘함은 천기요, 그 올바른 것은 천리라고 하였다. 그는 물리를 천기와 천리의 두 측면에서 설명하면서 천기는 물리를 형기상(形氣上)에서 본 활의(活意) 즉 '생기(生機), 생명력'이요, 천리는 물리를 성명상(性命上)에서 인식한 '정리'(正理)라고 말하였다.

이것을 다시 설명한다면 천기는 물리가 기와 결합하면서 피어난 생명력이요, 천리는 기 속에서 뽑아낸 정리라는 것으로 이해할 수 있다.[262] 천기와 천리는 사물사물에 보편적으로 내재된 물리를 두 측면에서, 특히 기와의 관계를 염두에 두고 정의한 것이라고 볼 수 있다. 여기에서 물리, 즉 사물에 내재된 '이'인 태극은 천리와 천기의 공통 모태(母胎)라는 점에서 매우 중요한 의미를 갖는다.

김창흡은 앞서 '태극논변'에서 지직하였듯이 현실과 유리된 태극의 초월적 성격보다는 현실세계에서 현실세계와 어우러져 실제 유행하는 태극의 존재에 더욱 주목하였다. 그가 생각하기에 우주의 존재원리인 태극은 현실세계 밖에서 초월적으로 존재하는 것이 아니라 현실세계 안에서 그 모습을 체현하는 것이었다. 그가 자연현상인 암수가 뒤엉켜 어지러운 것, 강약이 서로 능멸하는 것, 범과 표범의 울부짖음, 뱀이 똬리를 틀고 있는 것을 천기라고 한 것은 현실세계(=氣) 속에서 유행하고 드러나는 태극의 묘함을 그의 표현대로 '뒤섞어' 지적해 낸 것이었다. 이것은 존재 자체의 본성, 즉 생명력을 그대로 긍정하는 것이었다. 김창흡은 위 천기 관념에서 당위적이고 윤리적인 의미보다는 '존재' 자체의

---

262) 김창흡이 다른 곳에서 천기의 울림을 단순한 형기(形氣)의 감응으로 보지 말라고 한 것은 천기의 전제조건으로 물리(物理)를 염두에 두었기 때문이라고 할 수 있다. 金昌翕, 《三淵集》〈感懷示敬明〉其七, "休將形氣感 誤作天機鳴".

본성을 부각하였다.

이렇게 존재 자체의 본성을 그대로 긍정하는 천기 관념의 발상에는 소옹의 영향이 있었던 것으로 보인다. 조성기와 김창흡은 소옹에게서 많은 사상적 영향을 받고 있었다. 그 과정에서 자연스럽게 소옹의 '태극'과 '이' 개념은 이들에게 전이되었을 것이다. 소옹의 '이'(=太極)는 우주의 형이상학적 근거로서 당위법칙(=윤리법칙)적인 성격이 부여되지 않은 '존재법칙'의 의미가 강하였다.263) 소옹은 '이'를 '사물의 이치'(=物之理)라고 규정하였다.264) 그러한 점에서 윤리적이고 당위적인 의미를 강하게 가졌던 정이 · 주희 계열의 '이'와는 다소 구분되는 측면이 있었다. 조성기와 김창흡은 소옹의 영향으로 '이'를 제한적으로나마 존재의 본성을 드러내는 '존재법칙'의 측면에서 파악하고 있었던 듯 보인다. 이러한 인식은 윤리적인 것과는 다른 차원에서 존재의 본성을 드러내고자 하였던 위의 천기 관념으로 구체화되어 나타났다고 볼 수 있다.

이러한 이해 속에서 김창흡은 사슴이 풀을 먹고 꿩이 먹이를 쪼는 자연스러운 행위는 사람들이 농사지어 배불리 먹는 것과 같으며, 어두워지면 새가 돌아가야 함을 알고 겨울이면 벌레가 숨는 자연현상은 사람들이 밤에 편안히 쉬고 아낙과 아이들이 처소에 드는 것과 같은 것이라고 말하였다.

춥고 더움과 굶주리고 배부름을 아는 것은 사물이 사람과 같은 것으로 이것은 곧 인심이다.…… 기욕(嗜慾)과 천기(天機)는 본디 서로 어긋나는 관계이지만 인심(人心)의 묘함은 또한 어찌 천기가 아니겠는가! 사슴

---

263) 陳來, 1992, 《宋明理學》(遼寧出版社; 안재호 역, 1997, 《송명성리학》, 예문서원), 188 쪽 참조.
264) 邵雍, 《皇極經世書》 觀物 內篇, "所以謂之理者 物之理".

이 풀을 먹고 꿩이 먹이를 쪼는 것은 (사람들이) 농사짓고 배불리 먹는 것과 같은 뜻이며, 어두워지면 새가 돌아가야 함을 알고 겨울이면 벌레가 숨는 것은 또한 어찌 어두워지면 편안히 쉬고 아낙과 아이가 처소에 드는 것과 다른 것이겠는가![265]

그가 보기에 사슴이나 꿩이 먹이를 먹는 것과 새와 벌이 각기 쉴 곳을 찾는 것은 사람의 그것과 본질적으로 차이가 없었다. 그것들은 우주의 보편적 운행원리인 태극이 현실세계에서 똑같이 드러난 모습이므로 서로 동일한 의미맥락을 가진 자연스러운 것이었다. 그러므로 우열을 가릴 수 있는 것이 아니었다. 이러한 맥락에서 그는 기욕과 천기는 본디 서로 모순되는 관계이지만 인심의 묘함, 즉 자연스러운 인심은 천기일 수 있다고 하였다.[266]

이것은 임성주가 입고 마시는 것은 분명 인심이지만 조금의 망잡(妄

---

265) 金昌翕, 《三淵集》 卷33 日錄.

266) 목마르면 마시고 추우면 옷 입는 것 같은 자연스럽게 발동되는 인심을 천기와 관련시켜 이해한 것은 전시대 서경덕과 이수광에게서도 살필 수 있다. 그 둘은 앞장에서도 언급했듯이 상수학과 심학에 깊은 조예가 있었다. 우선 서경덕은 〈천기〉(徐敬德, 《花潭集》 卷1)라는 시에서 "사람들이 모두 생활함에 있어서는 목마르면 마시고 추우면 옷 입으니 자기 주위에서 원리를 배운 것이지만 근본에 대해서는 아는 이가 드물다"고 하였다. 그 근본은 하늘의 기밀인 천기였다. 또한 서경덕은 이 시에서 꽃과 풀은 자연히 푸르러 붉게 피었고, 틸짐승과 날짐승은 자연히 뛰고 날게 되었는데 그것은 천기에서 비롯된 것이라고 하였다. 이렇게 볼 때 서경덕이 생각한 천기도 김창흡과 같이 사물 혹은 생명체의 자연스러운 '존재원리'라는 의미를 갖는다고 볼 수 있다. 이수광은 천기라는 말 대신에 도라는 말을 사용해서 일상적인 인심의 중요함을 다음과 같이 말하였다. "도는 민생의 일용지간(日用之間)에 있다. 여름에 베옷을 입고 겨울에 갖옷을 입으며 배고프면 먹고 목마르면 마시는 것이 즉 도다. 이 밖에 도를 말하는 자는 틀린 것이다. 장자가 도는 똥과 오줌에 있다는 것은 비록 조잡한 설이라도 역시 이러한 데에 기반한 견해이다."(李睟光, 《芝峯集》 卷24 〈采薪雜錄〉, "道在於民生日用之間 夏葛而冬裘 飢食而渴飮卽道也 外此而言道者非矣 莊子所謂 道在屎尿 雖粗說亦有見乎此也".)

雜)이 없다면 진실로 도심에 해가 되지 않는다고 한 것과 같은 맥락에서
이해할 수 있다.[267] 이러한 생각은 신분귀천을 넘어서 성정의 진실성을
강조한 천기 관념의 이론적 기반이 되어 주었다. 즉, 자연스럽게 발현되
는 하층민들의 진실한 인심은 천기이며, 이것은 사대부들의 그것과 본
질적으로 차이가 나지 않았다. 아니 오히려 더 진실하다고 할 수 있었
다.[268] 이러한 점은 인성과 물성을 같이 보고, 성인과 범인의 미발심체
를 같은 것으로 본 낙론계 심성론과 연결될 수 있었다. 뒤에서 서술할
천기 관념이 중인문학과 긴밀히 결합할 수 있었던 것은 이러한 맥락에
서 가능하였다.

2.4.2. 천기 관념을 통한 중인층 포섭

앞서 살펴보았던 것처럼 천기 관념에는 신분의 차별 없이 사람들의

---

267) 任聖周,《鹿門集》卷4〈答宋時偕〉, "如衣食之者人心也 然一皆宰之以義理無少妄雜
則實不害爲道心云爾".

268) 이것과 관련하여 홍대용의 〈의산문답〉(毉山問答)에 나오는 허자(虛子)와 실옹(實翁)
의 다음 대화를 주목할 필요가 있다. 허자는 세상에서 사람이 가장 귀하니 금수와
초목은 무혜(無慧), 무각(無覺), 무례(無禮), 무의(無義)하며, 사람은 금수보다 귀하고
초목은 금수보다 천하다고 하였다. 이에 대해서 실옹은 오륜오사(五倫五事)는 사람의
예의이며 무리지어 다니며 서로 불러 먹이는 것은 금수의 예의이고, 떨기로 나서 무
성하게 죽죽 뻗어가는 것은 초목의 예의라고 하였다. 그러면서 사람으로써 만물을
보면 사람이 귀하고 만물이 천하지만 만물로서 사람을 보면 만물이 귀하고 사람이
천하다고 하였다. 그러나 하늘에서 보면 사람이나 만물이 다 마찬가지라고 하였다.
허자는 사람만이 병이지성(秉彝之性; =理)을 온전히 갖추고 있다는 논리를 편 데 반
해서 실옹은 하늘이라는 제3자적 입장에서 보면 사람의 오륜오사나 금수의 무리지어
다니는 것이나 초목의 죽죽 뻗어가는 것이나 모두 똑같은 '예의'라고 설명하였다. 즉
사람만이 배타적으로 귀한 것이 아니라 금수나 초목도 모두 나름대로의 개별적 가치
를 가지고 있으며 이것은 사람과 평등하게 인식될 수 있다는 논리였다. 천기론과 홍
대용의 인물균론(人物均論)의 관련성 문제는 기존 연구에서도 지적한 바 있다.[이동
환(2001), 140쪽]

진솔한 개별적 성정을 인정하고자 하는 측면이 담겨 있었다. 이것은 낙론이 인성과 물성이 같고 성인과 범인의 미발심체를 같다고 보면서, 물성과 범인의 존재가치를 인정하는 것과 연결될 수 있었다. 천기 관념은 집권층이 자신들 이외 계층들의 존재의의를 인정하는 의미로 확장될 수 있었다. 이것은 낙론이 가지고 있던 사회적 함의와도 어느 정도 일치하였다. 그러한 점에서 천기 관념의 사회적 기능을 '신분론적 측면'에서 살펴보고자 한다.269)

천기 관념이 사회적 의미를 가졌던 것은 주로 집권층과 중인층과의 관계에서였다. 천기 관념은 집권층과 중인들간의 문학적 교유의 매개로서 일정하게 작용하고 있었다. 집권층이 농민층이나 노비층이 아닌 중인 계층에 일차적으로 주목하였던 것은 중인 계층이 집권층의 통치를 실질적으로 뒷받침하는 역할을 하였기 때문이다.270) 중인들은 기술직과 행정직을 중심으로 성장하면서 점차 그 사회적 중요성이 부각되고 있었다. 더욱이 집권층을 포함한 양반 사대부들이 직접 영리를 위한 행위도 할 수 없는 상황에서 친분이 닿는 중인층 인물을 내세워 간접적인 영리 행위를 도모하면서 중인층은 그들에게 중요한 존재로 다가왔다.271) 이

---

269) 천기론이 중인 신분에 대한 통제책의 성격을 강하게 가진다는 것은 기존 연구에서 부분적으로 언급된 바 있다.[윤재민(1999), 350~351쪽 주 12)]

270) 다음에서 김창협의 이서(吏胥) 계층을 보는 관점을 엿볼 수 있다. 《農巖集》卷18 〈答士敬〉甲申, "爲政之道 固當寬以撫民 而嚴以束吏 此其大體之不可易者 然吏亦吾之同胞也 若一於嚴束而不恤其私 使之失所怨苦 則豈所謂一視而同仁者耶". 그는 위정지도(爲政之道)에 대해서 언급하면서 서리들 또한 우리의 동포이니 너무 가혹하게 대하지 말도록 당부하였다. 그것은 실질적으로 이서 계층의 도움을 받아야 하는 입장에서 이들과 적절히 화합하기 위한 목적에서 나온 것으로 보인다. 이러한 생각은 이후 낙론 학맥을 계승하였던 임성주에게도 보였다. 任聖周, 《鹿門集》卷25 〈冬至揭示人吏廳〉"天之生人 均賦仁義 雖爾胥吏 何獨異乎 近來爲守宰者 待胥吏以化外 不以權數愚之 則必用刑杖虐之 此實爾輩羞恥事也 余則欲以誠信相對 廉恥相勉 爾輩各宜自礪 滌其舊染而發其新知 自持其身 如士君子".

러한 이유 때문에 집권층의 중인층에 대한 관심은 다른 신분층에 비해 각별할 수밖에 없었다.

집권층과 중인층 사이의 문학적 교유 양상을 본격적으로 처음 보여주었던 것은 김창협과 역관 출신 홍세태와의 교유였다. 물론 이전에도 제한적인 교유가 있었지만 이전 시대와는 비교할 수 없을 정도로 양적으로 확대되는 전기를 마련하였다는 점에서 이들의 교유가 가지는 중요성이 있다. 김창협·김창흡 형제는 홍세태의 시적 재능을 인정하고 그와 망형지교(忘形之交)를 맺었으며, 김창협이 30세 때 백악(白岳) 남쪽에 낙송루(洛誦樓)를 짓고 결성한 시사(詩社)에 홍세태는 참여하기도 하였다.272) 그 과정에서 홍세태는 자연스럽게 서울 지역의 주요 서인－노론 문사들과 교유할 기회를 가졌다고 생각된다. 다음 〈해동유주서〉(海東遺珠序)는 김창협과 홍세태의 돈독한 관계를 잘 보여준다.

농암 김상공(金相公; ＝金昌協)이 일찍이 나에게 말하기를, "동시(東詩)를 채집하여 세상에 알려진 것이 많은데, 여항의 시만 유독 빠져 있어 민멸(泯滅)되어 전하지 않음이 애석하다. 자네가 그것을 채집해 보게" 하였다. 내가 이에 널리 채집하여 여러 시인들의 원고를 얻었다.…… 대저 사람은 천지의 중정(中正)을 얻고 태어나니, 그 정이 느끼어 말로 표현된 것이 시가 됨은 신분의 귀천 없이 한 가지이다. 이러한 까닭에 《시경》 300편에는 이항가요(里巷歌謠)의 작품이 많은 것이고 그럼에도 공자께서는 그것을 취하여 곧 〈토저〉(兔罝), 〈여분〉(汝墳) 같은 국풍(國風)을 〈청묘〉(淸廟), 〈생민〉(生民) 같은 송(頌)과 더불어 나란히 풍아(風雅)에 배열하고 애초에 지은 사람이 누구냐를 묻지 않았으니, 이것은 성인의 지극

271) 정옥자, 1988,《조선후기 문화운동사》, 일조각, 248쪽.
272) 안대회, 2001, 〈여항시인과 천기론〉,《문헌과 해석》14, 127쪽.

히 공정한 마음이었다. 우리나라 문헌이 성대함은 중국에 비견할 만하다. 사대부들이 위에서 노래하고 위항인들이 아래에서 호응하며 시를 지어 올리니 그 취한 바는 심원하지 못하여도 하늘로부터 얻은 것이므로 뛰어나며, 맑고 밝은 풍요(風謠)는 당풍(唐風)에 가깝다. 경치를 그린 시의 깨끗함은 봄의 새인 듯하고 서정의 슬픔은 가을의 벌레인 듯하다. 오직 느껴서 운 것은 천기 가운데 자연히 유출되지 않은 것이 없으니 이것은 이른바 진정한 시이다. 만약 공자께서 보신다면 지은 사람의 신분이 미천하다고 해서 버리지 않으셨을 것이 분명하다![273]

김창협은 홍세태에게 중인들의 시선집을 편찬할 것을 권유하였고, 홍세태는 여기에 응해서 《해동유주》(海東遺珠)를 엮어 내었다. 김창협과 홍세태의 관계는 '사대부들이 위에서 노래하니 위항인들이 아래에서 호응하였다'고 말한 것에서 잘 드러나 있다. 이 글에서 '하늘로부터 얻은 것이므로 뛰어나며' 하는 부분은 하늘로부터 유래한 전기 관념을 의미하였다.

홍세태는 이 글에서 '대저 사람은 천지의 중정을 얻고 태어나니, 그 정이 느끼어 말로 표현된 것이 시가 됨은 신분의 귀천 없이 한 가지'라고 말하였다. 그러므로 공자께서는 이항가요(里巷歌謠)를 선택하여 〈토저〉(兎罝), 〈여분〉(汝墳) 같은 국풍(國風)을 〈청묘〉(淸廟), 〈생민〉(生民) 같은 송(頌)과 함께 풍아(風雅)에 배열하면서도 지은 사람의 귀천을 묻지 않았으니, 이는 성인의 지극히 공정한 마음이라고 하였다. 그러면서 홍세태는 자신이 엮은 《해동유주》에 실려 있는 작가들의 시들도 천기에서 발현된 것으로, 아마 공자께서 보신다고 해도 그들이 미천하다고 해서 그들의 시를 버리지는 않을 것이라고 자신하였다. 이러한 자신감의

---

273) 洪世泰, 《柳下集》 卷9 〈海東遺珠序〉.

근거는 두말할 것 없이 천기 관념에 있었다.

홍세태와 그의 가계는 비록 한미한 역관 출신이었지만274) 그의 가문 남양홍씨는 역관 가문 가운데 대족(大族)으로서 영·정조대에는 역과(譯科) 잡과(雜科) 합격자 순위 2위에 해당하였고, 조선 후기 전체 합격자 수에서도 2위를 차지하였다.275) 또한 홍세태의 문학적 명성은 영조에게 들려질 정도로 유명하였으며, 영조는 그를 기리기 위해 아들 홍광서(洪光緖)를 입시하라 명하고 군문(軍門)으로 하여금 조용(調用)하도록 하였다.276) 이규상(李奎象; 1727~1799)은 《병세재언록》(幷世才彦錄)에서 사람들은 국조 이래로 홍세태를 여항의 시인 가운데 최고로 여긴다고 말한 바 있었다.277)

더욱이 남유용(南有容)은 여항 사람들이 제각기 분발하여 오척 동자들까지도 책을 끼고 독서하는 일이 귀중한지를 알게 된 것은 모두 홍세태의 힘이었다고 극찬하기도 하였다.278) 남유용의 평가는 비록 과장이 있을 수 있으나 중인들 사이에서 홍세태가 갖는 상징성을 보여주는 데에는 부족함이 없다고 생각한다. 이러한 점들을 고려해 볼 때, 그들의 문학적 교유는 단순한 교유의 의미 이상을 가지고 있었다. 이들의 문학적 교유는 다음과 같은 사회적인 함의가 내포되었던 것이다.

17세기 후반에서 18세기 초로 전환되는 시점은 역관 중심의 중인들이 사회적 성장을 도모하던 시기였다. 역관층은 17세기 중반 이후 청과의

---

274) 홍세태의 가계에 대해서는 강명관, 1997, 《조선후기 여항문학 연구》, 창작과비평사, 146~147쪽 참조.

275) 김양수, 1986, 〈조선후기의 역관신분에 관한 연구〉, 연세대 박사학위논문, 56·72쪽 참조.

276) 《英祖實錄》卷92, 英祖 34년 10월 7일(庚申); 《英祖實錄》卷115, 英祖 46년 6월 14일(戊子).

277) 李奎象, 《幷世才彦錄》〈文苑錄〉, "閭巷詩 國朝以來當推洪柳下世泰爲魁".

278) 南有容, 《雷淵集》卷11〈省齋稿序〉.

외교 교섭이 중요시되면서 정권과 밀착하기도 하는 등 사회적으로 성장할 기회를 맞이하였으며, 17세기 후반 이후에는 대륙 정세가 안정되면서 중개무역을 통해서 부를 축적할 기회를 갖기도 하였다.[279] 이 과정에서 역관들은 부와 지적 성장을 도모할 수 있었다. 이러한 역관들의 경제적 부와 지적 성장을 바탕으로 중인문학은 이 시기에 이르러 비약적인 성장을 보였다.

중인문학은 선조대 백대붕(白大鵬; ?~1592), 유희경(劉希慶; 1545~1636)을 거쳐 광해군·현종대에는 우대 지역, 특히 지금의 삼청동 일대를 중심으로 육가(六家)라는 이름의 문학모임이 성장하였다.[280] 그 이후 17세기 후반에서 18세기 초로 전환되는 현종에서 숙종대를 걸치는 기간 동안 육가를 이은 대규모의 중인 시인들이 등장하였다. 이 시기에는 양적인 측면에서 이전 시대와는 비교할 수 없을 정도로 많은 시인들이 대거 등장하였다. 이들은 '낙사'(洛社)로 불렸으며, 역관 중인층이 모임의 주류를 이루었다. 낙사는 서울 중인층의 시사(詩社) 활동을 범칭하는 것으로, 낙사의 활동시기를 중인문학의 본격적인 대두기로 파악할 수 있다. 최승태(崔承太; ?~1684), 유찬홍(庾纘洪; 1628~1697), 이득원(李得元; 1639~1682), 임준원(林俊元; ?~1697), 김충렬(金忠烈), 석희박(石希璞; 1617~ ?), 홍세태(洪世泰), 김만최(金萬最; 1660~1735) 등은 낙사의 주요 구성원들이었다.[281]

홍세태는 낙사의 맹주격 인물이었고, 고시언(高時彦; 1671~1734)과 정래교(鄭來僑) 모두 이 낙사의 일원이었다. 이 시기에 중인 시선집인 《해

---

279) 이 부분에 대해서는 다음을 참조할 수 있다. 정석종, 1983, 《조선후기사회변동연구》, 일조각, 79~130쪽; 김양수(1986), 43~45, 176쪽; 유승주·이철성, 2002, 《조선후기 중국과의 무역사》, 경인문화사, 51~70쪽 참조.

280) 이 문단의 내용은 강명관(1997), 139~150쪽을 참조하여 요약하였음.

281) 구자균, 1948, 《朝鮮平民文學史》, 文潮社, 63~70쪽.

동유주》와 《소대풍요》(昭代風謠)가 역관층이었던 홍세태와 고시언에
의해서 편집되었던 것은 이러한 시대적 배경이 있었기에 가능하였
다.282) 이들 중인층이 중심이 된 '위항지사'(委巷之士)들은 18세기 들어
서울 학계의 엄연한 구성원으로 대두하였으며, 이들과 '경화거족', 즉 서
울·경기 지역의 명문사족들과의 교유는 일반적 현상이 되어 가고 있었
다. 그들 가운데에는 심지어 '위항성족'(委巷盛族), '위항명족'(委巷名族)
으로 불리는 가문이 나오기도 하였다.283)

　집권층은 이렇게 성장하던 중인 계층의 사회적 존재를 어느 정도 인
정하고, 이들을 기존 사회체제 속에 안정적으로 포섭할 필요가 있었다.
천기 관념 속에는 이러한 집권층의 목적과 사회 변화에 부합하는 측면
이 담겨 있었다. 천기론이 중인문학의 비약적 발전과 밀접한 관련을 맺
었던 것은 이러한 이유에 근원한다고 생각한다. 모든 사람과 사물에 천
기가 깃들 수 있다는 주장에는 중인 계층의 사회적 존재를 '인정'하고
이들을 '포섭'할 수 있는 신분론적 기능이 함의될 수 있었다.

　영조대 고위관료였던 낙론계 이천보는 천기는 바탕을 가리지 않고 모
든 사람들에게 평등하게 내재하며, 물루(物累)에 담박한 중인들이 오히
려 그 천성을 잘 보전할 수 있다는 내용으로 당시 역관 가문 출신 정래
교(鄭來僑)의 문집에 서문을 써주었다. 정래교는 홍세태의 제자로서 당
시 대표적인 중인 시인 가운데 하나였다.

　대저 시라는 것은 천기이다. 천기가 사람에게 깃듦에 일찍이 그 지위
　를 가리지 않았으니, 물루에 담박한 사람이면 얻을 수가 있는 것이다. 위
　항(委巷)의 선비는 오직 궁하고 천할 뿐이다. 그러므로 세상에서 말하는

282) 강명관(1997), 241쪽.
283) 유봉학, 1998, 《조선후기 학계와 지식인》, 신구문화사, 128~129쪽.

공명과 영리가 그 밖을 어지럽히고, 안을 잠기게 하는 바가 없으니 쉽게
그 천성을 보존할 수 있다. 그리고 업으로 삼는 일에 있어서 즐기고 또
한 오로지 하니 그 형세가 그러한 것이다. 근세의 시인에 창랑(滄浪) 홍
도장(洪道長; =洪世泰) 같은 이가 곧 그러한 사람이니, 도장(道長)을 이어
또한 완암(浣巖) 정윤경(鄭潤卿)이라는 이가 있으니 이름은 내교(來僑)이
다. 당시 학사대부(學士大夫)들은 그와 교유할 때 이름을 부르지 않고 자
(字)를 불렀다.[284]

이천보는 중인들이 오히려 공명과 영리에 자유로우므로 천기를 잘 보
전할 수 있으며, 그러한 이유로 오히려 그들이 훌륭한 시를 지을 수 있
다고 하였다. 그러면서 홍세태와 정래교가 이러한 경우라고 그들을 칭
찬하였다. 이러한 이천보의 글에는 다음과 같은 두 가지 의미가 담겨
있었다.

첫째는 위 인용문의 표면적인 의미로서 위항지사의 대표적 인물들이
었던 홍세태와 정래교를 존중하며, 그들이야말로 천성을 온전히 보전하
고 있다는 칭송의 의미였다. 둘째는 문맥 속의 숨은 의미로서 홍세태·
정래교로 하여금 궁(窮), 천(賤)과 같은 현실적인 고통을 감내하게 하며,
오직 문학 활동에만 전념하게 하는 것이었다. 여기에서 후자의 의미는
상당히 중요하다. 언뜻 그들을 칭송하고 인정하는 것처럼 보이지만 그
것은 문학의 영역에만 제한되어 있을 뿐, 그들의 사회적 정치적 대우는
사실 그다지 차이가 없었다. 문학이라는 합법적이고 안전한 영역에서만
그들의 존재는 인정될 뿐 사회적 정치적으로는 여전히 궁·천의 대상이
었고, 오히려 역설적이게도 이것 때문에 천성·천기를 잘 보전할 수 있
다고 인식되었던 것이다.[285]

---

284) 李天輔, 《晉庵集》 卷6 〈浣巖稿序〉.

17세기 후반 이후 중인들이 부를 통한 사회적 성장을 문학이라는 매개로 발산하고 있을 때, 집권층은 천기 관념으로 일부 중인들의 존재를 인정하고 그들의 신분적 불만을 해소할 합법적인 통로를 마련할 수 있었다. 천기 관념 속에는 중인들의 존재를 인정하는 의미가 담겨 있었지만 중인층 입장에서 보면 위에서처럼 기만적인 의미도 공존하였던 것이다.

마지막으로 이후 전개되었던 서울·경기 지역 명문사족들과 중인 사이의 문학적 학문적 교유의 구체적인 사례들을 나열해 보면 다음과 같다. 18세기 들어 서울·경기 지역 명문사족들의 도움을 받는 중인들의 시사(詩社)가 크게 늘어났고, 이들 상호간의 문학적 교유는 활발한 양상을 띠었다. 앞서 언급하였듯이 김창협−홍세태의 교유가 있었고, 남유용(南有容), 이천보(李天輔), 김종수(金鍾秀), 김종후(金鍾厚; 1721~1780), 홍낙명(洪樂命)과 중인 정래교의 교유, 남유용, 조명정(趙明鼎; 1709~1779)과 중인 김시모(金時模)의 교유,286) 영조 초기 탕평정치에 적극 동조하였던 원경하(元景夏)의 아들 원인손(元仁孫; 1721~1774), 원계손(元繼孫; 1733~1772)과 중인 홍신유(洪愼猷; 1724~1784)의 교유287) 등이 있었다.

19세기 들어서는 더욱 빈번한 사례들을 볼 수 있다. 홍양호(洪良浩; 1724~1802), 윤행임(尹行恁; 1762~1801), 정약용(丁若鏞; 1762~1836)과 중

---

285) 이 점에 대하여 기존 연구에서도 "이천보의 이러한 논리는 중인층의 신분적 고착화를 정당화하고 나아가 중인층에게 현실의 신분적 모순에서 눈을 돌려 정신공간의 자유 속에 안주케 하는 양반사대부의 계급적 논리가 아닐 수 없다"[윤재민(1999), 351쪽 주12)]는 지적이 있었다.

286) 남유용은 김시모의 문장을 크게 칭찬하였으며, 조명정은 김시모의 문집에 서(序)를 써주었다.[강명관(1997), 152·153쪽 주 30), 33) 참조]

287) 강명관(1997), 289~290쪽.

인 차좌일(車佐一; 1753~1809)의 교유, 이유원(李裕元; 1814~1888), 윤정
현(尹定鉉; 1793~1874), 남공철(南公轍; 1760~1840)과 중인 변종운(卞鍾
運; 1790~1866)의 교유,[288] 조두순(趙斗淳; 1796~1870), 남병철(南秉哲;
1817~1863), 김정희(金正喜; 1786~1856)와 중인 정지윤(鄭芝潤; 1808~
1858)의 교유, 이 밖에 당대 대표적 시인들이었던 조수삼(趙秀三; 1762~
1849), 박윤묵(朴允默; 1771~1849), 장혼(張混; 1759~1828)은 각각 당대 최
고의 벌열(閥閱)들이었던 풍양조씨 조인영(趙寅永; 1782~1850), 조만영
(趙萬永; 1776~1846) 가문, 대구서씨 서영보(徐英輔) 가문, 풍산홍씨 홍석
주(洪奭周; 1774~1842) 가문과 문학으로 긴밀히 종유하고 있었다.[289]

이러한 문학적 교유 외에 학문적 교유도 이루어졌다. 중인 시인 엄계
흥(嚴啓興)은 이천보 가문의 가정교사로 활동하였고,[290] 이재(李縡)와 성
대중(成大中; 1732~1812)의 아버지였던 성효기(成孝基)와의 사제관계, 성
대중, 성해응(成海應; 1760~1839)이 조인영(趙寅永; 1782~1850)을 가르치
고 박제가(朴齊家; 1750~1805)가 김정희(金正喜; 1786~1856)를 가르친
경우, 윤유성(尹有成)이 홍직필(洪直弼; 1776~1852)을 가르쳤던 경우도
있었다.[291]

이러한 학문적 문학적 교유를 통해서 집권층은 중인층들을 사회적으
로 포섭할 수 있었고, 중인층은 신분의 상승이 어려운 상황에서 자신의
신분적 약점을 만회할 수 있는 좋은 기회를 가질 수 있었다. 이러한 속
에서 중인들 가운데에는 변종운(卞鍾運)과 장지완(張之琓; 1806~1858)의
경우처럼 기존 사회체제와 주자학에 더욱 충실하고자 하는 인물들도 나

---

288) 정옥자(1988), 214쪽.
289) 강명관(1997), 129~130쪽.
290) 위의 책, 92~93쪽.
291) 유봉학(1998), 129~130쪽.

타났다.[292] 이것은 기존 사회체제에 충실함으로써 자신들의 신분적 약점을 만회하고자 하는 나름의 노력이었다.

이상에서 낙론과 그들의 천기 관념의 관련성을 검토하였고, 천기 관념이 중인들의 존재를 인정하고 이들을 포섭하는 데 어떠한 기능을 하였는가에 대해서 살펴보았다. 18세기 들어 중인층은 사회적으로 성장하면서 활발한 문학활동을 전개시켰다. '위항성족', '위항거족'이라는 말이 나올 정도로 중인 가운데에는 확고한 사회적 위치를 점하는 가문들이 속속 등장하기도 하였으며, 많은 중인 시사들이 만들어지기도 하였다. 이들 시사와 시인들 가운데 상당수는 집권층의 지원을 받고 있었다. 이러한 과정에서 천기 관념은 집권층이 중인들의 사회적 성장을 문학이라는 합법적인 영역에서 포섭하는 데 중요한 매개가 될 수 있었다. 중인들이 사족보다 천기를 더 잘 보전하였고, 그러한 이유로 훌륭한 시를 지을 수 있다는 천기 관념의 논리는 신분제도에 불만을 품던 중인들을 어느 정도 위로해 줄 수 있었다. 천기 관념의 사회적 기능은 이러한 차원에서 마련될 수 있었다.

---

292) 윤재민(1999), 217~239쪽.

3장

18세기 중말엽 낙론계 학풍의 전개와 현실대응론

　오랜 연원을 두고 이루어졌던 서울·경기 지역과 호서 지역의 사상적 차이는 호락논쟁(湖洛論爭)으로 촉발되었다. 18세기 초반 권상하(權尙夏) 문하에서 일어났던 심성논쟁에 서울·경기 지역 노론들이 대거 참여하면서 명실상부한 '호락논쟁'으로 발전하게 되었던 것이다. 더욱이 이 논쟁은 단순한 심성논쟁에서 벗어나 지역간 현실인식과 경세관의 차이를 반영하는 사상논쟁으로 점차 옮겨갔다. 호락논쟁이 심성논쟁에서 나아가 경세관의 차이를 반영하는 사상논쟁으로 발전하였던 것은 심성론이 고유하게 가졌던 경세적 함의와 함께 당시 급변하는 사회상황이 중요한 요인으로 작용하였다.

　이 시기는 영·정조대로서 탕평 정국, 하층민의 성장과 신분제 해체, 향전(鄕戰), 상업의 발달로 인한 서울의 도시적 양상, 학계의 경향 분기, 실학과 서학의 도래 등 사회적으로 많은 변화가 나타나고 있었다. 그리고 이러한 변화에 대응하여 집권층은 다양한 현실대응책을 모색하고 있었다. 호론과 낙론이 내놓은 현실대응책과 경세관의 차이는 호락논쟁을 더욱 확대시켰던 중요한 이유가 되었다.

이 부분에서는 소인교화론을 통한 탕평 정국 대응 문제,《반계수록》(磻溪隨錄) 이해와 경세학의 모색, 국가재정과 관련한 신분 문제 대응책을 중심으로 낙론계의 현실대응론을 호론계와 비교하여 살펴보고자 한다. 이 과정에서 낙론계와 호론계가 중요한 현실 문제들에 대해서 어떠한 명분과 논리적 근거로서 대처해 나갔는지 이해할 수 있을 것이다.

17세기부터 형성되기 시작하였던 서울·경기 지역과 호서 지역 서인 간의 학풍 차이는 노소 분기 과정에서 김창협(金昌協)·김창흡(金昌翕)에 의해서 정리 통합되었고, 다시 이 시기에 이르면 학풍의 차원을 넘어 정치적인 견해와 경세관의 차이를 드러내는 것으로 발전하였다. 이 시기에 호론과 낙론의 사상적 갈등이 본격적으로 표면에 나타났던 것은 노론이 정국을 독주하면서 의리론으로부터 점차 자유로워지자, 그 동안 잠재되었던 사상적 갈등이 현실대응론과 결합하면서 전면에 부상하였기 때문이다.

3.1. 호락논쟁의 전개와 낙론 학맥의 사상 동향

3.1.1. 호락논쟁의 전개와 성격

조선 후기 사상계에 드러나는 주요한 특징 가운데 하나는 성리학에 대한 인식이 심화되고 있으며, 성리학적 원리에 의한 변통의 논리가 계속해서 제시되고 있다는 사실이다. 성리학계는 조선 후기의 사회변화에 맞추어 일정한 변화를 모색하지 않을 수 없었고, 그러한 변화상은 호락논쟁의 전개 등을 통해서 확인할 수 있다.[1] 호락논쟁은 노론 지식인들

의 가장 중요한 관심 대상으로서, 성리학 이해의 심화와 발전에 중요한
기능을 담당하였다.

호락논쟁 연구는 주로 심성론의 영역에서 이루어졌다. 이러한 이유로
일부 연구는 호락논쟁을 현실과는 유리된 무의미한 공리공담으로 치부
하기도 하였다. 하지만 당시 집권층의 가장 근본적인 사상 기반이 성리
학이었다고 볼 때, 성리학 이론 안에서의 정합성 결여와 이것에 대한
발견은 그들 정치 이념의 근본 토대를 위협할 수도 있는 문제였다. 따라
서 이에 대한 해결책 모색은 그 어느 것보다 중요한 사상적 과제로 떠오
를 수밖에 없었다.[2]

더욱이 《대학》의 '격물(格物) → 치지(致知) → 성의(誠意) → 정심(正
心) → 수신(修身) → 제가(齊家) → 치국(治國) → 평천하(平天下)'라는 연속
적 관점에서 볼 때, 심성론 중심의 호락논쟁은 이미 그 속에 치국·평천
하와 같은 경세사상의 의미들을 자연히 담고 있을 수밖에 없었다. 즉,
호락논쟁은 사변적이고 형이상학적인 논제가 아닌 세도치란(世道治亂)
과 치평(治平)의 문제로서 인식될 수 있었다. 김지행(金砥行; 1716~1774)
은 사람과 금수의 분변은 호리(毫釐)의 차이에서 나뉘지만 마침내는 세
도치란의 기틀이 될 것이라고 하였고,[3] 한원진(韓元震)은 오상(五常)의
성(性)으로 치평(治平)의 근본을 삼는다고 말한 바 있었다.[4]

이와 같이 당시 사람들에게 심성론은 단지 심성론으로 그치는 것이
아니었다. 심성론 안에는 이미 현실의 문제가 함의되어 있었던 것이다.

---

1) 조광, 1993, 〈조선후기 사상계의 전환기적 특성〉, 《한국사 전환기의 문제들》, 지식
   산업사, 154~155쪽.
2) 최영진, 1998, 〈인물성동이론의 생태학적 해석〉, 《유교사상연구》 10, 61~62쪽.
3) 金砥行, 《密庵集》 卷3 〈上久菴先生〉, "人與禽獸之辨 分於毫釐之差 而卒爲世道治亂
   之機".
4) 金邁淳, 《臺山集》 卷15 〈闕餘散筆〉, "南塘曰 今旣以五常之性爲治平之本".

또한 학파와 정파가 밀접하게 결합되어 있던 당시 사회에서 심성논쟁의
정통성 획득은 정치의 정통성 획득과 연결되어 있었고, 그러한 차원에
서 호락논쟁은 18세기 중엽 이후에는 '혈전'으로 귀결되었다.[5] 이러한
측면에서 호락논쟁의 내용과 성격을 살펴보는 것은 궁극적으로 그들이
주장한 경세론의 의미를 이해하는 데 중요한 전제가 될 수 있을 것이다.

호락논쟁이 추상적인 심성논쟁을 벗어나 18세기 중엽 이후 조선 사회
에 광범위하게 영향을 미칠 수 있었던 시대적 정황을 대외적 배경, 사
회·경제적 배경, 정치적 배경으로 나누어 살펴보면 다음과 같다.

첫째, 대외적 배경을 살펴보면, 조선 집권층은 병자호란과 명청교체
이후 심각한 주체 상실의 위기에 직면하였다. 17세기 송시열(宋時烈)의
'북벌론'은 그들의 이러한 상실감을 관념적으로나마 회복해 줄 수 있었
지만, 북벌 논의가 별다른 성과 없이 끝나자 18세기에 들어와서는 고착
상태에 빠져 흐지부지되어 버렸다. 그리고 당시 청은 정권안정기에 도
달하면서 조선에 대해서도 비교적 유화적인 자세를 보였다. 그러므로
북벌론은 더 이상 현실성을 획득하기 어려웠고 사실상 포기되고 있었
다.[6]

둘째, 사회·경제적 배경으로 농업과 상업의 발전을 들 수 있다. 18세
기는 수리(水利)시설의 보급과 이앙법(移秧法), 견종법(畎種法) 등 새로운
농법의 전국적인 보급과 함께 광작(廣作)경영이 가능해져 지배적인 범주

---

5) 黃胤錫,《頤齋亂藁》5(한국정신문화연구원, 1999) 卷29 己亥(1779) 五月 初五日(戊
子) 518쪽, "是昏與趙僚談 及洛湖學所爭心性之說 趙云 家學則洛學 而切姻則湖學 故
頗聞湖學說話 但兩邊以此看作大事 因成血戰 此未可知耳"; 南公轍,《金陵集》卷10
〈答或人〉.

6) 이러한 분위기는 영조의 다음 언급에서 엿볼 수 있다. 영조는 "비록 설치(雪恥)할
마음이야 있지만, 입술이 없어지면 이가 어찌 시리지 않겠는가? 청나라 황제는 우리
나라를 돌봐주는데 우리나라는 빈둘거리며 지내고 있다"고 말하였다.《英祖實錄》
卷28, 英祖 6년 11월 17일(壬午).

는 아닐지라도 경영형 부농층이 성장하는 등, 전시대에 비해서 큰 변화
가 발생하던 때였다.[7] 이러한 농민층의 점차적인 성장은 사족층으로 하
여금 기존의 대농민 인식과 구분되는 새로운 논의들을 필요하게 했다.
사회·경제적으로 성장하면서 기존 사회체제 속에서 일정한 일탈현상
을 보이고 있던 농민을 계속해서 기존 질서 속에 묶어두기 위해서는 이
전의 교화론으로는 명확한 한계가 있었으며, 따라서 농민층 및 하층민
의 성장을 일부 인정하는 교화론이 그들에게는 필요하였다.

한편, 상업계의 변화도 활발하였다.[8] 특히 서울을 중심으로 한 상인들
의 활동은 매우 적극적이었으며,[9] 18세기에 들어와 대외무역이 더욱 활
발해지자 무역과정에서 막대한 부를 축적한 역관층이 등장하였다.[10] 이
러한 상업의 성장을 기반으로 18세기 서울은 도시적 양상을 강하게 띠
기 시작하였으며,[11] 당시 풍속화와 풍속시들은 '서울의 저자거리'와 '유
흥문화'를 적나라하게 표현하면서, 서울의 변화된 풍속과 도시적 면모
에 주목하고 있었다.[12] 결국 이러한 서울의 도시적 분위기는 자연스럽
게 기존의 인성론과는 다른 새로운 인성론을 필요로 하였고, 그것은 변
화하는 사회상에 발맞추어 새로운 계층들을 체제 안으로 포섭하기 위해

---

7) 김용섭, 1990, 《증보 조선후기농업사연구》, 일조각.

8) 조선 후기 상업의 발달과정에 대해서는 강만길, 1973, 《조선후기 상업자본의 발달》,
   고려대출판부 참조.

9) 이욱, 1994, 〈18세기말 서울 상업계의 변화와 정부의 대책〉, 《역사학보》 142; 고동
   환, 1998, 《조선후기 서울상업발달사연구》, 지식산업사.

10) 당시의 대외무역에 대해서는 유승주·이철성, 2002, 《조선후기 중국과의 무역사》,
    경인문화사 참조.

11) 이우성, 1963, 〈18세기 서울의 도시적 양상〉, 《향토서울》 17; 최완기, 1993, 〈조선후
    기 한양의 경제적 성장과 그 의미〉, 《이화사학연구》 20·21합집.

12) 이 부분에 대해서는 다음 논문을 참조할 수 있다. 강명관, 1999, 〈조선후기 서울의
    중간계층과 유흥의 발달〉과 〈조선후기 서울과 한시의 변화〉, 《조선시대 문화예술의
    생성공간》, 소명출판.

서 집권층에게 절실히 요구되는 것이었다.

셋째, 정치적 배경을 보면 당시 조정은 당쟁의 폐해로 기능이 위협받을 정도였다. 따라서 당쟁을 그치게 하고자 내외에서 탕평론이 대두하고 있었다. 그러나 탕평론은 노론 안에서 가장 치열한 논쟁거리였던 신임옥사(辛壬獄事) 처리 문제를 둘러싸고 군자·소인 논쟁을 일으키는 계기를 만들었고, 군자·소인론은 성리학의 심성론과 밀접히 연관되어 있었다. 호락논쟁의 주제들은 인성의 세밀한 부분을 논의의 대상으로 삼는 것으로서, 당시 문제가 되었던 소인의 교화와 수양에 대한 문제와 깊은 관련성을 가지고 있었다.

결국 당시 전개된 사회적 경제적 정치적 변화의 여러 양상들은 성리학 안에서 어떠한 자기 변화의 논의들을 불가피하게 하였다. 그리고 그 논의는 성리학이 고유하게 가졌던 이기심성론의 재정립과 그에 대한 치밀한 탐구를 통해서 이루어질 수 있었다. 앞서 언급하였듯이 성리학자들이 가지고 있는 《대학》의 '격물·치지·성의·정심·수신·제가·치국·평천하'의 이념구조 속에서 인성론과 치국론은 불가분의 연결 구조를 가지고 있었다. 성리학자들은 심성론의 탐구 속에서 경세적인 문제도 함께 해결할 수 있다고 생각하였다. 이러한 문제는 집권층이었던 노론에게 더욱 중요한 과제가 될 수밖에 없었다.

호락논쟁의 주제들은 권상하의 문인들인 강문팔학사(江門八學士)들 사이에서 비롯되었다.[13] 그들 가운데에서 논의의 중심에 서 있던 인물들은 이간(李柬; 1677~1727)과 한원진이었으며, 그들 논의의 중요한 주제는 '인성과 물성의 본성이 같은가 다른가' 하는 문제였다. 그 논의과정에서 스승 권상하는 한원진의 '인물성이'를 지지함으로써 호서 지역

---

13) 강문팔학사에 대해서는 한계전, 1997, 〈호학(湖學)의 형성과 강문팔학사(江門八學士)〉, 《진단학보》 83 참조.

노론 안의 이 논쟁에서 한원진이 우세를 보였다. 하지만 이때는 엄격한
의미에서 지역간 논쟁을 의미하는 '호락논쟁'으로 부를 수는 없다.14)

이 논쟁이 지역간 학풍의 차이를 반영하는 호서 지역과 서울·경기
지역 노론의 논쟁으로 본격화된 것은 박필주·어유봉·이재 등 서울·
경기 지역 노론 학자들이 이 논쟁에 관심을 갖고 자신의 의견을 펴 보이
면서부터였다. 경신처분(庚申處分; 1740)과 신유대훈(辛酉大訓; 1741) 이
후 노론이 점차 정국을 주도하면서 자체 분열의 조짐이 보이기 시작하
였다.15) 공교롭게도 이즈음 호론과 낙론 학자들 사이에서 사상 공방이
활발해진다.

1735·1736·1743·1744년 이재와 윤봉구의 논쟁이 있었고, 1742·
1744년에는 윤봉구와 박필주의 논쟁이 있었다. 특히, 1746년 이재가 〈한
천시〉(寒泉詩)를 짓고 이것에 대한 응답으로 한원진이 1747년 〈제한천시
후〉(題寒泉詩後)를 지어 이재의 하설을 비판하면서부터 논쟁은 학술적인
성격을 지나 감정적인 부분으로까지 발전하였다.16) 호락논쟁이 '학문적
인' 영역을 넘어 '정치적인' 영역으로 진입하기 시작한 것이다. 권섭(權
燮)이 도통(道統)에 대해서 본격적인 논의를 전개시켰던 것도 이 즈음의
일이었다.17) 이후 호론과 낙론은 각기 지역의 학문으로 고착되어 갔으

---

14) 이경구, 1995, 〈김창흡(金昌翕)의 학풍과 호락논쟁〉, 서울대 석사학위논문, 47쪽; 권
　오영, 2003, 〈호락논변의 쟁점과 그 성격〉, 《조선후기 유림의 사상과 활동》, 돌베개,
　45쪽.

15) 다음 황윤석의 말에서 이러한 분위기를 추론할 수 있다. 黃胤錫, 《頤齋亂藁》3(한국
　정신문화연구원, 1997) 卷15 庚寅(1770) 六月 十四日(丁亥) 260쪽, "辛壬以前 老論太
　盛 自相潰裂 有稱花黨駱黨者 李晚成家 高陽花田 趙泰采家 京城駝駱洞 各爲一邊領袖
　故耳 辛壬之際 同舟遇風 經禍復合 近世老少 又各有緩峻之分 今則老論獨盛 而亦自分
　黨 有曰東村南村 又有北村 是俱未及形著 而其中又自有小小分折起滅無常者 大抵搢
　紳相軋 無已時而山林議論 又有圻湖二派".

16) 이 부분에 대해서는 권오영(2003), 45~46쪽 참조.

17) 權燮, 《玉所集》 卷4 〈立說〉 戊辰.

며, 그 과정에서 자연히 순수 학문논쟁을 넘어 정치적인 색채를 띠게 되었다. 이처럼 이재와 한원진의 논쟁이 중요한 이유는 그들이 각각 김창협과 권상하를 계승하여 낙론과 호론을 대표하는 인물들이었기 때문이다.

서울·경기 지역 노론들은 기본적으로 이간의 주장에 동조하였다. 그러면서 그들은 호서 지역 노론들이 '천하 사람들이 선으로 가는 길을 막는'[沮天下爲善之路] 매우 우려할 만한 생각에 빠져 있다고 개탄하였다.[18] 이에 반해 한원진과 윤봉구는 서울·경기 지역 노론들이 무분(無分) 논의에 빠져 있음을 비판하면서 자기방어에 나섰다.[19] 논쟁과정에서 얼마간의 첨삭이 있기는 하였지만 한원진·윤봉구는 지속적으로 인물성이(人物性異), 미발심체유선악(未發心體有善惡), 성범인심이(聖凡人心異)를 주장하고, 박필주·이재는 인물성동(人物性同), 미발심체본선(未發心體本善), 성범인심동(聖凡人心同)을 주장하면서 끝내 합의된 결론을 이끌어내지 못하였다. 이러한 와중에서 권상하-한원진의 호서학통이 확립되는 양상을 보였으며, 이간이 호서사림들에게 소외되면서 낙론계에 의해서 학문적 존경을 받는 모습을 보였다.[20]

---

18) 金元行, 《渼湖集》 卷4 〈與宋晦可〉; 金履安, 《三山齋集》 卷4 〈答兪漢愼〉; 朴胤源, 《近齋集》 卷32 〈渼湖金先生語錄〉.

19) 尹鳳九, 《屛溪集》 卷8 〈答卞嘉會別紙〉; 韓元震 《南塘集》 卷20 〈答權亨叔〉.

20) 김원행은 이간을 사모하여 꼭 한번 만나고자 하였으나 이루지 못하였음을 전하였다.(金元行, 《渼湖集》 卷7 〈答申泰甫〉, "昔年嘗往來此中 竊慕巍巖之風 必欲一見 旣在道而有事未果") 그의 제자 황윤석은 이간의 문집인 《외암집》(巍巖集)이 서울에서 성행하였으나 호중(湖中)에서는 그러지 못하였음을 말하였고[黃胤錫, 《頤齋亂藁》 1(한국정신문화연구원, 1994) 卷5 雜記 乙酉(1765) 十二月 十八日 502쪽, "此集(=巍巖集) 雖盛行於京洛 大爲寒泉一派所尙 而湖中則不然"], 또한 그는 〈기호락이학시말〉[記湖洛二學始末; 《頤齋亂藁》 5(한국정신문화연구원, 1999), 卷26 戊戌(1778) 七月 二十七日(甲寅) 236쪽]에서는 권상하 문하 가운데 이간과 현상벽(玄尙璧)을 최고로 손꼽는데, 이간과 현상벽은 모두 성범인심동과 인물성동을 주장한 사람들이었다

이들의 논쟁 추이를 보면, 그들은 논쟁 과정에서 서로 다른 논의의 방향을 보여 주었다. 그들은 논쟁에서 의도하는 강조점이 달랐으며, 인물성동이·성범인심동이·미발심체 문제 등에 대해서도 논쟁 초기와 후기에 다른 문제들을 가지고 논의를 전개시켰다. 낙론계가 심체에 대한 관심에서 지각과 미발에 대하여 주로 논의를 전개해 갔다면, 호론계는 성(性)에 대한 관심에서 인성물성론, 미발기질성론에 중점을 두고 논의를 전개하였다. 그리고 이것은 다시 성범인심동이 문제로 귀결되는 양상을 보였다. 성범인심동이 문제는 인성물성·미발심체 문제를 종합하여 논하는 성격이 강하였다.

또한 그들은 '인간성선'(人間性善)의 근거를 정합적으로 설명하려는 성리학적 목적의식은 같았지만, 그것을 설명하는 데서는 서로 다른 방법과 입장을 가졌다. 낙론계가 본연성이 지닌 선의 본래적 절대성을 강조한 반면, 호론계는 본연성이 지닌 선의 이질적으로 독특한 고귀성을 주장하였다.[21] 이러한 차이가 발생한 데에는 낙론계가 '이통'(理通)의 관점에 서서 보편성을 중시한 데 비해 호론계가 '기국'(氣局)의 관점에서 차별성을 중시한 데 이유가 있었다. 성선을 설명하기 위한 목적은 같았지만 그것을 설명하는 방식은 달랐고, 결국 설명의 차이는 사상과 경세관의 차이로 귀결되었다. 호락논쟁 과정에서 설명 방식의 차이는 중요한 의미를 가지며, 그들 사상의 정체성을 이해하는 중요한 요소가 될 수 있었다.

이렇게 전개된 호락논쟁에서 이기론상 호론과 낙론의 가장 큰 차이

(其中理之明 持論之正 則巍巖及玄氏最爲 俱不幸早世不克大彰). 이후 홍직필(洪直弼; 1776~1852)은 이간의 신도비명(《梅山集》 卷34 〈贈吏曹判書謚文正公巍巖諱柬神道碑銘〉)을 썼다.

21) 윤사순, 1986, 〈인성 물성의 동이논변에 대한 연구〉, 《한국유학사상론》, 열음사, 131쪽.

점은 다음 두 가지로 요약될 수 있다. 첫째는 일리(一理)의 보편성과 주재성을 어떠한 방식으로 이해할 것인가였고,[22] 둘째는 기(氣)를 어떻게 인식할 것인가 하는 문제였다.[23] '이'와 기는 별개로 인식될 수 없었으므로 '이'를 이야기할 때는 이미 기를 염두에 두지 않을 수 없었고, 기를 이야기할 때는 이미 '이'의 성격과 의미가 담겨 있던 것이다.

낙론은 김창협·김창흡의 '이'의 보편성·주재성을 강조하는 논의를 계승하여 모든 사물 속에서 균등히 내재되어 현현하는 '이'를 드러내고자 하였다. 그리고 낙론은 이러한 '이'의 보편성·주재성을 좀더 확실히 담보하기 위해서 다시 '이'를 본래 모습 그대로 발현시켜 줄 수 있는 매개인 '담연(湛然)한 기'를 설정하려는 경향을 보였다.[24] 이러한 문제의식은 "기가 불순(不純)하다면 '이'는 장차 허공에 매달려 홀로 순(純)할 수 있겠는가!"라는 임성주의 말에 잘 나타나 있다. 이기불상리(理氣不相離)이므로 기가 순(純)하고 담연해야만 '이'도 자신의 순수함을 제대로 드러낼 수 있는 것이다.

---

22) 낙론의 황윤석은 호론의 주장 즉 인과 물의 본성이 다르고, 성인과 범인의 본심이 다르다는 것은 한 가지 근본[一本]을 부정하는 논의라고 일축하였다. 일본(一本)을 일리(一理)라고 볼 때, 황윤석은 호론이 '이'의 중요한 속성인 '보편성'을 부정하는 논의라고 인식하였던 것이다.[黃胤錫,《頤齋亂藁》1(한국정신문화연구원, 1994), 卷5 雜記 乙酉(1765) 十二月 十八日 502쪽, "若日 人與物 本性不同 聖與凡 本心不同 則此 非一本也"] 이는 이통기국의 해석에서 첨예하게 보인다.

23) 문석윤, 1995, 〈외암(巍巖)과 남당(南塘)의 '미발'(未發) 논변〉,《태동고전연구》11, 242쪽.

24) 낙론계는 기의 청탁수박(淸濁粹駁)을 인정하고 이것의 한계를 기본적으로 전제하면서도 심(心)의 윤리성을 강조하는 자리에서 기의 담일성과 그에 기반한 심기의 보편적 순선성(純善性)을 주장하였다. 李縡,《陶庵集》卷10〈答尹瑞膺心說辨問〉, "氣之爲物 雖有淸濁粹駁之不同 其本則湛一而已矣 心又氣之精爽而又合理言之 則不可專著一氣字 故其本體 湛然則聖人衆人一也"; 金元行,《渼湖全集》(여강출판사, 1986) 渼上經義, 大學〈答松巖李公(載亨)〉, "朱子固已謂心者氣之精爽 則所謂精爽者 斷非謂粗底氣稟之氣而然 又必着氣之二字於精爽之上 則其精爽者之本由於此氣者 亦可知矣 有此氣然後 卽有此精爽 無此氣則便無此精爽".

반면에 호론은 기를 형기지사(形氣之私)로 인식하여 기질의 의미로 파악하려는 경향이 강하였다. 따라서 기질과 관련하면 '이'는 다른 이름을 가질 수밖에 없었다. 한원진은 '이'는 본래 하나지만 세 가지로 칭하니, 형기(形氣)를 초월해 말한다면 태극이 있고, 기질로 인하여 말한다면 건순오상(健順五常)의 이름이 있고, 기질을 섞어서 말한다면 선악의 성(性)이 있다고 하였다.[25]

이러한 이·기와 그 관계성에 대한 인식 차이는 결국 인물성동이·성범인심동이 논쟁으로 표현되었다. 낙론은 천리는 인과 물, 성인과 범인이라고 하는 차별적인 조건을 넘어서서 그 어디에서나 동일하고 보편적이라고 믿었다.[26] 그러한 관점에서 그들은 천리의 구현인 본연지성은 인과 물의 차이 없이 동일하며, 심의 미발 상태에서는 성인과 범인의 심체는 같다는 사실을 주장하였다.[27] 특히 담연한 심기 관념을 통한 천리의 온선한 발현은 성범인심동론의 이론적 배경이 되었다. 이와 같이 낙론은 '일리'가 인·물, 성인·범인을 넘어서 동일하다는 것을 통해서 '이통적'(理通的) 관점에서 동론(同論)을 주장하였던 것이다. 이것은 본연성이 지닌 선의 본래적 절대성을 강조하는 것이었다.[28]

---

25) 韓元震, 《南塘集》 卷11 〈擬答李公擧〉, "理本一也 而有以超形氣以言者 有以因氣質而名者 有以雜氣質而言者 超形氣而言則太極之稱是也 而萬物之理同矣 因氣質而名 則健順五常之名是也 而人物之性不同矣 雜氣質而言則善惡之性是也 而人人物物又不同矣".

26) 朴胤源, 《近齋集》 卷32 語錄 〈渼湖金先生語錄〉, "天下之理一而已矣 未嘗異也 氣則有萬般 未能同也 理亦有不同 而非理之不同 卽隨氣而不同也 以其本然之性而言之 則人物宜無不同 此理之同也 以其氣質之性而言之 則人物各有不同 此氣之異也 知理同而氣異 則不惟於人物五常之說可通 凡於理氣 皆可通矣".

27) 이것과 관련하여 이간·낙론계 학자들의 미발심론이 육구연(陸九然)-왕수인(王守仁) 계열의 중국 심학과 유사한 점이 있다는 지적이 있었다.(김현, 2003, 〈조선후기 미발심론(未發心論)의 심학적 전개〉, 《민족문화연구》 37)

28) 윤사순(1986), 131쪽.

반면 호론은 본연지성도 일단 '이'가 아닌 성(性)인 이상 기질에 영향을 받아서 청탁수박(淸濁粹駁)의 차이가 생길 수밖에 없으니 인(人)만이 오상(五常)을 구비하고, 물(物)은 오상을 구비할 수 없다고 여겼다. 이것은 성인과 범인의 미발심체 문제에서도 마찬가지였다. 호론은 심이 일단 기인 이상 청탁수박이 있어 일정할 수 없고,29) 따라서 성인과 범인의 심체는 본질적으로 다를 수밖에 없다고 여겼다.

이상이 18세기에 전개된 호락논쟁의 대략적 내용이다. 그런데 우리가 여기에서 호락논쟁을 이해하기 위해 우선 주목해야 할 것은 그들이 내세우고자 하는 인물성동이, 성범인심동이라든가, 아니면 그에 파생하는 수양론이라기보다는 오히려 그들이 서로를 비판하면서 사용하였던 말, 즉 '저천하위선지로'(沮天下爲善之路)와 '무분'(無分)이라고 생각한다. 왜냐하면 서로가 가장 비판하고자 하는 것과 우려하는 말 속에 역설적으로 그들의 주장이 가장 잘 드러나는 것도 없기 때문이다.

낙론계는 호론계의 논의를 '저천하위선지로'라고 비판하면서, 호론의 사상체계가 천하 사람들이 선하게 되는 길을 막는 위험한 사상으로 간주하였고, 반면에 호론계는 낙론을 가리켜 결국에는 '무분'에 빠지고 말 것이라고 우려하였다. 특히 호론계는 낙론계의 인물성동 주장에 매우 반발하면서 '인수무분'(人獸無分)을 강력히 제기하였다. 호론계에게 물(物)은 곧 금수와 동일한 어휘로 인지되는 경향이 강하였다.30) 반면 낙

---

29) 韓元震,《南塘集》卷10〈答李公擧〉壬辰 八月, "心雖未發 其氣稟本色之不齊者 又安得以皆齊哉".

30) 한원진은 "人之窮理正心修己治人之事 何物能同乎"(韓元震,《南塘集》卷15〈答沈信夫三淵集箚辨〉)라고 하여 수기치인(修己治人)은 인간만이 할 수 있는 일이고 물, 곧 짐승은 할 수 없다고 언급하였다. 또한 윤봉구는 다음과 같이 인간과 짐승의 도덕 실현능력을 엄격히 구분하였으며 물은 오상을 갖추고 있지 않음을 역설하였다. "物之具五理者 或以聲色 或以臭味 不可有此理而便謂之五德之粹然也 必其靈處所具之理 方謂之五常……尤翁所謂甘雖土之理 不可遂爲蜜具信之性者謂是也 若以有理而謂之

론계는 물(物)을 외물(外物), 비아(非我)의 의미인 객관세계를 지칭하는 말로 사용하였다.31) 그러기에 그들은 인물성동을 주장하면서도 그것이 사람의 성과 짐승의 성이 그대로 같다는 의미로 굳이 인식할 이유가 없었다. 호론은 낙론의 심설에 대해서도 불교적 심순선설(心純善說)과 흡사하다 하여 유석무분(儒釋無分)이라고 비판하였고, 허형을 추존하는 것에 대해서는 화이무분(華夷無分)이라고 배격하였다.32) 결국 이러한 '저천하위선지로—무분'의 비판구조는 논쟁을 확대 발전시켰던 직접적인 계기가 되었다.

그리고 그들이 서로에게 하였던 비판의 내용을 살펴보면, 이것은 다시 수양론에서 '낙관주의적 성향'(=낙론계)과 '엄격주의적 성향'(=호론계)의 대립으로 나타남을 확인할 수 있다. 낙론계는 공부와 수양을 쉽게 하여 많은 사람들이 빠르게 일정한 도덕적 경지에 이르게 하는 것을 목표로 하는 반면,33) 호론계는 성인과 범인의 엄격한 분별을 강조하여 수

具五常 則硬頑煨燼之類 皆具五常之德也 其可乎"(尹鳳九, 《屛溪集》〈行狀〉) 요컨대 호론계의 물자 사용 용례를 살펴보면, 물을 즉각적으로 금수 초목으로 인식하는 경향이 강하였다.

31) 구체적으로 '물자(物字)의 용례를 살펴보면 다음과 같다. 任聖周, 《鹿門集》 卷13 〈雜著〉 中庸13章, "自天地而言 則鳶魚卽是事物 自人而言 則事物卽是鳶魚"; 金元行, 《渼湖集》 卷14 雜著 雜記, "天也 人也 物也 一理也 天人之分 質之有無也 人物之異 氣之偏塞也"; 朴趾源, 《燕巖集》 卷7 〈愛吾廬記〉, "余謂仁山曰 夫民物之生也 固未始 自別 則人與我皆物也" 이상은 각각 임성주·김원행·박지원의 글로서 여기에서 그들은 물자를 객관적 대상세계를 가리키는 넓은 범위의 말로 사용하고 있으며, 최소한 호론계처럼 곧바로 이적과 금수 같은 비도덕적 존재로 규정해서 쓰지는 않고 있다. 낙론 측의 물자 의미는 《주역》에서 보는 대물(對物) 인식, 즉 물을 금수에 한정하지 않고 전 존재를 포괄하는 개념으로 본 것과 흡사하였다. 이 점에 대해서는 최영진, 2000, 〈《주역》에서 보는 인간과 자연의 관계〉, 《동양철학》 13, 12쪽 참조.

32) 韓元震 《南塘集》 卷20 〈答權亨叔〉, "自古異端之說 皆是無分之說也 老莊齊物告子生 之謂性皆是也 今之學者 以人物之性謂同具五常 是人獸無分也 釋氏曰心善而儒者亦曰 心善 是儒釋無分也 推尊許衡以爲聖門眞儒 旣以爲眞儒 則當學其人 是華夷無分也 此 三說者 將爲吾道無窮之害 所恃而衛道者 惟高明也 把此題目明辨之如何".

양 주체로 하여금 더 많은 노력을 기울여 수양을 완성하도록 하고자 하였다.34) 바로 이러한 점들을 염두에 두고 호락논쟁의 역사적 성격과 논자들의 지향점을 재구성해 보고자 한다. 그리고 이를 위해 호락논쟁이 정권을 담당하던 '노론층의 사상논쟁'이었다는 점을 기본 전제로 설정하고자 한다.

17세기 후반 '주자 절대화' 경향과 '존주대의론'으로 요약되는 송시열의 정치사상은 소론·남인과의 대결과정에서 노론이 정치적으로 결집하는 데 중요하게 작용하였다. 그러나 이러한 송시열의 정치사상도 '청의 정권안정'과 함께 쇠미해져 가는 '북벌의식', 왕조의 지속적인 '탕평노력' 등으로 점차 그 모습을 변형시켜야 할 필요가 있었다. 이러한 즈음에 노론 안에서 호락논쟁이 발생하였다. 송시열의 적전으로 알려진 '권상하-한원진' 계열과 송시열과 밀접한 관련을 가졌으나 어느 정도 구분되는 학문적 배경을 가지고 있었던 '김창협·김창흡' 계열이 결국

---

33) 낙론계는 호론계가 기의 형기적 특성, 즉 부정적인 악의 매개로서의 성격을 지나치게 강조한 나머지 본연한 기의 담연성·순수성을 너무 무시하고 있다고 비판한다. 낙론계가 시종일관 주장하는 담연한 기는 '이'와 그대로 합일될 수 있는 존재이고, 이렇게 될 때 '이'는 담연한 기와 더불어 더욱 역동적으로 현실에 발현될 수 있다. 낙론계가 '공부와 수양을 쉽게 하였다'는 본문의 의미는 호론이 가지고 있는 기질의 형기적 특성, 즉 악의 매개로서의 성격을 강조하면서 생긴 '엄격한 규범성'을 낙론계가 상당 부분 불식하고 있다는 데서 추론된 말이다.[문석윤(1995), 166~167쪽 참고]

34) 한원진은 이간의 심성론이 공부와 수양을 무시할 수 있는 사상체계라는 것을 우려하여 그에게 보내는 편지에서 다음과 같이 말하였다. "純淸至粹 聖人之氣質也 在衆人則必其工夫 旣到氣質盡變然後 方可言此也 若一有未發而衆人氣質便作聖人 則鐵之成金 何其易也 纔過依舊而聖人氣質復作聖人 則荃化爲茅 又何其速也"(韓元震,《南塘集》卷10〈答李公擧(柬)〉壬辰 八月) 이 글에서 한원진은 공부의 중요성을 강조하면서 성인과 중인(衆人)의 간극이 넓음을 주장하는데, 이것은 '어찌 그리도 쉬운가'[何其易也]와 '어찌 그리도 빠른가'[何其速也]의 부분에서 잘 드러난다. 요컨대, 이것은 낙론계 심성론이 가지고 있는 선불교적(禪佛敎的) 위험성을 경고하면서 자신이 가지고 있던 성삼층설(性三層說)의 정당성을 부각한 것이라고 생각한다. 여기에는 또한 호론계의 '엄격한 규범성'을 강조하는 심성론이 잘 드러나 있다.

에는 서로의 사상적 차이를 드러내면서 분화되어 갔던 것이다.

앞서 지적한 '저천하위선지로−무분'의 상호비판은 바로 이러한 사상 분기의 직접적 표현으로 중요한 의미를 갖는다. 낙론계가 지적한 '저천하위선지로'라는 말은 호론계가 지나친 '분별주의'에 주력하는 것에 반대하면서 '선의 보편적 확대'에 치중하려는 의도에서 나온 것으로 보인다. 다시 말해 낙론계의 사상목표는 '분별의식을 통해 지배질서를 공고히 하고자 하는 호론계의 입장'에 반대하면서, 오히려 개개 사물이 '도덕적 본성'을 가졌다는 것을 전제로 이들을 인식하면서 지배질서를 재정비하려 하였던 것으로 보인다.

따라서 이들은 교화론을 전개시키는 과정에서도 개개 주체들에게 최대한 '도덕적 가능성'을 인식시켜 주면서 자발적으로 성리학적 '정'의 길을 걷도록 유도하는 방법을 취하였다. 다음은 이러한 낙론계 교화론의 특징을 잘 보여준다.

만약 물성(物性)에 오상(五常)이 없다면 사람의 덕이 비록 선하다 하더라도 어찌 사물을 감응시킬 도리가 있겠는가? 닭이 인(仁)이 없다면 동소남(董邵南)의 행동으로도 무엇으로써 그들로 하여금 서로 먹게 할 것이며, 고양이가 의(義)가 없다면 북평왕(北平王)의 현명함이라도 무엇으로써 그들로 하여금 서로 젖 먹이게 할 것인가? 뱀과 참새가 예(禮)가 없다면 무엇으로써 그들로 하여금 둥근 구슬을 머금게 할 수 있겠는가? 돼지와 물고기가 신(信)이 없다면 또한 무엇으로써 믿게 할 것인가?[35]

김원행의 제자였던 박윤원(朴胤源; 1734~1799)은 호론의 주장처럼 물성에 오상이 없다면 사람이 비록 선하더라도 어떻게 사물들을 감동시켜

---

35) 朴胤源,《近齋集》卷24〈貞智錄〉.

올바른 길로 이끌 수 있겠는가 반문한다. 즉, 감동 받을 만한 어떠한 것이 물의 성(性) 속에 담겨 있어야만 비로소 교화가 가능하다는 것이다. 동문 황윤석의 경우에도 호론의 주장처럼 인과 물의 본성이 같지 않고 성인과 범인의 본심(本心)이 다르다면 무슨 방도로 인·물의 성을 다할 것이며, 기질을 변화시킬 수 있겠는가 반문하였다.[36] 이러한 논의는 사족층이 하층민을 교화하기 위해서는 하층민도 어느 정도의 도덕성을 갖추어야 한다는 것으로 연결될 수 있었다. 여기에 바로 그들이 주장한 인물성동론·성범인심동론의 교화론적 의미가 담겨 있었다.

이러한 낙론계 교화론이 과연 어떻게 현실화하여 나타났는지는 이재의 제자였던 임성주의 다음 언급에서 확인된다. 그는 지방 수령으로 부임해 있을 때 서리(胥吏)들에게 다음과 같이 당부하였다.

하늘이 사람을 낳음에 인의(仁義)를 균일하게 품부하셨으니 비록 너희 서리들이라 할지라도 다름이 있겠는가? 그러나 근래에 수령들이 서리들을 대함에 교화를 외면한 채 권모술수로 대우하지 않으면 반드시 형장(刑杖)으로 학대하니 이는 실로 너희들이 부끄럽게 여길 일이다. 나는 성실과 믿음으로 서로를 대하고 염치로서 서로를 권면하고자 하니 너희들은 마땅히 스스로 연마하여 옛날의 잘못을 척결하고 새로운 깨달음을 일으켜 자신들을 대하기를 사군자(士君子) 대하듯이 하라.[37]

'하늘이 사람을 낳음에 인의를 균일하게 품부하셨으니'라는 부분은 주목을 요하는 부분이다. 임성주는 부정을 야기하던 서리들에게 서리

---

36) 黃胤錫,《頤齋亂藁》1(한국정신문화연구원, 1994) 卷5 雜記 乙酉(1765) 十二月 十八日 502쪽, "人與物 本性不同 則何以能盡人物之性乎 聖與凡 本心不同 則何以能變化氣質乎".
37) 任聖周,《鹿門集》卷25〈冬至揭示人吏廳〉.

자신이 균일하게 인의를 품부 받은 도덕적 주체임을 환기시키면서 잘못을 고쳐 나갈 것을 이야기하고 있다. 서리에게 자신들을 사군자처럼 대하듯이 하라는 임성주의 말은 '심선(心善)의 보편적 확대'를 추구하던 낙론계의 대민교화 태도를 보여준다.

또한 박윤원은 이러한 낙론계 교화론에 대해 구체적인 사례를 들어 더욱 자세히 설명해 주었다. 그는 〈기이생몽리사〉(記李生夢鯉事)라는 글에서 이몽리(李夢鯉)가 완노(頑奴)를 교화시켜 올바른 길로 이끈 사례를 특기하면서 자신이 생각하는 올바른 교화의 방법을 제시해 주었다.

옛날에 성인이 사람을 교화하매 오직 그 재주만을 보았으니 일찍이 귀천으로서 한정하지 않았던 까닭에 모든 백성들 가운데 준수한 자는 태학(太學)에 들어갔고 여항(閭巷)에서조차도 학교가 있었다. 경(經; 大學)에 이르기를, "천자(天子)로부터 서인(庶人)에 이르기까지 수신으로 근본을 삼았다"고 하니 이로 말미암아 보건대 비록 서인의 천함이라도 수신하지 않을 수 없는 것이 명백하다. 생각건대 인성에는 귀천이 없는 것이다.…… 이생(李生)은 내가 아직 보지 못하였지만 이 일을 들으니 그 학문을 알 만하겠다. 진실로 평일에 함양(涵養)의 깊음이 없었다면 어찌 횡역(橫逆)에 대처하여 그 평상됨을 잃지 않을 수 있었겠는가? 그리고 비록 어리석은 노비이지만 끝내 머리를 숙이고 엎드렸으니 이는 어찌 오도(吾道)에서 사람을 감화시키는 것이 아니겠는가? 나는 이생이 여항에서 출생하였는데도 도를 배움이 이와 같음을 가상히 여긴다.[38]

박윤원은 인성에는 귀천이 없는 것이라고 분명히 전제하였다. 이것은 인물성동론·성범인심동론이 현실에 반영되어 인성에 귀천이 없다는

---

38) 朴胤源 《近齋集》 卷23 〈記李生夢鯉事〉.

인식으로 나타났다는 점에서 중요하다. 또한 '비록 어리석은 노비이지
만 끝내 머리를 숙이고 엎드렸으니 어찌 오도(吾道)에서 사람을 감화시
키는 것이 아니겠는가'라는 말은 '사물에 만약 오상이 없다면 어떻게 이
들을 감화시켜 올바로 인도할 수 있겠는가'라는 앞서 지적한 그의 인물
성동설의 언명이 교화론과 만나는 대목이었다. 인성에는 귀천이 없기
때문에 비록 어리석은 노비라고 하더라도 오상을 갖추고 있고, 따라서
이들을 감화시킬 수 있는 것이다.

반면 호론계는 이와 대조적인 양상을 보였다. 한원진은 매우 계층적
인 신분관을 가지고 있었다.[39] 다음과 같은 언급은 그가 얼마나 계층질
서를 강하게 유지하려고 노력하였는지 보여준다.

> 하늘이 명한 것을 성(性)이라고 이르는 것은 아버지가 낳은 것을 자식
> 이라고 이르는 것과 같다. 명하는 것이 하늘에 속하는 것은 낳는 것이
> 아버지에 있음과 같은 것이다. 아버지와 자식은 비록 일기(一氣)라 할지
> 라도 만약 아버지를 자식이라고 부르고 자식을 아버지로 부른다면 또한
> 명분이 문란해져서 윤리법도가 거꾸로 되지 않겠는가. 지금 명(命)은 곧
> 성(性)이요 성은 곧 명이라고 하여 상하의 분변이 없어진다면 이는 그 자
> 식을 아버지로 하는 것이며 그 아버지를 자식으로 삼는 것과 같은 종류
> 이다.[40]

여기에서 한원진은 낙론계의 논리대로 성즉리(性卽理)를 강조하다 보
면, 명과 성이 동일시되어 마치 상하분별이 흐트러져 아버지가 자식이
되고 자식이 아버지가 되는 격이 된다고 비판하였다. 한원진은 아비와

---

39) 유초하, 1994, 〈조선후기 성리학의 사회관〉, 《한국사상사의 인식》, 한길사.
40) 韓元震, 《南塘集》 卷28 〈李公擧上師門書辨〉.

자식이 비록 일기(一氣)이나 서로 구분이 있는 것처럼, 명과 성은 비록 하나의 연장선 위에 있으나 명이 선이요 성은 후여서 서로 구분이 있다고 생각하였다. 그러니 지금 명과 성의 구분을 없애는 것은 마치 아버지와 자식의 구분을 없애 하나로 하는 것과 같다고 반박하였다. 이러한 비유는 한원진의 낙론 비판이 과연 어떠한 목적의식 아래에서 이루어지는 것인지 알게 해준다. 그는 명과 성의 수직적 관계정립처럼 사회적으로도 그와 같은 수직적인 계층질서의 안정을 강하게 희구하고 있었던 것이다.

한원진의 심성론이 현실화하여 정치논리로 변할 때에는 노론만이 군자당이라는 노론일당정치론으로 나타날 수 있었다.41) 신축·임인년 (1721·1722)의 옥사를 거치면서 한원진 단계에 이르면 노·소론 사이의 당쟁은 이미 군자·소인론을 넘어서 충역시비로 치달았다. 이 상황에서 당색간의 조제보합론은 사실상 설자리를 잃었다. 한원진은 성삼층설을 통해서 예전에 모든 사람들이 다 가지고 있다고 믿었던 본연지성조차 차별성을 갖는 기질지성의 범주에서 이해하고자 하였으며, 사람들은 본원적으로 심성의 차이를 가짐을 말하고자 하였다. 이것은 성인과 범인이 미발심체 단계에서부터 심성에서 일정한 차이를 갖는다는 생각으로 나타나기도 하였다. 이렇게 사람과 사람 사이의 본질적인 차이를 이야기하는 심성론 속에서 소론과 남인을 군자로서 포섭할 수 있는 조정론과 조제론은 사실상 불가능하였다. 한원진이 강경한 노론 의리론을 주장하는 배경에는 심성론이 사상 배경으로 작용하고 있었다.

---

41) 한원진의 노론 일당 정치론 구조에 대해서는 김준석, 1990, 〈조선후기 국가재조론의 대두와 그 전개〉, 연세대 박사학위논문, 394~448쪽 참조.

3.1.2. 낙론 학맥의 계보와 사상 동향

18세기 초반에서 중엽까지는 신임옥사 이후 노론 안에서 의리를 정립하는 문제가 시급하였으므로 낙론계 안에서도 강경한 의리론이 우세를 점해가던 시기였다. 신임옥사는 낙론계 안에서의 도통 계승에도 중요한 영향을 끼쳤다. 애초에 농연(農淵) 학통을 계승할 인물로 여겨지던 어유봉과 박필주가 소론과 관련되고 탕평론에 동조하였다는 이유 등으로 낙론의 도통 계승에서 밀려나는 양상을 보였다. 그 과정에서 농연 문하에 직접 있지 않았던 이재가 낙론 학맥을 계승하였다.

이재는 엄격히 볼 때 김창협·김창흡과 직접적인 사승 관계를 맺은 것은 아니었다.42) 이재가 이렇게 김창협·김창흡을 이어 낙론계 학풍을 주도하는 위치에 선 것은 신임옥사 이후 노론 학계에서 광범위하게 일어난 보수적인 분위기가 중요한 요인으로 작용하였다. 이재의 가계와 학문 성향은 당대 노론의 요구와 긴밀하게 결합할 수 있었다. 많은 유력 가문들이 한 집안에 노론과 소론이 뒤섞여 어지러운 상황에서 이재 가문은 노론의 정체성을 확고히 유지하였으며, 그 자신도 송시열의 학문 경향을 계승하고자 하였다.

---

42) 《전고대방》에는 이재가 일정한 사승관계가 없음이 언급되어 있다.[姜斅錫, 《典故大方》(明文堂, 1982), "先生不由師承 深造獨詣作成人材之功爲多"] 또한 그 당시와 가장 가까운 자료에 따르면 이재는 퇴계를 계승하고자 하였다고 하며(權燮, 《玉所稿》(堤川本) 散錄外篇 二, "近有陶菴先生出 欲繼退溪而立 獨尊師道"), 김창흡이 사후 문집의 찬수를 맡기는 제자들 가운데(李秉淵, 洪世泰, 魚有鳳, 兪肅基, 朴弼周)에도 이재는 없었다(金洙根 編, 《三淵先生年譜》下 壬寅 二月 二十一日).

표 3-1. 이재·김원행 문인 계보도43)

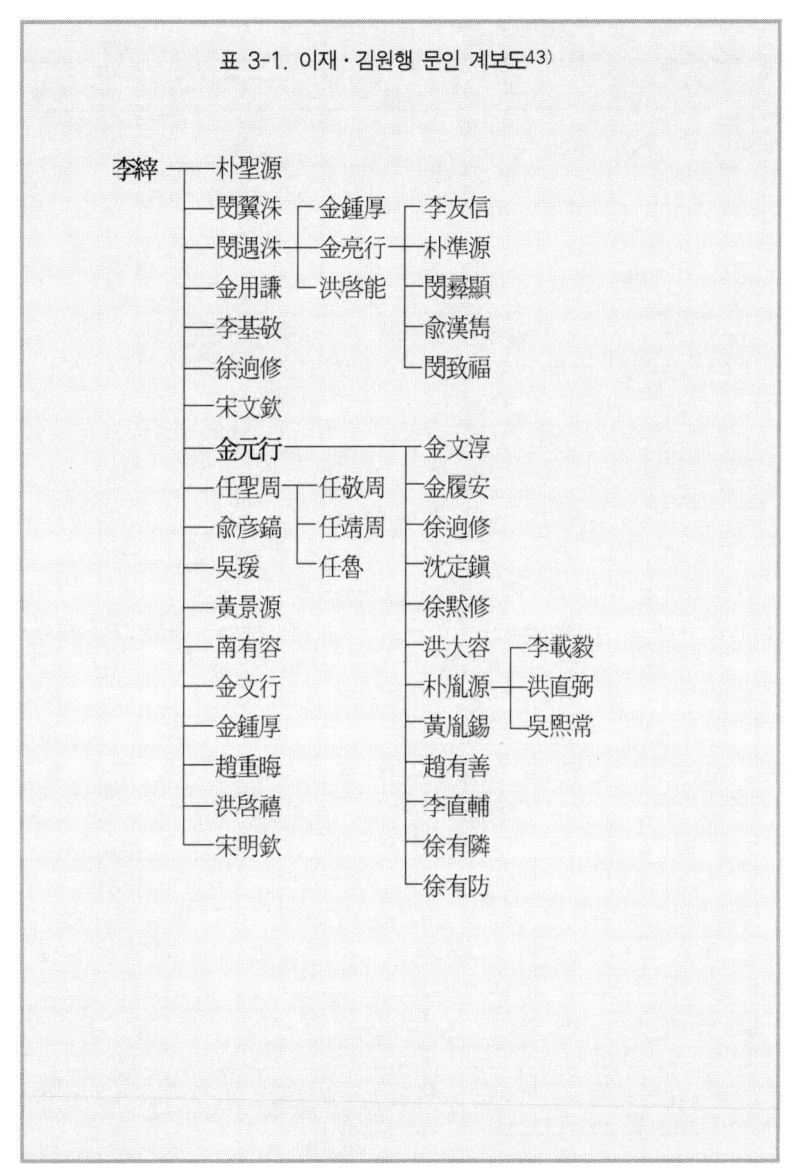

43) 이 표는 《전고대방》(姜斅錫, 1982, 明文堂)에 의거하여 작성하였다.

표 3-2. 이재·김원행 문하의 주요 인물

성명	생몰연대	본관	호	사승	문집	관직	비고
李縡	1680~1746	牛峰	陶庵	宋時烈, 金昌協 私淑	陶菴集	이조참판, 대제학, 함경도관찰사	母 閔維重 女, 吳斗寅 女와 혼인
朴聖源	1697~1757	密陽	謙齋	李縡 門人	謙齋集	참판, 세손강서원 유선	禮學에 능통
閔翼洙	1690~1742	驪興	夙夜齋	李縡 門人			閔鎭厚 子, 閔遇洙 兄, 李縡 外弟
閔遇洙	1694~1756	驪興	貞庵	李縡 門人	貞菴集	대사헌, 세자찬선 원손보양관, 성균관좨주	李縡 外弟
宋明欽	1705~1768	恩津	櫟泉	李縡 門人	櫟泉集	부호군	宋浚吉 四世孫, 任聖周와 姨從間
宋文欽	1710~1752	恩津	閒靜堂	李縡 門人	閒靜堂集		宋浚吉 四世孫, 宋明欽 弟
任聖周	1711~1788	豊川	鹿門	李縡 門人	鹿門集	좨주	성리설에 능통, 《磻溪隨錄》에 관심
愼爾儀	1625~1696	居昌	醉村	李縡 門人		不仕	《書經》進講(河圖와 洛書의 뜻을 詳說)
愼守彝	1688~1768	居昌	所閒堂	李縡 門人			
李宜哲	1703~1778	龍仁	文庵	李縡 門人		예조판서, 대제학	
兪彦鎌	1714~1783	杞溪	大齋	李縡 門人		이조참의	兪直基 子, 兪彦鎬 兄, 權尙夏에게 수학
兪彦鎬	1730~1796	杞溪	則止軒	李縡 門人	燕石	좌의정	兪直基 子, 老論 淸明黨 사건에 연루
吳瑗	1700~1740	海州	月谷	李縡 門人	月谷集	공조참판	祖父 吳斗寅, 母 金昌協 女, 李縡 妻姪
黃景源	1709~1787	長水	江漢遺老	李縡 門人	江漢集	대제학, 예조판서, 중추부판사	春秋義理 강조, 《明朝陪臣傳》 지음
尹汲	1697~1770	海平	近庵	李縡 · 朴弼周 門人	近庵集	우부승지, 대사간, 이조판서, 호조참판	글씨에 뛰어남
南有容	1698~1773	宜寧	雷淵	李縡 門人	雷淵集	원손사부, 호조참판	正祖의 師傅, 문장과 글씨에 능통
李存中	1703~1761	全州	惕齋	李縡 門人	惕齋集	참봉, 예조참의	

鄭實	1701~1776	延日	念齋	李縡	門人		이조판서	鄭澈 後孫
金敏材	1699~1766	光山	愚溪	李縡	門人	愚溪漫錄	군수, 선공감감역	兪肅基 문하에서도 受學
金鍾厚	1721~1780	淸風	本庵	李縡	門人	本庵集	자의	金鍾秀 兄, 閔遇洙에게서도 배움, 僻派
鄭存謙	1722~1794	東萊	陽菴	李縡	門人		우의정, 좌의정	鄭致和 5世孫, 時派
趙重晦	1711~1782	咸安		李縡	門人		이조참판, 대사헌, 예조판서	
閔百順	?	驪興		李縡	門人			
尹有成	?			李縡	門人			中人, 宋明欽 門人
李敏坤	1695~1756	全州	林隱	李縡	門人	林隱遺稿	현감, 보덕, 사간	반탕평론 전개
韓億增	1698~?	淸州		李縡	門人		북평사, 승지, 대사간	
劉汝豪	?	江陵		李縡	門人			
李胤永	1714~1759	韓山	丹陵	李縡	門人		부사	문인화가
李麟祥	1710~1760	全州	凌壺	李縡	門人	凌壺集	참봉	李敬興 玄孫, 서얼 출신, 문인화가
李采	1745~1820	牛峯	華泉	李縡	門人	華泉集	자의, 진선	李縡 孫
洪啓能	?~1776	南陽	莘溪	李縡	門人		세자시강원진선	세손즉위 반대
洪啓禧	1703~1771	南陽	圭珊	李縡	門人		이조판서, 예문관대제학	均役法, 經世致用學에 밝음, 象數學 연구
南宮檍	?	咸悅	安齋	李縡	門人			
鄭師洙	?	延日	巴溪	李縡	門人			
韓啓增	?	淸州	風溪	李縡	門人			
李仁錫	?	全義		李縡	門人			
李行祥	?~1800	延安	旺林	李縡	門人		첨지중추부사	《小學》과 《論語》에 열중, 處士
柳義養	1718~?	全州	後松	李縡	門人		강릉부사, 공조참판	
安宗茂	?	竹山	雪齋	李縡	門人			
李奎采	1703~1765	韓山		李縡	門人		승지, 형조참판	시강관으로 재직, 세자 교육에 힘씀

李基敬	1713~?	全義		李縡 門人		한성우윤	洪啓禧와 從遊
韓師直	1695~1778	淸州		李縡 門人		동부승지, 대사간	
洪昌漢	1698~?	豊山		李縡 門人		이조좌랑, 전라도관찰사	洪國榮 祖父
李命直	?	全州	樂全	李縡 門人			
楊應秀	1700~1767	南原	白水	李縡 門人	白水文集		성리학 연구에 전념
尹濟世	1677~1751	坡平	就巖	李縡 門人			
李亮臣	1689~1739	延安		魚有鳳 門人	大諫公遺稿	홍문관부수찬, 예조참의	李廷龜 玄孫
李輔天	1714~1777	全州	遺安齋	魚有鳳 門人			魚有鳳 사위, 朴趾源 장인
洪象漢	1701~1769	豊山	二有齋	魚有鳳 門人		예조판서	魚有鳳 사위, 洪鳳漢 종형제
尹得觀	1710~1780	海平	竹庵	魚有鳳 門人	竹庵先生文集	세손교부	尹根壽 後孫
魚錫定	1731~1793	咸從	愼菴	魚有鳳 門人	愼菴集	도승지, 한성부 좌윤	魚有龜 子, 魚有鳳 조카
洪樂性	1718~1798	豊山	恒齋	魚有鳳 門人		예조판서, 영의정	洪象漢의 一子
洪樂命	1722~1784	豊山	新齋	魚有鳳 門人	新齋集	형조판서, 병조판서	洪象漢의 二子
魚用霖	1721~1774	咸從		魚有鳳 門人			魚有鳳 장손, 박지원의 고모부
魚用賓	1736~1781	咸從	弄丸堂	魚有鳳 門人	弄丸堂集		魚有鳳 孫
趙榮順	1725~1775	楊洲	退軒	朴弼周 門人	退軒集	동부승지, 호조판서	趙謙彬 子, 母 閔啓洙 女
尹得孚	1723~1799	海平	信齋	朴弼周 門人		예조참판	尹根壽 後孫
沈定鎭	1725~1786	靑松	霽軒	朴弼周·金元行 門人	霽軒集	호조좌랑, 동지중추부사	세손 정조를 보살핌, 鄕約 주장
李淞	1725~1798	全州	老樵	朴弼周·李縡 門人	老樵集		李敏坤 子, 洪大容과 절친
金履安	1722~1791	安東	三山齋	金元行 門人	三山齋集	좨주	禮說과 易學에 조예 깊음, 金元行 子
徐逈修	1725~1779	達城	直齋	李縡·金元行 門人		좌부승지, 대사간	時派로 활약

洪大容	1731~1783	南陽	湛軒	金元行 門人	湛軒書	군수	
朴趾源	1737~1805	潘南	燕巖	李輔天 門人	燕巖集	현감, 군수, 부사	
朴胤源	1734~1799	潘南	近齋	金元行 門人	近齋集	不仕	金砥行·任聖周에게서 도 受學,《반계수록》에 관심
吳允常	?	海州	楸灘	金元行 門人			
趙有善	1731~1809	稷山	蘿山	金元行 門人	蘿山集	군수	개성 출신
趙有憲	1736~1815	稷山	芝山	金元行 門人			개성 출신, 趙有善 弟
李奎緯	1731~?	韓山		金元行 門人		곡산부사, 병조참의,대사간	
李直輔	1738~1811	延安	中洲	金元行 門人		대사헌	城輔에서 直輔로 개명, 時派, 經史에 능통
金相進	1736~1811	金海	濯溪	金元行 門人	濯溪集		朱子學 연구 전념
姜瀚		柳川		金元行 門人	柳川集		
權必稱	?~1784	安東	梧潭	金元行 門人		현감	武人,《周易》《論語》에 밝음, 宋明欽에게 수학
黃仁紀	1747~1831	黃州	一水戶	金元行 門人		현감, 형조좌랑, 첨지중부사	
南紀濟	?	宜寧	雪下居士	金元行 門人			《我我錄》 저술
黃胤錫	1729~1791	平海	頤齋	金元行 門人	頤齋亂藁	현감	象數學에 능통
洪任濟	1727~1786	南陽	敬直齋	金元行 門人			關西地方 學風 진작
姜鼎煥	1741~1816	晉州	典庵	金元行 門人			영남 지역(漆原) 출신, 성리학 연구에 전념
金亮行	1715~1779	安東	止菴	閔遇洙·金信謙 門人	止菴集		
朴準源	1739~1807	潘南	錦石	金元行 門人	錦石集		朴胤源 弟, 純祖가 外祖父
閔彝顯	1750~1793	觀生窩	驪興	金亮行 門人	觀生窩 遺稿		閔遇洙 孫, 金亮行 婿, 經濟之學에 관심(柳馨遠 과 趙聖期의 글 읽음)

* 이 표는《典故大方》(姜斅錫, 明文堂, 1982),《한국민족문화대백과사전》(한국정신문화연
구원),《韓國人名字號辭典》(계명문화사, 1988),《朝鮮儒教淵源》(장지연 저/조수익 역, 솔
출판사, 1998),《18세기 조선인물지: 幷世才彦錄》(이규상 저/민족문학사연구소 한문분과
역, 창작과비평사, 1997),《역주과정록》(박종채 저/김윤조 역주, 태학사, 1997), 각종 문집을
참고하여 작성하였음

이재의 가계를 살펴보면, 그가 낙론 학계에서 새롭게 주목받았던 이유를 짐작할 수 있다. 이재의 어머니는 여흥민씨로서 인현왕후의 언니였으며 외조부는 송시열계 산당(山黨)의 입장을 지지하였던 민유중(閔維重)이었다. 또한 이재는 어려서 일찍 아버지를 여의고 중부(仲父) 이만성(李晩成)에 의지해 자랐다. 이만성은 신임옥사 이전 화당(花黨)의 영수로 활동하였다.

이재는 일찍 과거에 합격하여 당상관에까지 올랐으나 신임옥사 와중에 이만성이 죽자, 이때부터 의리를 내세워 벼슬하지 않고 학문에 전념하였다. 아버지처럼 여겨오던 이만성의 죽음과[44] 그의 외가가 신임옥사 이후 노론의 의리론을 주도하던 민유중 가문이었다는 사실은 그의 학문과 의리론을 이해하는 데 중요한 배경이 될 수 있다.

한천정사(寒泉精舍)를 통해 강학에 힘쓰던 그는 점차 노론 의리를 주도하는 위치에 섰고, 그 의리론의 사상적 기반으로 송시열의 학문 경향에 많은 영향을 받았다.[45] 이것은 그가 송시열을 사숙하였다는 황윤석의 평가에서도 확인할 수 있다.[46] 우선, 이재는 송시열의 허형관을 계승하여 허형에 대해서 부정적인 언급을 하고 있었다. 그는 송시열의 허형에 대한 논의를 바꿀 수 없는 정론이라고 하면서 지극히 존중하는 태도를 보였다.[47] 이것은 허형을 긍정하였던 김창협·박필주의 입장과는 구분되었다.

44) 《英祖實錄》 卷3, 英祖 원년 2월 8일(丙子).
45) 최성환, 2001, 〈조선후기 이재(李縡)의 학문과 한천정사(寒泉精舍)의 문인(門人)교육〉, 《역사교육》 77, 67~79쪽.
46) 黃胤錫, 《頤齋亂藁》 5(한국정신문화연구원, 1999) 卷26 戊戌(1778) 七月 二十七日(甲寅) 237쪽 〈記湖洛二學始末〉, "陶庵李文正(=李縡) 亦奮圻甸 私淑尤翁".
47) 李縡, 《陶菴集》 卷11 〈與兪展甫〉別紙, "至於魯齋 則未至聖人 而爲聖人作用 是由大字上生出病來 宜其大得罪於後世公議也 尤菴一疏 終是不易之正論".

또한 그는《주역》을 배움에도 정전(程傳)과 주희의 본의만을 취할 것이며 상수의 말단적인 것에 빠져서는 안 됨을 말하였다.[48] 이것은 송시열·이유태와 같은 호서 지역 서인들의《주역》에 대한 관점을 그대로 반영하는 것으로, 소옹 상수학을 중시해 왔던 17세기 서울·경기 지역 서인의 학문 전통과도 일정한 거리가 있었다. 다음 일화는 그의 이러한 학문 경향을 잘 보여준다. 김시탁(金時鐸)이 처음 이재를 만났을 때《상례비요》(喪禮備要) 수업을 받기 원하였으나 사서의 의리강명(義理講明)을 중시하고 의장(儀章)과 도수(度數)를 우선하지 않는 이재의 강학원칙 때문에 거절당하였다는 것이다.[49]

이러한 입장은 그가 하학(下學)을 우선하고 학생을 가르칠 때에 항상《소학》을 먼저 가르쳤다는 말에서 다시 확인할 수 있다.[50] 이것은 등급을 뛰어넘는 폐단을 염려해서 나온 것이라고 생각되며, 이전 시대에 송시열이 상수학에 심취해 있었던 이단상에게《소학》 공부를 권하였던 것과도 흡사한 의미를 갖는다.[51] 그는 결혼 풍속에서도 송시열의 동성결혼(同姓結婚) 금지 주장을 존숭하였다. 그는 과거에는 성(姓)이 같고 본관(本貫)이 다를 경우 따로 혐의(嫌疑)를 두지 않았지만 송시열이 그 폐단을 바로 고쳤으니 과거 풍속에 연연해서는 안 됨을 말하였다.[52]

---

48) 李縡,《陶菴集》卷14〈答金濟大用謙〉丁巳, "承讀易經 此書固不可不讀 而亦甚難讀 以身所經歷者言之 始主程傳 終取本義 讀之非不久 而蓋無許大心胸可以包羅得盡 又 易墮於窮象盡數之末 不若四子之爲切於身心".

49) 최성환(2001), 85쪽.

50) 이규상 저/민족문학사연구소 한문분과 역, 1997,《18세기 조선인물지―병세재언록 (幷世才彦錄)》, 창작과비평사, 13쪽.

51) 宋時烈,《宋子大全》卷170〈靜觀齋李公神道碑銘幷序〉, "嘗謂曰 公晩從事於此學 而 先於易範象數用力 盍思朱子所訓 以敬補小學之闕者 以爲田地乎".

52) 李縡,《陶菴集》卷14〈答權亨叔〉, "國俗素以姓同而貫異 爲無嫌矣 自尤翁釐正其弊 矣 旣明知其爲同姓 則何可仍因襲謬 而不知改乎".

다음, 그의 경세 논의에서도 송시열을 사숙한 면모가 잘 드러났다. 그는 군주무사(君主無私)의 논리를 기반으로 궁중의 재물을 절감하고 관사(官司)의 용비(冗費)를 절약해야 한다고 하였고, 궁둔(宮屯)의 혁파와 궁가(宮家)의 염분(鹽盆), 어전(漁箭) 절수 금지, 사사로운 영둔(營屯)의 정비, 관부(官府)의 민정(民丁) 사모(私募) 금지를 제안하였다.[53] 이는 군주 주변의 대토지소유를 제한하여 토지소유의 불균형에서 야기되는 사회 모순을 완화하고 중소지주층을 보호해야 한다는 인식으로서, 내수사(內需司)의 폐지와 왕자·공주의 사치 억제와 같은 송시열 경세론의 연장선에서 나왔던 것으로 보인다.[54]

요컨대, 이재는 신임옥사 이후 노론 안에서 강경론이 우세한 가운데 송시열을 사숙하면서 그의 논의를 매우 존중하는 모습을 보였다. 이재는 심성론에서는 김창협·김창흡의 학문 경향을 계승하여 낙론의 정체성을 유지하였지만, 송시열의 의리 지향적인 현실관을 충실히 따랐던 것이다. 이러한 점 때문에 그는 비록 호론 측과 심성론에서는 달랐지만 정치적인 입장과 현실관에서는 분명한 차이를 보이지 않았다. 신임의리의 관철을 위해 그 무엇보다도 노론의 대동단결이 필요한 상황이었기 때문이다.

하지만 1740년대 들어 호락의 분열 조짐과 함께 낙론계 안에서도 일련의 중요한 변화들이 서서히 진행되고 있었다. 노론의 의리가 점차 중앙 정계에 관철되어 가면서 의리론 속에 가려져 있던 다양한 학문적 정치적 욕구들이 등장하였던 것이다. 제자들 세대에서는 이재보다는 좀더 다양한 학문적 정치적 경향들이 등장하였다. 이재 문하 제자들의 성향

---

53) 최성환(2001), 70쪽.
54) 김준석(1990), 262쪽; 정만조, 1992, 〈17세기 중엽 산림세력[山黨]의 국정운영론〉, 《택와허선도(擇窩許善道)선생정년기념 한국사학논총》, 529쪽.

과 행적을 일률적으로 분류하기는 힘들지만 다음과 같이 대략 세 가지 범주로 정리할 수 있다.

첫째, 신임의리와 대명의리를 주요 내용으로 하는 노론의 원칙과 의리를 여전히 중시하는 경향이었다. 이는 신임옥사 이후 노론 학계가 광범위하게 공유하였던 것으로서 이재의 제자 대부분에게서 나타났다. 대표적인 인물로는 민우수(閔遇洙), 송명흠(宋明欽; 1705~1768), 오원(吳瑗), 황경원(黃景源; 1709~1787), 남유용(南有容), 이민곤(李敏坤; 1695~1756), 김원행(金元行), 박성원(朴聖源; 1697~1757), 유언호(兪彦鎬; 1730~1796) 이윤영(李胤永; 1714~1759), 이인상(李麟祥; 1710~1760) 등을 들 수 있다.

민우수는 여흥민씨 민유중─민진원의 후예로서 강경한 노론 의리론을 적극 주장하였으며, 오원은 오두인(吳斗寅; 1624~1689)의 손자로서 이재의 처질(妻姪)이며, 생모는 김창협의 딸이었다. 오원은 문명(文名)이 높아 황경원·이천보·남유용과 함께 영조대 문장가로 일컬어졌으며, 《소학》을 모든 공부에서 우선하였다.[55] 황경원은 《남명서》(南明書)와 《명조배신전》(明朝陪臣傳)를 통해서 적극적인 대명의리론을 천명하였다.[56] 특히 《남명서》는 숭정(崇禎) 이후 홍광(弘光)에서부터 영력(永曆) 16년까지의 사적을 기록한 것으로,[57] 남유용의 《명사정강》(明史正綱)과도 궤를 같이하는 것이었다.[58] 이민곤은 송시열의 '직'(直) 사상을 강조

55) 吳瑗, 《月谷集》 卷11 〈與洪君素〉, "蓋嘗聞讀書爲學之法 必先讀小學 以收放心而立 大本 而進乎四書 而次及乎三經 以致其窮理致知之功焉 是其次第不可亂也".

56) 황경원은 송시열의 유지를 받들어 대보단의 설치를 주장하였다.(黃景源, 《江漢集》 卷6 〈答尹副學汲書〉, 〈與尹副學第二書〉)

57) 南公轍, 《金陵集》 卷14 〈祭黃大學士景源文〉.

58) 南公轍, 《金陵集》 續集 卷4 〈先府君言行錄〉. 남유용은 이현석(李玄錫; 1647~1703)의 《명사편년》(明史編年)이 숭정(崇禎)에 그치고 홍광(弘光) 이하 삼제(三帝)를 부록으로 편집하자 참람된 것이라고 크게 비판하였다.(南有容, 《雷淵集》 卷12 〈明書正綱

하면서 탕평론에 매우 비판적이었고, 이러한 자신의 입장을 〈황극연의〉(皇極衍義;《林隱遺編》卷16)를 통해서 표현하였다.[59] 한편, 박성원은 《소학》을 중시여기고,[60] 예학에 조예가 깊어 《예의유집》(禮疑類輯)과 같은 저작을 남겼다.

둘째, 홍계희와 같이 탕평파로 적극 정국에 가담하면서 경세학에 관심 가졌던 인물들이다.[61] 홍계희의 어머니는 이상(李翔; 1620~1690)의 딸로서 이재의 재종고모였다. 이러한 관계가 그를 이재 문하에 들어가게 하였을 것이다. 그의 학문에서 발견되는 중요한 사상적 특징은 상수학 연구와 균역법·준천(濬川) 사업과 같은 경세학에 대한 관심이었다.[62]

상수학 연구와 관심은 균역법과 같은 경세학으로 연결될 수 있었다. 복잡한 산술 계산이 필요하였던 균역법에 수학과 산학은 가장 기초가 되는 학문이었기 때문이다. 실제로 그는 박신원(朴新源)에게 산학을 배웠다.[63] 박신원은 역학에 관심이 많아 《주역》에 능통하였던 인물로 당대에 유명하였다.[64] 그는 당대 달관(達官)들과 교유하였는데, 홍계희도

序)) 이에 대한 자세한 설명은 허태용, 2007, 〈조선후기 중화계승의식의 전개와 북방고대사인식의 강화〉, 고려대 박사학위논문, 152~154쪽 참조.

59) 김충렬, 1983, 《林隱遺編》 解題, 보경문화사 참조.

60) 南有容, 《雷淵集》 卷28 〈尊賢閣進對〉.

61) 홍계희는 젊어서 이재 문하에 있었으며 중망(衆望)이 있었다고 한다. 黃胤錫, 《頤齋亂藁》 4(한국정신문화연구원, 1998) 卷19 辛卯(1771) 十月 十四日(辛巳) 13쪽, "此人少日在泉門 有重望 文學亦適用".

62) 그가 편찬한 책을 통해서 그의 경세치용적 학문 분위기를 엿볼 수 있다. 그는 《삼운성휘》(三韻聲彙), 《균역사실》(均役事實), 《준천사실》(濬川事實), 《국조상례보편》(國朝喪禮補編), 《국조악장》(國朝樂章), 《명사강목》(明史綱目), 《경세지장》(經世指掌), 《문장정종》(文章正宗), 《주문공선생행궁편전주차》(朱文公先生行宮便殿奏箚), 《문산선생상전》(文山先生詳傳) 등의 책을 편찬하는 데 참여하였다.

63) 黃胤錫, 《頤齋亂藁》 3(한국정신문화연구원, 1997) 卷14 庚寅(1770) 四月 二十二日(己巳) 158쪽.

그 가운데 한 사람이었다. 이러한 학문적 배경 아래 홍계희는 영조대 균역법을 입안하는 데 주도적인 역할을 하였고, 준천 사업에도 적극 참여하였다.[65) 그가 유형원의 《반계수록》을 매우 좋아하였고, 영조에게 간행을 청하였던 것은 이러한 경세학에 대한 관심에서 비롯되었다.[66)

그의 이러한 학문 경향은 의리론을 우선하고 상수와 도수를 중시하지 않던 이재 학풍과 상충되는 면이 강하였다. 홍계희는 영조의 탕평 정책에 찬동하고 균역법을 주장해서 이재와 그의 문도들로부터 심한 비난을 받았다.[67) 하지만 홍계희의 학문 경향은 김창협·김창흡 학풍의 경세학에 대한 관심을 계승하는 측면이 강하였고, 18세기 후반 북학파 학문 경향의 전초로서 중요한 의미를 부여할 수 있다.

셋째, 낙론 성리학을 더욱 발전시킨 경우이다. 대표적인 인물로는 김원행과 임성주를 들 수 있다. 김원행은 심(心)과 기질을 구분해서 인식하면서, 기질에 구애되지 않는 심 자체의 고유한 영역을 확보하고자 하였고, 그러한 과정에서 심의 영명성(靈明性)을 강조하였다.[68) 임성주 또한 '심선(心善)의 확대'에 큰 관심을 가졌고, 그 과정에서 낙론의 성범인심

64) 이규상 저/민족문학사연구소 한문분과 역(1997), 31쪽.
65) 《英祖實錄》 卷76, 英祖 28년 5월 29일(己丑)".
66) 柳發 草錄·安鼎福 修輯·李家源 謹校, 《磻溪雜藥》〈磻溪先生年譜〉305쪽, "二十二年 丙寅 命儒臣洪啓禧 撰進先生本傳 洪對時 奏先生學問之博 及所著隨錄 上俯詢先生事實 因 命撰傳以進 時洪以參贊官入侍 言及先生 知事元景夏 曰柳某所著隨錄 乃經世之大務 參贊官 篤好之 嘗謂皆可用也 洪曰其書止大廣博 必有所益 臣謂分付兩南道臣 刊行可也 上曰其書 自玉堂復入之 元曰參贊官 多讀古書 但持論 甚偏 柳某與今人色目不同 而參贊官 以公心尊慕其人 篤好隨錄 豈不好哉 上遂有是命".
67) 黃胤錫, 《頤齋亂藥》 4(한국정신문화연구원, 1998) 卷19 辛卯(1771) 十月 十四日(辛巳) 13쪽, "桂洞洪啓禧……惟以蕩平及新法 竟致損名耳".
68) 김원행의 성리설에 대해서는 이천승, 2002, 〈미호(渼湖) 김원행(金元行)의 심(心)에 관한 연구〉, 《한국철학논집》 11 참조.

동론을 더욱 정교하게 발전시켜 나갔다.[69] 이러한 경향은 사실 김원행의 그것과 커다란 차이를 보이지 않는 것이었으며, 김창협·김창흡·이재 이후 낙론의 공통된 논리이기도 하였다.[70] 김원행·임성주의 성리학은 낙론 성리학의 발전으로 볼 수도 있지만, 당대에는 호론계뿐만 아니라 낙론계 안에서도 견제를 받았다. 김종후는 임성주와 김원행의 성리설에 대해서 줄곧 비판적이었고,[71] 김양행(金亮行) 같은 이는 이를 '별주'(別走)라는 학문적 이탈로 표현하였다.[72]

요컨대, 18세기 중엽 낙론계 학맥은 이재를 중심으로 계승되었다. 그가 활동하였던 시기는 신임옥사 이후 노론 의리론이 강화되면서 학문 분위기 또한 그러한 방향으로 재편되던 때였다. 이재가 《소학》과 같은 기초적인 수신서를 강조하면서 격치(格致) 공부와 같은 경세학의 기반이 될 만한 학문에 커다란 관심을 기울이지 않은 것은 그러한 이유 때문이었다.[73] 이재의 제자들 가운데 상당수는 노론 의리론과 대명 의리론을 적극 수호하는 입장이었다. 하지만 홍계희 등과 같이 경세학을 중시하는 인물이 등장하는 등, 이재와는 다른 층위의 학문적 욕구들이 생겨났다는 점은 이 시기 낙론 사상계에서 일어난 작지만 중요한 변화를 말해 준다. 이는 18세기 후반 홍대용·박지원에 의해 마련된 이용후생학의 전조로서 평가될 여지가 있기 때문이다.

한편, 이재 학맥 말고도 어유봉과 박필주가 주변에서 학맥을 형성하

69) 김현, 1995, 《임성주의 생의 철학》, 한길사 참조.

70) 이천승(2002), 134~135쪽.

71) 金鍾厚, 《本庵集》 卷2〈與任仲思別紙〉; 같은 책 卷4〈與金子靜別紙〉.

72) 金亮行, 《止菴集》 卷5〈與人〉, "新說終有別走之慮故也".

73) 격치 공부는 이재의 소장처가 아니었다고 한다.(洪大容, 《湛軒書》 內集 卷1〈渼上記聞〉, "嘗見陶翁進曰 誠知借率 敢有所請 先生格致之功 果何如 先生曰 果自知其未足 盖格致非先生所長")

였다. 우선 어유봉은 이양신(李亮臣; 1689~1739), 이보천(李輔天; 1714~
1777), 홍상한(洪象漢), 윤득관(尹得觀; 1710~1780), 어석정(魚錫定; 1731~
1793), 박지원(朴趾源) 등에게 학풍을 전수하였다. 어유봉의 제자들 가운
데 가장 주목되는 이는 박지원의 장인이었던 이보천이다. 이보천은 어
유봉이 소론과의 교감 혐의로 인해 노론 학계에서 소외되는 만년에 만
난 제자로서, 어유봉의 둘째사위이기도 하였다.[74] 이보천의 학문은 훗
날 박지원에게 전수되었다. 홍상한은 홍봉한과 종형제간으로서 어유봉
의 사위였으며, 그의 아들 홍낙성(洪樂性; 1718~1798)과 홍낙명(洪樂命;
1722~1784) 또한 어유봉의 문인이었다. 19세기 문장가로서 활약하는 홍
석주(洪奭周; 1774~1842)는 홍상한의 증손자였다. 또한 이양신은 이희조
의 아들이었으며, 어석정은 어유구의 아들로서 경종비 선의왕후(宣懿王
后)와 동기였다.

어유봉의 손사로는 어용림(魚用霖; 1721~1774)과 어용빈(魚用賓;
1736~1781)이 있었다. 어용림은 박지원의 고모부였으며, 어용빈은 역
학에 심취하였고 조성기를 마음으로 따라 좋아하였다고 한다.[75] 어용
빈의 호 농환당(弄丸堂) 자체가 역학에 능통하였던 소옹을 의미하는
말이었고, 조성기는 소옹을 사표로 삼을 만큼 존경하였다.[76] 그의 조
성기에 대한 관심은 어유봉이 조성기를 좋게 평하였던 것과[77] 가계가
영향을 끼쳤다고 생각되는데, 조성기의 형 조현기(趙顯期) 아들 조정
서(趙正緒)의 딸이 바로 어용빈의 어머니였다.[78] 어용빈의 조성기를
통한 역학과 경세학에 대한 관심은 박지원에게도 일부 영향을 끼쳤을

---

74) 魚有鳳,《杞園集》年譜 卷2 丁未.
75) 洪奭周,《淵泉集》卷19〈弄丸堂集序〉.
76) 趙聖期,《拙修齋集》卷3〈答林德涵書〉, "盖僕所欲師法者邵堯夫·呂成公".
77) 魚有鳳,《杞園集》卷31〈讀書散錄〉.
78) 魚用賓,《弄丸堂集》卷6〈先妣行狀〉.

것으로 생각된다.[79] 어유봉의 학풍은 주로 사위와 후손들을 통해 전승된 것이 특징인데, 이는 그만큼 그의 학풍이 갖는 영향력이 제한적이었음을 말해 준다.

한편 박필주는 김용겸(金用謙), 윤급(尹汲; 1697~1770), 윤득부(尹得孚; 1723~1799), 조영순(趙榮順; 1725~1775), 심정진(沈定鎭; 1725~1786), 이송(李淞; 1725~1798) 등에게 학문을 계승하였다. 김용겸은 앞서 살펴보았듯이 북학파 인물들과 교유가 깊었다. 윤급은 윤두수(尹斗壽)의 후손으로서 동원아집(東園雅集)의 일원이었고, 윤득부는 윤근수(尹根壽)의 후손이었다. 조영순은 노론 사대신의 한 명인 조태채(趙泰采; 1660~1722)의 손자이자 민계수(閔啓洙)의 외손으로서 신임의리에 투철한 인물이었다.[80] 심정진은 박필주와 함께 김원행을 스승으로 모셨으며, 이송은 이민곤의 아들로서 홍대용의 묘표를 짓는 등 홍대용과 절친한 사이였다.[81]

어유봉과 박필주 학맥은 18세기 중엽 이후 주도적인 위치에 있지는 못하였지만 어용빈과 김용겸을 통해서 경세학에 대한 관심이 박지원에게 전해졌고,[82] 특히 어유봉 학문은 홍낙성, 홍인모(洪仁謨; 1755~1812), 홍석주 등 풍산홍씨 가학에 적지 않은 영향을 끼쳤다. 어유봉과 박필주 학맥은 직접적인 사승 관계 면에서 보면 농연 학풍을 이재 측보다 더욱 온전히 전수할 수 있었다고 생각한다.[83] 그러나 인물들이 수적으로 적

79) 그의 문집에는 박지원과 교유한 자료들이 남아 있다.《弄丸堂集》卷2〈秋風送朴美仲趾源入金剛〉; 같은 책 卷4〈與朴美仲趾源〉.
80) 趙榮順,《退軒集》卷7〈復讐說〉참조.
81) 李淞,《老樵集》卷10〈榮川郡守洪公墓表〉.
82) 박필주는 박지원의 재종조부였다. 하지만 박필주의 계자(系子)인 박사근(朴師近)이 박지원의 계부(季父)였던 관계로 더욱 가까웠다고 할 수 있다.
83) 어유봉의 후손 어용빈(魚用賓)은 김창협과 어유봉의 사승관계를 매우 강조하여 은연중에 어유봉이 김창협의 적통이었음을 강조하기도 하였다.(魚用賓,《弄丸堂集》卷

었으며, 풍산홍씨 일가를 제외하고는 정치적으로 크게 두각을 나타내지 못해 노론 학계에 끼친 영향은 제한적이었다고 할 수 있다.

단, 주목해야 할 것은 박필주 학맥의 경우 이재 측과 중복되는 인물들이 많았다는 점이다. 김용겸·윤급·이송이 이재도 스승으로 모시는 것으로 보아서 박필주 학맥은 이재 학맥과 가까운 관계를 유지하였던 것으로 보인다. 박필주의 제자 가운데 윤급·조영순·이송이 노론 의리론을 강력히 주장하였던 인물들이라는 점과, 공홍파가 중심이 되었던 동원아집이 주로 이재와 박필주의 제자들로 구성되었던 것에서도 그들 학맥 사이의 공감대를 추론해 볼 수 있다. 어유봉 학맥은 이 점에서는 다소 비껴 있는 듯이 보인다.[84]

18세기 후반 낙론계를 주도한 세력은 김원행과 민우수 학맥이었다. 이재 문하에는 원래 홍계희와 박성원이 일찍부터 두각을 나타내었다.[85] 하지만 홍계희가 파문당하면서 일반적으로 제자들 사이에서는 이재의 학풍을 충실히 따랐던 박성원이 고제(高弟)로 인식되었다고 한다.[86] 이재의 연보와 가상(家狀)을 만들었던 이도 박성원이었다. 그런데 박성원은 1757년(영조 33)에 죽고, 그 즈음에 진행된 공홍(攻洪)−부홍(扶洪) 등의 정치적인 문제들과 학맥이 연결되면서 18세기 후반 낙론계는 김원행과 민우수 학맥으로 재편되는 양상을 보였다.

훗날 일반적으로 낙론 학맥은 김원행을 통해서 계승된 것으로 본

---

5 〈農巖書帖記〉)

84) 어석정의 경우 노론 학계와 정치계에서 소외되었다.[《正祖實錄》 卷9, 正祖 4년 6월 13일(庚申)]

85) 黃胤錫, 《頤齋亂藁》 2(한국정신문화연구원, 1995) 卷9 丁亥(1767) 十二月 二十四日 (甲申) 63쪽.

86) 이경구, 1999, 〈김원행(金元行)의 실심(實心) 강조와 석실서원(石室書院)에서의 교육 활동〉, 《진단학보》 88, 247쪽. 주 95) 참조.

다.87) 그러나 사실 김원행과 이재는 민우수와 이재의 그것만큼 돈독한 관계가 아니었다. 우선 민우수는 이재와 외종형제 사이였고, 《도암집》 (陶菴集)에는 민우수에게 보낸 서간문이 1730년부터 1745년에 걸쳐 19편 이 있으며, 《정암집》(貞菴集)에도 이재에게 보낸 편지가 14편이나 있다.

반면에, 김원행과 이재 사이에 오간 편지는 《도암집》에 1726년 한 편 이 있고, 《미호집》(渼湖集)에는 이재에게 보낸 서간문이 한 편도 없다. 실제로 이재와 김원행은 교류도 많지 않았던 것으로 보인다. 민우수가 송명흠(宋明欽)에게 김원행이 이재와 '만계심독(晚契甚篤)하였으니 사문 (斯文)의 다행'이라고 하였던 말은 저간의 사정을 말해 준다.88) 이재와의 관계만을 볼 때에는 민우수가 김원행보다 이재를 계승하기에 더욱 유리 한 위치에 있었던 것만은 분명하다고 하겠다. 이렇게 본다면 김원행의 사유 형성에는 안동김씨의 가학 전승을 더 중요한 요소로 고려해야만 할 것이다.

김원행은 신임옥사 때 김창집과 형제인 김성행(金省行)과 김탄행(金坦 行)이 유배되고 죽음을 당하는 것을 지켜보면서, 벼슬길을 단념하고 은 둔적이고 신중한 처세로 평생 일관하였다. 그는 '관직에 나아가지 않았 다면 말을 삼가한다'는 송시열의 말을 깊이 새기면서 석실서원(石室書 院)을 중심으로 제자들의 교육에만 전념하였다.89) 그의 처세와 교육은

---

87) 도통 인식은 김원행의 제자였던 황윤석에게 구체적으로 나타났다. 黃胤錫, 《頤齋亂 藁》 4(경기도, 한국정신문화연구원, 1998) 卷19 壬辰(1772) 七月 二十六日(己未) 35쪽; 黃胤錫, 《頤齋亂藁》 5(경기도, 한국정신문화연구원, 1999) 卷26 戊戌(1778) 七月 二十 七日(甲寅), 237쪽 〈記湖洛二學始末〉.

88) 宋明欽, 《櫟泉集》 卷6 〈與渼湖金兄〉 乙丑, "泉上當往留幾何 昨者閔士元叔過訪 謂 執事於泉丈 晚契甚篤 爲斯文之幸".

89) 김원행의 처세관을 보여주는 자료에는 다음과 같은 것이 있다. 金元行, 《渼湖集》 卷10 〈答趙有善有憲〉, "此漢數十餘年所執守之義 只尤翁所訓 身不出言不出 六箇字 而已"; 《渼湖集》 卷12 〈答洪樂顏〉, "爲吾黨之士 只有杜門自守讀書修身以爲反經之

문하의 제자들이 정조대 정계에 활발히 진출하는 데 중요한 기반이 되었다.

김원행의 제자들 가운데 주목되는 인물들은 홍대용(洪大容; 1731~1783), 박윤원(朴胤源; 1734~1799), 황윤석(黃胤錫)이다. 이들은 김원행 학맥의 다양한 동향을 전형적으로 보여주는 인물들이었다. 우선, 홍대용은 이용후생(利用厚生)을 강조하는 학문 경향을 가졌다. 그가 보수적인 노론 학계에서 새로운 사상에 눈뜰 수 있었던 것은 을해옥사(1755) 이후 의리학적 학문 경향의 이완이 어느 정도 이루어졌기에 가능할 수 있었다. 즉 신임의리가 거의 정립된 이상 더 이상의 노론 의리론 강조는 불요불급한 문제가 될 수 있었으며, 이는 소장 그룹에서 더욱 그러하였다.[90]

그러한 가운데 《반계수록》에 대한 관심에서 보이듯이 18세기 중엽 무렵부터 낙론계 안에서는 경세학에 대한 새로운 인식이 싹트고 있었다. 이는 의리가 정립된 이상 의리를 구현해 줄 구체적인 경세학도 중요하다는 논리로 해석할 수 있다.[91] 그러나 홍대용은 여전히 그의 학문을 수용하지 못하는 동문들과 힘겨운 논쟁을 거듭해야 하였다. 홍대용은 북학론을 두고 동문 김이안(金履安; 1722~1791)과 김종후(金鍾厚; 1721~

本"; 《渼湖全集》(여강출판사, 1986) 〈渼湖言行錄〉 卷1 遺史 門人 金相進 撰, "先生自辛壬以後 足跡未嘗一入城市 嘗曰余意每在於深山絶峽之間".

90) 홍대용이 우옹(尤翁)은 참으로 의심스럽고 윤증(尹拯)은 혹 용서할 만하며, 신임(辛壬)의 일에도 노론 측 잘못이 많다고 의심한 경우가 대표적인 경우라고 할 수 있다. 洪大容, 《湛軒書》內集 卷1 〈渼上記聞〉, "余於辛未在嶺邑 偶得尹拯文稿 喜其文詞暢通 辭氣婉順 早晚耽看 頗入其說 意謂尤翁眞箇可疑 尹拯容有可恕 又略聞辛壬事 且意彼固逆矣 此亦不能無罪 左思右想 愈覺疑晦".

91) 이러한 면모는 홍계희와 홍대용에서 찾아볼 수 있다. 柳馨遠, 《磻溪雜藁》(1989, 驪江出版社) 附錄 傳(洪啓禧 撰), 270~272쪽; 洪大容, 《湛軒書》內集 卷3 〈與人書二首〉, "正心誠意 固學與行之體也 開物成務 非學與行之用乎 揖讓升降 固開物成務之急務 律曆算數 錢穀甲兵 豈非開物成務之大端乎".

1780)와 대립하였고,[92] 특히 김종후와는 율력(律曆), 산수(筭數), 전곡(錢
穀), 갑병(甲兵)과 같은 경세학의 학문적 위상을 두고 치열한 논쟁을 벌였
다.[93] 김종후와의 논쟁은 홍대용이 경세론을 얼마나 중요하게 인식하였
는가를 보여주었다는 점에서 중요하다.

박윤원은 김원행 학맥을 계승한 인물로 평가된다. 그의 제자로는 19
세기 홍직필(洪直弼; 1776~1852)을 들 수 있으며, 박윤원에서 이어지는
홍직필－임헌회(任憲晦; 1811~1876)는 일반적으로 낙론계의 정통 학맥
으로 인식된다. 박윤원 학맥은 김원행 문하에서 성리학 중심의 보수적
인 흐름을 대표하였고, 이는 그의 사회관에도 잘 반영되어 나타났다.[94]

그는 농포(農圃)는 소민(小民)의 일이라고 하였고,[95] 노비 문제에서도
도망을 무서워해서 노비를 질책하지 못하는 일이 있어서는 안 됨을 말
하였다.[96] 또한 그는 서얼과 과부 개가 문제에 대해서도 보수적인 의견
을 피력하였으며,[97] 지벌(地閥)을 통한 인재 등용도 일부 인정하였다.[98]

---

92) 金履安,《三山齋集》卷10〈華夷辨〉上・下; 洪大容,《湛軒書》內集 卷3〈與金直
齋鍾厚書〉,〈直齋答書〉,〈又答直齋書〉

93) 金鍾厚,《本庵集》卷4〈與洪德保〉己丑; 洪大容,《湛軒書》內集 卷3〈與人書 二
首〉

94) 박윤원의 이러한 보수적인 인식에는 그의 사회적 배경이 크게 작용하였다. 박윤원
은, 순조의 외조부였던 박준원(朴準源; 1739~1807)의 친형이었고 금성위 박명원(朴
明源; 1725~1790)과도 친척이었다. 자신은 당시 노론을 대표하는 산림이었다. 이러
한 주변 환경은 그의 사회관 형성에 많은 영향을 끼쳤을 것으로 생각된다.

95) 朴胤源,《近齋集》卷11〈與吳士執(允常)〉, "農圃是小民之常業";《近齋集》卷24 雜
著〈治道大綱〉, "夫農人之子至賤微也 而子思子薦之者 蓋取其賢也".

96) 朴胤源,《近齋集》卷19〈與平叔〉, "御婢僕亦齊家一事不可放忽 當禁之事 若慮其逃
走而不禁 則是計利害也".

97) 朴胤源,《近齋集》卷24 雜著〈治道大綱〉, "或問三代可做乎 曰可 人主苟欲爲之 則
不患難做 我國婦女改嫁之禁 卽中國之所未有也 此禁之行已四百餘年 以法成俗 夫男
女之欲 最難遏絶而如是易從 以此觀之 則唐虞比屋可封之化 亦足以成 況三代乎".

98) 위의 글, "或曰 用人不取地閥 何如 曰此難以一槪論 如良田之種嘉穀 儒術多出於詩
禮之家 名節多在於忠良之裔 以此言之 則用人當觀家世也".

나아가 그는 서학을 극렬히 비판하면서 서학에 물들고 있는 당시 세태를 우려하였다.[99] 그가 살던 시대는 천주교를 동반한 서학의 도래로 이에 대한 성리학계와 조정의 방어와 공격이 이루어지던 때였다.[100] 서학에 대한 비판과 함께 그에게는 이적(夷狄)에 대한 강한 반감도 나타났고,[101] 김창흡의 정통(正統) 관념에 대해서 의심하는 사유도 보였다.[102]

하지만 한편으로 명나라 마지막 황제 의종(毅宗)의 연호인 숭정(崇禎)을 시대가 오래되었으므로 그냥 '유세차'(維歲次)라고 써도 무방하다고 하였으며,[103] '무리(無理)한 것이 아니라면 어찌 《장자》(莊子)에서 나온 것이라고 해서 버리겠는가'[104]라고 하여 일부 유연한 자세를 보이기도 하였다. 또한 《반계수록》의 경세론에 대해서도 긍정적인 평가를 내렸고,[105] 김원행 문하의 경세학적 학풍에 영향 받아 〈치도대강〉(治道大綱)이라는 저술도 남겼다.[106]

---

99) 朴胤源, 《近齋集》 卷9 〈答李善長〉, "近日邪學愈熾 可勝憂歎 釋佛之害 甚於楊墨 洋學之害 甚於釋佛 狂瀾不障 則人將胥溺 何由闢之廓如也 拔本塞源 必有其道 兄試思之".; 같은 책 卷24 雜著 〈治道大綱〉, "洋學是異端之尤悖者 其爲惡甚 至於男女無別 言之醜也".

100) 조선 정부의 천주교 인식과 대책에 대해서는 조광, 1988, 《조선후기 천주교사 연구》, 고려대 민족문화연구소, 155～195쪽 참조

101) 朴胤源, 《近齋集》 卷20 〈與平叔〉, "若使尊聖人攘夷狄之大義 由己而粗伸 則雖滅死萬萬無恨".

102) 朴胤源, 《近齋集》 卷24 雜著 〈治道大綱〉, "三淵集中 有論正統處 雖引朱子南北朝之說 而終似可疑".; 같은 책, "韓南塘嘗於筵中講元史 因論胡元不可與正統 史記只當大書甲子 其下註 書元主某 元某年 此論得正".

103) 朴胤源, 《近齋集》 卷15 〈答洪伯應〉, "以春秋尊王之義 洪範書祀之例言之 用崇禎年號於祭祀祝文固宜 而但今已久遠難用 書以維歲次無妨".

104) 朴胤源, 《近齋集》 卷14 〈答金景春(淵默)〉, "非無理 則何可以出於莊子而盡棄之乎 朱子之取之者此也".

105) 朴胤源, 《近齋集》 卷8 〈答任穉共〉, "況磻溪柳公 是東方之傑士 其所議論當最有關於時措之政".; 같은 책 卷24 雜著 〈治道大綱〉, "或曰柳磻溪隨錄 今可行乎 曰可行 自隨錄之作 至今 百數十年 則其間時弊民瘼 亦必有與柳公時不盡同者 則似當斟酌變通 而大綱則不出乎此錄".

　　김원행 학맥에서는 지방 출신의 인물들도 상당수 있었는데, 황윤석은
그 대표적인 인물이었다. 그는 호남 출신 학자로서 상수학과 박물지학
에 깊은 관심을 나타냈다. 〈이수신편〉(理藪新編) 전23권은 그의 이러한
학문적 관심을 잘 보여준다. 한편, 그는 당대 사회 문제에 대해서도 진보
적인 견해를 상당 부분 피력하였다. 그는 서얼·과부·노비의 세전(世
傳) 문제 등을 열거하면서 여기에 대한 개혁조처가 있어야 함을 언급하
였고,[107] 특히 서얼 문제에서 상당 부분을 할애하여 서얼금고(庶孼禁錮)
의 부당성을 주장하였다.

　　이 밖에 김원행의 제자들 가운데에는 많은 인물들이 있었다. 김원행
의 아들 김이안은 예에 대한 연구에 많은 비중을 두었고, 혼천의(渾天儀)
에도 관심이 많아 홍대용과 이에 대해서 변론하기도 하였다. 심정진(沈
定鎭)은 1774년 부솔(副率)로서 세손인 정조를 보살폈으며, 정조 또한 자
신이 동궁 시절 심정진에게 많은 도움을 받았다고 회고하였다.[108] 개성
출신인 조유선(趙有善; 1731∼1809)은 개성에서 서경덕 이후 가장 훌륭한
경학가로 추증되기도 하였고,[109] 서경덕의 《화담집》 중간(重刊)에도 앞
장섰다.[110] 김문순(金文淳; 1744∼1811)은 김창집(金昌集)의 현손(玄孫)으
로 정계에 참여하여 시파(時派)로 활동하였으며, 서유린(徐有隣; 1738∼

---

106) 朴胤源, 《近齋集》 卷24 雜著 〈治道大綱〉

107) 黃胤錫, 《頤齋遺稿》 卷10 〈漫錄〉, "我東有三寃曰 庶孼之無罪見棄 婦女之改嫁有禁
　　奴婢之世傳賣買 是也 此天下古今所無而東俗獨有之 亦仁人君子所宜惻也"; 같은 곳,
　　"天之生才 固賦嫡庶之間 人君用才 亦宜爲官擇人而已 然今通孼之敎 初非專爲用人而
　　發乃爲毓祥追崇微意耳 其何以服衆心之不齊乎".

108) 《正祖實錄》 卷20, 正祖 9년 9월 9일(乙卯).

109) 張志淵, 《儒敎淵源》(1922, 滙東書館) 卷1, "趙蘿山有善……徐花潭以後 最以經學家
　　推重".

110) 徐敬德, 《花潭集》 〈花潭先生文集重刊序〉(尹塾 撰), "當時遺稿 十遺八九 入剞劂祇一
　　卷 而歲月寢久 間多剝落 使先生眞蹟 將不得悠久傳去 都人趙敎官有善 馬上舍之光 願
　　爲新鋟".

1802)은 정조대 초반에 홍봉한과 김구주(金龜柱, 1740~1786)의 외척 세력을 성토하여 이들을 추출하는 데 공로를 세웠고, 서명선(徐命善)과 김문순(金文淳) 등과 함께 시파를 이끌었다. 서유린의 양자 서준보(徐俊輔; 1770~1856)에 따르면, 서유린이 일생 동안 굳게 지킨 것은 김구주와 김한록(金漢祿; 1722~1790)을 성토하는 한 가지 일이었다고 한다.111)

한편, 당시 낙론 학맥에서 또 하나의 커다란 줄기로 민우수 학맥을 들 수 있다. 비록 여흥민씨 측의 기록이기는 하나 민정중·민유중부터 민우수 형제에까지 여흥민씨가 노론 사류의 종주였다는 것은 과장만은 아니었다.112) 그만큼 노론 안에서 여흥민씨가 차지하는 위상은 작지 않았다. 민우수는 가법(家法)에 충실하여 다른 부분에 관심을 기울이지 않았다는 김신겸의 평가처럼 노론 의리론에 일관된 입장을 보였고,113) 그의 학맥 또한 전체적으로 새로운 학문에 관심 갖기보다는 기존의 노론 의리에 충실한 경향을 보였다.

민우수 학맥인 김종후·김종수는 조야의 노론 청류세력들을 규합하면서 노론 의리론과 대명 의리론을 적극 주장하였다. 이들과 가까이 교유하였던 인물들 가운데에는 유언호(俞彦鎬), 김양행(金亮行), 김상묵(金尙默; 1726~?), 이윤영(李胤永), 이운영(李運永; 1722~1894), 이인상(李麟祥), 이유수(李惟秀; 1721~1771), 이유년(李惟秊), 홍익필(洪益弼), 한용화(韓用和) 등 많은 유력한 노론 인사들이 포함되어 있었다. 인맥 구성면에서 보면 김원행 학맥보다 더욱 광범위하였다고 말할 수 있다.

공홍과 부홍의 공방전이 심화되면서 호론계인 김한록(金漢祿)과 김구

---

111) 박종채 저/김윤조 역, 1997, 《역주과정록》, 태학사, 87쪽. 주 234).
112) 閔彝顯, 《觀生窩遺稿》 卷2 附錄 〈遺事〉, "盖公自老峰驪陽以來 至于蟾村先生兄弟 爲士類宗主 有世道之責 而忠邪是非 特論甚嚴自是家法 所在公之志 尙又以剛毅正直 爲主".
113) 金信謙, 《檜巢集》 卷2 〈百六哀吟 士元〉, "但囿於家法之美 不欲見昭曠之原".

주(金龜柱) 등은 호론의 지지를 기반으로 노론 의리론을 강화하고 공홍의 모토 아래 재야 노론 인사들을 끌어 모았다. 이에 평소 홍봉한에게 반감을 가졌던 낙론계 인물들도 동조하면서 뜻을 함께하였다. 이는 사실 척신 정치에 대한 반감과 노론 의리론의 선양의식에서 비롯된 것이었으나, 호론 측 인물들과 결합하면서 자신들이 고유하게 지녔던 낙론 성리학의 종지에서도 일정한 변화가 나타났다.

민우수는 안동김씨와 이재의 친분관계로 그의 성리설에 동의하였으나, 호락논쟁에 적극 참여하여 깊이 있는 논쟁을 하였다고 보기는 어렵다.[114] 민우수에게는 성리설에 치밀하게 천착하여 논의를 전개한 모습이 그다지 보이지 않기 때문이다. 민우수는 사단·인물성·미발·명덕 문제들에 대해서 짧은 논설만 남겼다.[115] 이러한 사실은 그가 낙론 학맥에서 방계에 있었음을 보여준다. 민우수의 학맥인 김종후·김종수·김양행·민이현(閔彝顯; 1750~1793)은 낙론계 안에서 호론에 접근해 가는 모습을 보여 주목된다.

김종후는 당시 변화된 시대상에 비춰볼 때 청나라에 대해서 매우 보수적인 입장을 견지하였다. 그는 당시 사람들이 청나라에 대한 복수심을 잃었을 뿐만 아니라, 오히려 그들이 무사함을 다행으로 여기며 그 이익을 즐거이 누리고 있다고 세태를 질타하였다. 그리고 요즘 사람들

---

114) 이재의 어머니는 여흥민씨로서 인현왕후의 언니였으며 외조부는 민유중이었다.(附錄 表 4 〈牛峰李氏 李縡 家系略圖〉 참조) 민우수는 민유중의 아들 민진후의 아들이었다. 또한 중부 이만성의 아들 이구는 민우수의 아들 민백겸과 민형수의 아들 민백상을 사위로 두는 등 여흥민씨와 매우 밀접한 관계를 유지하고 있었다. 더욱이 여흥민씨는 민진원의 아들 민창수와 민진장의 아들 민계수가 김창집의 딸과 혼인하는 등 안동김씨와도 밀접한 관계를 맺고 있었다.(附錄 表 5 〈驪興閔氏 閔鼎重·閔維重 家系略圖〉 참조)
115) 閔遇洙, 《貞菴集》 卷7 〈答任仲思〉 二; 같은 책 卷7 〈答金明叔〉; 같은 책 卷8 〈答金子靜〉 一·二 참조.

이 복수설치를 위해 효종대 군신들이 하고자 하였던 노력들을 '할 수 없다'고 할 뿐만 아니라 '할 필요도 없다'고 하고 있음을 개탄하였다.116)

이러한 입장을 지녔던 그는 자연히 북학사상을 전파하던 홍대용과 마찰을 일으킬 수밖에 없었다. 홍대용이 청나라에 다녀온 뒤 중국 문사들과 교유한 사실을 세상에 전하자, 김종후는 이 사실을 따져 물으며 그와 논변을 벌였다.117) 이때 홍대용은 김종후가 《춘추》를 애독한 사실을 언급하였는데,118) 이 부분에서 김종후의 사상적 줄기가 《춘추》에 많은 부분 연원하였음을 짐작할 수 있다. 김종후는 '오랑캐는 사람이 아니'라고까지 하였는데,119) 이 말로 홍대용에게 비판 받기도 하였다.120)

이러한 엄격한 인식의 사상적 기반으로서 그의 심성론을 주목해 보아야 한다. 그는 심기(心氣)의 담연성(湛然性)을 주장한 낙론의 견해에서 일부 벗어나, 심기도 기인 이상 청탁이 있다고 주장한 호론에 접근해 가는 모습을 보여주었다. 그는 심 또한 기의 하나이기에 부득불 기질의 청탁미악(淸濁美惡)을 따르지 않을 수 없다고 하였다. 그러기에 기질이 청미하면 심이 발하여 신이 되고, 기질이 탁악하면 심이 받하여 불선하게 된다고 하였다.121)

---

116) 金鍾厚, 《本庵集》 卷5 〈送尹誠中隨其大人侍郎公赴燕序〉 庚午, "我之忘此虜久矣 豈徒忘之 至於幸彼之無事而樂蒙其利也 靦然以爲我之依庇庥廈 可以保萬世磐石之安 而於凡孝宗君臣所以修政而養民 深根而固本者 不惟不能爲 亦惟曰不必爲矣 悲夫".

117) 논변 내용은 다음이 참조된다. 洪大容, 《湛軒書》 內集 卷3 〈與金直齋鍾厚書〉; 金鍾厚, 《本庵集》 卷4 〈與洪德保〉 己丑; 洪大容, 《湛軒書》 卷3 〈又答直齋書〉 편지에 대한 자세한 분석은 김문용, 1995, 〈홍대용의 실학사상에 관한 연구〉, 고려대 박사학위논문, 106~110쪽 참조.

118) 洪大容, 《湛軒書》 內集 卷3 〈又答直齋書〉, "且執事(金鍾厚) 非好讀春秋者乎".

119) 洪大容, 《湛軒書》 內集 卷3 〈直齋答書〉(金鍾厚), "女子人也 猶以其陰也而惡之 而況於夷狄之非人 其爲陰又何如".

120) 洪大容, 《湛軒書》 內集 卷3 〈又答直齋書〉, "夷狄之爲陰 來教甚當 但斷之以行類禽獸可矣 直謂之非人 則亦過矣".

기에 따라 심의 선악이 나누어질 수 있다는 그의 주장은 기의 청탁미악에 따른 심의 차별성을 강조한 호론의 논리와 흡사하였다. 또한 이러한 김종후의 주장은 '이'의 주재성을 통해 성선론을 설명하고자 하였던 김창협·김창흡 계열의 성리설과 대조되는 측면이 있었다. 이러한 견해는 같은 시대, 심과 기질을 분리하고 심의 영명성을 강조하는 방향으로 나아갔던 김원행·임성주의 논지와는 커다란 차이를 보여준다.

김종후가 호론과 흡사한 논리를 폈던 데에는 호론계 인물들과의 교유가 큰 영향을 끼쳤다. 김종후는 호론계 정이환(鄭履煥; 1731~ ?)과 사돈간이었으며, 동생 김종수는 정순왕후(貞純王后)의 아버지인 김한구(金漢耈; 1750~1793)의 동생 김한기(金漢耆; 1728~?)와 교유가 있었다.[122] 또한 족제(族弟) 김종건(金鍾健)을 통해서 홍계희 측과 결합하였던 것도 그에게 중요한 영향을 끼쳤다.[123] 이들은 모두 정치적으로 공홍과 벽파로 연결되었고, 이 과정에서 김종후는 자연스럽게 호론의 논리를 받아들였던 것이다.

김종후는 호론에 동조하는 것에서 더 나아가 김창협·김창흡의 성리설을 직접 거론하며 비판적인 의견을 내놓기도 하였다. 그는 김창협·김창흡이 이이 성리설을 비판한 점을 거꾸로 비판하면서, 이이의 심성론만으로 성선설의 설명이 가능하며, 오히려 김창협·김창흡의 논의가

---

121) 金鍾厚, 《本庵集》 卷5 〈心氣質辨〉 己巳, "心亦是氣之一 故不得不隨其氣質之淸濁美惡 而爲虛靈知覺之用(近說所謂淸虛靈濁虛靈於其發用處言之 則無病) 心旣如此 則其中所具之理 亦不能無中與過不及之別 可知矣 蓋氣質淸美則心發而善 氣質濁惡則心發而不善".

122) 沈樂洙, 《恩波散稿》 卷8 〈黨逆列傳〉 金漢祿傳, "金鍾秀與金漢耆潛相通".

123) 沈樂洙, 《恩波散稿》 〈定變錄〉 上, "族弟鍾健及賊禧子念海之爲鍾健內從者 亦皆稱以理學聲氣相接 致讓述海亦與鍾秀親密 故始爲其黨所激誘也 於是致仁爲其伲所誘 亦主殺洪之論 所謂殺洪之論 山林則量海金漢祿鍾厚主之 朝廷則致仁爲領袖 而鄭履煥諸人金鍾秀主之".

의심할 만한 점이 있다고 주장하였다.[124] 그는 이이의 논의를 그대로 존중하면서 김창협·김창흡의 논의에 의문을 표시하였다.

김종후 말고도 유언호 또한 안동김씨 성리설을 비판하여 주목된다. 그는 김종수와 사우(死友)를 맺은 사이였고,[125] 부인은 민우수의 딸이었으며 며느리는 김종후의 딸이었다. 이렇듯이 민우수 학맥과 깊은 관계에 있던 유언호는 1794년(정조 18) 김건순(金建淳; 1776~1801)에게 보내는 편지에서 〈태극도〉(太極圖)를 설명하며, 이이·김장생·송시열의 의견을 존중하고 김창흡·김창즙의 의견에 무리가 있음을 지적하였다.[126] 이는 기존 노론 학맥의 정통인 이이-김장생-송시열의 흐름을 존중하는 것이었다.

이러한 김종후와 유언호의 의견은 순수하게 학술적인 차원에서 이루어진 것으로 볼 수도 있다. 하지만 18세기 후반 안동김씨가 낙론 학맥 속에서 차지하는 위상과 이와 관련한 정치적인 문제들을 살펴보면, 그들의 논설이 갖는 의미는 그리 간단하지 않다. 낙론의 성립이 안동김씨 가학과 깊은 관련성을 가졌고, 안동김씨의 정치적 힘도 여기에 일부 근원한다고 볼 때, 이와 같은 안동김씨 성리설 비판은 그들이 부홍파로 규정하였던 김원행과 그 학맥을 견제하는 것으로 볼 여지가 있다. 다시 말해 안동김씨 성리설의 권위를 훼손하면서 그에 따르는 정치적인 권위까지 손상시키려는 것으로 볼 수 있다. 이는 과거 송시열의 이황 성리설 비판 작업이 가졌던 정치적 배경을 통해서도 충분히 유추해 볼 수 있다.[127]

---

124) 金鍾厚, 《本庵集》 卷5 〈農巖三淵論栗谷善惡淸濁氣說辨〉 戊子.
125) 沈樂洙, 《恩波散稿》 卷8 〈黨逆列傳〉 兪彦鎬傳, " 與金鍾秀結爲死友 聲言討洪鳳漢 爲金龜柱客".
126) 兪彦鎬, 《燕石》 冊五 〈與金郎建淳書〉 甲寅(1794).
127) 김준석, 1988, 〈17세기 기호주자학의 동향〉, 《손보기박사정년기념 한국사학논총》

김종후의 동생 김종수는 정조대 유력한 정치인으로 활동하였다. 그는 정조의 신임을 받으면서 정조의 '의리탕평' 정책의 중요한 정치가로서 활약하였고, 노론의 이익을 대변하는 데 많은 노력을 기울였다. 그는 정조대에 벽파(僻派)로서 강경한 입장을 고수하면서 노론 청명당 안에서 비탄력적인 정치활동을 전개하였다. 그의 이러한 정치행적의 사상적 배경은 정조 및 제신들과 《근사록》을 강회(講會)한 부분에서 단서를 찾을 수 있다. 그는 '태중(胎中)에서 이미 선악이 나누어진다'고 하여 지각이 없는 어린아이도 악을 갖추고 있다고 말하였다. 그는 여기에 대한 근거로서 뱃속에서 기의 청탁이 나누어지는데, 탁한 것은 악의 뿌리가 됨을 제시하였다.

이에 대하여 정조와 김희(金憙; 1729~1800)는 반대하면서 '지각이 없을 때에는 선악도 없다'는 의견을 피력하였다.[128] 김종수가 기질의 제한성을 강조하는 입장에서 선악이 이미 태중에서부터 나누어짐을 주장한 데 반해, 정조와 김희는 선악은 후천적으로 나누어지고 그럼으로써 교화와 교육의 중요함을 주장하였다고 볼 수 있다. 기질의 청탁을 통해 사람의 선악이 이미 태중에서부터 나누어진다는 것은 군자·소인의 엄격한 구별과 직접 연결될 수 있는 문제였으며, 그의 강경한 노론 의리론과도 밀접한 관련성을 가질 수 있었다.

또한 같은 날에 이루어진 《근사록》 강회에서 김종수는 김희에게 '오행이 생성하는 데에 각기 하나의 본성을 지니고 있다고 하였는데, 이 성자(性字)는 본연의 성을 말하는 것인가 아니면 기질의 성을 말하는 것인가' 하고 질문하였다. 이 문제에 대하여 김희는 '본연의 성'이라고 대

참조.
128) 《正祖實錄》 卷11, 正祖 5년 3월 18일(辛卯).

답하면서, '태극은 갖추어 있지 않은 것이 없으니 어찌 기질지성이라고 이를 수 있겠는가'라는 근거를 제시하였다. 김희는 태극의 본원성을 중시하는 입장에서 본연지성이라고 하였던 것이다. 이는 낙론의 입장에 가까운 것이었다.

반면, 김종수는 이에 대해서 '각자'(各字)가 갖고 있는 '각각'(各各)의 뜻을 들어 기질의 성이라고 언급하였다.[129] 김희가 태극이 모든 사물에 내재함을 근거로 본연지성이라고 말한 반면, 김종수는 '각각'의 본뜻을 강조하면서 그것이 기질지성임을 주장한 것이다. 위의 예들에서 볼 때, 김종수는 호론이 강조하는 '기의 제한적인 성격', 즉 '악의 매개'로서의 성격을 부각하였으며, '각자'의 의미를 중시한 호론의 경전 해석에 동의하였던 것으로 보인다.

이와 같은 호론 성리학의 동조에서 나아가 한원진의 출처와 거취에 대한 직접적인 존경의식도 이들 한매에서 보였다. 민이현은 민우수의 손자이자 김양행의 사위였다. 그는 심성설에서는 비록 곧장 한원진의 의견을 좇기는 어렵지만, 그 출처와 거취는 후세 사람들이 쉽게 할 수 없는 것이라고 하여 한원진에 대한 강한 존경심을 보였다.[130] 민이현이 한원진의 출처와 거취에 대해서 존경하였던 것은 강경한 노론 의리론을 고수하던 여흥민씨 가문의 의리론과 한원진의 그것이 부합하는 바 많았기 때문이다.[131] 하지만 이러한 한원진에 대한 존경의식은 그에 대해 강

---

129) 위와 같음.

130) 閔彝顯, 《觀生窩遺稿》 卷2 附錄 〈遺事〉, "嘗曰 吾於心性大源 雖未敢遽從南塘 而其 出處去就明快 而有據經綸才猷宏達 而適用要 非後儒所得而易之".

131) 閔彝顯, 《觀生窩遺稿》 卷2 附錄 〈遺事〉, "自早歲以世道人心之日下 慨然興歎 其於 陰陽淑慝之別 未嘗不明辨痛劈 不欲至於胥溺之歸 即其苦心也 盖公自老峰驪陽以來 至于蟾村先生兄弟 爲士類宗主 有世道之責 而忠邪是非 特論甚嚴自是家法 所在公之 志 尙又以剛毅正直爲主".

308_

한 반감의식을 가졌던 당시 낙론계의 일반적인 정서와는 괴리된 것이었
다.132)

　민우수 학맥 가운데에서는 중립적인 입장을 갖는 이도 있었다. 김양
행은 앞서 서술하였던 안동김씨 김창업의 셋째아들 김신겸의 아들로서,
그의 딸이 민우수의 손자 민이현과 결혼하면서 여흥민씨와 긴밀한 관계
를 가졌다. 이렇게 된 것은 김신겸과 민우수가 금란지교로서 매우 가까
운 사이였기 때문이었다.133) 민우수와 긴밀한 관계를 가지고 김종후를
좇아 교유한 것으로 보아 김양행도 넓게 보아 민우수 학맥 안에 있었음
을 알 수 있다.134)

　김양행의 성리설에서도 이러한 점을 확인할 수 있다. 그는 미발 상태
에는 기질지성을 논할 수 없고, 이발(已發)한 이후에야 기질지성을 논한
김원행의 의견에 의문을 표시하였다. 그는 기질지성은 비록 본연지성의
순선(純善)함과 같지는 않지만, 본연지성 밖에 따로이 일성(一性)이 있는
것이 아니며, 단지 기질상에 나아가 '이'만을 단지(單指)하느냐 이기(理
氣)를 겸지(兼指)하느냐에 따라 본연지성과 기질지성이라는 명목이 생긴
것으로 파악하였다. 나아가 그는 본연지성과 기질지성은 소종언(所從言)
은 다르지만 실제로는 하나의 성이라고 하였다.135) 이는 미발 상태에서

132) 가령 《과정록》에 전하는 바, 한원진의 서원에 제사지내라는 명이 있었으나 호서의
　　수령들이 그의 성리설이 김창협·이재와 다르다는 이유로 가지 않았다는 것은 이러
　　한 정황을 잘 말해 준다.[박종채 저/김윤조 역주(1997), 163~164쪽]
133) 閔遇洙, 《貞菴集》 卷13 〈檜巢金公行狀〉; 金亮行, 《止菴集》 卷6 〈祭貞庵閔先生
　　文〉, "先君子早從先生遊 志同道合 遂成金蘭之契 以小子不肖 亦得夤緣 出入於門下爾
　　來 二十有餘載矣 雖以羸病怠惰 未能久留受業 而若先生之誘掖訓迪 則終始拳拳不置";
　　金亮行, 《止菴集》 卷6 〈祭貞庵閔先生文〉, "先君子早從先生遊 志同道合 遂成金蘭之
　　契 以小子不肖 亦得夤緣 出入於門下爾來 二十有餘載矣 雖以羸病怠惰 未能久留受業
　　而若先生之誘掖訓迪 則終始拳拳不置".
134) 金亮行, 《止菴集》 卷6 〈書高隱堂金公遺事後〉, "余嘗從金鍾厚伯高遊而以其篤志好
　　學爲不可及".

도 기질지성을 논하고자 하였던 호론의 성 논의와 매우 흡사한 일면이 있었다.136)

하지만 김양행은 미발 상태에서 기질지성을 논할 경우, 기질지성이라는 병통을 가진 성품이 본원의 상태인 대본(大本) 가운데에서도 실제 작용하는가 하는 문제로 적지 않게 고민하였던 듯하다. 그는 1758년(영조 34) 김종후에게 보내는 편지에서, "이미 '이'와 기가 섞인 기질지성이라면 병통을 가지고 있는 성인데, 그렇다면 미발일 때에 이 병통을 가지고 있는 성(性)이 대본(大本)의 가운데 있다는 것인가" 하고 물었다.137) 이것은 '미발'이라고 하는 본원적인 마음의 상태에서도 기의 영향을 받는가 하는 문제로서, 당시 호락논쟁의 중요한 주제 가운데 하나였다.

그가 이 문제로 고민하였음은 그의 성리설이 김종후를 비롯한 호론과 완전히 일치하지는 않았음을 보여준다. 김양행은 공홍−벽파계 인물들과 가까웠으나, 심낙수(沈樂洙; 1739~1799)와 권진응(權震應; 1711~1775)과 같은 시파계 인물들에 의해서 비교적 공정하고 중립적인 인물로 평가되었다.138) 우연히도 이러한 평가는 그의 성리설이 위치하였던 지점과도 맞닿아 있다.

이상에서 낙론계 주요 인물들의 사상 동향에 대해서 간략히 살펴보았다. 낙론 학맥은 중앙 학계는 물론 지방 학계에까지 그 외연을 확대해 갔던 관계로,139) 이들의 학풍이 갖는 성격을 위의 사람들만으로 예단하

---

135) 金亮行,《止菴集》卷3〈上渼湖再從兄〉.
136) 한원진의 미발 논의에 대해서는 다음 논문을 참조할 수 있다. 전인식, 1998,〈이간(李柬)과 한원진(韓元震)의 미발(未發)·오상(五常) 논변 연구〉, 한국정신문화연구원 박사학위논문, 96~102쪽.
137) 金亮行,《止菴集》卷4〈與金伯高〉, "盖兼氣者 卽理與氣雜之謂也 旣曰雜氣 則是有病之性也 方其未發也 卽此有病之性 尙亦容着於大本中耶".
138) 沈樂洙,《恩波散稿》卷8〈黃江語錄〉, "子靜剛正公明 少氣力 只可保身".
139) 이경구, 1998,〈영조~순조 연간 호락논쟁의 전개〉,《한국학보》93.

는 데에는 많은 문제점이 따른다. 하지만 위 사람들은 낙론계의 핵심적인 위치에 있던 사람들로서, 이들을 통해 낙론계의 사상적 동향에 대한 대략적인 이해는 어느 정도 가능하다고 생각한다.

낙론 학맥에는 보수적인 흐름에서 북학사상까지 다양한 형태의 사상적 분화가 존재하였다. 낙론 학맥의 다양한 사상적 요소들은 상대적으로 한원진을 중심으로 일관된 논지를 견지하고 있었던 호론 학맥과 비교해 보면 그 차별성이 확연히 드러난다. 낙론 속에는 다양한 형태의 현실적 흐름에 대처할 수 있는 사상적 요소를 가질 수 있는 여지들이 많았던 반면, 호론에는 상대적으로 이것이 적었다.

3.2. 소인교화론을 통한 탕평 정국 대응

3.2.1. 탕평 정국과 낙론계의 정치 동향

호락논쟁은 단지 심성 논의에만 제한된 것은 아니었다. 호락논쟁에는 당론과 연결되어 정치적인 의미 또한 상당 부분 담겨 있었다. 황윤석(黃胤錫)은 〈기호락이학시말〉(記湖洛二學始末)에서 호론과 낙론의 대결 양상을 학문논쟁을 넘어선 당파적 입장에서 다루었고, 특히 낙론에서 벗어나 호론에 접근하였던 홍계능(洪啓能; ?~1776)을 비판하는 자리에서는 '호당(湖黨)과 다를 바 없었다'는 표현을 써서 '당'(黨)이라는 용어를 직접 드러내기도 하였다.[140] 이것은 그가 호락논쟁의 전개를 단순한 학

---

140) 黃胤錫, 《頤齋亂藁》5(한국정신문화연구원, 1999) 卷26 戊戌(1778) 七月 二十七日(甲寅) 237쪽 〈記湖洛二學始末〉, "其於湖學始攻 終合而畢竟爲挾比諸賊之魁 貽累淵源 豈不痛哉 況其未誅之日 忌我先生壽張誣衊 無所不至 與所謂湖黨無異".

문논쟁으로 바라보지 않음을 의미한다. 또한 이재의 손자였던 이채(李
采; 1745~1820)는 호락논쟁이 심성론에서 출발하였지만 결국 강문팔학
사(江門八學士)가 나뉘고 자손과 문도들이 상호 분열되어 세도의 커다란
근심이 되었다고 진단하기도 하였고,[141] 민이현은 호론과 낙론이 서로
를 이단으로 공격하면서 거의 붕당을 이루었다고 걱정하기도 하였
다.[142]

심낙수는 더욱 구체적으로 '임오화변(壬午禍變; 1762)을 전후로 해서
경(京)과 호(湖)의 논의들이 나뉘었는데, 경은 사도세자의 보호를, 호는
사도세자를 공격하는 것을 주로 하였다'고 말한 바 있다.[143] 이 말에서
당시 경과 호 사이에는 심성론뿐만 아니라 정치적인 영역에서도 일정한
차이가 존재했음을 알 수 있다.

위의 지적과 언급에서 호락논쟁의 의미가 단지 심성론의 영역에만 제
한되지 않고, 그 밖의 정치적인 영역에까지 그 외연이 확장될 수 있음을
확인할 수 있다. 이러한 모습은 영조 중반 이후 노론이 확고히 권력기반
을 다지고 홍봉한(洪鳳漢)과 김구주(金龜柱)의 외척당이 북당(北黨)과 남
당(南黨)으로 나뉘어 대결해 가면서 뚜렷이 나타났다.[144]

---

141) 李采, 《華泉集》 卷7 〈擬答或人別紙〉, "今日之曰湖曰洛 其端雖微 其流甚遠 自心性
之論發 而江門八士牛裂門戶 子孫門徒互相分朋 世道之憂".

142) 閔彝顯, 《觀生窩遺稿》 卷2 附錄 〈遺事〉, "湖人攻洛 以異端 洛亦如之 紛糾乖激 幾
成朋黨 公嘗憫之".

143) 沈樂洙, 《恩坡散稿》 卷8 〈宋明欽傳〉, "時金尙魯啓禧黨讒間兩宮 造凶誣 煽動京湖
之論遂分 京主保護 湖主激訐".

144) 이러한 모습을 황윤석은 다음과 같이 진단하였다. 그는 신임옥사 이전에 노론은 화
당과 낙당으로 분열되어 있었지만 신임옥사를 겪으면서 다시 합쳐졌고, 근세에는 완
론(緩論)과 준론(峻論)으로 분화하다가 노론이 융성해지자 다시 분당하여 동촌(東村),
남촌(南村), 북촌(北村) 등 수많은 당여로 나뉘었다고 하였다. 그리고 관료들뿐만 아
니라 산림 또한 호론과 낙론으로 나뉘었음을 지적하였다.[黃胤錫, 《頤齋亂藁》 3(한국
정신문화연구원, 1997) 卷15 庚寅(1770) 六月 十四日(丁亥) 260쪽] 이러한 황윤석의 지

이 부분에서는 낙론 학맥 가운데 주요 인물들을 중심으로 탕평 정국 아래에서 그들의 정치적 동향을 살펴보고자 한다. 정치적 동향에는 본래 다양한 변수들이 작용하는 관계로 어느 한 가지 요인으로 그것을 규정하고 의미 부여하기에 어려운 점이 있다. 특히, 이 책에서 다루고자 하는 사상적 성향과 정치적 동향은 바로 연결되기 어려운 점이 있다. 하지만 이러한 한계가 있음에도 호론과 낙론의 정치적 동향에는 일정한 경향성이 존재하였다. 여기에서는 그러한 경향성을 부각하여 서술하고자 한다.

김창협과 김창흡을 중심으로 형성되었던 초기 낙론 학맥은 성리학 부분에서는 이재를 중심으로, 문학 부분에서는 이의현을 중심으로 계승 발전하였다. 이들은 김창협·김창흡의 사상과 문학을 계승하여 낙론계 학풍을 형성하는 데 크게 공헌하였다. 따라서 이재와 이의현이 위치하였던 정치적 배경에 대한 이해는 낙론 학맥의 정치적 동향을 살펴보는 데 도움이 될 수 있으리라고 생각한다.

신임옥사 이전에 노론은 화당(花黨)과 낙당(駱黨)으로 갈라져 있었으며, 화당은 이만성(李晩成)이, 낙당은 조태채가 각각 이끌고 있었다. 화당을 이끌던 이만성은 이재의 중부였는데, '부모를 일찍 잃고 중부 이만성을 부모와 스승으로 의지하였다'는 말로 보면 이재는 이만성의 영향을 많이 받았다고 할 수 있다.[145] 화당에는 노론의 청류들이 주로 가담하였고, 낙당은 노론으로 전향한 박세채의 문도들과 조태채(趙泰采)의 아들 조관빈(趙觀彬; 1691~1757), 김유(金楺)와 그의 아들 김취로(金取魯;

적으로 보아 신임옥사를 겪으면서 노론은 소론에 대항해 대동단결하였고, 따라서 이때는 자연스럽게 노론 안에서의 여러 갈등 요소들이 봉합될 수 있었지만 노론이 영조 중기 이후 다시 권력을 쥐면서 기존의 여러 갈등 요소들이 점차 표면에 드러났음을 알 수 있다.

145) 《英祖實錄》 卷3, 英祖 원년 2월 8일(丙子).

1682~1740), 박사익(朴師益; 1675~1736)과 그의 아우 박사성(朴師聖), 신 방(申昉; 1686~1736), 조언신(趙彦臣; 1682~1731), 임징하(任徵夏; 1687~ 1730) 등이 주요 구성원으로 활약하였다.

소론을 처벌하는 과정에서 낙당에 소속하였던 인물들은 매우 강경한 입장을 취하였다. 특히 민진원의 역할은 두드러졌다. 민진원은 이광좌 등 소론의 존재를 부정하면서 이들을 엄하게 처벌할 것을 줄곧 주장하 였다.146) 이러한 민진원을 지지하였던 것은 호론 계열 한원진의 아우 한 계진(韓啓震)과 정철(鄭澈)의 손자이자 송시열의 제자였던 정호(鄭澔; 1648~1736)였다. 한계진과 정호는 오늘의 큰 의리는 '토복'(討復)이 가장 급한데, 이를 홀로 앞장서 한 자는 오직 민진원뿐이었다고 그를 추켜세 웠다.147) 한계진과 정호는 당시 호서 지역 노론들의 의리론을 대변하는 대표적인 인물이었다.

사실 민진원과 호론 계열은 그 정치 성향에서 긴밀한 공유점이 있었 다. 민진원은 여흥민씨 민유중의 아들이요 민정중의 조카였다.148) 여흥 민씨는 민유중이 송준길의 딸과 혼인하는 등, 17세기 중·후반 서울에 서 호서지역 산당의 창구 역할을 하였으며,149) 이러한 이유로 송시열계 의 적전(嫡傳)이라고 할 한원진·한계진·정호 등 호서 지역 노론과 긴 밀한 정치적 공감대를 형성할 수 있었다.

이의현은 이러한 강경한 낙당 계열을 억제하는 경향을 띠었고, 이로 인해서 민진원과 이의현은 서로 소원한 관계를 이루었다고 한다. 그리

---

146) 정만조, 1983, 〈영조대 초반의 탕평책과 탕평파의 활동〉, 《진단학보》 56, 42쪽.
147) 《英祖實錄》 卷9, 英祖 2년 1월 9일(壬寅); 《英祖實錄》 卷9, 英祖 2년 1월 20일(癸丑).
148) 이 책 부록 〈표 3. 여흥민씨 민정중·민유중 가계약도〉 참조.
149) 安鍾和, 《國朝人物志》 三 肅宗朝 171쪽, "閔維重……早從同春宋浚吉學 晩爲其婿 舅甥爲師弟 誠心服勤盡力於後事 世以朱子之門勉齋況之 又師尤菴宋時烈 尊信甚篤 屈伸榮辱 與共終始".

고 시세를 관망하면서 비교적 온건한 입장을 가졌던 인물들이 이의현의 당에 속하였기 때문에, 그는 민진원의 당으로부터 '토역'(討逆)에 완만하다는 비난을 받았다고 한다.150)

이재는 이의현·민진원과 모두 긴밀한 관계를 가졌던 인물이다. 이의현은 영조에게 이재를 연석(筵席)에 출입하게 하여 성학(聖學)을 돕게 하라고 추천할 정도로 신뢰하였으며151) 민진원은 이재의 외숙이었다. 이렇게 볼 때 그는 이의현·민진원의 정치적 지향에 함께 영향을 받을 수밖에 없었다. 하지만 앞서 언급하였듯이 '이만성을 부모와 스승으로 의지하였다'는 이재의 말과, 화전(花田)과 용인(龍仁)을 중심으로 활동하였던 그의 행적을 보면 그는 화당에 좀더 가까웠다고 할 수 있을 것이다.152)

한편, 노론 준론 계열의 소론에 대한 처벌 요구가 더욱 강해지고, 이에 대한 홍치중(洪致中; 1667∼1732) 같은 완론(緩論) 대신들의 대처능력이 한계에 부딪히자 영조는 소론 중심의 정미환국(丁未換局; 1727)을 단행하였다. 유봉휘(柳鳳輝), 조태구(趙泰耉), 최석항(崔錫恒)의 관작이 회복되고 유배된 소론 대신들이 석방 등용되었다. 이러한 과정에서 노론 사대신은 다시 죄안에 들게 되고, 삼수역모(三手逆謀)와 임인옥(壬寅獄)은 다시 역안으로 규정되었다.

정미환국 이후 영조는 소론 청류 계열의 조문명(趙文命)의 탕평파를 중심으로 정국을 운영하고자 하였다. 이것은 영조가 조문명의 딸을 효장세자(孝章世子)의 빈으로 삼는 데서 추론해 볼 수 있다. 조문명·조현

---

150) 《英祖實錄》 卷6, 英祖 원년 6월 1일(丁卯).

151) 《英祖實錄》 卷7, 英祖 원년 8월 16일(辛巳).

152) 참고로 유봉학은 이만성·이재·이의현·김원행·송명흠·이천보 등을 화당(花黨) 계열로 분류하였다.(유봉학, 1999, 〈정조시대 정치론의 추이〉, 《정조시대의 사상과 문화》, 돌베개)

명·송인명(宋寅明)의 탕평파는 노소병용(老少竝用)을 주장하고 노론과
소론의 조정자 역할을 자임하였다. 이때 발생한 무신란은 이들의 탕평
기반 확립에 도움을 주었다. 무신란의 원인이 당쟁에 있다고 생각한 영
조는 평소 '파붕당론'을 펴오던 탕평론자들을 더욱 주목할 수밖에 없었
기 때문이다.[153)

탕평파들은 노소병용을 위해 노론을 끌어들일 명분을 만들려고 노력
하였다. 그들은 노론 완론 홍치중의 도움을 받아 신임시비(辛壬是非)를
절충적으로 인식하는 분등설(分等說)을 제기하였다. 즉, 신축옥사는 충
(忠)으로 임인옥사는 역(逆)으로 규정하는 '반충반역'(半忠半逆)의 논리였
다. 이러한 논리에 입각하여 노론 사대신 가운데 조태채(趙泰采)와 이건
명(李健命; 1663~1722)을 복관시키는 기유처분(1729, 영조 5)이 내려졌다.
이렇게 성립된 탕평을 '소론탕평'이라고 한다.[154)

기유처분과 노론·소론을 병용하는 인사방식인 쌍거호대(雙擧互對)에
입각한 소론탕평은 얼마간 지속되었다. 그러나 소론탕평은 조문명·홍
치중의 죽음, 노론 측의 강력한 김창집·이이명 신원 요구와 1738년(영
조 14) 노론 준론의 영수 유척기(兪拓基)의 입조로 흔들렸다. 더욱이 영조
는 입장을 바꾸어 신임의리에 개입하기 시작하였다. 그는 임인옥사를
확대시킨 장본인 서덕수(徐德修)를 신원하고, 이후 1740년(영조 16)에는
드디어 경신처분으로 불리는 김창집·이이명의 신원을 명하였다.

경신처분 이후 노론의 출사 명분이 비로소 명확히 생기자, 노론 세력
들 가운데 낙론 계열의 출사가 활발해졌다. 원경하(元景夏)는 노론으로
서는 처음으로 사색당파의 조제보합을 주장하면서 대탕평론을 제기하

153) 정미환국과 탕평파에 대한 설명은 정만조(1983), 47~64쪽 참조.
154) 정만조, 1986, 〈영조대 중반의 정국과 탕평책의 재정립〉, 《역사학보》 111, 64쪽.

였다.155) 반면 이천보(李天輔)는 준론을 조제하고자 하는 의리탕평론을 제시하였다.

1750년(영조 26)에는 균역법 실시를 계기로 홍계희(洪啓禧)와 김상로(金尙魯) 계열이 두각을 나타냈다. 이들은 균역법이 진행되어 가던 영조 27, 28년 무렵에 사도세자의 과실에 대해서 지적하고, 세자가 신임의리에 투철하지 못하다는 의견을 제기하였다. 이에 대해 이천보·유척기·남유용 등이 척신과 탕평당의 전권을 비판하면서 대립하였다.156) 임오화변(1762) 이후 외척의 당여가 정국을 좌우하였던 시기에는 홍봉한의 북당에 속해 있던 인물들(=扶洪派)과 김치인(金致仁; 1716~1790), 김종수(金鍾秀), 김종후(金鍾厚)를 중심으로 형성된 홍봉한에 적극 반대하는 노론 청명당 계열로 낙론계는 크게 나누어졌다. 이와 같이 낙론계 정치세력의 분화는 다양하고 복잡한 양상을 띠었다.

한편, 낙론계 가운데에서 홍계희·홍계능·김종수·김종후 계열은 이후 호론과의 정치적 결합을 도모하고자 해서 주목된다.157) 김한록·김구주와 함께 호론을 주도하던 홍양해(洪量海)는 홍계희의 근족(近族)으로서 한원진의 제자였다.158) 홍계희는 임오화변 이후 호론계 김한록·홍양해 등과 정치적으로 제휴하였다고 한다.159) 낙론 학맥에서 소외된 홍계희가 자신의 정치적 입지를 위해서 선택할 수 있었던 것은 호론과의 제휴였고, 그 매개역할을 한 자가 자신의 근족 홍양해였다.160) 여기

155) 박광용, 1994, 〈조선후기 '탕평'연구〉, 서울대 박사학위논문, 45쪽.

156) 위의 글, 47쪽.

157) 홍계희는 청풍김씨 김취로(金取魯)의 사위였고, 김종후·김종수는 김취로의 종형 김희로(金希魯)의 손자였다. 이 책 부록 〈표 1. 남양홍씨 홍계희 가계약도〉, 〈표 2. 청풍김씨 김치인·김종후·김종수 가계약도〉 참조.

158) 黃胤錫,《頤齋亂藁》3(한국정신문화연구원, 1997) 卷16 庚寅(1770) 十一月 十五日(丁巳) 454쪽, "洪量海 又自以南塘韓氏門徒 繼發通文".

159) 沈樂洙,《恩坡散稿》卷8 〈金漢祿傳〉.

에는 이재－민우수의 제자이면서 홍계희와 팔촌간이었던 홍계능도 가담하였다.

홍계능은 민우수의 문도로서 자칭하였으며, 낙론 안에서 김원행 계열과 분리되어 다른 문호를 만들고 있었다.[161] 사실 홍계능은 민유중의 외손자로서 민유중의 손자였던 민우수와 친족간이었다.[162] 따라서 그는 민우수의 문도로 자처할 만한 가문 배경을 가졌다고 할 수 있다. 이와 함께 홍계희 또한 아들 홍지해(洪趾海)가 민유중의 손자였던 민익수(閔翼洙)의 딸과 혼인함으로써 여흥민씨와 사돈 관계를 맺었다.[163] 홍계능·홍계희 모두 민유중 가문과 밀접한 관계를 맺고 있었던 것이다.

민우수 계열은 앞서 언급하였듯이 김원행 계열과 성리설에서도 분리되는 경향이 강하였다.[164] 이러한 이유 때문에 홍계능은 '경(京)에 살면서 경학(京學)이 아니다'고 지목되었다.[165] 이것은 그가 호론과 제휴한 것을 빗내어 한 말이라고 생각한다. 홍계희와 홍계능 일가는 이후 정조 초기 자객사(刺客事), 저주사(詛呪事), 추대사(推戴事) 등 이른바 3대 역모 사건으로 완전히 몰락하였는데, 여기에는 여흥민씨 가운데 민유중의 현손이자 민진원의 증손이었던 민홍섭(閔弘燮)과 민항렬(閔恒烈)도 개입되어 있었다.[166] 이것은 홍계희 가문과 민유중·민진원 가문의 밀접한 관

---

160) 홍양해는 노론 사대신 가운데 한 사람인 조태채의 외손자이기도 하였다. 이 책 부록 〈표 1. 남양홍씨 홍계희 가계약도〉 참조.

161) 黃胤錫, 《頤齋亂藁》 4(한국정신문화연구원, 1998) 卷21 丙申(1776) 二月 十二日(甲寅) 319쪽, "洪啓能 本稱蟾村(閔遇洙)門人"; 黃胤錫, 《頤齋亂藁》 2(한국정신문화연구원, 1995) 卷13 己丑(1769) 十月 十三日(辛酉) 583쪽, "洪啓能一隊 又與我渼上(金元行) 不合 嗚呼同宮異室 分門立戶 將無一統之世乎".

162) 이 책 부록 〈표 1. 남양홍씨 홍계희 가계약도〉 참조.

163) 위와 같음.

164) 이 책 3.1.2 참조.

165) 沈樂洙, 《恩坡散稿》 卷8 〈宋明欽傳〉, "啓能卽量海族 洪啓禧子念海亦稱學者 鍾厚最相善通量海 人謂啓能鍾厚居京而非京學".

계와도 연관이 있었다.

김종수는 그의 형 김종후가 민우수의 제자였던 이유로, 17세기 중반부터 송시열과 긴밀히 결합하면서 서인·노론 강경노선을 견지하던 민유중·민진원 계열의 사상적 영향을 받았던 것으로 보인다. 따라서 김종수·김종후는 학맥으로는 낙론에 속하였으면서도 줄곧 노론 강경노선을 견지한 호론과 결합할 여지가 컸다. 또한 김종후와 호론계 인물 정이환은 사돈간이었다. 김종후의 아들 김직연(金穆淵)은 정이환의 딸과 혼인하였는데, 정이환은 정호(鄭澔)의 증손으로서 당시 대표적인 호론계 인물 가운데 한 사람이었다.

이들은 임오화변 이후 외척 홍봉한을 견제하고자 하는 공통의 목적을 가졌다. 이러한 목적은 또 다른 외척당인 경주김씨 김한록·김구주의 남당과 연합하는 계기를 마련할 수 있었다. 김한록은 한원진의 제자로 자처하면서, 남당의 사상적 근거를 호론에 연결시키고 있었다. 당시 김한록·김구주의 남당은 홍봉한 측에 가담하지 않은 자들을 총망라하고 있었는데, 여기에는 김치인(金致仁), 김종언(金鍾彦), 유언호(兪彦鎬), 심이지(沈履之), 김상묵(金尙默)과 내포(內浦; =호서) 지방의 인물들이 대거 참여하고 있었다.[167] 즉, 청명당 계열과 호론계 인사들이 주류를 차지하였던 것이다.[168]

---

166) 《英祖實錄》 卷97, 英祖 37년 2월 15일(乙酉);《正祖實錄》 卷3, 正祖 1년 4월 5일(庚子).

167) 黃胤錫,《頤齋亂藁》4(한국정신문화연구원, 1998) 卷20 甲午(1774) 八月 十六日(丁酉) 187쪽, "金一邊(金龜柱) 則與不附洪家者(洪鳳漢)相合 而自金致仁金鍾彦兪彦鎬沈履之金尙默 以至內浦零瑣者流 不可勝紀".

168) 청명당 계열의 인물들에서 주목되는 점은 중심인물인 김치인·유언호가 전주이씨 밀성과 이관명(李觀命) 및 여흥민씨 민유중(閔維重) 가문과 밀접한 관계를 가지고 있었고, 서로도 긴밀하게 연결되어 있었다는 사실이다. 김치인은 이관명의 사위였고, 그의 바로 밑의 동생 김치언(金致彦)은 민통수(閔通洙)의 사위였다.(이 책 부록 〈표

이러한 노론의 정치 동향을 대표하는 것이 1767년(영조 43)에 이유수의 낙산(駱山) 집에서 결성된 것으로 알려진 동원아집(東園雅集)이었다. 여기에는 김구주도 뒤늦게 참여하였다.[169] 이를 통해 노론 청류들과 남당 김구주 세력이 공홍(攻洪)의 모토 아래 연합을 시도하였음을 알 수 있다. 홍봉한은 이 모임이 자신을 죽이고자 결성된 것이라고 경계하였다.[170] 그러한 정치적 갈등 과정에서 마침내 1772년(영조 48) 노론 청명당 사건이 발생하였다.

홍계희·김종수·김한록·김구주 등은 공홍파를 형성하면서, 당시 낙론의 대표적 인물이었던 김원행을 부홍파로 공격하였다.

미상(渼上; =金元行)은 평일에 진실로 홍봉한을 배척하지도 않았고 또한 홍봉한을 돕지도 않았습니다. 단지 밖에서 방관하였을 뿐입니다. 지금 김한록 측이 남당(南塘; 韓元震)의 문도(門徒)라고 스스로 칭하고서 김구주를 끼고 홍봉한 측을 죽이고자 하니 그 뜻은 오로지 해치고자 하는 것에 있습니다. 이에 화양비사(華陽碑事)와 심성동이지설(心性同異之說)을 빌려서 먼저 미상을 공격하여 '홍봉한을 돕고 있다[扶洪]'고 말한 것입니다. 김치인(金致仁), 김상묵(金尙默)의 무리들은 그것을 좇아 부합하였습니다. 주모한 자는 김한록이며 화응한 자는 홍양해였습니다. 홍양해는 진실로 먼저 미상을 모욕하였고, 김한록은 근래 또한 모욕함을 그치

2. 청풍김씨 김치인·김종후·김종수 가계약도〉참조) 또한 유언호는 민우수의 사위였고, 김종후와는 사돈관계였다.(이 책 부록 〈표 6. 기계유씨 유척기 가계약도〉 참조) 이러한 이유로 자연히 김치인과도 밀접한 관계를 가질 수밖에 없었다. 또한 유언호의 종제이자 유척기(兪拓基)의 아들인 유언수(兪彦銖)는 김상묵(金尙默)과 사돈관계였다.(이 책 부록 〈표 6. 기계유씨 유척기 가계약도〉 참조)

169) 동원아집과 그 구성원의 면면에 대해서는 김윤조, 〈강산(薑山) 이서구(李書九)의 생애와 문학〉, 성균관대 박사학위논문, 1991, 26쪽 도표 참조.

170) 金鍾秀, 《蒙梧集》 卷7 〈年譜〉 四十七年 辛卯, "于時用事者 嘗曰 東山之會 意欲殺我".

지 않으니 조만간에 반드시 양 측에서 서로 살육하는 화가 있을 것입니다. 미상의 무은무원(無恩無怨)한 입장으로도 만약 여파(餘波)를 면하지 못한다면 어찌 참혹한 사화가 아니 되겠습니까![171]

위자료는 김원행이 홍봉한을 배척하지도 않았고 그를 돕지도 않는 중도적인 입장을 견지하였는데, 김한록은 이러한 김원행의 태도를 '부홍'이라고 공격하였다고 전한다. 또한 김한록은 호락논쟁 과정에서 논쟁이 되었던 심성설을 빌미 삼아 김원행을 비판하였다고 하며, 이러한 비판에 김치인·김상묵·홍양해 등도 가담하였던 것으로 전한다.[172]

김치인은 이관명의 사위로 홍봉한에 반대하던 영조 말년 노론 청명당의 핵심인물이었으며, 영조 초기 탕평당으로 활약하였던 김재로(金在魯; 1682~1759)의 아들이자 낙당(駱黨)으로 활동하였던 김취로(金取魯)의 조카였다. 그는 초기에는 홍봉한과 좋은 관계를 유지하였으나 임오화변 이후 김종수의 권유로 홍봉한과 결별하고 청명당의 영수가 되었다.[173] 김종후·김종수 형제는 김치인의 종질이었다.[174] 김상묵은 동원아집의 일원이었으며,[175] 홍양해는 앞서 말하였듯이 홍계희의 근족이었다. 이들은 '공홍'의 입장에서 함께 김원행을 압박하고 있었다.

그런데 김한록 측이 김원행을 '부홍'이라고 지목한 것에는 사실 나름

---

171) 黃胤錫, 《頤齋亂藁》 4(한국정신문화연구원, 1998) 卷20 甲午(1774) 八月 十四日(乙未) 184쪽.

172) 논란이 되었던 1769·1770년(영조 45·46년) 〈화양서원묘정비명〉(華陽書院廟廷碑銘) 사건의 전말에 대해서는 권오영(2003), 55~66쪽 참조.

173) 沈樂洙, 《恩坡散稿》 卷8 〈金致仁傳〉.

174) 김치인은 아들이 없었으므로 문장과 생각이 깊었던 종질 김종수를 깊이 신임하였다고 한다.(沈樂洙, 《恩坡散稿》 卷8 〈金致仁傳〉, "致仁兄弟皆無子 從姪鍾秀 頗能文 長計慮 致仁深仗之")

175) 동원아집과 그 구성원의 면면에 대해서는 김윤조(1991), 26쪽 도표 참조.

의 이유가 있었다. 그것은 첫째, 김원행이 홍봉한을 직접 배척하지 않았다는 것이고, 둘째, 선대에 세호(世好)가 있었으며 근래에는 아들과 조카가 혼인으로 연결되었기 때문이었다.176) 그리고 김원행은 홍봉한의 재정적 도움으로 1758년(영조 34) 백조(伯祖) 김창집(金昌集)의 문집인 《몽와집》(夢窩集)을 편찬하기도 하였다.177) 이러한 관계로 김원행은 홍봉한을 암묵적으로 지지한다는 비판을 받았던 것이다.

실제로 홍봉한은 남당에 대항하기 위해서 김원행을 자기편으로 끌어들이고자 하였다. 그는 김원행에게 가자(加資)할 것과 찬선(贊善)에 제수할 것을 영조에게 아뢰었고,178) 나아가 영조 45년에는 김원행을 승진시켜 임용할 것을 건의하기도 하였다.179) 호론계가 중심인 남당으로부터 공격을 받았던 홍봉한은 낙론의 대표격인 김원행의 도움이 절실히 필요하였다고 할 수 있다. 황윤석은 홍봉한이 집안 관계를 이용해서 김원행을 자기편으로 끌어들이려 하였음을 전하였다.180)

하지만 일단 김원행은 남당과 북당을 동시에 배격하는 중립적인 입장을 견지하였던 것으로 알려졌다.181) 사실 김원행의 논리는 홍봉한이 비록 잘못이 있기는 하지만, 그렇다고 공홍파처럼 역(逆)으로 단정하는 것은 매우 잘못되었다는 입장이었다.182) 공홍파 측에서는 이를 부홍이라

---

176) 黃胤錫, 《頤齋亂藁》 5(한국정신문화연구원, 1999) 卷25 戊戌(1778) 五月 初三日(壬戌) 10쪽.

177) 金元行, 《渼湖全書》(여강출판사, 1986) 卷13 〈先伯祖夢窩集後序〉.

178) 《英祖實錄》 卷98, 英祖 37년 10월 18일(癸未); 《英祖實錄》 卷111, 英祖 44년 12월 26일(庚辰).

179) 《英祖實錄》 卷113, 英祖 45년 12월 4일(壬子).

180) 黃胤錫, 《頤齋亂藁》 5(한국정신문화연구원, 1999) 卷26 戊戌(1778) 七月 二十七日(甲寅) 237쪽 〈記湖洛二學始末〉.

181) 沈樂洙, 《恩坡散稿》 卷9 〈先考退士府君行狀〉 "渼湖金公元行……爲南北兩斥之論".

182) 徐俊輔, 《時僻源委》, "及其復出 仍爲承眷 肆意貪樂 至於兄弟子姪 多登科甲 而猶不知止 謂之以得罪名義 貪樂權戚 而逆之一字 不當於其罪 故攻之不得如金 故彼輩謂此

고 비판하였던 것이며, 이 과정에서 김원행과 김구주 측은 감정적으로
대립할 수밖에 없었다.

　이와 같은 갈등과정에서 호락논쟁은 중요한 대리전의 양상을 띠었다.
대표적인 사례로 1769년(영조 45)에 있었던 '화양서원묘정비'(華陽書院
廟庭碑) 시비를 들 수 있다. 비록 김원행 측 인물들의 기록이기는 하나,
황윤석과 심낙수는 '화양서원묘정비' 시비가 공홍·부홍의 갈등과 깊은
관련성을 가지고 있었음을 증언한 바 있었다.183) 이처럼 이 시기 호락
논쟁은 공홍·부홍 문제와 결부되면서 진행되었고, 낙론 학맥의 구성과
사상적 동향 또한 정치적인 문제와 중요한 관련성을 가졌다. 이는 학파
와 정파가 긴밀하게 결합할 수밖에 없었던 당시 사회 분위기에 기인한
것이었다.

　정조는 즉위하자, 우현좌척론(右賢左戚論)을 표방하면서 척신 세력들
을 하나하나 제거해 갔다.184) 이에 따라 김구주·홍계희·홍계능·홍
양해·한후익(韓後翼), 김상로·홍인한(洪麟漢) 등 김구주 계열, 홍계희
계열, 홍인한 계열 등이 정국에서 물러났다.185) 이후 정조는 대신·척
신 세력들을 비판하였던 노론 청류들을 등용해 나갔다. 정조가 등용한
노론 청류는 영조 말년에 청명당을 결집하였던 인사들이 핵심을 이루

　　邊爲扶洪 扶洪二字 大行於世矣".; 沈樂洙, 《恩波散稿》〈定變錄〉上, "渼湖金公嘗言
　　彼卽東宮外戚且無斷案 豈宜遽加以逆字 況斥彼者 未必由公心云云 以此大爲南黨一派
　　所詆毀 適因華陽院碑事 至有以長書侵斥者 而湖儒背亦多作梗 此非一時碑文事 盖以
　　其言議之公見嫉故也".

183) 黃胤錫, 《頤齋亂藁》4(한국정신문화연구원, 1998) 卷20 甲午(1774) 八月 十四日(乙
　　未), 184쪽; 沈樂洙, 《恩波散稿》〈定變錄〉上, "渼湖金公嘗言彼卽東宮外戚且無斷案
　　豈宜遽加以逆字 況斥彼者 未必由公心云云 以此大爲南黨一派所詆毀 適因華陽院碑事
　　至有以長書侵斥者 而湖儒背亦多作梗 此非一時碑文事 盖以其言議之公見嫉故也".

184) 우현좌척론에 대해서는 유봉학(1999), 80~86쪽 참조.

185) 이 과정에 대해서는 김성윤, 1997, 《조선후기 탕평정치연구》, 지식산업사, 277~284
　　쪽 참조.

었다.186)

정조대 '공홍파'이자 노론 청류의 주류로서 등장한 김치인·김종
수·김종후 등은 노론 의리를 적극 주장하면서 비교적 강경한 정치적
입장을 가졌다. 김종수·김종후는 공홍의 입장에서 홍국영과 결합하였
고, 특히 김종후는 송시열의 현손인 호론계 산림 송덕상(宋德相; ?~
1783)과 함께 산림으로 초치되기도 하였다. 이후 김종후·김종수는 호
론의 김구주 계열과 함께 노론 강경노선을 주장하는 벽파의 주요 구성
원이 되었다.

반면에 노론 청류로서 홍봉한을 공격하지도 돕지도 않고 중립적 입장
을 견지하던 김원행의 제자들 가운데 상당수는 시파에 가담하는 양상을
보였다. 정계에 진출한 김원행의 문인들은 대개 영조 말년에 노론 청류
의 입장을 지니면서 정조 연간에는 주로 시파로 활약하는 인물들이 대
다수를 치지히였다. 그 가운데에서 특히 활약이 두드러진 인물은 안동
김씨와 대구서씨였으며, 김문순(金文淳), 서유린(徐有隣), 서유방(徐有防;
1741~1798) 형제, 이직보(李直輔; 1738~1811) 등이 있었다.187)

한편, 정조대와 순조대 초반 안동김씨와 경주김씨 사이의 갈등은 홍
봉한의 북당과 김한록·김구주의 남당 사이의 갈등을 계승하는 양상을
보여주었다. 영조대 후반 김한록이 안동김씨 상용계(尙容系) 김시찬(金時
粲; 1700~1767)에게 공격받으면서 그들 가문의 갈등은 표면화되었다. 그
들 가문의 갈등과 그 구체적 내용은 순조대에 드러났다. 안동김씨 김이
교(金履喬; 1764~1832)와 김이재(金履載; 1767~1847)에 따르면, 김한록은

---

186) 박광용(1994), 184쪽.
187) 물론 척신계나 벽파에 가담한 사람들도 있었다. 하지만 김원행의 제자 가운데 많은
   수는 시파쪽에 기우는 양상을 보였다. 이들의 정치적 동향에 대해서는 이경구(1999),
   243~244쪽 참조.

'여덟 글자의 흉언(凶言)' 즉 죄인(=사도세자)의 아들(=정조)은 왕이 될 수 없다는 말을[188] 만들어 냈는데, 김시찬이 이 흉언을 듣고는 극력 배척하였으므로 그 계획이 저지되었다는 것이다.[189] 이 두 가문 사이의 갈등은 시파와 벽파의 분화과정에서 더욱 노골화되어 나타났다.

시파와 벽파의 갈등에는 낙론과 호론이라고 하는 노론 성리학의 대립이 깊은 관련성을 가지고 있었다. 안동김씨 김원행은 당시 낙론의 종장으로 인식되었다. 반면에 경주김씨 김한록·김구주와 함께 대표적인 벽파 인물인 심환지(沈煥之; 1730~1802)와 정이환(鄭履煥) 은 모두 호론에 동조하였던 인물이다. 특히 김한록은 한원진의 도통을 잇는 수제자로 자부하였다. 낙론계로서 벽파에 가담하였던 김종후·김종수도 낙론에서 벗어나 호론에 접근하는 양상을 보였다.[190]

1799년(정조 23)에는 호서의 경주김씨 김운주(金雲柱) 등 635명이 한원진의 추증(追贈)과 시호(諡號)를 내려달라는 상소를 올렸다.[191] 이에 당시 좌의정 심환지는 한원진은 호서의 호걸스러운 선비로서 정경(正卿)을 추증하는 의전을 포상함으로써 많은 선비들의 여망을 충족시켜 주어야 한다는 회계를 올렸고, 마침내 한원진은 이조판서로 추증되었다.[192] 이후 순조대 벽파 정권이 들어서자 다시 김한록의 아들인 김일주(金日柱)의 청으로 한원진에게 시호가 내려졌다.[193] 반면에 김달순(金達淳; 1760~1806) 옥사 이후 벽파 정권이 무너지고 시파 정권이 들어서

188) 유봉학, 2001, 《정조대왕의 꿈》, 신구문화사, 62쪽.
189) 《純祖實錄》 卷9, 純祖 6년 6월 14일(庚寅);《純祖實錄》 卷30, 純祖 29년 12월 12일 (壬申).
190) 이 책 3.1.2 참조.
191) 권오영(2003), 79~82쪽.
192) 《正祖實錄》 卷52, 正祖 23년 10월 18일(庚子).
193) 《純祖實錄》 卷3, 純祖 원년 6월 4일(己酉);《純祖實錄》 卷4, 純祖 2년 4월 26일(丙寅).

자, 낙론을 주장하였던 이간(李柬)에 증직 처분이 내려졌다.[194] 이와 같
은 사실들은 시파와 벽파가 각각 자신들의 정치이념으로 낙론과 호론
을 빌려 와 이용하고 있었음을 보여준다고 하겠다.

위에서 서술한 사실들로 미루어 볼 때 시파와 벽파의 연원을 논하는
부분에서 김구주의 남당은 벽파로, 홍봉한의 북당은 시파로 연결되었다
는 사신(史臣)의 지적은 주목해 보아야 할 것이다.[195] 남당의 영수격인
김한록·김구주는 노론 강경노선을 줄곧 견지하였고 호론을 사상적 명
분으로 삼았다. 이들은 김종후 등의 세력과 함께 정조대 벽파로 이어졌
다. 이러한 사실로 볼 때 남당에서 벽파의 연결은 분명해 보인다. 반면
북당에서 시파로의 연결은 남당→벽파 연결에 비해서 다소 매끄럽지
않은 면이 있다. 왜냐하면 시파의 대표적 가문이었던 안동김씨의 북당
여부 문제 때문이다.

안동김씨의 중추인물이었던 김원행은 남당과 북당 사이에서 일단 중
립을 지켰던 것으로 전한다. 하지만 김원행은 앞서 언급하였듯이 남당
으로부터 부홍파로 공격을 받는 등 여러 정황으로 볼 때 홍봉한에 좀더
가까웠다고 할 수 있다. 이러한 사실로 미루어 맥락상 북당이 시파로
연결된다는 사신의 지적은 어느 정도 근거 있는 설명이라고 볼 수 있다.
그러하기에 서준보(徐俊輔) 같은 인물도 근원을 논한다면 홍봉한과 김한
록이 각각 시파와 벽파를 이루었다고 한 것이다.[196] 여기에 호론과 낙론
의 분화를 덧붙이면 '낙론-북당-시파'와 '호론-남당-벽파'의 연결이
가능하리라고 본다.[197]

---

194) 《純祖實錄》 卷13, 純祖 10년 12월 25일(乙巳).
195) 《純祖實錄》 卷9, 純祖 6년 6월 25일(辛丑);《純祖實錄》 卷11, 純祖 8년 9월 27일(庚寅).
196) 徐俊輔,《時僻源委》, "若說源委, 則洪·金兩戚, 便成時僻".
197) 이것은 다음 논문에서 부분적으로 언급되었다. 유봉학, 1995,《연암일파 북학사상
    연구》, 일지사, 32쪽; 유봉학, 1998,《조선후기 학계와 지식인》, 신구문화사, 50쪽; 이

결론적으로 낙론계는 다양한 정치세력으로 분화되었다고 볼 수 있다. 그들은 영조대에는 완론탕평론, 반탕평론, 의리탕평론, 부흥파의 성격을 띠기도 하였고, 영조 후반기에는 일부가 청명당에 가담하기도 하였다. 정조대에는 안동김씨를 중심으로 시파에 가담하는 자들이 많았다. 이들 시파에 가담한 자들은 영·정조대의 탕평 정국 아래에서 남인과 소론을 적절히 수용하고 정조를 보좌하는 측근 신하로서 현실 정국에 대처해 나갔다. 그들은 김종수·김구주·김한록 등과 같이 강경한 노론 의리론을 주장하기보다는, 비교적 온건한 주장들을 내세움으로써 그들의 정치적 입지를 넓혀갔다. 호론과 낙론을 정치적으로 범주화하고 규정짓는데에는 많은 한계점이 있으나 대체적으로 강경한 노론 의리를 주장한 쪽은 호론 계열이 많았고, 비교적 온건한 논의를 주장한 쪽은 낙론 계열이 많았다.

3.2.2. 소인교화론과 탕평 정국 참여 명분

여기에서는 낙론계의 정치명분을 살펴보고자 한다. 낙론계의 주류는 호론계보다 탕평 정국에 활발히 진출하였으며, 비교적 온건한 정치적 입장을 견지하였다. 이것은 그들이 현실정치에서 좀더 적응력을 갖기 위한 방편에서 비롯되었으며, 그 배경에는 이들이 지녔던 관료 지향적

성무, 2000, 《조선시대 당쟁사 2》, 동방미디어, 214~219쪽. 물론 낙론계 안에서는 민우수 계열처럼 호론과 밀접한 관련을 가지고 벽파적 성향을 갖는 인물들도 상당수 있었고, 이 밖에도 동당(東黨), 중당(中黨) 등 북당(北黨)과 남당(南黨)에 속하지 않았던 사람들도 많았다. 이들은 정치적 분화도 일률적이지 않아 벽파와 시파 모두로 옮겨가기도 하였다. 다시 말해 낙론계는 시파에서 벽파로 그 정치적 외연이 호론계에 비해 폭넓게 진행되었다고 할 수 있다. 하지만 그렇다고 해서 낙론의 사상적 정체성과 그들의 정치적 궤적이 아무 관련성 없이 진행되었던 것은 아니다. 그것에는 정확히 일치하지는 않는다고 하더라도 본문에서 제시한 일정한 규칙성이 존재했다.

성격과 함께 심성론이 '명분'으로 작용할 수 있었다.

신임옥사 이후 노론 안에서는 소론에 대한 적대적 분위기가 주류를 이루었다. 당론은 결국 충역시비(忠逆是非)로 치달으면서 노론 안에서는 상대 당파를 역적으로 인식하는 경향이 팽배하였다. 영조가 대탕평 정치를 표방하면서 노·소론 대신들을 함께 등용하려고 하자, 노론은 대부분 영조의 탕평정치가 군자와 소인, 충신과 역신의 명확한 구분이 없는 것이라고 비판하였다. 호락논쟁에 직접 참여하였던 호·낙론계 인사들은 대부분 영조의 탕평정치에 반대하는 '준론'을 표방하였다. 대표적으로 이재를 비롯하여 한원진·윤봉구 등은 영조의 탕평정치에 반대하였다.

여기에서 특히 한원진의 반탕평론은 노론 계열의 반탕평론을 대표하였다.[198] 한원진은 《춘추》의 토난신적자(討亂臣賊子)를 제일의 시급한 의리로 삼아 영조에게 진달하였다.[199] 그는 신임의리의 관철을 위해 노력하면서 노론 유일 군자당론을 주장하였으며, 남인과 소론에 대한 노론의 대처와 단합을 강조하였다. 준론의 입장에서 한원진과 같이 반탕평론을 견지한 이재도 탕평정책에 반대하면서 영조와 몇 차례 갈등을 겪었다.

한원진과 이재는 모두 영조의 탕평정치에 반대하였으나, 방법에서는 다소 차이가 있었다. 이재의 경우 한원진처럼 토난신적자를 직접 강조하기보다는 왕의 공평무사한 정치로 붕당을 타파하려는 언급을 하였다.[200] 이러한 차이는 그들이 가진 심성론과 수양론의 차이에서 비롯되

---

198) 한원진은 당시 주자명분론을 주도해 가고 있던 최고의 이론가로 평가받았다. 한원 진의 반탕평론에 대해서는 김준석(1990), 418~429쪽 참조.

199) 《英祖實錄》 卷11, 英祖 3년 2월 7일(甲子).

200) 《英祖實錄》 卷17, 英祖 4년 4월 11일(辛卯).

었다. 이재는 심체의 묵찰(默察)을 통해서 선왕의 본심을 밝혀 사악한 무리들을 바로잡도록 촉구하였고, 한원진은 기질을 변화시켜 성인의 경지에 나아가 난신적자를 처벌하도록 주장하였다.

> 저 여러 소인의 무리들은 유독 우리 조종(祖宗)의 신자(臣子)가 아니겠습니까? 다만 부귀를 탐하여 자기 속셈을 자행하는 일로써 다만 쌓인 울분을 보복하지 못하고 사사로운 욕심을 만족하지 못할까 염려할 뿐입니다. 더구나 큰 죄악을 범한 사람 외에는 천심(淺深)과 완급(緩急)의 다름이 없지 않으나 색목(色目)의 가운데서 빼낼 힘이 없으니, 전하께서 진실로 시비를 분석하여 전형(典刑)을 소상히 보여서 나쁜 짓을 하면 부끄러워하고 착한 일을 하면 사모하는 줄 알게 한다면, 저들도 장차 옛일을 뉘우치고 새로운 것을 도모하여 탕평의 영역에 함께 가게 될 것입니다.201)

신임옥사 이후 모든 논의에 앞서 '토적'(討賊)을 제일 의리로 삼던 노론 계열의 민진원·정호·이건명·한원진 등의 강경한 분위기와는 구분되게 이재는 '전하께서 진실로 시비를 분석하여 전형(典刑)을 소상히 보여서 나쁜 짓을 하면 부끄러워하고 착한 일을 하면 사모하는 줄 알게 한다면, 저들도 장차 옛일을 뉘우치고 새로운 것을 도모하여 탕평의 영역에 함께 가게 될 것'이라고 하여 '교화론적' 입장을 보여주었다. 이것은 앞서 언급하였듯이 낙론 교화론의 중요한 특징이었다. 그도 영조의 탕평론에 반대하는 입장이었지만 그 함의하는 내용과 의미들은 '토적'을 제일 의리로서 일관되게 주장하던 호론 계열의 반탕평론과는 다소 차이를 보였던 것이다.202)

---

201) 《英祖實錄》 卷7, 英祖 원년 8월 16일(辛巳).

김창집·이이명이 신원됨으로써 노론 사대신이 모두 신원되는 경신 처분과 신임옥사에 대한 노론의 의리를 거의 그대로 반영한 신유대훈(辛 酉大訓; 1741) 이후 준론을 고수하던 노론은 출사할 명분을 비로소 얻게 되었다. 그런 점에서 이 시기 이후의 탕평을 노론 탕평이라고 부를 수 있다.[203] 준론 계열의 노론은 자신의 의리로 정국을 주도하는 상황에서 자신감을 얻게 되자, 기존의 단면적인 소인 논의에서 벗어나 좀더 다각 적인 방향에서 소인 논의를 펴나갈 수 있는 단서를 얻게 되었다.

낙론 학맥 가운데에서 가장 적극적인 탕평론을 제기한 자로는 원경하를 들 수 있다. 그는 원래 의리 탕평을 주장하였던 이천보와 친하였고 이재와 친척간이어서 준론의 입장에 가까워야 하나, 효종의 딸 숙경공주(淑京公主)의 손자이며 영조 12년 장원급제 후 왕의 총애를 받으면서 정치적 입장을 바꾸어 탕평론을 전개하였다.[204] 그의 탕평론은 17세기 서울·경기 지역 서인 시이에서 크게 유행하던 소옹학의 직접적인 영향을 받았다는 점에서 주목해 보아야 한다. 소옹학은 음(陰)과 소인(小人)을 없앨 수 없는 필요악적인 존재로 보았다.[205] 이러한 인식이 원경하에게서도 발견된다. 원경하는 위 소옹의 소인론에 입각하여 구양수의 붕당론을 반박하면서 다음과 같이 탕평론을 제시하였다.

　　천하에 없앨 수 없는 것이 소인이니, 인주(人主)는 그 선악을 살펴 진

---

202) 이렇게 볼 때 당대 노론의 정치지형은 박필주의 의리탕평론, 이재의 비교적 온건한 반탕평론, 한원진의 강경한 반탕평론으로 나누어 볼 수 있다.

203) 정만조(1986), 106쪽.

204) 원경하에 대해서는 정만조(1986), 93쪽; 박광용(1994), 61쪽 참조.

205) 邵雍, 《皇極經世書》〈漁樵問答〉, "漁者問樵者曰 小人可絶乎 曰不可 君子稟陽正氣 而生 小人稟陰邪氣而生 無陰則陽不成 無小人則君子亦不成……治世則君子六分 君子 六分 則小人四分 小人固不勝君子矣 亂世則反是".

퇴시키되 군자로 하여금 소인을 촉격(觸激)시키지 말게 하며, 소인은 군자를 원망치 못하게 한다면 나라가 잘 다스려질 것이다. 천지음양은 이쪽이 줄어들면 저편이 늘어나게 마련인데, 만약 음(陰)을 모두 없애 양(陽)만 있게 한다면 성인에게도 실수가 있는 법과 같은 것이 되니, 천지의 도가 이루어지지 못한다. 소자(邵子)가 '치세는 군자가 육분(六分)이고 소인이 사분(四分)'이라고 말하였으니, 인주(人主)는 음양부억(陰陽扶抑)할 때 사분의 소인으로 하여금 육분의 군자에게 다투지 못하게 하며, 착한 사람을 칭찬해 주고 악한 사람을 미워하여 한 치의 사욕이 섞이지 못하게 하면 군자와 소인은 각기 자신의 지위를 편안히 여기고 음양은 제자리를 찾게 될 것이다. 그렇다면 소인의 무리는 물리치려고 하지 않아도 스스로 물러설 것이요, 군자지붕(君子之朋)은 애써 진용하지 않아도 스스로 벼슬에 나올 것이다. 인주가 이 방법을 버리고 구양수의 말을 따라 반드시 그 붕당으로서 진퇴시킨다면 군자와 소인이 창을 쥐고 서로 싸우며 음양이 혈전하는 격이 되어 국가의 멸망이 곧 뒤따를 것이니 어찌 두렵지 아니한가![206]

원경하는 소인을 없앨 수 없는 존재로 인식하면서 이들을 엄연한 '현실'로 받아들여야 함을 주장하였다. 인주(人主)가 해야 할 일은 군자와 소인을 다투지 못하게 하고, 공정하게 이들을 대해서 사욕이 끼어들지 못하게 하는 것이니, 이렇게 하면 군자와 소인이 각각 제자리를 차지할 것이라고 하였다. 이것을 그는 우주자연 세계에서의 음양 이론을 가지고 설명하였다. 즉, 천지음양의 이치는 이쪽이 줄어들면 저편이 늘어나게 마련인데, 만약 음을 모두 없애서 양만 있게 한다면 천지의 도가 이루어지지 못한다는 것이다. 우주자연 세계는 양만으로 구성될 수 없으니, 음양의 조화 속에 천지의 도가 이루어진다는 설명이었다.

206) 元景夏, 《蒼霞集》 卷9 〈反歐陽子朋黨論〉.

당위적인 관점, 즉 정이·주희·구양수가 제시한 음양과 선악의 대립
구도에서 보자면 악한 존재인 소인은 없어져야 한다. 하지만 우주자연
세계에서 음이 없어서는 안 된다는 소옹의 존재론적 관점으로 볼 때 소
인은 필요악적인 존재가 될 수밖에 없다. 소옹의 관점에 설 때, 해야 할
일은 음과 양이 바른 자리를 차지하게 하고 이 둘의 조화를 도모하는
것이다. 마지막에 구양수의 말에 따라 붕당으로 진퇴시킨다면 군자와
소인이 창을 쥐고 서로 싸우며 음양이 피를 흘리며 싸우게 될 것이라고
우려한 것은, 원경하가 소옹이 제시한 음양 교역과 조화를 깊이 염두에
두었기 때문에 나올 수 있는 인식이었다. 이러한 그의 관점에는 소옹학
에 조예가 깊었던 벗 홍계희를 비롯해[207] 17세기 중·후반 서울·경기
지역 서인 상수학풍의 영향이 있었다고 생각한다.

이재의 제자 임성주는 주희의 저작들 속에서 소인에 대한 평가와 대
처가 상충되는 것이 있음을 구체적으로 지적해 내기도 하였다. 그는
1740년(영조 16) 윤6월에 민우수에게 보내는 편지에서, 주희가 〈제조청
헌사실후〉(題趙淸獻事實後)에서는 소인 조정지(趙挺之)를 심술(心術)이
바르다고 평가하고 오패(五伯)의 공로에 비겼는데,[208] 이는 다른 곳에서
그를 폄하한 부분과 서로 모순된다는 의문을 제시하였던 것이다.[209]

또한 그는 주희가 음양흑백의 분변에서 지극히 엄정하여 조금도 조정
하고자 하는 뜻이 없었으며, 소인으로 지목하였던 희풍당(熙豐黨) 사람
들을 상세히 분별하여 어떤 이는 등용할 만하고 어떤 이는 등용할 수

---

207) 《英祖實錄》 卷63, 英祖 22년 5월 25일(庚申).

208) 朱熹, 《朱熹集》 7(中華書局, 1996) 卷83 4276쪽 〈題趙淸獻事實後〉.

209) 任聖周, 《鹿門集》 卷1 〈與蟾村閔丈遇洙〉 庚申 閏六月. 이 편지는 임성주가 30세
　　되던 해인 1740년(영조 16)에 민우수에게 보낸 것이다. 이 해 6월 13일에는 사대신
　　가운데에 김창집과 이이명을 복관시켰던 경신처분이 있었다.[《英祖實錄》 卷51, 英祖
　　16년 6월 13일(壬午)]

없다고 말한 적이 없었음을 지적하였다.210) 주희는 그들을 단지 하나의 '사자구'(邪字句)로써 단정하였고, 지평(持平)과 조정(調停)을 엄격히 배척하였다는 점을 상세히 설명하였다.211) 그런데 그가 의문을 가졌던 것은 주희가 다른 곳에서 이와 모순되는 언급들을 하였다는 사실 때문이었다.

임성주는 '주희가 여조겸(呂祖謙)에게 보내는 편지에서는 《주역》 규괘(睽卦)의 초효(初爻)를 언급하면서 소인을 끊지 않는 것은 바른 이치[不絶小人 自是正理]라고 말하였던 점'을 지적하였다. 실제 임성주 자신이 《주역》 〈규괘〉 초효에 대한 정이의 주를 보니, '성왕이 간흉한 자를 교화하고 원수를 신민(臣民)으로 바꾼 것은 소인을 끊지 않은 것[不絶小人]에서 말미암은 것'이라고 하였는데, 그렇다면 주희가 희풍당에 대처하였던 것은 소인을 모두 절기(絶棄)하여 소인으로 하여금 군자를 원수 삼게 하는 것은 아니었냐는 것이다.212) 물론 임성주 또한 여느 노론처럼 박세채(朴世采)의 조제탕평론을 비판하고 노론 의리를 주장하고 있었지만, 이러한 의문점을 가지면서 소인의 대처 문제에 대해서 나름의 고민을 하고 있었던 것이다.213)

다음으로 주목해 보아야 할 사람은 김원행이다. 그는 현실정치에 매

---

210) 任聖周, 《鹿門集》 卷1 〈答蟾村閔丈〉 二, "蓋先生於陰陽黑白之辨極其嚴正 而其與留丞相書四篇 尤痛快明悉 無一毫依違調停之態".

211) 위의 글, "且雖熙豐之黨 豈無文學之士 亦豈無才能之人 如曾天隱 先生直許以賢者則不止於文學才能而已也 然而先生之論 未嘗就其中分揀區別 言某人可用 某人不可用 而直以一邪字句斷之 而持平爲惡濁之論 以調停爲亡人之國".

212) 任聖周, 《鹿門集》 卷1 〈蟾村閔丈〉 二, "又有一疑 先生與東萊書 論明道元豐同事之說 逐及睽之初爻 以爲不絶小人 自是正理 今按睽之初爻曰 小人乖異者至衆 若棄絶之 不幾盡天下以仇君子乎 古之聖王 所以能化奸凶爲善良 革仇敵爲臣民者 由不絶也 然則先生所以處熙豐者 得無近於盡天下以仇君子者乎".

213) 任聖周, 《鹿門集》 卷1 〈答蟾村閔丈〉 三, "南溪集中論邪正黜陟處 率皆回互宛轉 曲成義理 一切與聖賢成訓背馳".

우 불만스러운 모습을 보여 신임의리의 정당성을 천명하면서, 탕평파 조현명의 분등설(分等說)을 적극 비판하였다.214) 하지만 그에게는 이러한 모습과는 구분되는 다른 현실관이 소인 논의를 통해서 은밀히 표출되었다.

김원행은 정호의 조정론을 높이 평가하기도 하고 폄하하기도 하였던 주희 의견의 상충 여부를 묻는 임성주의 편지에 대해서,215) 높이 평가한 주희의 의견이 바른 뜻이고 폄하한 의견은 무언가 이유가 있어서 그렇게 말하였을 따름이라고 답변하였다.216) 김원행은 주희가 정호의 조정론을 높이 평가하였던 사실을 그대로 인정한 것이다. 이러한 맥락에서 김원행은 '소인을 제거할 수 없다는 설'로 임성주에게 질책을 받기도 하였다.217) 다음은 그가 소인에 대해서 비교적 관대하였음을 보여준다.

비록 그러하나 이른바 당역(黨逆)이란 것을 또한 어찌 모두 한 가지 법률로 다스리겠는가? 그 범한 것이 무거운 경우는 진실로 반드시 주살(誅殺)해야 하나 그 다음은 찬극(竄殛)하거나 금고(禁錮)해야 하며, 또 그 다음 악에 물들었으나 범행에 이르지 않은 자는 그냥 둘 뿐이다. 그러나 여전히 등용하는 것은 허락하지 않는다. 그러나 어찌 끝내 교화할 수 없겠는가? 그들을 등용하는 것에는 방법이 있으니 어떤 것인가? 반드시 위엄을 두려워하게 하고 죄를 멀리하게 한다면 작은 경우는 얼굴을 바꾸고 큰 경우는 마음을 바꿀 것이니 그런 연후에 잘 살펴보아서 점차 시험

---

214) 이경구, 2003, 〈조선후기 안동 김문의 의리실현과 정치활동〉, 《한국문화》 20, 221 쪽.

215) 任聖周, 《鹿門集》 卷2 〈與渼湖金公〉 庚申 閏六月.

216) 金元行, 《渼湖集》 卷4 〈答任仲思〉, "所論兩說之不相妨 甚善甚善 但前說是其正意 而後說則蓋有激而言耳".

217) 任聖周, 《鹿門集》 卷2 〈與渼湖金公〉 庚申 閏六月, "至有小人不可去之說 發於函丈 (金元行)……其惑可謂甚矣".

하여 의심나는 것을 보지 않은 연후에야 또한 너그럽게 등용할 수 있을
것이다. 이것이 바로 당우(唐虞)의 법이 후덕하여 악을 고칠 수 있는 것
이 깊고 선을 권면할 수 있는 것이 컸던 이유였다.[218]

김원행은 당역은 한 가지 법률로 다스려서는 안 되니 죄가 중한 자는
엄하게 다스려야 하겠지만 죄가 가벼운 자는 그냥 놓아두고 교화시켜야
한다고 말하였다. 그렇게 하면 작은 경우는 얼굴을 바꾸고 큰 경우는
마음을 바꿀 것이니, 그런 연후에 잘 살피고 점차 시험하여 의심나는
것을 보지 않은 뒤에야 너그럽게 등용할 수 있을 것이라고 하였다. 이것
이 당우(唐虞)의 법이 후덕하여 악을 고치고 선을 권면할 수 있었던 이유
였다고 하였다.

> 문: 지금 한 흉당(凶黨)의 자손이 사류(士類)에 아부하고 뛰어난 재주
> 가 있다면 장차 무엇으로써 대처해야 합니까? 또한 마땅히 추천해
> 도 장애되는 바가 없겠습니까?
> 답: 어찌 이런 이치가 있겠는가? 단지 그 사람이 만약 나라를 위하여
> 절개를 드리우면 이는 '허물을 덮었다[蓋愆]'고 말할 수 있을 것이
> 다. 그 자식에 대해서는 그 할아비의 허물로 그 아비의 충성을 덮어
> 버릴 수는 없다.[219]

김원행은 흉당의 자손이라도 재주가 뛰어날 경우 어떻게 대처해야 하
는지에 대해 묻는 제자에게 위와 같이 대답하였다. 그 사람이 만약 나라
를 위하여 절개를 드리우면 이는 허물을 덮었다고 말할 수 있으며, 그

---

218) 金元行, 《渼湖集》 卷14 雜著 〈狂言〉.
219) 金元行, 《渼湖全集》(여강출판사, 1986) 〈渼湖言行錄〉 卷1 語錄.

자식에 대해서 할아비의 허물로써 아비의 충성을 덮어서는 안 된다고
대답하였다. 물론 이것은 상당한 제한성, 즉 나라에 대한 큰 충성이라는
전제가 따르는 것이었지만, 그럼에도 김원행은 호론계 인물들에 비해서
온건한 입장을 표명하였던 것이다. 김원행은 이러한 연장선에서 "근래
탕평의 정치는 곧 하나의 대동의 의론을 이루었다"[220)고 하여 탕평정치
의 공로를 일부 인정하기도 하였다.

위와 같은 김원행이 보여준 소인 논의와 정호에 대한 관점은 소론이
완전히 몰락하고 노론 의리가 최종 승리하는 을해옥사(1755) 이후 정계
에 가담하는 낙론계에게 자신감을 더해 주는 좋은 명분과 기폭제가 될
수 있었다. 소론이 더 이상 위협적인 상대가 안 되었을 때, 이들에 대한
소인 교화론적 입장은 낙론 성리학과 어긋나지 않으면서 정조가 제시하
였던 의리탕평론의 입지와도 크게 벗어나지 않는 좋은 명분이 될 수 있
었다.

이후 소론 속에서도 선한 인물들이 있고 노론 속에서도 당역이 있다
는 인식이 생겨나기도 하였다. 심낙수가 《은파산고》(恩坡散稿)에 기술한
〈순충전〉(純忠傳; 卷7)과 〈당역열전〉(黨逆列傳; 卷8)은 좋은 예증 자료가
된다. 심낙수는 낙론계였으며 정조대 시파로 활약하였다. 그는 '비록 선
한 것을 칭찬하고자 하는 경우는 아무리 은미한 것이라도 반드시 기록
해야 한다'는 취지에서[221] 이종성·조재호와 같은 소론들도 〈순충전〉
에 기록하였다.

또한 〈당역열전〉에서는 같은 노론이었던 김구주·김한록·김치인·
김종후 같은 인물들을 당역으로 규정해 기록해 놓았다. 그는 〈당역열

---

220) 金元行, 《渼湖全書》(여강출판사, 1986) 卷12 〈答叔平(坦行)〉, "近來蕩平之政 便作
一大同底議論".
221) 沈樂洙, 《恩坡散稿》卷7 〈敍純忠傳〉, "善善者雖至微而必錄".

전〉서문에서 자신과 같은 당파라고 해서 모두 군자가 아니라는 점을 지적하였다. 그러면서 그는 한탁주(韓侂胄)와 형서(邢恕)를 거론하며 이들이 위공(魏公)의 자손이며 정자(程子)의 문인이라고 해서 난신과 소인이 아니라고 말할 수 없음을 언급하였다.222) 이러한 인식은 소론과 노론을 곧장 소인과 군자로 규정하던 기존 노론들의 단선적인 관념에서 벗어난 것이었고, 이를 통하여 시벽분기 과정에서 일어난 새로운 정치지형을 엿볼 수 있다.

물론 이들이 소론과 남인을 전적으로 포용하고 교화해야 한다고 주장한 것은 아니다. 기본적으로 낙론계 또한 호론계처럼 소론과 남인에 대해서 적대적이었다. 하지만 낙론적 사유에서는 호론의 그것에 비해서 소론과 남인을 어느 정도 범위에서 수용하는 논리를 상대적으로 가질 여지가 많았다. 황윤석은 '병이지심(秉彝之心)은 애초에 충(忠)과 적(賊)의 나뉨이 없는 것이고, 결국 한 마음의 차이로 곧 충과 적이 되었다'는 주장이 성선설에 가탁하여 몰래 적을 용서하고자 하는 논의임을 경계하였다.223) 그리고 이후 '하늘이 명(命)을 내리는 데는 진실로 성(聖), 범(凡)의 구분을 두지는 않지만, 충·적이 나뉨에는 마땅히 그 행적에 의거하여 그 마음을 논해야 한다'고 말하였다.224) 이와 같은 황윤석의 언급은 낙론의 종지인 '병이지심이 모든 사람에게 보편적으로 담겨 있다'는 주장이 소론과 남인을 일부 포용하는 논의로 사용될 수 있음을 미리 경계

---

222) 沈樂洙, 《恩坡散稿》 卷8 〈敍黨逆列傳〉, "同己者 未必皆君子……侂胄魏公之後孫 也 而不可謂之非亂臣 邢恕程子之門人也 而不可謂之非小人".

223) 黃胤錫, 《頤齋亂藁》 2(한국정신문화연구원, 1995) 卷10 戊子(1768) 七月 初五日(庚寅), 148쪽 〈上渼湖書〉, "胤錫舊聞 淸州安正言致宅戚丈言 蓋自三忠死後 立碑紀蹟而爲之文者 乃曰秉彝之心 初無忠賊之分 而一念之差 便成忠賊 大約假託性善之說 而隱然謂賊可恕".

224) 위의 책, 149쪽, "嗚呼 皇天降衷 固無別於聖凡 至若忠賊大分 只當據其跡論其心而已".

하는 것이었다.

반면 호론의 사유구조 속에서는 황윤석의 이러한 염려가 나오기 힘들었다. 호론계는 성인과 범인의 마음이 다르다고 주장하였고, 병이지심도 기질에 따라 사람들에게 차별적으로 존재한다는 논의를 통해서 소론과 남인을 별종으로 인식하고, 이에 따라 이들을 포용할 가능성을 미리 막을 수 있었다. 한원진은 엄격한 군자·소인론을 펴면서 소인의 교화 가능성을 최소화하고 이들에 대한 엄한 처벌을 일관되게 주장하였다. 이것은 그의 '토난신적자' 논의의 주요 근거가 되었다.

역(逆)과 순(順)이 나뉘는 것에 미쳐서는 또한 어찌 역을 토(討)하고 순을 부(扶)하지 않습니까? 전하는 매양 덕의(德意)로써 인심(人心)을 복속시켜 소융(消融) 탕척(蕩滌)하고자 하나, 자고로 이와 같이 하고서 붕당을 깨뜨릴 수 있는 경우는 없었습니다.[225]

소인 가운데에서는 재주 없는 자가 없으니, 진실로 재주가 없다면 어찌 임금의 마음을 현혹하여 권위를 도둑질할 수 있겠습니까? 소인의 재주 있음은 진실로 국가의 이로움이 아닙니다.[226]

대저 소인당에 있는 자들은 자기의 당파 사람이 실패하게 되면 대중을 따라 함께 배척하여 자신의 행적을 덮어버리는 짓을 하지만, 본래부터 똑같은 마음이기 때문에 은밀히 군자를 헐뜯고 몰래 자기 당을 비호합니다. 그래서 어느 날 세상에 뜻을 얻게 되면 드디어 그의 당파까지 아울러 일으켜 군자들을 모조리 내칩니다. 특히 그의 행적이 이전의 소인과 반대되는 듯하기에 군자들이 또한 드러내 공격하지 못하다가 마침

---

225) 韓元震, 《南塘集》 卷5 〈筵說〉.
226) 韓元震, 《南塘集》 卷6 〈筵說〉.

내는 그 화를 입는 것입니다. 이런 소인은 더욱 무서우니 인주(人主)가
마땅히 깊이 살펴야 할 것입니다.[227]

한원진의 위와 같은 생각들은 엄격한 분별론을 주장하는 그의 사상체
계에 연원을 두고 있었다. 그는 기가 지닌 형기지사(形氣之私)로서의 성
격을 부각하여 인과 물의 분별, 성인과 범인의 분별을 강조하였다. 이렇
게 될 경우 소인의 교화 가능성은 그만큼 요원하고 어려운 일이 아닐
수 없었다. 그러므로 그는 소인을 교화하기보다는 엄하게 처벌함으로써
탕평이 이루어질 수 있다고 보았다. 이것은 그의 심성론과 현실인식이
만나는 대목이라고 할 수 있다. 호론계는 '토난신적자'(討亂臣賊子)에 입
각한 강경한 노론 의리론을 줄곧 주장하였다.

낙론계와 호론계가 보여준 심성론과 소인 교화에 대한 견해 차이는
한족(漢族)이면서 원나라 조정에 종사하였던 허형(許衡)에 대한 평가에
서도 뚜렷이 드러났다. 허형의 종사를 어떻게 인식하느냐에 따라서 그
들이 가졌던 교화론과 출사관의 일면을 엿볼 수 있다. 낙론계의 많은
사람들은 허형의 종사에 대해 긍정적으로 인식하고 있었다.

이적(夷狄)이면서 중국을 다스리니 이때는 음(陰)이 극성한 시기였다.
그러나 오랑캐 원나라의 세상에 허형이 북방에서 나와 먼저 성리설로써
그 임금을 깨우치고 선비들을 양성하였다.[228]

원나라 문집 가운데에 세상에 전해지는 것이 많지 않다. 나의 집에 단
지 《오초려전집》(吳草廬全集), 《허노재집》(許魯齋集), 《웅물헌집》(熊勿

227) 《英祖實錄》卷10, 英祖 2년 9월 21일(庚戌).
228) 金昌協,《農巖集》卷22〈贈黃敬之赴燕序〉.

軒集)이 이학전서(理學全書) 가운데 있다. 허형, 오징(吳澄), 웅화(熊禾)는 모두 도문학(道問學)에 종사한 자들이다. 원나라가 오랑캐로서 중국의 주인이 되었지만 이학과 문사로써 세상에 이름을 드러낸 자가 이와 같이 많으니, 이것은 아마도 송나라의 여풍(餘風)을 이어 그 운(運)을 열고 밝혔기 때문에 이와 같이 찬란할 수 있었던 것이리라.229)

원나라 초에 허형이 주자학을 돈독히 믿어서 세상에 크게 등용되어 원나라는 이것으로 남북을 하나로 할 수 있었다.230)

집사께서는 설마 율옹(栗翁)이 허노재(許魯齋)에 대해서 논한 것을 보지 못하셨습니까? 실신(失身)과 실절(失節)은 그 구분이 같지 않은 것입니다.231)

허노재는 원유(元儒) 가운데에 학문이 가장 독실하였다.…… 또한 그는 "나는 《소학》을 사랑함이 부모와 같고 공경함이 신명(神明)과 같아서 마침내 저술을 일삼지 않고 독실히 배우고 힘써 행하였다"고 말하였으니 진서산(眞西山) 이후 이러한 대유(大儒)는 없었다. 거처하던 마을의 백성들을 교화하였으니 이것은 어찌 장구훈고(章句訓詁)의 유자들이 할 수 있는 것이었겠는가!232)

위와 같은 비교적 긍정적인 평가들은 허형이 이룬 교화의 공로를 인정하는 데에서 비롯되었다. 허형을 바라보는 이러한 인식은 사실 이단상·조성기 학풍의 영향 속에서 이루어진 것이었다.233) 반면에 호론계

---

229) 李宜顯, 《陶谷集》 卷28 雜著 〈陶峽叢說〉.
230) 黃胤錫, 《頤齋贖稿》 卷10 〈漫錄〉.
231) 洪大容, 《湛軒書》 卷3 〈又答直齋書〉.
232) 洪翰周, 《智水拈筆》(아세아문화사, 1984), 67쪽.

한원진은 송시열의 허형관을 충실히 계승하여 허형이 원 조정에 종사한 것을 극렬히 비판하였다. 한원진은 조성기가 허형을 추존한 것에 이의를 표명하면서, 허형을 섬겨 그 학문을 배우는 것을 '화이무분'(華夷無分)이라고 배격하였다.234)

요컨대, 성인과 범인 모두에게 선을 지향하는 보편적 가치가 담겨 있다는 낙론계 심성론은 소인의 교화 가능성을 전면적으로 부인할 수 없었다. 낙론계는 이러한 소인론을 명분 삼아 호론계보다 상대적으로 유연한 자세를 갖고 탕평 정국에 적응해 나갈 수 있었다. 낙론계의 심성론과 소인론은 정조대 김원행의 제자들이 주로 가담하였던 노론 시파 계열에 일정한 영향을 주었다. 이들은 소론과 남인에 대해서 비교적 온건한 입장이었다. 반면 호론은 김구주·김한록·김관주를 중심으로 결집하면서 계속해서 강경한 노론 의리론을 주장하였던 벽파의 이론적 기반이 되어 주었다.

그러나 여기에서 주의해야 할 것은 호론계와 낙론계는 모두 노론이라는 공통된 틀 속에 있었다는 사실이다. 낙론계에게 보였던 일부 유연한 태도는 호론계와 비교할 때만 그 의미를 가질 수 있다. 이것은 노론이라는 제한된 범위 안에서 낙론계가 호론계보다는 대체로 유연한 자세를 가졌음을 의미한다. 낙론계도 배타적인 노론 의리론을 주장하면서 보수적인 모습을 보였다.

<hr>

233) 낙론계의 허형에 대한 긍정적인 평가는 사실 이전 시기 허형에 대한 존경을 계승하는 측면이 강하였다. 이것은 허형을 대유(大儒)로 평가하거나 긍정적으로 인식한 여러 경우에서 확인된다.[《中宗實錄》卷42, 中宗 16년 9월 4일(壬子);《宣祖實錄》卷4, 宣祖 3년 7월 17일(癸未);《宣祖實錄》卷190, 宣祖 38년 8월 18일(庚申)] 송시열·권상하·한원진이 허형 출향을 주장한 것은 당시로 볼 때는 예외적인 경우였다고 할 수 있으며, 따라서 대다수 사람들의 비판을 받을 수밖에 없었다.(宋時烈,《宋子大全》附錄 卷19, "許衡黜享 人皆非之 而不少撓矣……許衡先儒無不尊之")

234) 김준석(1990), 575~578쪽.

그리고 실제 정치 상황에서 낙론계 심성론은 자신의 정치영역을 확장할 수 있는 사상적 명분으로 쓰일 수도 있었다. 낙론계는 유연한 소인론을 명분 삼아 노론 의리론을 펴면서도 '포용'과 '탕평'이라는 명분으로 다른 당파를 끌어들일 수 있었다.235) 호론은 이러한 낙론의 태도를 분별이 없는 논의, 즉 '무분론'이라고 배격하였다. 무분론에는 사실 '수정주의', '타협주의'라는 비판이 깔려 있었다. 18세기 후반 들어서 호론계는 낙론계에 대해서 점차 그 비판의 강도를 높여갔다.236)

3.3. 제도변통론에 의한 국정운영으로의 변용

3.3.1. 낙론계의《반계수록》인식과 홍계희의 경세학

(1) 낙론계의《반계수록》인식

17세기 소옹 상수학과 경세학에 대한 서울·경기 지역 서인들의 관심은 이단상·조성기를 통해서 낙론계 학맥으로 이어지고 있었다. 특히, 조성기는 한·당 국가 규모론을 제시하면서 경세학에 대한 독특한 의견들을 내놓았다. 조성기의 경세학은 사실 그의 형제들이 속한 한당(漢黨)의 국정운영론과 밀접한 관련이 있었다.

김창흡의 다음 언급은 이러한 한당의 경세학이 조성기를 통해서 낙론계 학풍 형성에 일정하게 영향을 끼치고 있었음을 보여준다.

---

235) 黃胤錫,《頤齋亂稿》3(한국정신문화연구원, 1997), 卷17 辛卯(1771) 3月 20日(辛酉), 595쪽.

236) 이러한 비판은 호론계 김한록의 〈외암집발〉(巍巖集跋; 金漢祿,《寒澗集》卷14)과 〈김유도(지행)여김미호서후발〉(金幼道(砥行)與金渼湖書後跋; 金漢祿,《寒澗集》卷14)에 잘 나타나 있다.

졸재조공(拙齋趙公; 趙聖期)의 문하에 들어가 비로소 그 분의 박식한
변론과 훌륭한 논의를 듣게 되었는데, 천인고금(天人古今)을 관통시키고
이사본말(理事本末)을 모두 들어맞게 하고 도(道)와 다스림을 일관되게
논하는 것에, 나는 곧 손바닥을 치면서 기뻐하여 그 연원을 여쭈어보니
(趙公이) 말하기를, "나는 동생 문경(文卿; 趙昌期)과 경제에 마음을 두어
주관(周官)의 법을 크게 연구하였다. 그리고 그 단서를 열어준 것은 중형
조현기였다" 하고는, 마침내 일봉공(一峰公; 趙顯期)의 제문(祭文)을 내어
보여주었다. 내용은 그의 평생지업(平生志業)이 온전히 활국택민(活國澤
民)에 있음을 성대히 서술한 것이었다.…… 공의 형제들은 어찌 이른바
대심중생자(大心衆生者)들의 부류가 아니겠는가! 나는 일봉공을 잠시 접
하고도 가르침을 받지 못하였던 것을 커다란 한으로 여긴다.[237]

김창흡은 조성기의 박식한 변론을 듣고서 그의 학문 연원을 물었다.
이에 조성기는 동생 조창기와 함께 경제지학에 관심을 가져 《주관》, 즉
《주례》를 연구하였고, 그 단서를 열어준 이가 중형 조현기였음을 말하
였다. 김창흡은 조현기의 제문을 보고 그의 평생 뜻이 '활국택민'(活國澤
民)에 있었음과 그를 만나보고서도 가르침을 받지 못하였던 것이 크게
한스럽다고 술회하였다.

이어 김창흡은 조현기의 만언소(萬言疏)를 칭송하면서, 군덕(君德)의
입지단본(立志端本), 수내양외(修內攘外), 초현양사(招賢養士), 균세개공
(均稅改貢), 연군택장(鍊軍擇將)의 요체가 이곳에 조목조목 갖추어져 있
다고 하였다.[238] 조현기는 김좌명(金佐明)의 사위이자 김석주(金錫胄)의
자부(姉夫)로서 한당(漢黨)의 핵심인물 가운데 한 사람이었다. 김창흡의

---

237) 金昌翕, 《三淵集》 卷23 〈一峰集序〉.
238) 위의 글, "其負抱之攄 精神所注 獨在於前後萬言疏中 蓋自君德之立志端本修內攘外
與招賢養士均稅改貢鍊軍擇將之要 靡不綱擧條陳".

위 언급에서 한당의 경세학이 조성기를 매개로 낙론계 학풍에 일부 영향을 끼치고 있었음을 추론할 수 있다.

하지만 경세학에 대한 관심이 있었음에도 구체적인 연구와 계승은 김창협·김창흡 단계에서는 미미하였던 것으로 보인다. 그들 형제는 기본적으로 학문 성향이 문장가이자 성리학자에 가까웠기 때문에, 구체적인 경세학에 대해서 깊이 있는 연구를 진행시키지는 못하였다. 김창협이 상수학 연구의 어려움을 김창흡에게 솔직히 털어 놓았다든가,[239] 김창흡이 훗날 조성기로부터 훈국군(訓局軍), 어영군(御營軍), 대동법(大同法), 전세법(田稅法)이 어떠한 것인지 자세히 배워 두지 못한 것을 아쉬워하였다든가,[240] 상수학의 어려움을 토로하면서 김석문(金錫文)에게 '자네가 배워서 나에게 가르쳐 달라'고 한 말에서 이러한 모습을 짐작할 수 있다.[241]

그렇다고 해서 이것이 반드시 그들의 책임만은 아니었다. 조성기가 경세의 커다란 규모와 틀에 대해서는 많은 언급을 하였지만, 세부적이고 구체적인 절목과 도수에 대해서는 별다른 저술을 남기지 않은 상태였고, 조성기 자신도 김창흡이 증언하였듯이 상수학 연구 자체에 대해서는 어려워하였다.[242] 이러한 상황에서 김창흡은 예악(禮樂), 율려(律呂), 병형(兵刑), 관제(官制), 식화(食貨) 등 명물도수지학(名物度數之學)을 연구해야 하는 당위성은 충분히 인식하고 있었지만,[243] 그것은 그야말

---

239) 金昌協, 《農巖集》 卷11 〈答子益〉, "邵子書 惟患不得縫罅耳 一路稍開 則漸有窺尋穿穴之端 到此正好玩究透徹 而每苦心力易倦 半途廢輟 此可惜耳".

240) 金昌翕, 《三淵集》 拾遺 卷31 〈語錄〉, "先生曰 每恨拙修齋在時 未能學得 如訓局軍如何 御營軍如何 大同田稅法如何 此類皆當講究 而旣失少時 到今衰老 無由着力".

241) 위의 글, "又謂金錫文曰 君解此以敎我 蓋難求處 不可求曉".

242) 위의 글, "明履曰因問皇極經世書中徐花潭所推算處 先生曰 曾見拙修齋欲窮此 便致氣塞胸 常曰若有知此者 當尊而師之".

243) 유봉학(1995), 85쪽.

로 '인식'에만 그치는 실정이었고 구체적인 결과물을 내지는 못하였다. 이것은 심성론과 문학론에 주로 집중되어 있던 초기 낙론계 학풍이 풀어야 할 학문적 과제이기도 하였다.

김창협·김창흡 이후 낙론계 학맥은 이재에게 계승되었다. 이재는 엄격히 볼 때 김창협·김창흡과 직접적인 사승 관계는 아니었으며 학풍에도 다소 차이가 있었다. 이재는 의리학에 치중하면서 경세학에는 크게 관심을 기울이지 않았다.[244] 그러나 이러한 이재 문하에서 제한적으로나마 경세학에 대한 관심이 일부 진행되고 있었다. 유형원의 《반계수록》에 대한 관심은 그 가운데 하나였다. 《반계수록》에 대한 관심은 북벌대의에 충실하였던 유형원의 행적과 관련하여 노론의 대명 의리론과도 적절히 부합할 수 있었다.[245] 다음 항목에서 서술할 홍계희는 대표적인 경우였다.

홍계희 외에 이재 문하의 임성주는 1769년(영조 45) 《반계수록》이 간행된 것을 기쁜 일이라고 하였다.[246] 하지만 그는 《반계수록》의 개혁론이 가진 현실성에 대해서는 다소 회의적이었다. 전제(田制)의 경우 형세상 오늘날의 법제에서 절충할 수밖에 없을 것인데, 이와 같다면 《반계수록》의 많은 개혁론들도 사실상 공언(空言)이 되는 것을 면하기는 어렵다

---

244) 만약 어유봉으로 농연학풍이 계승되었다면 상황이 달라졌을 수도 있을 것이다. 어유봉의 다음과 같은 한탄은 이러한 상황을 잘 보여주었다. 그는 조성기의 문집을 읽고 그와 함께 하지 못한 것을 애석해하였던 것이다. 이로 보아 어유봉은 경세학풍에 상당한 관심을 가졌던 것으로 볼 수 있다.(魚有鳳, 《杞園集》 卷31 〈讀書散錄〉, "余讀拙修齋集 敢爲之說曰 此孔子所謂狂者 孟子所謂豪傑之士 程子所謂大秀才 佛氏謂所大心衆生 天下之士 非一國之士 惜乎 吾與之幷世而不及見其人也")

245) 어유봉의 제자였던 홍낙명(洪樂命)의 다음과 같은 말은 이러한 측면을 보여준다. 洪樂命, 《新齋集》 3冊 〈柳貞肅公遺事記〉, "某又謂余曰 公之後有磻溪者 孝宗時隱於智異 讀兵書 夜看天象 將以有爲也 余亦聞有書十卷 而未得見也 今苗蠻擾南徼 西韃又大喝 意者天下有事 而恨無如磻溪者".

246) 任聖周, 《鹿門集》 卷10 〈答舍弟釋公〉 庚寅 正月, "磻溪書 刊行可喜".

는 이유에서였다.247) 이것은 《반계수록》의 개혁론이 갖는 현실적인 한
계성에 대한 지적이었다.

반면, 임성주와 《반계수록》에 대해 논의하였던 동생 임정주는 유형
원을 왕좌(王佐)의 재주로, 《반계수록》을 삼대 이후 없었던 경세서로 높
이 평가하였다. 그는 인주(人主)가 융고(隆古)의 다스림에 뜻이 있다면 이
책을 버려서는 안 된다며 《반계수록》을 최고의 경세서로 극찬하고, 세
손 시절의 정조에게 이 책의 일독을 권하였다.248) 임정주의 형 임경주
(任敬周; 1718~1745) 또한 《반계수록》을 보고 감탄하여 당세의 책무를
담론하였다고 한다.249) 김종수에 따르면 임경주는 배움에 항상 치체(治
體)를 중히 여겼고 경사종물(經事綜物)의 학(學)에 뜻을 두었다고 한
다.250)

이재 이후 낙론계 학풍은 김원행이 주도하였다. 김원행의 문하에서는
상수학에 직극적인 관심을 표명하는 인물들이 많았다. 이렇게 된 데에
는 첫째, 김원행이 상수학에 호의적이었던 김창협·김창흡의 후손으로
서 그들의 학문 경향에 적지 않은 영향을 받았으리라는 점과 둘째, 을해
옥사(1755)로 노론 의리가 거의 관철되어 가고, 청나라의 학술과 서학이
전래되면서 점차 신임의리와 관련한 의리론 일변도의 학풍에서 자유로
워질 수 있는 학문 분위기가 형성되었다는 것을 꼽을 수 있다.

---

247) 任聖周, 《鹿門集》 卷10 〈答舍弟穉公〉 癸巳 九月, "田制乃是隨錄中第一義大頭腦
而此一著終有信不及……設令眞箇行王政 勢不得不就今日法制中推移撙節磨鍊出來耳
如此則隨錄一書 亦將不免爲空言 還堪一笑".
248) 任靖周, 《雲湖集》 卷3 雜著 〈宿預錄〉 上, "扶安處士 柳馨遠王佐才也 其所著隨錄一
書 包大小兼體用 天德之粹然者自完 於王道燦然之中 非可以一部經濟書處之者也……
人主無意於隆古之治則已 無已則捨此書莫可".
249) 任敬周, 《淸川子稿》 附錄 墓誌銘(任靖周 撰).
250) 金鍾秀, 《夢梧集》 卷5 〈任直中敬周哀辭〉, "直中常謂余曰 學貴知治體 不知治體不
可以爲士……直中獨慨然有意於經事綜物之學".

346_

김원행 문하의 황윤석(黃胤錫), 홍대용(洪大容), 김이안(金履安), 정철조(鄭喆祚; 1730~?) 등은 상수학과 서학 연구를 기반으로 천문·역법·수학 등 경세 문제에 많은 관심을 보였다. 이러한 변화된 학풍의 연장선에서 박윤원(朴胤源)의 《반계수록》에 대한 다음과 같은 긍정적인 평가를 이해할 수 있다. 어떤 이가 '유형원의 《반계수록》을 지금도 행할 수 있는가' 하고 묻자, 박윤원은 행할 수 있다고 대답하였다. 그는 《반계수록》이 만들어진 지 백 수십 년이니, 그 사이에 시폐(時弊)와 민막(民瘼)은 또한 유형원 때와 모두 같지는 않겠지만 시대를 참작하여 변통한다면 그 대강은 《반계수록》에서 벗어나지 않을 것이라고 자신 있게 말하였다.251)

박윤원이 이렇게 《반계수록》에 대해 확신할 수 있었던 것은 김용겸(金用謙)의 영향 때문이다. 박윤원의 외조모가 김용겸과 사촌남매간이었기 때문에, 그는 김용겸과 긴밀한 교유가 있었다. 김용겸은 평소 경제지학에 관심을 가져 유형원의 《반계수록》을 손수 베껴서 읽곤 하였다고 한다. 이러한 김용겸의 생각이 박윤원에게 일정 부분 영향을 미쳤을 것이다.252)

김용겸과 교유하였던 사람들 가운데에는 박윤원 말고도 황윤석, 홍대용, 박지원, 이덕무(李德懋; 1741~1793), 이만운(李萬運; 1723~1797) 등 18세기 후반 명물도수지학에 관심 갖던 인물들이 망라되어 있었다. 황윤석은 41세(1769, 영조 45) 때에 김용겸을 만나 깊이 교유하였다. 그는 김용겸과 정치, 보학(譜學), 성운학, 경제 등 다양한 부분에서 의견을 나누

251) 朴胤源, 《近齋集》 卷24 雜著 〈治道大綱〉, "或曰柳磻溪隨錄 今可行乎 曰可行 自隨錄之作 至今 百數十年 則其間時弊民瘼 亦必有與柳公時不盡同者 則似當斟酌變通 而大綱則不出乎此錄".
252) 오수경, 2000, 〈교교재(嘐嘐齋) 김용겸(金用謙) 연구〉, 《한문학보》 2, 199~200쪽.

었으며, 특히 김석문의 역(易) 도해에 대해서 많은 의견을 교환하였다.253) 또한 홍대용·박지원·박제가·이덕무·유득공(柳得恭; 1749~?) 등 북학파 일원들은 김용겸을 '존장'(尊丈)으로 모시며 시회(詩會)와 악회(樂會)를 통해서 우호를 다졌다.254) 박종채(朴宗采)의 《과정록》(過庭錄)에 따르면 김용겸은 이들과 만나 김창협·김창흡의 언론과 풍채를 열거하면서 풍류와 담론이 끊이지 않았다고 한다.

이들 인물들 가운데에는 《반계수록》에 관심을 보이는 이들이 많았다. 이덕무는 유형원의 《반계수록》을 높이 평가하였다. 그는 이서구(李書九; 1754~1825)에게 주는 편지에서 《성학집요》(聖學輯要), 《반계수록》, 《동의보감》(東醫寶鑑)을 우리나라의 세 가지 좋은 책으로 꼽으면서, 이서구에게 사장(詞章)에만 전심하지 말고 경제지학에도 관심 가질 것을 당부하였다.255) 그는 적극 유형원의 주장과 언설들을 수용하기도 하였는데, 과거제의 문제점을 지적하는 대목에서 《반계잡지》(磻溪雜識)에 실려 있는 과거의 폐해를 인용하였고,256) 사대부의 생활지침을 기록한 〈사소절〉(士小節)에서도 유형원의 말을 옮겨 적었다.257) 이러한 모습은 이후

---

253) 黃胤錫, 《頤齋亂藁》 3(한국정신문화연구원, 1997) 卷17 辛卯(1771) 2월 초3일(甲戌), 529쪽, "是日瓠泉金丈 臨訪對閣大谷子易圖 問余曰 此解文字 何如 余曰 源類正蒙通書 模樣矣 金丈曰然 因言 今年淸曆 或言與我國曆差 互聞知否 余曰 未之聞也 金丈因言 近年淸曆家藏五六本 徐當送示一本 以資異聞耳"; 같은 책 卷17 辛卯(1771) 2월 18일(己丑), 547쪽, "瓠泉丈送示甲申淸曆一本 要余留之 又送大谷圖解首冊"; 《頤齋亂藁》 5 (한국정신문화연구원, 1999), 己亥(1779) 4월 22일(丙子) 509쪽, "金丈 又示金通川錫文 所著 大谷易學圖解五冊 借自文官成大中者 而余則曾因鄭洪州 借看校訂標識者也".

254) 오수경, 2003, 《연암그룹 연구》, 한빛, 157~171쪽.

255) 李德懋, 《雅亭遺稿》 卷6 〈與李洛瑞書〉, "不佞嘗以爲 朝鮮有三部好書 曰聖學輯要 曰磻溪隨錄 曰東醫寶鑑 一則道學 一則經濟 一則活人之方 皆儒者事也".

256) 李德懋, 《靑莊館全書》 卷58 〈盎葉記〉 五, "柳處士馨遠磻溪雜識曰 鄭伯虞言 科擧 取人之法 作於隋煬 楊廣之罪 固不可勝誅 而此爲其罪之大者 何也 弑逆之罪 罪當其身 而足爲千萬世之戒 使天下萬世 如長夜者 科擧之害也".

257) 李德懋, 《靑莊館全書》 卷28 〈士小節〉 第二 士典 二, "柳處士馨遠曰 志於道而未能

손자 이규경(李圭景; 1788~1860)에게로 이어졌다.[258]

박지원은 〈허생전〉(許生傳)에서 유형원을 높이 평가하였다. 그는 허생의 입을 통해 조성기는 적국(敵國)에 사신 보낼 만한 인물이며, 유형원은 군량(軍糧)을 조달할 만한 재능이 있는 인물로 묘사하였다.[259] 박지원이 대표적인 재야의 경세가로서 이 두 사람을 지목한 것은 이들이 당시 지식인 사회에서 경제지학으로 명망이 높았음을 의미한다. 《과정록》에도 박지원이 "매양 유반계의 평생 경륜은 대유(大儒)라 할 만하다"고 칭예하였음이 기록되어 있다.[260]

홍대용은 우리나라 사람들의 저서 가운데에서 《성학집요》와 《반계수록》을 경세유용(經世有用)의 학으로 삼아 귀중하게 여겼다고 한다.[261] 이에 관해 정인보는 홍대용 등이 《성호사설》과 《반계수록》에 관심을 가졌음을 언급하기도 하였다.[262] 이만운 또한 유형원과 《반계수록》에 관심이 많았다. 그가 증보한 《동국문헌비고》(東國文獻備考)에는 유형원의 주장과 언설들이 상당 부분 나온다.

이 밖에도 경제지학에 뜻을 가졌던 사람들 가운데에는 《반계수록》에 깊은 관심을 표명한 사람들이 많았다. 민이현(閔彝顯)도 그런 사람이다. 그는 경제지학에 마음을 두고서 평소에 유형원의 《반계수록》과 조성기의 글 보는 것을 좋아하였다고 한다.[263] 일찍이 그의 고조(高祖)였던 민

立者 志爲氣惰也 朝興夜寐 未能也 正衣冠 尊瞻視 未能也 事親之際 和顔色 未能也 居室之間 敬相對 未能也".

258) 이규경은 유형원을 왕좌(王佐)의 재주로 높이 평가하였다. 李圭景, 《五洲衍文長箋散稿》 卷32 〈與蕃舶開市辨證說〉, "磻溪皆抱王佐之才".

259) 朴趾源, 《燕巖集》 卷14 〈玉匣夜話〉.

260) 박종채 저/김윤조 역, 1997, 《역주과정록》, 태학사, 236쪽.

261) 洪大容, 《湛軒書》 附錄 〈從兄湛軒先生遺事〉(從父弟 大應 撰), "東人著書中 以聖學輯要磻溪隨錄爲經世有用之學".

262) 鄭寅普, 《薝園鄭寅普全集》 5(연세대출판부, 1983) 薝園文錄 四 〈湛軒書目錄序〉.

유중이 유형원의 종숙(從叔)이었으며 그를 행의(行誼)로써 조정에 천거하고자 하였다는 것과,264) 여흥민씨 가문이 경세관료로서도 명성이 높았던 사실로 볼 때, 민이현의 《반계수록》에 대한 관심을 이해할 수 있다. 후술할 홍계희도 여흥민씨와의 관계로 《반계수록》을 접할 수 있었다.265)

물론 유형원에 대한 관심은 낙론 계열에만 한정되었던 것은 아니다. 일찍이 소론 윤증(尹拯)은 《반계수록》의 발문(《明齋集》 卷32 〈跋隨錄〉)을 썼으며, 양득중(梁得中)과 조현명(趙顯命)은 유형원의 학행과 재식(才識)을 칭송하였다.266) 남인 계열은 《반계수록》에 더욱 지대한 관심을 표명하였는데, 이현일(李玄逸; 1627~1704)은 《반계수록》의 서(序;《葛庵集》 卷20 〈遁庵隨錄序〉)를 썼으며, 이익(李瀷; 1681~1763)은 《반계수록》의 서(《星湖集》 卷50 〈磻溪隨錄序〉)와 유형원의 전(傳;《星湖集》 卷68 〈磻溪隨錄傳〉)과 문집의 서(《星湖集》 卷50 〈磻溪柳先生遺集序〉)를, 오광운(吳光運; 1689~1745)은 영조의 명으로 행장과 서를, 안정복(安鼎福; 1712~1791)은 행장을 지었다.267)

이상에서 낙론계 속에서 《반계수록》이 어떻게 인식되었는지를 살펴보았다. 낙론계 학풍의 형성기에 조성기·이단상·김석문 등 상수학과

---

263) 閔彝顯, 《觀生窩遺稿》 卷2 附錄 〈遺事〉, "公留心經濟之學 嘗曰講說而不能體貼身心徒說 爲學而不能兼治經濟非學 平居喜觀柳磻溪趙拙修文字".

264) 柳馨遠, 《磻溪雜藁》(여강출판사, 1989) 附錄 行狀(吳光運撰), 239쪽, "國舅閔維重兄弟 於公爲從叔 欲薦行誼 公正色曰 叔非知我者也 遂不果薦"; 민유중 형제의 어머니는 유형원의 할머니와 함께 이광정(李光庭; 1552~1627)의 딸로 친형제 사이여서 유형원은 민유중 형제의 이질(姨姪)이었다.(정만조, 2003, 〈담와(澹窩) 홍계희(洪啓禧)의 가계(家系) 분석〉, 《조선시대의 정치와 제도》, 집문당, 212~213쪽)

265) 정만조(2003), 212~213쪽.

266) 《英祖實錄》 卷53, 英祖 17년 2월 23일(戊午); 柳馨遠, 《磻溪雜藁》(여강출판사, 1989) 附錄 〈磻溪柳先生墓碑(洪啓禧 撰)〉 280쪽

267) 이 문단의 서술은 정구복, 1974, 〈해제〉 《반계수록》, 경인문화사 참조.

경세학에 대한 관심이 일정 부분 있었고, 김창협·김창흡도 여기에 공감하였지만 이들은 기본적으로 문장가이자 성리학자였기에 구체적인 경세학 연구에는 힘을 기울이지 않았다. 이러한 상황에서 신임옥사 이후 노론 안에서는 신임의리의 관철을 위해 의리지학 중심의 학풍이 만연했다. 이재 문하의 학풍은 이를 대표한다고 할 수 있다.

하지만 점차 노론 의리가 관철되어 가고 청나라의 학술과 서학이 전래되면서 낙론계 안에서는 다양한 학문적 욕구들이 나타났고, 이것은 김원행 문하에서 상수학과 명물도수지학에 대한 관심으로 일면 구체화되었다. 이는 초기 김창협·김창흡 시기의 학풍을 나름대로 계승한다는 측면도 있었다. 《반계수록》에 대한 관심은 이러한 학문적 추이와 밀접한 관련을 가졌다. 즉 《반계수록》에 대한 관심은 경세학이 부족한 낙론계 학풍을 보완하려는 노력으로 볼 수 있는 것이다.

이 점은 특히 북학파 속에서 분명하였다. 도학(道學)에는 이이의 《성학집요》(聖學輯要)를, 경제에는 유형원의 《반계수록》을 대표적인 저서로 정립하고자 하였던 18세기 후반 홍대용과 이덕무의 시도는 이를 대표한다고 하겠다. 이것은 이이의 경장론(更張論)을 따로 의식하지 않았다는 점에서 특이하다. 그러한 인식 속에 18세기 말에 이르면 《반계수록》은 경제지학에 관심 갖는 학인이라면 반드시 읽어야 할 저서로 자리매김하였다.

(2) 홍계희 경세학의 성격

앞에서 낙론계 학인들의 《반계수록》 인식을 개괄하였다. 이렇게 낙론계 학맥 가운데 유형원과 《반계수록》에 관심 갖는 이들이 많았지만, 그 누구보다도 유형원에 대해서 큰 관심을 보인 사람은 홍계희였다. 홍계희는 영조에게 《반계수록》을 간행할 것을 원경하(元景夏)와 함께 청하였고,268) 유형원의 전(傳)과 묘비(墓碑)의 글을 쓰기도 하였다.269) 그는 영조에게 올리는 글에서, 자신이 어려서《반계수록》을 보고서 매우 좋아하여 탐독하였고, 몇 년 뒤에 그 대략을 알게 되었으며, 증손 유발(柳發; 1683~1775)로부터 유형원의 유문(遺文)을 모두 얻어 읽고서 비로소 그가 천하의 선비임을 알았다고 회고하였다.270)

그는 의리론과 윤리도덕을 강조하는 이재 문하에서 이례적으로 경세학에 커다란 관심을 갖고, 영조대 탕평정치·균역·준천 등 수많은 일들을 하였다. 이러한 그의 다양한 학문적 관심과 경세학 연구에는 유형원의 영향이 적지 않았을 것이라고 생각한다.271) 젊은 시절《반계수록》에 심취하였고 그의 유문까지 모두 얻어 읽었다는 사실은 이러한 추론을 할 수 있게 한다. 홍계희가《반계수록》과 경세학의 필요성에 대해서 인식하는 과정에서 그와 유형원이 가졌던 사상의 공유점과 그 영향 관계를 찾아볼 수 있을 것이다.

홍계희는 영조에게 올리는 글에서《반계수록》에 대한 사람들의 반응을 다음과 같이 정리한 바 있다. 자신이 사람들을 대할 때마다《반계수록》에 대해서 이야기하면 믿는 자도 있고 믿지 않는 자도 있었는데, 어떤 이는 그 저술이 우활(迂闊)하여 절실하지 않으니 무용(無用)의 책에

---

268) 柳馨遠,《磻溪雜藁》(여강출판사, 1989) 附錄〈磻溪先生年譜〉(柳發 草錄·安鼎福 修輯·李家源 謹校) 305쪽, "二十二年 丙寅 命儒臣洪啓禧 撰進先生本傳 洪登對時 奏先生學問之博 及所著隨錄 上俯詢先生事實 因 命撰傳以進 時洪以參贊官入侍 言及先生 知事元景夏 曰柳某所著隨錄 乃經世之大務 參贊官 篤好之 嘗謂皆可用也 洪曰其書 止大廣博 必有所益 臣謂分付兩南道臣 刊行可也 上曰其書 自玉堂復入之 元曰參贊官 多讀古書 但持論甚偏 柳某與今人色目不同 而參贊官 以公心尊慕其人 篤好隨錄 豈不好哉 上遂有是命".
269) 柳馨遠,《磻溪雜藁》(여강출판사, 1989) 附錄〈傳〉·〈磻溪柳先生墓碑〉(洪啓禧 撰).
270) 柳馨遠,《磻溪雜藁》(여강출판사, 1989) 附錄〈傳〉(洪啓禧 撰), 269쪽.
271) 정만조(2003), 210쪽.

지나지 않는다고 하였으며, 또 어떤 이는 치국의 도는 마땅히 대체(大體)를 논해야 하는데 어찌 반드시 쇄세(瑣細)한 절목(節目)에 힘쓰는가 하였다고 한다.[272] 이와 같은 사람들의 다양한 반응에서 홍계희가 특히 주목한 것은 후자의 경우였다. 즉, 치국의 도는 대체를 논해야 하는데 쇄세한 것에 집착해서는 안 된다는 주장이었다. 그는 여기에 대해서 다음과 같이 긴 반론을 폈다.

마땅히 대체(大體)를 논해야 한다는 설에 이르러서는, 그럴 듯하지만 신이 근심스러워하는 것은 바로 여기에 있으니 왜겠습니까! 당우삼대(唐虞三代)의 정치를 하는 기구에는 반드시 상세한 절목들이 있었습니다. 그런데 주나라 말에 제후들이 그것들이 자신들에게 해가 될까 미워하여 제거하였으니 선왕의 전적은 탕연(蕩然)히 남아 있지 않게 되었습니다. 그 정치를 하는 대체는 다행히 공맹정주(孔孟程朱) 등 여러 성현들에 의해 남김없이 발휘되었지만 절목에서는 미처 겨를이 없었습니다. 그러므로 치도를 말하는 자는 그 대체를 거론해서는 반드시 당우삼대를 칭하나 그 절목과 시행하는 것들에서 보이는 것은 모두 진한(秦漢) 이래의 속규(俗規)들이었습니다. 이에 천하의 사람들은 여기에 편안하여 다시 깊이 경계(經界), 공거(貢擧), 학교(學校), 군제(軍制)와 같은 것을 연구하지 않았습니다. 그래서 세상의 유자들로 하여금 대체를 논하게 하면 환하게 아름다운 말들을 하지만 그 일을 거행하게 하면 처음부터 망연(茫然)해 하지 않는 이가 적어서 마침내 행하는 것들은 이제까지 이어져 오는 잘못된 예규에 불과하였습니다. 이는 대략 대체는 알지만 조리에 밝지 않은 과실에서 말미암은 것입니다. 진실로 이와 같이 하고 말면 선왕의 도는 끝내 행할 날이 없게 될 것이며, 만세(萬世)는 계속 어두운 밤이 될 것입니다. 이것은 유형원이 크게 두려워하여 이 책을 지은 이유였

272) 柳馨遠, 《磻溪雜藁》(여강출판사, 1989) 附錄 〈傳〉(洪啓禧 撰), 270쪽.

습니다.273)

홍계희는 당우삼대에는 정치를 하는 기구에 상세한 절목들이 있었는데 주나라 말에 제후들이 그것이 자신들에게 해될까 우려하여 제거하니 남아 있는 것이 거의 없다고 하였다. 다행히 그 위치(爲治)의 대체는 공맹정주 제현들이 계승하였지만 상세한 절목에 대해서는 미처 복원하지 못하였고, 이러한 이유로 후세 유자들은 대체를 거론할 때는 당우삼대를 논하지만 절목과 시행에서는 진한 이래의 속규들뿐이었음을 지적하였다.

문제는 이러한 잘못된 것들을 천하 사람들이 편안히 여겨 다시 경계·공거·학교·군제와 같은 것을 연구하지 않으니, 그 대체를 거론하면 밝게 아름다운 말들을 나열하지만 구체적인 시행에서는 기존의 잘못된 규례를 답습한다는 것이었다. 이렇게 되어서는 선왕의 정치를 회복할 날이 없을 것이며, 이 때문에 유형원이 《반계수록》을 편찬하였음을 홍계희는 영조에게 상세히 말하였다.

상수를 말단적인 것이라고 비하하고 사서(四書)의 의리강명(義理講明)과 학문의 대체를 중시하였던 이재의 문하에서 그는 세세한 절목과 구체적인 경세학을 중시하였다. 그가 이재 문하에서 파문당하였던 이유에는 이러한 학문 경향의 차이도 일부 연유하였음을 추론할 수 있다. 홍계희가 이재의 제자인지를 묻는 정조의 물음에, 조중회(趙重晦; 1711~1782)는 홍계희가 이재의 제자가 아니라는 사실을 증명하기 위해 '균역 한 가지 일로 보더라도 어찌 문정공(文正公; =李縡)이 가르쳤겠습니까'라고 대답한 바 있다.274) 조중회의 이 말에서 이재와 홍계희가 가졌던

---

273) 위의 글, 270~272쪽.
274) 《正祖實錄》 卷1, 正祖 즉위년 5월 26일(丙申).

학문 경향의 차이를 이해할 수 있다.[275] 이재와 조중회에게 제도변통론은 단지 말무(末務)일 뿐이며, 중요한 것은 군주와 조정대신들의 마음가짐이었던 것이다.[276]

이러한 학문의 차이는 홍계희의 상수학 연구에서 비롯되었다. 홍계희가 심취하였던 상수학은 '이'(理)의 구체적 발현으로서 수(數)의 가치를 매우 중요시하고 있었다. 다음은 소옹 상수학을 계승 발전시켰던 송대 채침(蔡沈; 1167~1230)의 말이다.

성인은 '이'(理)로 인하여 수(數)를 드러내고 천하는 수로 인하여 '이'를 밝힌다. 그렇다면 수는 성인이 천하·후세를 가르치는 소이인 것이다.[277]

물(物)에는 법칙이 있으니 수(數)는 천하 물의 법칙을 다하는 것이다. 사(事)에는 그 이치가 있으니 수는 천하 사의 이치를 다하는 것이다. 수에 깨달음이 있다면 물의 법칙과 사의 이치는 존재하지 않음이 없을 것이다. 수에 밝지 않다면 선에 밝지 않는 것이며, 수에 정성을 기울이지 않는다면 자신에게 정성을 기울이지 않는 것이다.[278]

채침은 성인은 '이'로 인하여 수(數)를 드러내고, 천하는 수로 인하여

---

275) 이재는 홍계희가 균역법을 결의할 초에 준엄히 책망하였다고 한다. 黃胤錫,《頤齋亂藁》5(한국정신문화연구원, 1999) 卷29 己亥(1779) 5月 초6日(己丑) 518쪽, "洪之一生 都是矯情 當其決議均役之初 寒泉已以書峻責".

276) 다음과 같은 문제의식에서 예를 볼 수 있다. 黃胤錫,《頤齋亂藁》2(한국정신문화연구원, 1995) 卷13 己丑(1769) 卷13 己丑(1769) 11月 初2日(庚辰) 606~607쪽, "昨日柳上舍言……君心未格 朝廷未正 百官未有奉行 而敎化之原旣壞 廉恥之防亦喪 上下之間 惟利是征 雖有周官法度 亦安用之 我國新法之行 亦不一矣 如均役一事 猶未見實效".

277) 蔡沈,《洪範皇極》內篇 中.

278) 위와 같음.

‘이’를 밝힌다고 전제한 뒤, 수라는 것은 성인이 천하·후세를 가르치는 소이라고 하였다. 나아가 사물에는 법칙과 이치가 있으니 수라는 것은 천하 사물의 법칙과 이치를 극진히 할 수 있는 수단이라고 하였다. 그러한 이유로 수에 깨달음이 있다면 사물의 법칙과 이치를 훤하게 알 수 있으며, 수에 밝지 않고 정성을 기울이지 않는다면 선(善)에 밝지 않을 것이며 자신에게도 정성을 기울일 수 없을 것이라고 그 효용에 대해서 말하였다.

이 말은 ‘이’와 수의 관계를 잘 설명해 준다. 즉, 추상적인 ‘이’는 구체적인 수를 통해서 세상에 드러나는 것이다. 예의삼백(禮儀三百)과 위의삼천(威儀三千)과 같은 세세한 절목들이 모두 천도(天道)의 유행인 것처럼[279] 성인의 ‘이’는 수를 통해서 비로소 구체적으로 세상에 표현될 수 있다. 여기에 상수학이 갖는 경세학적 의미가 담겨 있다. 상(象)과 수(數)는 추상적인 ‘이’를 세상에 드러내는 구체적인 수단이었다. 여기에서 홍계희가 애써 이야기하였던 구체적인 도수와 절목들이 갖는 의미를 이해할 수 있다.

홍계희가 강조하였던 상세한 절목들은 곧 수를 의미하였다. 위치(爲治)의 대체를 의미하는 ‘이’는 이미 공맹정주 등의 제현들을 통해서 발휘되었기에 이제는 그것을 온전히 세상에 드러낼 수 있는 구체적인 도수와 절목들이 필요함을 말하고자 하였던 것이다. 이러한 인식에서 그는 유형원의 《반계수록》을 주목하였다. 그가 영조에게 《반계수록》이 비록 당우삼대의 위치 절목과 모두 합치되지는 않겠지만, 만약 상세한 절목을 구하고자 한다면 이만한 책이 없을 것이라고 자신 있게 이야기하였던 것은 이러한 의미맥락 속에서 이루어졌던 것이다.[280]

---

279) 위의 책, "禮儀三百 威儀三千 皆天道之流行也".

홍계희가 '이'를 구체적으로 실현하기 위한 방법으로서 수와 같은 세세한 절목과 도수를 중시하는 과정을 밟아갔던 데 비해, 그가 사숙하였던 유형원은 기수(氣數)에서 '이'를 중시하는 방향으로 나아갔다. 이것은 그들이 기반한 학풍의 차이에서 말미암는다. 홍계희가 속해 있던 이재의 학풍이 기본적인 도덕윤리를 중요시하는 학문 경향을 가졌다면, 유형원의 학문 연원은 북인 계열의 기수를 중시하는 학풍 속에서 발전되었기 때문이다. 다음 유형원의 이기론 이해의 변화과정을 살펴보면, 그가 북인 학풍을 배경으로 어떠한 학문의 변화과정을 겪었는지 알 수 있다. 그리고 이로써 결국 홍계희와 유형원이 '이와 수의 균형'이라는 같은 귀결점을 향해 다가가고 있었음을 확인할 수 있다.

일찍이 유형원의 행장을 찬(撰)한 오광운은, 그의 이기론과 경설들을 본다면 《반계수록》이 근본을 가지고 있음을 알게 될 것이라고 말한 바 있다.281) 오광운의 이 말은 이기론과 경설이 《반계수록》을 배태한 근본 소이임을 말하고자 한 것이다. 오광운의 말을 따른다면 《반계수록》의 수많은 조목들을 이해하기 위해서는 그것이 어떠한 의도에서 성립되었는가 하는 사상적 배경에 대한 이해가 선결과제가 될 수밖에 없다.

앞서 언급하였듯이 유형원은 기수에서 '이'를 강조하는 방향으로 그 관심이 옮겨가고 있었다. 유형원은 이기론에 대한 자신의 생각이 변하였다는 사실을 고백하면서, 그 전까지 가졌던 이기론 이해를 다음과 같이 요약해서 설명하였다.

280) 柳馨遠, 《磻溪雜藁》(여강출판사, 1989) 附錄 〈傳〉(洪啓禧 撰), 272쪽, "其所條例 雖未必其悉合於唐虞三代爲治之節目 而若於大體之外 欲求其節目之詳 則未有如此書".
281) 柳馨遠, 《磻溪雜藁》(여강출판사, 1989) 附錄 〈行狀〉(吳光運 撰), 238쪽, "覽公理氣總論論學物理經說等書然後 知隨錄之有本 而天德王道之不二也".

세상에 가득 찬 것은 기(氣) 아님이 없습니다. 그 왕래(往來), 승강(升降), 합벽(闔闢), 취산(聚散)하는 것은 기이며 그 왕래·합벽·승강·취산 하도록 하는 소이는 '이'입니다. 비록 기를 '이'라고 인식하지는 않지만 기 밖에 '이'는 없는 것입니다. '이'는 단지 기의 '이'입니다. 종전의 소견 은 한결같이 이와 같았으니 혹 사물에 징험해 보면 더욱 그러함을 볼 수 있었습니다. 물(物)의 소이연은 곧 사(事)의 소당연이며, 소이연이라는 것 은 지순(至順)의 이치 아님이 없는 까닭에 소당연이라는 것은 지선(至善) 의 도(道) 아님이 없는 것입니다. 성명(性命)의 이치는 진실로 이와 같을 따름입니다. 이로써 여러 경서들을 읽으니 합치되지 않음과 끝내 두루 미치지 않음을 보지 못하였습니다. 왕왕 소강절(邵康節)의 책을 읽으니 저도 모르게 즐거웠으니 '질연'(秩然)하는 것이 있는 듯하였습니다. 나정 암(羅整菴)과 서화담(徐花潭)의 논의에서는 의심이 없지는 않았지만 또한 그렇지 않음을 명확히 하지는 못하였습니다.[282]

그는 종전에 자신이 기를 '이'라고 인식할 정도는 아니었으나 기 밖에 '이'는 없고, '이'는 단지 기의 '이'일 뿐이라고 생각하였음을 말하였다. 나아가 자연세계의 물의 소이연과 인간사의 소당연을 하나로 인식하였 다고 하였다. 이러한 생각을 가지고 소옹(邵雍)의 책을 읽으니 자신도 모 르게 기뻤고, 나흠순(羅欽順)과 서경덕(徐敬德)의 논의에서도 아주 의심 이 없지는 않았지만 대략 그 논의를 수긍할 수 있었다고 설명하였다. 이러한 인식은 소옹학 속에서 특징적으로 나타나는 '자연의 이치로써 인간 사회도 연역해서 파악하는' 사유방식을 그대로 따르는 것이었고, 의심할 여지없이 소옹과 서경덕을 종주로 삼는 북인 학풍에 영향 받은 것이었다.

---

282) 柳馨遠, 《磻溪雜藁》(여강출판사, 1989) 〈與鄭文翁東稷論理氣書〉, 72쪽.

유형원의 이러한 생각이 변한 것은 주희의 논설들을 읽으면서부터였
다. 그는 주희의 논설들을 읽으면서 기존에 가져왔던 생각들을 의심하
게 되었고, 이에 다시 〈계사전〉(繫辭傳)과 주돈이(周敦頤), 이정(二程)의
책들을 읽다가 깨달음을 얻었음을 고백하였다.[283] 그 깨달음은 '이'의 가
치를 새롭게 발견하는 것이었다. 그는 이기는 원래 혼융무간(渾融無間)
하여 비록 기 밖에 '이'가 없지만 그렇다고 해서 '이'가 기로 인하여 존재
하는 것은 아니라고 하였다. 이것은 기를 넘어서 존재하는 '이'의 가치를
새롭게 부각하여 강조하는 것이었다. 그러면서 그는 모든 천지만물·성
명인의·예악형정의 소이로서 '이'를 강조하고자 하는 면모를 새롭게 보
였다.[284] 이는 예전에 그가 '이'를 '기의 조리(條理)' 정도로 파악한 것과
는 사뭇 다른 인식이었다.

이러한 사유의 변화에는 인조반정으로 인한 광해군대 북인의 몰락이
중요한 역사적 배경으로 작용하였던 것으로 보인다. 북인들의 소옹학
이해에는 지나치게 자연법칙인 물리(物理)를 중심으로 인간의 이치인 사
리(事理)를 파악하면서 인정과 상식에 어긋나는 결정을 내릴 수 있는 소
지가 있었다. 즉, 자연법칙만 강조한 나머지 사람들의 당위적인 정서를
무시할 수 있는 위험성이 내포되었던 것이다.[285]

유형원의 이기관 변화에는 이러한 북인 상수학 이해에 대한 반성의
의미가 담겨 있었다. 소옹학 속에는 하학(下學) 공부가 부재하다는 그의
지적은 이러한 학문적 반성과 성찰을 함축적으로 보여준다.[286] 그는 주
희의 글을 접하고 〈계사전〉과 주돈이·이정의 글을 읽으면서 '이'의 존

283) 위의 글, 73쪽.
284) 위와 같음.
285) 정호훈, 2004, 《조선후기 정치사상 연구—17세기 북인계 남인을 중심으로》, 혜안,
   125~126쪽.
286) 柳馨遠, 《磻溪雜藁》(여강출판사, 1989) 〈與鄭文翁東稷論理氣書〉 別紙, 83쪽.

재를 새롭게 자각해 나갔다. 그는 사물의 조화에서 이기가 혼융무간하기에 기를 '이'라고 인식하기 쉽지만 이기의 분변은 분명한 것이니 만약 단지 '이를 기의 이'라고 해버린다면 인의는 기인가 '이'인가 반문하였다.287) 기존 방식대로 '이'를 단지 '기의 이(=條理)'라고 단정해 버릴 경우 인의와 같은 인간의 당위적인 정서가 무시될 수 있음을 깨달았던 것이다.288)

유형원은 북인들의 '이를 간과한 기수지학(氣數之學)'의 문제점을 인식하면서 기수의 배후에 사실 '실리'(實理)가 있다는 실리론을 새롭게 주장하였다.289) 그의 실리론은 기존에 기수를 중시하던 것에서 새롭게 '이'를 강조함으로써 이들 사이의 균형을 지키고자 하는 의도에서 나왔다고 볼 수 있다.290) 이것을 달리 표현하면 기존의 법제와 도수를 어떻게 인정과 상식인 '이'에 포섭할 것인가 하는 문제로 말할 수 있었다.291)《반계수록》은 이러한 고민들의 연장선에서 나왔다.

이러한 측면에서 유형원의 변화된 이기론은 소옹 상수학 속에서 보편적인 원리인 '일리'를 발견하고자 하였던 17세기 중반 서울·경기 지역 서인들의 학문 경향과도 흡사한 모습을 띠었다.292) 그들에게는 모두 '이'

---

287) 위의 글, 80쪽.

288) 이러한 점에서 그는 '이'를 단지 기의 '이'라고 말해버리면 '이'의 본원을 가려 성명(性命)의 근원을 볼 수 없게 된다고 말하였다. 위의 글, 80쪽, "謂理只是氣之理 亦無不可 然才謂氣之理時 終是氣邊意思 便重掩了理之本原 今人見不得性命之原".

289) 위의 글, 78~79쪽.

290) 이러한 측면에서 볼 때 유형원이 '이'를 '실리'라고 표현한 것은 자신이 기존에 사용하였던 기의 조리로서의 '이' 관념과 구분하면서 좀더 그 의미를 강조하기 위해 '이' 자 앞에 실자(實字)를 붙인 것이 아닌가 생각된다. 이는 다음에서 살펴볼 수 있다. 위의 글, 81쪽, "程子曰 此理甚實 此言向也心固然之曰 理固是實理 如此看過而已 今乃覺得理是至眞至實 若非至實 無以爲理 眞是喫緊喫緊語也".

291) 정호훈(2004), 214~215쪽.

292) 유형원은 다음과 같이 직접 '이일'(理一)을 강조하였다. 柳馨遠,《磻溪雜藁》(여강출

와 수의 균형을 지켜서 학문과 의리의 대체(=理)와 세세한 절목(=數)의 균형을 유지하고자 하는 사유가 나타나고 있었다. 인조반정 이후 소옹학에 관심 가졌던 학인들 가운데 많은 사람들이 기존 북인들의 기수 중심의 소옹 상수학 연구에서 벗어나 '이'와 수의 균형을 염두에 두면서 구체적인 경세학에 몰두하였던 것은 이러한 사상적 배경에서 이루어졌던 것으로 보인다.

그리고 홍계희가 기본적인 윤리도덕(=理)을 중시하는 이재 문하에서 상수학 연구를 통해 구체적인 경세학(=數)에 치중하였던 것도 '이'와 수의 균형을 도모하고자 하였던 노력으로 이해할 수 있다. 이러한 홍계희의 경세치용적 학문 경향은 그 뒤 상수학에 관심을 가지며 경제지학·명물도수지학을 발전시켰던 홍대용·황윤석·박지원·이덕무·박제가·서명응(徐命膺; 1716~1787)과 서형수(徐瀅修; 1749~1824) 등의 학인들에게 계승되었다.[293]

한편, 홍계희의 구체적인 경세론 주장 속에는 유형원의 입론처와 흡사한 점들이 발견된다. 대표적인 것은 홍계희가 주장한 결포(結布)의 논리였다. 홍계희는 다음과 같이 말하였다.

당나라 백성에게 세금을 거둔 것이 세 가지가 있으니 조(租), 용(庸), 조(調)입니다. 지금 이 신역(身役)은 용의 종류입니다. 이미 전지(田地)에서 조를 수세하고 또 전지에서 용을 수세하니 진실로 추가로 세금을 부과하는 것 같지만 이것은 그렇지 않은 것이 있습니다. 옛적의 조·용·조를 수세함은 백성의 재산을 마련함이 법도가 있었기에 각각 전지를

판사, 1989), 〈與鄭文翁東稷論理氣書〉別紙, 84쪽, "理一故能萬殊 若二則安能萬殊而各不失其常也 分之殊 雖氣有不濟而然 然於此可見理之一". 서울·경기 지역 서인들이 소옹학 이해에 대해서는 이 책의 1.2.1 참조.
293) 이들의 학문에 대해서는 유봉학(1995), 100~124쪽 참조.

받음이 있었습니다. 전지 1경(頃)을 받은 이후에 조를 납부하고 용을 납부하고 조를 납부함은 진실로 전지에서 나온 소득을 근거로 하였으며, 용과 조도 또한 일찍이 전지가 없는 백성에게 수세하지 않았습니다. 우리나라 양역(良役)의 폐단은 단지 전지가 없는 자가 많은 수효를 차지한다는 데 있습니다. 전지가 없이 고용되어 일을 하는 무리로써 양군(良軍) 2필의 역에 응하게 되니 폐단이 어찌 생기지 않겠으며, 백성이 어찌 곤궁하지 않을 수 있겠습니까? 지금 그 폐단을 바로잡고자 한다면 전지를 위주로 하는 것 만한 것이 없습니다.294)

홍계희는 자신이 주장한 결포의 논의가 추가로 세금을 부과하는 것이 아님을 설명하기 위해서 원론적인 것에서부터 따져갔다. 그는 예전의 신역(身役)은 모두 전지(田地)에서 나온 것이며, 전지가 없는 백성에게는 신역을 거두지 않았다는 사실을 언급하였다. 그러면서 지금 양역(良役) 폐난의 궁극적인 원인은 전지가 없는 백성들에게 신역을 거두는 데 있다고 하면서, 이럴 경우 어떻게 폐단이 생기지 않을 수 있겠는가 반문하였다. 그러한 이유로 폐단을 바로 잡기 위해서는 전지를 기준으로 개혁론을 구상해야 한다고 주장하였다. 결국 자신의 주장인 결포가 옳다는 것이었다.

'전지를 기준으로 한다'는 문제의식은 홍계희 자신이 정리한 《반계수록》의 입론처와 같다. 홍계희는 "조화의 이치는 정(靜)을 주로 하니 성인의 정전법(井田法)이 땅을 통해서 사람을 균등히 한 것 또한 정으로 동(動)을 제어한 뜻"이라는 말에 특히 주목하였다.295) 이어 홍계희는 《반계

---

294) 《英祖實錄》 卷74, 英祖 27년 6월 2일(丁酉).

295) 柳馨遠, 《磻溪雜藁》(여강출판사, 1989) 附錄 〈傳〉(洪啓禧 撰), 263쪽, "造化之理 流行不已 動靜互爲其根 然嘿而觀之 其主處 必在於靜 聖人井田之法 本地而均人 亦由靜 制動之意也".

수록》은 토지를 근본으로 모든 경세론을 풀어간 것임을 언급하였다.[296] 그가 토지를 근본으로 결포를 주장한 것은 자신이 정리한 유형원의 이 러한 사유에 영향 받았다고 볼 수 있다.

또한 유형원에게서 보이는 개혁안의 특징은 국가 공공성의 확대, 국 가 경영에서 계량성과 합리성의 중시, 신분·직역 상호간의 균등성 강 화 등이었다.[297] 균역법은 기본적으로 국가재정의 확충과 합리적인 수 취체제의 확립에 있었지만,[298] 그것을 이루기 위한 방법으로《반계수 록》개혁안의 특징을 부분적으로 담지하고 있었다. 균역법에는 모든 백 성이 동일한 역을 져야 한다는 정신이 담겨 있었다. 홍계희는 국초에는 신역법이 매우 엄하여 위로 공경(公卿)의 아들에서부터 아래로 편맹(編 氓)에 이르기까지 각각 소속되지 않은 이가 없었다고 하면서 균역법이 나아가야 할 방향을 제시한 바 있었다.[299] 또한 영조는 균역법에 대해서 양민의 역을 모두 일필(一疋)로 고르게 하는 제도로서 대동지정(大同之 政)과 다를 바 없다고 평가하기도 하였다.[300]

한편 유형원은 국가의 공공성과 신분·직역의 균등성을 강조하면서, 적서의 차별을 폐지하고 노비도 '국민'(國民)의 영역에서 포섭하고자 하 였는데,[301] 이것은 낙론계 제도개혁론의 핵심적인 사안이라는 점에서 주목해야 할 대목이다. 낙론계는 국가 공공성의 확대와 균등성을 명분

---

296) 위의 글, 265쪽, "其書以田爲本 不畫井田之形 只求井田之實然後 敎士選才命官分職 頒祿制兵設郡縣之法 皆可自此以推".

297) 정호훈(2004), 223~233쪽.

298) 조선 후기의 양역(良役)이란 군사활동을 하는 입역(立役)보다는 국가재정을 뒷받침 하기 위한 징포로서 부세적인 측면을 강하게 지니고 있었다.(정만조, 1997,《한국사》 32, 국사편찬위원회, 103쪽)

299) 위의 책, 103쪽.

300) 위의 책, 160쪽.

301) 정호훈(2004), 229쪽.

으로 내세우면서 서얼소통과 내시노비제 개혁을 논의해 갔다. 이러한 관련성은 아마도 낙론 안에서 이루어진 자체적인 사상적 발전이《반계수록》의 경세적 입장과 일치하였다고 볼 수 있다.

3.3.2. 낙론과 내시노비제·서얼소통 논의

신분제는 조선왕조체제를 유지하는 가장 중요하고 복합적인 제도로서 토지소유 관계, 부세 문제, 사회통념을 비롯한 봉건적인 여러 관계를 폭넓게 반영하고 있었다. 그러므로 신분제의 운영은 그 지배 정권의 성격과 밀접한 연관을 가지며, 지배층은 정권의 안정과 체제 유지를 위해 시대의 변화에 따른 적합한 신분정책을 제시해야만 하였다.

18세기는 노비·서얼·중인 신분층의 문제가 사회적으로 중요한 관심의 대상이 되던 시기였다. 노비·서얼·중인 신분층은 18세기에 걸쳐서 실질적인 경제적 지위와 이에 따른 사회적 지위들을 일치시키려고 노력하였다. 이들 신분층에 대해서 명분론을 들어 제어해야 한다는 의견과, 이들의 요구를 어느 정도 수용하자는 의견이 서로 대립하였다. 호락논쟁에서 제기된 심성론은 이러한 사회적 상황에 일정한 영향을 끼쳤다.[302] 여기서는 낙론 성리학과 당시 논의된 신분 논의가 어떻게 연결되는지를 살펴보고자 한다.[303]

---

302) 호락논쟁이 존비·귀천과 같은 신분의 문제와 관련이 있음은 이미 다음 논문들에서 언급된 바 있다. 김준석, 1990, 〈한원진의 주자학 인식과 호락논쟁〉,《이재룡(李在龒)박사환력기념 한국사학논총》, 논총간행위원회, 604쪽; 임유경, 1991, 〈영조조 사가(四家)의 문학론 연구〉, 이화여대 박사학위논문, 11쪽; 오항녕, 1992, 〈17세기 전반 서인산림의 사상〉,《역사와 현실》8, 60쪽; 윤사순, 1999, 〈인성·물성에 대한 동이논변의 사상사적 가치〉,《퇴계학보》102, 25쪽.
303) 낙론의 '모든 사물의 본연지성은 같다'는 문구는 당시 하층민의 신분의식에 일정한 영향을 실제로 주었다. 다음은 이런 면을 잘 보여준다. 鄭來僑,《浣巖集》卷1〈盆菊

(1) 내시노비제 논의의 사상적 기반

기존 연구에서 노비제 개혁의 추이와 성격 문제는 중요한 관심의 대
상이었다. 이것은 노비제 개혁의 문제가 신분제로 대표되는 중세사회
해체와 깊은 관련성을 갖는다는 인식 때문이었다. 그러한 이유로 노비
제 개혁 논의의 추이와 성격에 대해서는 적지 않은 연구가 있었다.[304]
기존 연구들은 조선 후기 노비제 정책이 노비종모법(奴婢從母法), 신공
(身貢)의 감액(減額), 추쇄(推刷) 작업의 완화와 폐지, 정총법(定摠法) 실시,
면천(免賤)과 속량(贖良)의 확대 등을 통해서 점차 노비제를 완화시켜 주
는 방향으로 전개되었음을 지적한 바 있다. 그리고 중요한 이유로 국가
재정의 안정적 확충을 들었다.

이처럼 노비제 개혁 논의와 그 의의에 대해서는 많은 사실들이 밝혀
졌지만, 노비제 개혁 논의에 담긴 사상 배경에 대해서는 아직 연구가
부족한 실정이다. 앞서 언급하였듯이 신분의 문제는 그 사회의 토지소
유·부세 문제와 함께 사회통념과도 밀접한 관련성을 갖는다. 변화를
추동하는 것은 사회경제적인 문제지만 그 변화를 합리화하는 것은 사상
적인 영역에서 이루어지는 것이다.

吟) 其二, "온갖 풀들 그 본성은 다 같은 것, 자연의 조화는 냉열의 차이가 없다네.
다만 처한 형세가 달라 마침내 귀천이 나누어질 뿐이네.(百草同一性 造化無冷熱 直爲
處勢異 終令貴賤別)" 여기에서 중인 시인 정래교는 백초(百草)가 한 가지 본성을 가
지고 있음을 들어 그 평등성을 강조하였다. 이것은 낙론의 '모든 만물이 그 본성에서
는 동일하다'고 보는 시각과 흡사한 것으로, 정래교는 낙론의 동론을 빌려와 기존 신
분 관념에 이의를 표명하는 사상적 근거로서 사용하였다. 정래교는 낙론 계열이었던
남유용(南有容), 이천보(李天輔) 등과 깊은 친분이 있었다.

304) 조선 후기 노비 문제에 관련해서는 다음 연구들을 참조할 수 있다. 平木實, 1982,
《조선후기노비제연구》, 지식산업사; 전형택, 1989, 《조선후기노비신분연구》, 일조각;
김용만, 1997, 〈조선후기 노비층의 성장과 저항실태〉, 《조선시대 사노비연구》, 집문
당; 지승종, 1989, 〈조선후기 사회와 신분제의 동요〉, 《한국의 사회와 문화》 10, 한
국정신문화연구원; 김성윤(1997), 226~241쪽.

　노비제 문제의 핵심은 사실 국가재정의 확충에 있었지만, 그것을 어떻게 합리화하고 사회통념상 무리 없이 추진할 수 있을 것인가는 별개의 문제였다. 이 부분에서는 정조대 내시노비제 혁파 문제가 당시 집권층의 이념과 어떠한 관련성 속에서 진행되었는지를 살펴보고자 하며, 이 과정에서 낙론의 사유들이 어떻게 경세론에 응용되었는지를 추론해 보고자 한다.

　정조대 내시노비제 개혁 논의의 주요한 사상 명분이었던 '균시적자론'은 노비 문제뿐만 아니라 일련의 사회 정책의 사상 명분으로 쓰였다. 사실 적자론은 《중용》과 《서경》에서 보이는 '자서민'(子庶民), '보적자'(保赤子)에 기반하는 것으로 매우 전통적인 논의였다.[305] 하지만 이 적자론은 18세기 영·정조대에 이르러서 의미가 더욱 확장되고 자주 쓰였다. 영·정조대는 백성의 사회적 성장과 균역법·탕평정책 등으로 어느 때보다 '균'(均)의 관념이 강조되었기 때문이다. 신분의 차이와 당색의 차이로 야기되는 사회적 정치적 문제들을 해결하기 위해서는 왕의 위상을 강조할 수밖에 없었고, 자연히 왕의 입장에서 모든 구성원들을 동등하게 보려는 '균시적자' 관념이 이전 시대보다 더욱 부각될 수밖에 없었다.

　이 점은 '만천명월주인옹'(萬川明月主人翁)이라고 자부하며 모든 백성들을 균등히 대하려 하였던 정조에게 더욱 그러하였다. 정조가 신민(臣民)을 만천(萬川), 군주(君主)를 명월(明月)에 비유한 것은 명월이 만천을 고루 비추듯이 자신도 그들을 균등히 대하겠다는 의지의 표현이었다. 이는 모든 신민에 대한 군주의 직접적인 관계를 반영하는 것으로서, 모든 사람들이 군주를 보필해야 한다는 의미이기도 하였다. 이러한 맥락

---

305) 《中庸》 20章, "凡爲天下國家有九經 曰修身也 尊賢也 親親也 敬大臣也 體群臣也 子庶民也 來百工也 柔遠人也 懷諸侯也";《書經》卷8〈周書 康誥〉, "王曰 嗚呼 封有敍 時乃大明服 惟民其勅懋和 若有疾 惟民其畢棄咎 若保赤子 惟民其康乂".

에서 만천명월주인옹 관념과 균시적자 관념은 서로 통한다.

균시적자 관념이 강조되던 때 낙론적 사유는 그것과 긴밀한 연관성을 가질 수 있었다. 노론 안에서 균시적자론을 주장하면서 정조대 내시노비제 혁파에 대해 직접 언급하거나 암묵적으로 동의한 사람은 대체로 낙론계 학맥을 갖는 시파 계열 중심이었다. 구체적으로 김문순, 이명식(李命植; 1720~1800), 이병모(李秉模; 1742~1806), 조진관(趙鎭寬; 1739~1808), 박종악(朴宗岳; 1735~1795), 서유린, 정민시(鄭民始; 1745~1800), 박지원 등이었다. 반면 호론을 정치적 이념으로 삼았던 벽파 계열 즉, 김종수·심환지·이서구 등은 내시노비제 혁파에 대체로 부정적이었다.306)

낙론의 사상구조는 낙론계 위정자들로 하여금 균시적자론을 통한 내시노비제 혁파를 비교적 자연스러운 것으로 인식하게 하였다. 이것은 낙론계 심성론과 균시적자론과의 친연성을 의미한다. 낙론계 심성론과 균시적자론의 사상구조를 살펴보면 다음과 같다. 낙론계는 태극(太極)과 오상(五常)을 통해서 천(天)과 인(人)과 물(物)을 관통하는 하나의 보편적 원리[一理]가 존재함을 상정하였다.

그들은 본원적인 입장에서 보면 인과 물, 성인과 범인은 동등할 수 있다고 여겼다. 이것은 맹자가 말한 성선의 본지를 되살리는 것이라고 주장하였다. 여기에는 당시 제기된 균시적자론이 가졌던 사상적 배경의 일단이 있었다. 천리라고 하는 본원적 견지에서 보면 천리가 모두 갖추

---

306) 내시노비제 혁파에 긍정적인 반응을 보였던 사람들 가운데에는 시파가 대부분이었다. 김성윤의 지적처럼 노비제 혁파 논의 과정에서 노론·소론·남인 모두가 당색에 따라 한 가지 입장을 견지한 것이 아니었으며, 당색 내부에서도 찬반 양론이 병존하였다. 이 책에서는 노론 내부에서 찬반 양론의 사상적 근거를 밝히는 데 주안점을 두고자 한다. 노론 가운데에서 낙론계가 주류였던 시파에서는 노비제 혁파에 대해서 비교적 긍정적인 자세를 보였고, 호론계가 주류였던 벽파 계열에서는 노비제 혁파에 대해서 대체로 부정적인 의견을 내세웠다.[김성윤(1997), 238~241쪽 참조]

어진 인과 물은 모두 물로서 동등한 입장에 있다. 이러한 낙론계 사상을 발전적으로 잘 보여준 것이 홍대용과 박지원의 다음 언급이었다.

인(人)의 입장에서 물(物)을 보면 인이 귀하고 물은 천하며, 물의 입장에서 인을 보면 물은 귀하고 인은 천하니 천(天)의 입장에서 보아야 인과 물은 균등하다.…… 그런데 지금 너는 어찌 천의 입장에서 물을 보지 않고 오히려 인의 입장에서 물을 보느냐?307)

대저 천하의 이치는 하나이다. 호랑이가 진실로 악하다면 인성 또한 악하다. 인성이 선하다면 호랑이의 성 또한 선하다.…… 천이 명(命)한 바로써 본다면 호랑이와 인은 이에 물의 하나일 뿐이다. 천지가 물을 낳는 마음으로 논하자면 호랑이와 메뚜기, 누에, 벌, 개미와 사람이 모두 함께 길러졌으므로 서로 거스를 수 없다.308)

천(天)이라는 보편적 입장을 통해 인과 물을 모두 같은 물로서 보는 홍대용과 박지원의 위와 같은 사유는, 이미 다른 낙론계 학자들의 사유 속에서 그 발상의 근원을 찾을 수 있다.

임성주(任聖周)는 "천지의 입장에서 말한다면 매와 물고기는 곧 사물이지만 인의 입장에서 말한다면 사물은 매와 물고기이다"309)고 하여 천지와 인의 입장을 구분하여 설명하려고 하였다. 천지라고 하는 보편자적 입장에서는 매와 물고기는 곧 모두 사물로서 균등하게 인식되지만, 인이라고 하는 상대적 입장에서 보면 사물은 다시 매와 물고기처럼 분

---

307) 洪大容, 《湛軒書》 內集補遺 卷4 〈毉山問答〉.

308) 朴趾源, 《燕巖集》 卷12 〈虎叱〉.

309) 任聖周, 《鹿門集》 卷13 雜著 中庸13章, "自天地而言則鳶魚卽是事物 自人而言則事物卽是鳶魚".

별적이고 차별적인 대상이 된다는 설명이다. 어용빈(魚用賓) 또한 "천지로부터 말한다면 거사(居士)는 곧 일물(一物)이며 사람으로부터 논한다면 거사는 곧 거사이다"[310]라고 하여 홍대용·박지원의 사유와 비슷한 발상을 전개시키고 있었다.

이러한 낙론의 사물인식에 영향 받은 홍대용과 박지원의 "하늘로부터 본다면 인과 물이 모두 다 같은 물이다"는 언급은 '임금의 견지에서 본다면 일반 백성과 노비는 다 같은 적자이다[均是赤子]'는 내시노비 정책 찬성자들의 논리와 연결될 수 있었다. 즉, 왕이라는 보편자적 입장에서 백성을 균등히 보려는 입장과 논리구조에서 상통하는 것이다.

유생(儒生)들에게 호전(戶錢)을 부과하려는 과정에서 이에 반대하는 유생들에게 영조는, "백성은 너희들 입장에서 보면 남과 나의 구별이 있겠으나 내 입장에서 보면 이들은 균등히 나의 적자이다"[311]라고 언급하였다. 정조 또한 노론이든 소론이든 "위에서 본다면 균등한 한 집안의 사람이고 다 같은 동포이다"[312] 하였고, 관동의 흉년으로 고심할 때에도 "조가(朝家)에서 보기에 관동 백성이나 영남 백성이나 다 같이 나의 적자들이다"[313]라고 한 바 있다. 이것은 낙론의 사유구조와 균시적자론의 사유구조가 그 논리적 친연성을 가지고 있음을 보여준다 할 것이다.

낙론이 시도한 경전 해석을 통해서 균시적자론과의 관련성 문제를 더욱 구체적으로 살펴볼 수 있다. 논쟁 과정에서 호론과 낙론 사이에 해석이 문제가 되었던 《중용장구》(中庸章句) 제1장의 주석 "사람과 사물이 생겨나는 데에서 각각 부여된 바의 이치를 얻어서 그것으로써 건순오상

---

310) 魚用賓, 《弄丸堂集》 卷5〈東駱居士自序〉, "自天地言之 則居士卽一物也 自其人論之 則居士卽居士也".
311) 《英祖實錄》 卷71, 英祖 26년 7월 3일(癸卯).
312) 《正祖實錄》 卷2, 正祖 즉위년 9월 22일(庚寅).
313) 《正祖實錄》 卷16, 正祖 7년 10월 16일(甲戌).

의 덕을 삼으니 이른바 성이다"(人物之生 因各得其所賦之理 以爲健順五常
之德 所謂性也)에서 '각득'(各得)을 호론이 문자 그대로 '각각 차별적으로
얻었다'고 해석하여 인물성부동의 증거로 삼았던 데 반해, 낙론은 이것
을 '개득'(皆得; 모두 얻었다)의 의미로 해석하였다.

　　각득(各得)의 각자(各字)는 인과 물이 각각 얻었다는 것을 말하는 것이
아니라 인과 인, 물과 물이 각자 모두 얻었다는 것을 말하는 것이다. 김
성(金姓)의 사람 또한 이 성(性)을 얻고, 이성(李姓)의 사람 또한 이 성을
얻고, 물 또한 이 성을 얻은 것이니 이것이 어찌 각득(각자 모두 얻었다)
이 아니겠는가?[314]

　　(박윤원은) 자기 수중의 부채를 가리켜 말하기를, "내가 하나의 부채
를 가지고 있고 그대가 하나의 부채를 가지고 있고 저 사람이 또한 하나
의 부채를 가지고 있다. 세 사람이 각각 그 부채를 가지고 있으니 그 부
채는 동일한 것이다. 각자는 단지 개자(皆字)의 뜻이니 어찌 각자를 가지
고 성이 부동한 증거로 삼을 수 있겠는가?"[315]

　　김원행은 각득의 '각자(各字)'는 사람과 사물이 각각 얻었다는 것을 말
하는 것이 아니라 사람과 사물이 각자 모두 얻은 것이라고 하였다. 박윤
원은 부채를 가리키면서, 내가 하나의 부채를 가지고 있고 그대가 하나
의 부채를 가지고 있고 저 사람이 또한 하나의 부채를 가지고 있다면,
사람들 각자가 부채를 얻어 가졌지만 그 부채 자체는 동일하다고 하면서
'각자'는 '개자'(皆字)의 뜻이라고 하였다. 인과 물이 천에게서 모두 같이
얻어 성을 이룬다는 김원행과 박윤원의 이러한 발상은 '민이라면 왕의

---

314) 金元行, 《渼湖全集》(여강출판사, 1986) 〈渼上錄〉, 429쪽.
315) 朴胤源, 《近齋集》 卷32 〈語錄〉.

은택을 모두 똑같이 받는다'는 논리와 구조상 일치하는 것이다.

정조의 유지를 받들어 내시노비제 혁파와 서얼소통을 관철시켰던 윤행임(尹行恁)과 정조의 다음과 같은 경학문답은 '각득'을 '개득'이라고 보는 김원행과 박윤원의 의견과 합치하였다. 윤행임은 애초 호론 사상에 깊은 영향을 받았다.[316] 따라서 윤행임은 '인과 물이 각득하였다'는 부분에서의 각자를 기존에 자신이 가졌던 호론의 논리대로 '불일'(不一)의 뜻으로 풀었다. 그러자 정조는 다음과 같이 말하면서 '균분'(均分)의 뜻으로 풀어야 함을 가르쳤다.

> 너의 편지에 각(各)을 '불일'(不一)이라고 푼 것은 의심이 나서 조목조목 물어야 할 것이 있다. 나의 뜻은 너의 뜻과는 다르니 이 각자는 각색각양이라는 의미의 각각 얻었다는 뜻과는 다른 것이다. 하늘이 이 이치를 만물에 균등히 분배하였으나, 사람은 온전히 갖추어서 스스로 그것을 밝히고 물(物)은 치우치게 얻어 간혹 그것을 통한다. 그러나 이와 같

---

316) 윤행임은 처음에는 호론 사상에 깊은 영향을 받고 있었다. 이러한 흔적은 그의 문집인 《석재고》(碩齋稿)에 산재한다. 윤행임은 성자(性字)와 심자(心字)의 뜻을 밝히면서 성자에서 기질의 의미를 강조하였고, 심을 순선(純善)하다고 파악하는 것은 불씨(佛氏)의 이른바 소소영영(昭昭靈靈)이라고 비판하였고(尹行恁,《碩齋稿》卷7〈答郭季行(守健)〉, "[性字之義]······程子曰 論性不論氣不備 張子曰 合虛與氣 有性之名者是也 所謂氣質之性 非於天命之外 別有一性也 只是在氣質中 [心字之義] 心卽盛貯該載之器 而所謂虛靈知覺者氣也 非理也 把心爲純善 則佛氏所謂昭昭靈靈是也"), 인·물과 유·석의 엄격한 구분을 주장하였다(尹行恁,《碩齋稿》卷7〈答或人〉, "吾儒本天 釋氏本心 而一種認心爲性之言行 而儒釋無分矣 人物各得所賦之理 以爲性各循其性之自然 各有當行之路 而一種人物性同之言行 而人物無別矣 儒釋之無分 人物之無別 而吾道無可章之幾 斯文有將墜之憂矣"). 그러나 그는 자신의 선인(先人)은 남당(南塘) 한원진(韓元震)과 한천(寒泉) 이재(李縡)의 은덕을 동시에 입었고, 심성 논변은 자신이 감히 논할 수 없는 것이라고 하였다. 그러므로 자신은 선인선사(先人先師)의 논의를 지킬 뿐이라고 해서 중도적인 입장을 가지고자 함을 밝혔다.(尹行恁,《碩齋稿》卷7〈答或人〉, "南塘吾先人及門之師也 寒泉吾先人贊冠之賓也 不肖祗奉先訓導我兩先生 不翅若魁斗 至如心性岐異之卞 如愚末學 何敢輕議 但守先人先師之定論而已")

이 전(全)과 편(偏)이 마치 불일(不一)한 것과 같은 것은 천명(天命)이 사람에게 이와 같이 부여하고 물에게는 저와 같이 부여하기 때문에 생긴 것이 아니다. 나누어 주는 것은 진실로 같으나 받는 것은 차이가 있으니 기(氣)에 의해서 부리는 바 때문이다. 그대가 만약 '균분'의 뜻으로 인식한다면 각자의 뜻은 저절로 마땅히 환히 드러날 것이니, 대저 이 이치는 처음에는 한번 흩어져서 만(萬)이 되고 다시 일(一)로 합하는 것이다. 천자는 그것을 법칙 삼아 오서(五瑞)를 오등제후(五等諸侯)에게 나누어 주니 조회할 때에는 그 나누어 준 바의 것들을 모아 천자의 모규(瑁圭)로써 합하여 그 신표를 징험한다.…… 그러므로 '일리는 모규요 성은 오서이며, 제후에게 나누어 주는 것은 마치 그 성을 각각 부여하는 것과 같으며, 모아 합하여 착오가 없는 것은 그 성을 다한다는 것과 같다'고 말한 것이다. 이와 같다면 만국의 옥(玉)은 모두 사촌의 모(瑁)에서 나오는 것이니 이 모를 가지고 징험하는 것은 오직 한 사람이다. 지금 만국 오등(五等)의 환규(桓圭), 포벽(蒲璧) 등이 각각 그 제(制)를 달리하나 또한 나누어 준 것이 불균(不均)해서 그렇다고 말할 수 있겠는가? 일관(一貫)의 뜻과 만천(萬川)의 비유는 내가 이에 대해서 차이가 없다.[317]

정조는 윤행임에게 '각자'는 '불일'이 아니라 '균분'의 뜻이라는 점을 분명히 하였다. 정조의 해석은 앞서 살폈던 김원행·박윤원의 경우와 같은 맥락이다. 김원행과 박윤원이 부여받는 입장에서 '개득'이라고 해석한 데 비해 정조는 나누어 주는 입장에서 '균분'이라고 해석하였다. 정조는 천을 자신에게 비유하면서 모규(瑁圭)를 본원적 일리(一理)에, 오서(五瑞)를 물에 부여된 '이' 즉, 성으로 인식하였다. 그리고 그것이 합하여 착오가 없는 상태를 부여한 그 성을 다하는 것[盡其性] 즉, '인과 물에

---

317) 尹行恁, 《碩齋稿》 卷6 〈曾傳秋錄〉.(이 글은 正祖, 《弘齋全書》 卷126 〈曾傳秋錄〉 에도 수록되어 있다.)

부여된 성이 천이 명한 바대로 드러나는 것'으로 여겼다. 정조는 천과 인·물의 관계를 왕과 신의 관계로 환원하여 이해시키려고 한 것이다. 그리고 그 과정에서 얻어질 왕과 신·민의 새로운 관계 정립을 목표로 하였다고 볼 수 있다. 정조는 만천명월의 비유로 어느 당파, 어느 백성이든지 한결같은 은택을 베풀겠다고 언명하였다. 이 비유는 낙론과 같은 논리 구조를 가지고 있었다.

정조는 탕평군주로서 어느 성리학 이론에 분명히 동조하는 입장을 드러낼 수 없었다. 그가 호락논쟁의 평가에 매우 조심스러웠던 것도 이러한 이유 때문이었다.[318] 하지만 부분적인 언설들을 통해서 보면 그는 낙론에 기울었음을 알 수 있다. 정조는 '천성(天性)은 성인이나 범인이 모두 같으나, 기질의 품부는 지나치고 미치지 못하는 차이가 있으니 수도(修道)한 뒤에야 천성을 회복할 수 있다'[319]고 하였으며, 《정음통석》(正音通釋) 서문에서는 '고금(古今), 화이(華夷) 없이 이 마음과 이 이치가 같은 까닭에, 배운다면 성인과 군자가 될 수 있다'고 하였다.[320] 이와 더불어 정조의 '만천명월론'은 낙론이 강조하고자 하였던 사상 목표와 일치하였다. 낙론 계열 학자들은 낙론의 성리설을 설명하면서 '만천동일월'(萬川同一月)이라는 비유를 실제로 사용하였다.[321]

이러한 점에서 볼 때 물론 제한적이지만, 정조의 성리학 사상은 낙론과 부합하는 바가 많았다고 말할 수 있다. 정조는 낙론계 산림의 핵심이

---

318) 正祖, 《弘齋全書》 卷165 日得錄 文學.

319) 《英祖實錄》 卷114, 英祖 46년 2월 23일(庚午).

320) 正祖, 《弘齋全書》 卷9 〈正音通釋序〉, "其不變者 惟此心此理在耳 無今古無華夷 此心同此理同 故有不學 學則可以至於聖人君子".

321) 《不易言》 卷1 〈書南塘寒泉詩跋後〉(癸亥 南至日 晋山 姜鼎煥), "萬川同一月 五色本一水 有見乎此 則可以知本然氣質之分矣 本然者渾然一理 萬物同然 而韓公(韓元震)將本然分而二之".

었던 박윤원 집안에서 박준원(朴準源)의 딸을 후궁으로 맞아들이고 김원
행 집안에서 김조순(金祖淳; 1765~1832)의 딸을 순조비(純祖妃)로 맞아들
여 낙론계를 자신의 척족으로 포섭하였다.[322] 이것은 성리학과 함께 정
조가 낙론계와 매우 친연성을 가졌음을 알게 해준다.

사실 정조의 초기 사상 형성에 낙론계 김원행·송명흠·박성원·남
유용의 역할이 컸다. 김원행과 송명흠은 권독(勸讀)에 임명되어 정조의
학문을 도왔고,[323] 박성원 또한 세손강서원유선(世孫講書院諭善)이 되어
정조를 보도(輔導)하여 영조로부터 세손의 학문은 박성원의 힘이라는 칭
찬을 듣기도 하였다.[324] 남유용은 원손보양관(元孫保養官)과 원손사부
(元孫師傅)로 활동하였다. 정조는 훗날 남유용과 박성원을 스승으로서
깊이 칭송하였다.[325]

앞서 언급한 정조와 윤행임의 경학문답은 1799년(정조 23)에 이루어졌
고, 이때는 내시노비제 혁파(1801)가 임박한 시점이었다. 특히, 정주 측근
신하로서 내시노비제 혁파의 실질적 입안자였던 윤행임과 주고받은 문
답이어서 더욱 주목되는 부분이다. 위의 언급은 인과 물이 하늘로부터
똑같이 명을 부여받아 오상을 고루 갖추고 있음은 마치 내시노비조차도
임금의 은택 아래 똑같은 백성으로 인식될 수 있음을 의미하였다. 이러
한 생각은 1801년 윤행임이 쓴 '노비윤음'(奴婢綸音)에서 드러났다.

왕자(王者)가 백성에게 임하여 귀천이 없고 내외가 없이 고루 균등하
게 적자로 여겨야 하는데, 노라고 하고 비라고 하여 구분하는 것이 어찌

---

322) 유봉학(1998), 54~55쪽.

323) 《英祖實錄》 卷93, 英祖 35년 2월 19일(庚午).

324) 《英祖實錄》 卷99, 英祖 38년 4월 25일(戊子).

325) 《弘齋全書》 卷25 祭文 七 〈文獻公朴聖源致祭文〉; 같은 책 卷24 祭文 六 〈文淸
公南有容致祭文〉.

똑같이 사랑하는 동포로 여기는 뜻이겠는가? 내노비(內奴婢) 3만 6974구
와 시노비(寺奴婢) 2만 9093구를 모두 양민으로 삼도록 허락하고, 인하여
승정원으로 하여금 노비안을 거두어 불태우게 하라.326)

왕은 백성을 귀천·내외 없이 균등히 적자로 여겨야 한다는 것은 정
조와 윤행임의 경학 문답과 낙론적 사유체계와 연결되어 있다. 내시노
비제 혁파 논의 과정에서 주요 명분으로 작용하였던 균시적자론은 낙론
의 사유체계와 일정한 관련성을 갖는다고 할 수 있다. 비록 이전에도
적자론은 존재하였지만 이것이 시대의 변화에 맞게 사상적으로 보완되
는 데에는 낙론의 사유체계가 일정한 영향을 끼쳤다고 할 수 있다.

그러나 이러한 사실들이 낙론의 진보성을 부각하는 의논으로 연결될
수는 없다. 낙론계의 많은 사람들은 개별적으로는 노비 문제, 구체적으
로 사노비(私奴婢) 문제에 대해서 당시 지배층들이 가지고 있던 생각들
을 크게 넘어서지 않았기 때문이다. 그리고 그들은 형벌노비들이 중심
이었으며 내시노비보다 열악한 상황에 있었던 관노비(官奴婢)들의 해방
문제에도 무관심하였다.327) 그들은 내시노비에게만 적자라는 이름을
붙여 해방시켰으며, 이들보다 열악한 상황에 있던 관노비나 사노비에
게는 별다른 대응을 강구하지 않았다. 낙론계는 국가재정의 확충이라
는 현실적 필요 속에서 내시노비제 개혁에 적극적이었던 것이다.

(2) 서얼소통 논의의 정치적 성격
18세기 영·정조대는 서얼들의 적극적인 소통운동과 그에 대한 정부
의 대책이 활발히 논의되던 때였다. 서얼들의 소통운동이 이렇게 활발

326) 《純祖實錄》 卷2, 純祖 원년 정월 28일(乙巳).
327) 전형택(1989), 246~256쪽 참조.

하게 전개될 수 있었던 데에는 서얼층의 사회적 성장과 탕평정치를 표방한 군주들의 정치이념, 이이 이래로 서얼들에 대해서 비교적 우호적이었던 서인－노론의 집권과 지원을 중요한 이유로 들 수 있다.

영·정조대 전개된 서얼소통 운동과 그에 대한 조정의 대책을 살펴보면 다음과 같다.[328] 서자였던 영조가 왕위에 오르자 서얼들은 크게 고무되어 1724년(영조 즉위년) 집단상소를 올려서 자신들의 억울한 사정을 토로하였다. 이에 대해서 영조는 해와 달의 비침은 이미 정(精), 조(粗)를 가리지 않고, 왕이 사람을 씀에 어찌 차이를 두겠느냐마는 서얼의 일은 그 유래가 오래되어 갑자기 변통할 수 없다고 해 신중한 입장을 보였다.[329] 이후 1745년(영조 21) 7월에는 이조판서 이주진(李周鎭; 1691~1749)이 단계적인 서얼소통을 주장하였다.[330]

1772년(영조 48)은 서얼들에게 매우 중요한 의미를 갖는 해였다. 이 해 8월, 영조는 서얼들의 통청을 허여하는 하교를 내렸다.[331] 그 해 12월, 경상도의 서얼 유생 전성천(全聖天) 등 3천 명은 서류(庶類)가 통청된 이후에도 향안(鄕案) 입록(入錄)을 사족들이 허락하지 않는다는 상소를 올렸다. 이미 서얼이 통청되었으므로 향곡(鄕曲)의 유안(儒案)에 입록하는 것은 당연한데도 사족들은 이런저런 이유를 들어 방해한다는 것이다.

영조는 비답을 내려 향안의 입록을 허락하였는데, 이 날 채제공(蔡濟恭; 1720~1799)은 영남의 향안은 방한(防限)이 매우 엄하여 비록 조정의

---

328) 18세기 영·정조대 서얼소통운동과 정부의 대책에 대해서는 이종일, 1987, 〈18·19세기의 서얼소통운동에 대하여〉, 《한국사연구》 58, 39~45쪽과 실록, 《규사》 자료를 참조하여 서술함.

329) 《英祖實錄》 卷2, 英祖 즉위년 12월 17일(丙戌).

330) 《英祖實錄》 卷62, 英祖 21년 7월 4일(甲戌).

331) 《英祖實錄》 卷119, 英祖 48년 8월 15일(丁丑); 《葵史》 卷1 英祖 48년 8월 15일조, "四十八年 壬辰 八月 命庶類文武官許通淸顯".

명령이 있더라도 영남 유생들은 반드시 순종하지 않을 것이니, 소란한 계제가 생길까 염려스럽다는 뜻을 영조에게 조심스럽게 전하였다. 이에 영조는 채제공의 말을 받아들이고 다시 비답을 내려, '조정은 조정이고 향안은 향안이니 내가 어찌 하겠는가' 하면서 이 문제를 넘겼다.[332]

이후, 정조는 즉위하자마자 서류들을 소통시킬 방도를 강구하여 절목을 마련하라고 지시하였고, 이에 이조에서 절목을 마련해 올렸다.[333] 하지만 서얼들의 강력한 지원자였던 영조가 죽은 뒤 사족들의 서얼 학대가 재개되자 다시 집단적인 상소 움직임이 있었다.[334] 경상·공충·전라 세 도의 유생 황경헌 등 3,272인이 상소하여 서얼들의 억울한 심정을 토로하였던 것이다.[335] 이 상소문에서 그들이 '작위(爵位)의 분별'과 '적서(嫡庶)의 분별'을 구분하였던 것은 주목해야 한다.

> 작위의 분별은 단지 조정에서만 써야 옳은 것이고, 적서의 분별은 단지 한 집안에서만 써야 옳은 것입니다. 그런데 신 등의 명분은 한 집안에만 행해질 뿐만 아니라 또 한 고을의 타성에게도 행해지고 있고, 한 고을에만 행해질 뿐만 아니라 또한 나라의 많은 사람에게도 행해지고 있습니다.[336]

그들은 '작위의 분별'과 '적서의 분별'을 나누어 이 둘을 명확히 분리해서 인식해야 함을 말하였다. 그들은 적서의 분별은 한 가정 안에서만 행해져야 하는데, 이것이 한 고을과 온 나라에서 행해지고 있으니 이는

---

332) 《英祖實錄》 卷119, 英祖 48년 12월 28일(戊子).
333) 《正祖實錄》 卷3, 正祖 원년 3월 21일(丁亥).
334) 이종일(1987), 43쪽.
335) 《正祖實錄》 卷6, 正祖 2년 8월 1일(戊午).
336) 위와 같음.

잘못되었다고 주장하였다. 한 가정 안에서 볼 때 적서의 구별이 있겠지만, 국가와 국왕의 입장에서 볼 때 서얼이 차별 받을 이유는 없음을 말하고자 하였던 것이다.

이어 그들은 하늘이 인재(人才)를 냄에 존비를 구별하지 않고 백성이 충성을 바치기를 원함에서는 귀천의 차이가 없음을 강조하였다.337) 이에 정조는 정유년(1777)의 절목을 예로 들면서 조가(朝家)에서도 서얼 문제에 대해서 진념하고 있음을 말하였다. 단, 상서(庠序)에 치록(齒錄)시켜 달라는 등의 일에 대해서는 유림들과 관계되는 일이니 성균관에 품처하게 해 신중히 처리하겠다고 하였다.338)

1779년(정조 3) 3월에는 처음으로 규장각 검서관(檢書官)에 서얼 지식인 4명을 두었다.339) 즉, 이덕무(李德懋), 유득공(柳得恭), 박제가(朴齊家), 서이수(徐理修)였다. 1779년(정조 3)에는 좌부승지 김하재(金夏材)가 먼 지방의 문관(文官), 사족(士族)의 서얼을 소통시켜 등용할 것을 아뢰었다.340) 1785년(정조 9)에는 서얼을 벼슬길에 소통시키기 위해 만들었던 정유년 절목이 아직도 준행되지 않고 있다고 개탄하면서 절목에 따라 시행할 것을 하교하였다.341) 1791년(정조 15)에는 성균관에서 서얼들을 남쪽 줄에 따로 앉게 하는 것은 잘못된 일임을 대사성 유당(柳戇)에게 전교하였다.342) 이 일이 있은 지 20여 일 뒤 좌의정 채제공은 정조에게 다음과 같이 말하였다.

---

337) 위와 같음.
338) 위와 같음.
339) 《正祖實錄》 卷7, 正祖 3년 3월 27일(辛亥).
340) 《正祖實錄》 卷8, 正祖 3년 11월 27일(丁未).
341) 《正祖實錄》 卷19, 正祖 9년 2월 17일(丁酉).
342) 《正祖實錄》 卷32, 正祖 15년 4월 16일(庚申).

378_

　태학(太學)의 식당에서 신분의 귀천을 따지지 않고 똑같이 나이 순서대로 앉게 한 것은 실로 모든 사람을 똑같이 대우하는 정치입니다. 조정에서는 재주가 중심이 되어야 하니, 서얼이라 해서 재주가 있는데도 그의 진출을 막아버리는 것은 하늘이 인재를 이 세상에 낸 뜻이 아닙니다. 다만 집안에서는 적자와 서자가 엄연히 차등이 있으니, 역시 이 점은 문란하게 해서는 안 됩니다. 서울에 사는 사람들[王都所居之人]이야 스스로 식견이 있을 뿐만 아니라 적자의 집이 꼭 모욕을 당하는 일이 없어 별다른 문제는 없을 것이나 먼 지방의 경우 태학에서 나이순으로 앉히는 일 때문에 집안의 분의(分義)를 문란시켜도 무방하다 여긴다면 그 폐단은 이루 다 말할 수 없을 것입니다. 그러니 이 문제를 한 차례 분명히 효유하여 조정과 개인 집의 경우는 각기 정해진 한계가 있다는 것을 분간해 깨우치는 일을 그만둘 수 없을 듯합니다.343)

　채제공은 태학에서 신분의 귀천을 따지지 않고 나이 순서로 앉히는 것은 모든 사람을 똑같이 대우하는 정치로서 공정한 것으로 일단 판단하였다. 그리고 조정에서는 재주가 중심이 되어야 하니 서얼이라고 해서 관직 진출을 막아서는 안 됨도 덧붙였다. 하지만 그러한 이유 때문에 집안에서의 '적서분별'이 문란해져서는 안 된다고 하였다. 서울에 사는 사람들이야 별 문제가 없겠지만, 지방의 경우 태학에서 나이순으로 앉히는 일 때문에 집안의 분의(分義)가 문란해질 수 있음을 우려한 것이다. 이러한 채제공의 입장은 사실 가정 안에서의 적서 분별을 강조하고자 하는 의도를 강하게 띤 것이었다.

　이후 정조의 측근이면서 내시노비제 개혁에 중요한 역할을 하였던 윤행임은 이조판서의 직책으로 순조 원년(1801)에 서얼소통을 건의하였

343) 《正祖實錄》 卷32, 正祖 15년 5월 8일(壬午).

다. 그는 서얼소통에 대해서 조광조·이이·송시열이 이미 옳다고 하였고, 열성조에서도 여러 번 애석해하는 전교를 내렸으며, 특히 선대왕 정조의 유지임을 강조하였다.344) 이에 대해 영의정 심환지(沈煥之), 좌의정 이시수(李時秀; 1745~1821), 우의정 서용보(徐龍輔; 1757~1824)도 동의하였다.345) 윤행임의 생각은 그의 아들 윤정현(尹定鉉)에게도 이어졌다. 윤정현은 여항인·서얼·서북인과 같이 소외된 인사들과 매우 친밀한 관계를 가졌다고 한다.346)

이상은 영·정조대에 이루어진 서얼소통 운동과 이에 대한 조정 논의의 대략적인 전개과정이다. 이후 서얼소통 운동은 더욱 조직적으로 전개되어 순조 23년(1823) 7월에는 경기·호서·영남·해서·관동 등지의 서얼 유생 9,996명이 집단 상소하는 일도 있었다.347) 그리고 철종 10년(1859)에는 대구 지역의 서얼들에 의해 그들의 역사서인 《규사》(葵史)가 편찬되기도 하였다.348) 이것은 서얼들의 신분상승 운동이 19세기 들어 더욱 활발히 전개되고 있음을 보여주는 것이라고 하겠다.349)

서얼층의 요구에 영조·정조와 탕평을 지지하였던 인사들은 대체로 호의적인 반응을 보였다.350) 또한 실학자들도 대부분 서얼 문제에 관심을 갖고 서얼소통에 적극적인 의견을 폈다. 박지원은 서얼소통의 가장 근원적인 명분과 논리를 다음과 같이 설명하였다.

---

344) 《純祖實錄》卷2, 純祖 원년 1월 10일(丁亥).

345) 위와 같음.

346) 김용태, 2002, 〈침계(梣溪) 윤정현(尹定鉉)의 문학활동〉, 《한국한문학연구》 30.

347) 《純祖實錄》卷26, 純祖 23년 7월 25일(辛卯).

348) 《규사》의 편찬경위와 그 의의에 관해서는 정윤주, 1993, 〈《규사》(1859)의 편찬과 간행동기〉, 《역사학보》 137 참조.

349) 19세기 서얼들의 신분상승 운동에 대해서는 이종일(1987), 45~57쪽 참조.

350) 배재홍, 1998, 〈조선시대 서얼차대론과 통용론〉, 《경북사학》 21, 13쪽.

하늘은 인재를 내리면서 그토록 차별을 두지 않습니다. 그러므로 거꾸러진 그루터기와 쓸모없는 나뭇가지에도 균등하게 비와 이슬을 적셔 줍니다. 썩은 나무의 밑동과 거름 흙더미에서도 버섯과 영지를 무성히 돋아나게 합니다. (이러한 이유로) 성인의 다스림에는 사(士)에 귀천을 따지지 않았던 것입니다.351)

박지원은 하늘이 인재를 내릴 때 차별을 두지 않았으니, 거꾸러진 그 루터기와 쓸모없는 나뭇가지에도 균등하게 비와 이슬을 적셔주며, 썩은 나무 밑동과 거름 흙더미에서도 버섯과 영지를 무성히 돋아나게 한다고 하였다. 그러한 이유로 성인들은 다스릴 때에 사(士)에 귀천을 따지지 않 았다고 하였다. 이처럼 그가 명분으로 내세운 것은 '하늘'이라고 하는 본원적인 것으로부터 연유한 '균등'이었다. 하늘은 거꾸러진 그루터기 와 쓸모없는 나뭇가지에도 균등하게 비와 이슬을 적시고, 썩은 나무 밑 동과 거름 흙더미처럼 보잘것없는 것에서도 버섯과 영지를 무성히 돋아 나게 하니, 그러한 이유로 애초부터 성인의 정치에는 사(士)에 귀천을 따 지지 않았다는 것이다.

이러한 박지원의 논리는 사실상 앞서 내시노비제 개혁 논의에서 살펴 보았던 홍대용이 말한 '천(天)의 입장에서 보면 인(人)과 물(物)은 균등하 다'는 것과, 자신이 말한 '천이 명한 바로써 본다면 호랑이와 사람은 물 의 하나일 뿐이다'라는 것과 같은 논리였다.352) 즉, 본원적인 관점에서 보면 모두 균등하게 볼 수 있다는 논리였다. 이러한 논리는 서얼들이 봉사손(奉祀孫)이 될 수 없는 사실을 애석해하면서 그것의 부당함을 주

---

351) 朴趾源, 《燕巖集》 卷3 〈擬請疏通疏〉 참조.
352) 洪大容, 《湛軒書》 內集補遺 卷4, "自天而視之 人與物均也"; 朴趾源, 《燕巖集》 卷12 〈虎叱〉, "自天所命而視之 則虎與人乃物之一也 自天地生物之仁而論之 則虎與蝗蠶 蜂蟻與人 幷畜而不可相悖也".

장하기 위해 내세운 논리에서도 보였다.

소출(所出)이 비록 귀천의 나누어짐이 있지만 아버지 입장에서 보면 모두 같은 자식이며, 할아버지 입장에서 보면 모두 같은 손자입니다.[353]

소출이 비록 귀천의 나누어짐이 있기는 하지만 아버지·할아버지의 관점에서 보면 모두 같은 자식이요 손자라는 주장이다. 그러므로 혈육인 서얼을 제쳐두고 먼 친척 가운데에서 봉사손을 구함은 부당하다는 주장이었다. 본원적인 관점에서 균등성을 강조한 박지원은 이어 임금의 중정(中正)한 도리를 강조하면서 공평하게 통치할 것을 다음과 같이 언급하였다.

역대의 임금들께서도 중정(中正)의 도리를 세워 공평하게 통치하셨으니 벼슬을 만들면 어진 사람을 뽑으셨고 직분을 나눌 때에는 능력이 있는 사람에게 주셨습니다. 모두 한 몸처럼 고르게 살피셨으니 어찌 다시 (적자인지 서자인지) 차별하셨겠습니까![354]

위에서 볼 수 있듯이 박지원은 하늘과 임금이 아래의 대상을 균등히 대하는 점을 유독 강조하였다. 그러한 그에게 서얼 문제는 탕평정치의 연장선에서 파악될 수 있는 것이기도 하였다. 그는 침체되고 버려졌던 사람들을 떨쳐 일으켜서 탕평의 정치를 회복하셨는데, 아직 유독 서얼차별법에 대해서만은 뚜렷한 정책이 없음을 지적하였던 것이다.[355] 이

---

353) 《葵史》 卷1 〈通塞問答〉.
354) 朴趾源, 《燕巖集》 卷3 〈擬請疏通疏〉.
355) 박지원의 다음과 같은 말에서도 탕평정치와 서얼 문제가 긴밀히 결합되어 있음을 알 수 있다. 朴趾源, 《燕巖集》 卷3 〈擬請疏通疏〉, "振淹起廢 克恢蕩平之政 刮垢掩瑕

러한 논리의 전개는 박지원이 분명히 하고 정리한 것은 있지만 일반적으로 서얼소통을 주장하는 사람들의 기본 논점이기도 하였다.

황윤석 또한 서얼과 과부에 대한 문제, 노비의 세전(世傳) 문제 등을 열거하면서 이에 대한 개혁조처가 있어야 함을 주장하였다.356) 특히, 그는 서얼 문제에서 상당 부분을 할애하여 서얼금고의 부당성을 주장하였다. 그는 하늘이 인재를 내는 데 적서의 구별이 없으니 마땅히 관(官)을 위하여 사람을 택해야 한다고 하였다.357) 이는 국가의 입장을 강조한 언급이었다. 김문순(金文淳), 윤행임(尹行恁), 김조순(金祖淳), 남공철(南公轍), 김이교(金履喬) 등 낙론 학맥을 갖는 자들도 서얼소통에 적극적이었다.358) 김원행의 제자 서유린(徐有隣)의 경우에는 김원행에게 보내는 편지에서 인자(人子)의 정은 적서의 다름이 없다고 해 그들을 동정하는 언급들을 하기도 하였다.359)

이렇게 낙론 측이 전반적으로 서얼소통에 긍정적이었던 것은, 그것이 이이 이래로 서인-노론이 일관되게 추진한 사회정책이라는 것에서 일차적인 이유를 찾을 수 있지만, 앞서 살핀 '균시적자' 명분에서도 그 원인을 들 수 있다. 그들은 하늘이 인재를 내리는 것은 귀천이나 적서 여부와는 무관하므로, 왕의 용인(用人)에서도 지벌(地閥)에 구애되어서는 안 되니 적서의 명분은 오직 가문에서만 허용되는 것임을 강조하였다.360) 즉 모든 백성이 왕의 차별 없는 적자인 것이다.

率囿陶匀之化 宿弊關典 靡不釐擧 而獨於通融庶孼之法 未有著政".

356) 黃胤錫, 《頤齋贖稿》 卷10 〈漫錄〉, "我東有三冤曰 庶孼之無罪見棄 婦女之改嫁有禁 奴婢之世傳賣買 是也 此天下古今所無而東俗獨有之 亦仁人君子所宜惻也".

357) 위의 글, "天之生才 固賦嫡庶之間 人君用才 亦宜爲官擇人而已".

358) 이 부분에 대해서는 이종일(1987), 74쪽 참조.

359) 金元行, 《渼湖集》 卷11 〈答徐有隣〉, "(徐有隣 問) 大凡人子之情 固無異於嫡庶矣".

360) 가장 대표적인 것을 들어보면 다음과 같다. 《癸史》 卷2 純祖 23년조, "護軍金陽淳 以爲天之生才 無間貴賤 王者用人 不拘地閥 則嫡庶名分 只是自家門戶中事 朝廷但當

이것은 '작위의 분별'과 '적서의 분별'을 각각 국가와 가정의 논리로 분리하면서 '적서의 분별'을 단순한 가정의 일로 격하시키는 것이었다. 이는 박지원의 경우에서도 보듯이 '국왕과 국가의 입장'을 강조하고 그 무엇보다 우선하려는 논리였음은 재론의 여지가 없다. 이는 내시노비제 개혁 논의에서 사용된 명분과 같은 연장선에 있었다.361)

이처럼 낙론 계열 측이 대체로 서얼소통에 긍정적이었던 반면에 채제공 등 남인 측은 서얼들의 요구에 대체로 부정적이었다. 채제공은 조정의 용인에 귀천을 따져서는 안 된다는 원칙론에는 기본적으로 공감하였지만, 가정 안에서의 '적서지분'(嫡庶之分)과 영남 고유의 풍속을 존중해야 함을 계속 주장하였다. 하지만 이러한 사실을 미루어 곧장 노론 측이 서얼 문제에 진보적이었고 남인측이 보수적이었다고 규정할 수는 없다. 여기에는 당시의 사회적 정치적 상황이 복잡한 변수로 작용하고 있었기 때문이다.

18세기는 기존 사족 중심의 향촌지배체제가 서얼·중인 등의 사회적 성상과 이에 따른 향회 가입으로 혼란이 가중되던 시기였고, 이것은 '향전'(鄕戰)으로 나타났다.362) 서얼·중인 등의 향회 가입이 급증하였던 것은 수령들이 부세제도의 원활한 운영을 위해서 수령이 직접 주관하는

甄拔收用而已".
361) 서얼들도 서얼소통을 내시노비제 개혁과 같은 맥락에서 이해하고자 하였다. 고종 14년 4월 6일 서얼이었던 전 정언(正言) 김기룡(金基龍), 전 장령(前掌令) 한긍렬(韓兢烈), 직강(直講) 김재구(金載龜) 등은 상소문에서 순조 원년 내시노비를 해방하고 승정원으로 하여금 노비안을 돈화문 밖에서 불태우게 한 것은 천고의 성덕대혜(盛德大惠)였다고 찬양하면서, 《경국대전》, 《대전통편》(大典通編), 《대전회통》(大典會通)에 실린 서얼금고 조항을 하나하나 산개(刪改)하여 고쳐 주기를 청하였다. 위 내용은 이종일(1987), 55~56쪽 참조.
362) 이태진, 1999, 〈18세기 한국사에서의 민(民)의 사회적 정치적 위상〉, 《진단학보》 88, 256쪽.

향약을 새로 만들고, 이들이 이에 관여하는 것을 적극 지원하였기 때문이다.363) 이에 향촌사회 운영 주도권 다툼으로 서얼·중인이 중심이 되었던 신향(新鄕)과 기존 사족이 중심이 되었던 구향(舊鄕) 사이의 향전이 전국적으로 일어났다. 향촌의 서얼들은 서얼소통운동을 통해 향안 입록을 계속 원하였고, 정권을 담당하던 노론계는 이들을 자신의 정치적 영향력을 지방으로 확장해 갈 수 있는 중요한 매개로 삼으려 하였다.

이러한 배경에서 영남 지역의 서얼층 가운데 납속(納粟), 군공(軍功) 등으로 양반이 된 신향은 관권을 이용하기 위하여 노론화하려는 경향을 보였다. 이에 노론계가 중심이 된 중앙 정부는 영남 남인들을 분열시키기 위하여 이들과 연합하였고, 이로 말미암아 유(儒), 향(鄕)이 붕괴되고 적서 향전이 심화되었다.364) 특히, 노론계 감사와 수령의 파견이 잦아지는 1734년(영조 10) 무렵 이후 노론의 지원을 받는 세력과 남인 안에서 노론 측에 동조하는 신견자(新見者)의 향촌활동이 활발해지면서 남인 사족들로부터 향권을 탈취하려는 기도가 더 강화되었다.365)

이와 같이 당시 정권의 주요 담당자였던 노론은 영남 지역에 실질적인 영향력을 행사하기 위해 노력하였고, 교두보 확보를 위해 영남 지역 안에 서인-노론계 인물들의 서원을 건립하고자 하였다. 학문적 활동과 정치활동이 밀접히 연관되어 있던 당시의 관점에서 볼 때, 서인-노론계 인물의 원사(院祠)를 세운다는 사실은 서인-노론의 학문을 현양한다는 것과 함께 정치적 활동의 의미도 짙게 가지고 있었던 것이다.366) 노론이 영조 14년(1738)에 안동에 김상헌 서원을 세우고자 해서 논란이 되

---

363) 위의 글, 257쪽.
364) 정윤주(1993), 47쪽. 주 49) 참조.
365) 정만조, 1997, 《조선시대 서원연구》, 집문당, 220~221쪽.
366) 위의 책, 120쪽.

었던 사건은 이것을 잘 보여주는 경우다. 영남의 노론세력과 이른바 '양반이 되고자 하는 자[欲爲兩班者]'들이 노론 측의 이러한 의도에 적극 가담하였다. 영남 지역 신세력을 이용한 노론 세력의 향권 침탈 시도는 지속적으로 이루어졌으며, 이는 서얼소통 논의와 궤를 같이하여 전개되었다.367)

이러한 차원에서 서얼소통 문제는 노론에게 매우 유리하게 작용할 수 있었다. 그들은 서얼소통 운동의 지원을 통해 적서의 분별이 엄격한 영남 지역을 분열시키면서 국가권력과 노론의 의리를 관철시켜 나갈 수 있었다. 앞서 살핀 서얼들의 집단 상소에서도 보았듯이, 영남은 서얼의 조직적 노력이 그 어느 곳보다 활발하였던 지역이다.368) 서얼들의 집단 상소 대부분이 영남 지역 서얼을 중심으로 이루어진 것은 이를 잘 보여준다. 이러한 맥락에서 김하재의 서얼소통 건의나 시파 윤행임의 서얼소통 건의에 벽파 인물이었던 심환지가 흔쾌히 허락하였던 이유를 이해할 수 있다. 서얼소통 문제는 영남 지역에 대한 노론 세력의 영향력 확대와 긴밀한 관련성을 가지고 있었던 것이다.

이러한 노력은 19세기 이후 일정한 성과를 냈다. 1858년(철종 9) 대구에는 이 지역 서얼들이 이이와 김조순을 배향한 율곡서원을 세웠고, 다음 해인 1859년(철종 10)에는 율곡서원 옆에 다시 이이의 덕을 기리고 후세에 전하기 위한 달서강사(達西講舍)를 세웠다. 서얼 신분층의 역사서인 《규사》도 대구 지역 서얼들이 만들었는데, 그들은 여기에서 이이와 김조순의 공로를 지극히 칭송하였다.369) 이것으로 노론 측의 영남 공

---

367) 고석규, 1998, 《19세기 조선의 향촌사회 연구》, 서울대출판부, 37~40쪽.
368) 유소(儒疏)가 만들어져 왕에게 올려지기까지는 유생들의 많은 조직적인 노력이 필요하였다. 이 부분에 대해서는 이수건, 1987, 〈조선후기 영남유소(嶺南儒疏)에 대하여〉, 《두계이병도박사구순기념 한국사학논총》, 지식산업사, 583~590쪽 참조.
369) 《葵史》 卷2 哲宗 8년조, "自近日漸開疏通之路 此莫非兩先生(李珥·金祖淳)爲國盡

략이 일정한 성과를 냈음을 알 수 있다.

노론 측의 이러한 정치적 의도에 대처하기 위해 남인들은 적서의 엄격한 구분을 새삼 강조하면서 이것을 남인의 신분정책으로 강화 발전시켰다.370) 앞서 살펴보았듯이 중앙 정계에서도 채제공은 영남 서얼들이 향안에 수록시켜 달라는 상소에 적서향전을 염려하여 반대하였다. 이러한 채제공의 입장은 서얼소통에 반대하는 보수적인 입장에서라기보다는 노론 측의 정치적 의도를 미리 알고 견제한 것이며 간접적으로나마 영남 남인들을 돕는 행동이었다.

이상에서 당시 노론 측이 제기한 서얼정책이 갖는 두 가지 측면을 살펴보았다. 하나는 영·정조의 탕평이념을 실현하기 위한 탕평파의 서얼소통 주장과 박지원·황윤석에게서 보이는 사회개혁적 입장을 들 수 있고, 또 하나는 영남 지역의 남인 세력을 견제하고 노론 세력을 그곳에 심으려는 일환으로 제기된 서얼소통 논의를 들 수 있다. 하지만 이 두 가지 것 모두에는, '천'과 '왕'이라는 본원성을 강조하면서 그 밖의 사물과 백성을 균등하게 파악하고자 하는 사유가 중요한 명분과 논리적 근거로 사용되었다. '균등성'의 강조는 긍정적인 면도 있었지만 영남 지역의 남인 세력 견제에서도 볼 수 있듯이 국가권력과 노론세력을 강화시키는 데에도 중요한 논리적 근거가 될 수 있었다.371)

忠眷眷救時之力也".
370) 이수건(1987), 591쪽.
371) 이러한 점에서 19세기 부세제도가 신분제에 따른 차등 자체가 유명무실해지면서 '양반과 상민을 논하지 않는다'는 새로운 원리로 운영되었던 사실은 주목해 보아야 할 것이다. 이는 국왕과 국가의 입장에서 볼 때 똑같은 민(民)이므로 더 이상 양반과 상민을 구분하지 않겠다는 논리이며, 이것은 이미 18세기 여러 개혁론의 실시과정에서부터 중요한 명분으로 나타났다. 19세기 '무론반상'(無論班常)의 운영원리에 대해서는 고석규(1998), 212~216쪽 참조.

맺는말

　지금까지 이 책은 18세기 낙론계 학풍의 형성을 17세기 서울·경기 지역과 호서 지역 서인 학풍과의 관련성 속에서 살펴보았고, 그렇게 형성된 낙론계 학풍이 어떻게 현실 속에서 적용되었는지를 조명하였다. 이상에서 논의된 내용들을 요약하는 것으로써 결론에 대신하고자 한다.

　1장에서는 17세기 서인 학계의 동향과 분화를 통해서 낙론계 학풍의 연원을 살펴보았다. 우선 17세기 서울·경기 지역 학계의 동향을 화담학파(花潭學派) 학풍 계승의 측면에서 일람하였다. 화담학파의 학풍이 서울·경기 지역 서인과 남인의 학풍 속에 어떠한 영향을 끼쳤는가를 살펴보았고, 둘 사이에 많은 공통점이 있음을 확인하였다. 학문적으로는 소옹 상수학과 심학(心學) 연구, 진한고문(秦漢古文)을 통한 고학(古學)에 대한 관심을 들 수 있었고, 경세론에서는 국가 중심의 국정운영론, 형정(刑政) 중시, 패도(覇道)와 공리(功利)의 일부 긍정을 들 수 있었다.

　그 다음, 17세기 이래 형성된 서울·경기 지역 서인과 호서 지역 송시열의 학풍을 차례로 검토하였다. 이이(李珥)와 성혼(成渾)의 서인 학맥은 크게 서울·경기 지역의 이항복(李恒福)과 호서 지역의 김장생(金長生)

계열로 분화되어 갔다. 이들은 함께 이이 성리학을 지지하고 서인 의리론을 공유하였지만 얼마간의 사상적 차이가 있었다.

서울·경기 지역 서인은 화담학파를 통해서 소옹 상수학의 부분적 영향을 받았고, 임진왜란 과정에서 양명학의 영향, 문장을 짓기 위해 제자백가에 대한 다양한 독서 등으로 인해서 호서 지역 서인들과는 구분되는 사상 경향을 형성해 갔다. 그 가운데 대표적인 인물들은 신흠·심열·김육·최명길·장유 등 문장(文章)과 재국(才局)이 있다고 평해졌던 경세관료들이었다. 이들에게서 보이는 사상 특징은 화담학파와 사상적으로 친연성을 갖는다는 점이었다.

17세기 중·후반 조선 사회는 명청교체로 인한 혼란과 북벌론, 서인과 남인의 대립, 역법의 교체 등 다양한 사회 문제로 적지 않은 혼란을 겪고 있었다. 이 과정에서 주자학적 의리학을 보완하는 새로운 사상 근거들이 필요하였다. 이러한 이유 때문에 16, 17세기 이래 서울·경기 지역을 중심으로 발전되어 온 소옹 상수학이 새롭게 주목될 수 있었다. 소옹 상수학은 음과 양, 군자와 소인, 중화와 이적을 상호보완적으로 파악하려는 경향이 있었다. 이것은 음과 소인, 이적을 폄하 억제하는 정이(程頤)의 의리역학적 인식과는 다소 구분되는 것으로서, 새로운 세계관의 가능성을 열어놓을 수 있었다.

소옹 상수학은 자연세계와 인간세계를 아우르는 '보편적인 원리(=皇極=太極=道=理)'를 제시하고자 하였다. 소옹의 저작인 《황극경세서》(皇極經世書)의 제목 자체가 '황극이라고 하는 보편적 원리(=大中至正之道로 세상을 운영한다[經世]'는 뜻이었다. 17세기 서울·경기 지역 서인 가운데 소옹 상수학에 관심을 갖던 사람 일부는 기(氣)의 유행 속에서 작용하는 '보편적인 원리' 즉 '일리'(一理)를 발견하려는 데 사상 목표를 두었으며, 이러한 그들의 지향은 조성기의 경우처럼 '일리'의 보편성·

동일성·내재성을 강조하는 것으로 나타났다.

신흠·최명길·정제두·조성기·이단상 등은 소옹 상수학과 함께 심학에도 깊은 관심을 나타내고 있었다. 소옹 상수학이 황극이라고 하는 보편적 원리로서 우주와 세계를 통일적으로 파악하고자 하였던 것과 심학이 만물일체(萬物一體) 사상을 강조하면서 우주와 세계를 하나로 파악하고자 한 것은 공통점을 가졌다. 이들 심학이 강조하였던 것은 주자학의 '이일분수'(理一分殊) 가운데 '이일'(理一)의 측면이었다. 즉 '일리'가 기에 구애받지 않고 모든 만물에 똑같이 보편적으로 담겨 있다는 사실이었다. 그럼으로써 내 마음의 '이'와 외재 사물의 '이'가 같다는 사실을 강조하고, 이러한 전제 속에서 내 마음의 '이'를 깨달으면 외재 사물의 '이'는 자연히 깨닫게 된다는 심학의 논리를 마련해 갔다.

또한 이러한 '일리' 관념이 온전히 성립하기 위해서는 담연한 기의 존재도 실징되어야 하였다. 기의 담연성을 강조하려는 경향은 북송(北宋) 오자(五子) 가운데 한 사람이었던 장재(張載)의 영향 아래 이루어졌다. 이러한 과정에서 형성된 서울·경기 지역 서인들의 심학은 중화와 이적, 군자와 소인에게 공통적으로 부여된 심성의 동일성을 인식하고자 하였고, 이것은 개방적 대청(對淸) 인식과 조제론(調劑論)의 심성론적 기반으로서 작용할 수 있었다.

한편, 앞에서 소옹 상수학이 자연과 인간세계를 일관하는 하나의 질서인 황극을 상정하고자 하였음을 언급하였다. 이때 황극은 자연세계의 변화질서 속에서 유추되어 나온 것으로서 '존재법칙(=物理)'의 성격을 갖는다. 소옹은 이러한 자연세계를 이루는 존재의 원리를 가지고 인간세계와 역사도 일관된 방식으로 해석하고자 하였다. 따라서 소옹에게서 자연세계를 구성하는 질서는 인간세계를 규정하고 포섭하는 중요한 기제가 될 수밖에 없었다. 그러한 점에서 소옹이 제시하였던 복희(伏羲)

〈선천도〉(先天圖)의 의미는 매우 중요하였다. 복희 〈선천도〉가 소옹에게는 자연세계의 이상적인 구조와 모습이었고, 나아가 인간세계까지 규정 짓는 가장 중요한 기본유형이었기 때문이다.

복희 〈선천도〉는 건(乾)을 팔괘도(八卦圖)의 상부에, 방위로는 남쪽에 위치하도록 하였다. 이것은 기존 문왕의 〈후천도〉(後天圖)가 장자(長子)를 의미하는 진(震)을 왕의 상징으로 간주하고, 그 자리를 동쪽에 위치시 켰던 것과는 대조적이었다. 복희 〈선천도〉가 이와 같이 임금의 상징을 진에서 건으로 바꾸고, 그 자리도 동쪽에서 남쪽으로 옮긴 것은 새로운 임금의 모습을 구상한 것으로 볼 수 있다.

그러한 의미에서 복희 〈선천도〉를 신군주론(新君主論)의 의미로 해석 할 수 있을 것이다. 복희 〈선천도〉는 자연세계의 이상적인 모습이 천지 가 남북으로 바른 자리를 차지하고, 다른 괘들이 균형과 조화를 이루는 것이듯, 인간세계도 왕이 바른 자리를 차지하고 신하들은 각기 제 위치 에서 균형과 조화를 이루는 것임을 말하고 있었다. 신흠은 복희 〈선천 도〉의 이러한 성격을 '관천하'(官天下)라는 말로 설명해 주었다.

소옹학 속에는 군신 관계의 의미뿐만 아니라 현실론의 성격도 담겨 있었다. 그 현실론의 근거는 소옹의 권도론(權道論)에서 마련되었다. 병 자호란 이후 정세 판단에서 종사(宗社)와 국가의 존립을 위한 논의들은 대부분 국가의 입장에서 볼 때 현실론과 짝하고 있었다. 이상적인 의리 명분론의 측면에서 볼 때 문제가 있을 수 있었지만, 현실적으로 국가의 존립을 지키기 위해서는 상도(常道)가 아닌 권도(權道)를 사용할 수밖에 없는 것이었다. 이러한 인식이 처음 그 모습을 드러냈던 것은 청과의 화의(和議) 과정이었다. 오랑캐 청과 화의를 맺는 것은 의리명분으로 볼 때는 허락될 수 없는 것이었지만, 국가의 존립을 위해서는 현실적으로 어쩔 수 없는 선택이었다.

이러한 사상 성향을 가졌던 서울·경기 지역 서인이 의리명분론을 강조하였던 호서 지역 서인과 충돌한 정치적 사건은 효종 3년(1652) 신면(申冕)의 옥사였다. 신면은 서울·경기 지역 서인들에게 소옹 상수학과 심학을 전수하였던 신흠의 손자로서 서울·경기 지역 서인 학풍의 특성을 보여주던 가문의 일원이었다. 그는 송시열의 논의들이 군신지의(君臣之義)를 망각하고 있으며 현실에서 벗어나 있다고 비난하였다. 신면의 옥사는 훗날 사신(史臣)들이 '소론의 단서가 이 사건에서 시작되었다'고 지적할 만큼 중요한 사건이었다.

이것은 이후 서울·경기 지역 서인들이 중심이 된 한당(漢黨)과 호서 지역 서인들이 중심이 된 산당(山黨)의 갈등으로 재현되었다. 이러한 갈등은 대동법 찬반 문제, 향교와 서원의 위상 문제, 역법 교체 문제 등으로 나타났으며, 공의(公義)·사의(私義) 논쟁에서 절정에 달하였다. 군신지의가 중요한가 아니면 복수지의(復讐之義)를 지키는 것이 더 중요한가를 놓고 벌어진 공의·사의 논쟁은 당시 서인 안에서의 사상 갈등과 주도권 다툼을 잘 보여주는 중요한 사건이었다. 한당 계열은 대부분 군신지의를 중요시하고 국가의 입장을 중시하는 경세론을 제시하였다. 이러한 국가의 입장을 중시하는 사상 경향은 국가규모론에도 반영되었다. 조성기는 남송대의 국가규모보다는 공리를 우선으로 해서 패도로 인식되기도 하였던 한·당 국가 규모를 현실적 대안으로 인식하였다.

서울·경기 지역 서인 일부는 개방적인 화이론과 대청 인식을 통해서 청의 중원 지배라는 변화된 현실을 인정하자는 주장을 폈다. 그들은 이적을 인정하고 청나라를 숭상하자는 것은 아니었지만, 상대적으로 변화된 현실을 받아들이고 그에 따라 청나라의 존재도 인정하자고 주장하였다. 이것은 그들 대청 인식의 주요 논점이었다. 또한 서울·경기 지역 서인 일부는 조제론을 주장하기도 하였다. 서울·경기 지역 서인들은 처음부터 다소 이질적인 학맥들이 섞여 있었으며, 침류대시사(枕流臺詩社) 활동 등을 통해서 북인·남인들과 일정한 교류가 있었다. 이러한 상황에서 김육·김좌명·김석주가 남인 허적·한홍일·오정위 등과 정치적으로 연결되었던 것은 무리한 일이 아니었다.

한편, 호서 지역에는 송익필·정철·조헌 이후 절의(節義)를 강조하는 학풍이 만연했다. 이와 같은 경향은 임진왜란을 거치면서 더욱 강화되었다. 절의를 강조하는 학풍과 함께 주자학도 매우 강조되는 경향을 보였다. 이것은 김장생이 충청도 연산에 내려가 강학에 힘쓰면서부터 본격적으로 나타났다. 김장생은 이이 성리학을 계승 발전시키면서 제자 교육에 전념하였고, 이러한 그의 활동은 이후 서인이 사상적 정체성을 확보하는 데 중요하게 작용하였다. 이이-김장생-송시열로 이어지는 학통은 이러한 배경에서 형성되었다.

이이를 계승한 김장생·송시열의 심성론은 칠정(七情)에 사단(四端)이 포함되어 있다는 칠포사설(七包四說)과 기질지성에 본연지성이 포함되어 있다는 기질지성포본연지성설(氣質之性包本然之性說)을 중심으로 전개되었다. 김장생과 송시열은 사단과 본연지성을 각각 칠정과 기질지성의 범위 안에서만 해석하였다. 그럴 경우 현실적으로 인지할 수 있는 것은 칠정과 기질지성이며, 이것이 '이'에 부합할 경우[=中節]에만 사단이 되고 본연지성이 되는 것이었다. 이러한 심성론을 기반으로 김장생·송시열은 모든 인간의 감정과 행동을 '이'에 맞추고자 하는 문제에 집중하였다. 그들은 중절(中節)의 기준인 '이'를 구체적으로 어떻게 제시할 것인가 하는 문제에 관심을 기울일 수밖에 없었다. 김장생이 '이'의 현실적 반영인 예를 중시한 것은 이것과 관련하여 이해할 수 있으며, 송시열이 공리적인 행위 규범으로서 의리명분론에 관심을 기울였던 것도 그의 심성론 속에서 유추할 수 있다.

결국, 김장생과 송시열은 모든 인간의 감정과 행동을 예와 의리명분론에 맞추고자 하는 문제에 집중하였다. 문제는 그들이 제시하였던 예와 의리명분론이 모두 서인 의리와 긴밀한 관련성을 갖는다는 점이었다. 이럴 경우 김장생·송시열에게 어떤 사람의 도덕적 평가는 그의 행동이 서인 의리의 반영인 예와 의리명분론에 부합하는지 부합하지 않는지 하는 문제로만 판가름 날 수밖에 없었다. 여기에 부합하면 올바른 행동이 되고, 부합하지 않으면 그릇된 행동이 되는 것이었다.

그러한 이유로 송시열은 늘 양자택일식 판단을 요구하였다. 송시열은 이경여(李敬輿)에게 주는 편지에서 심술(心術)을 논할 때는 반드시 의(義)와 이(利)를 구분하고, 도학(道學)을 논할 때에는 반드시 종통인지 여파인지를 분석하고, 인물을 논할 때에는 반드시 충(忠)과 사(邪)를 변별하기 바란다고 하였다. 송시열은 자손·질손에게 보이는 글에서도 사람에게는 음과 양이 있고, 사(事)에는 의(義)와 이(利)가 있고, 물건에는 흑(黑)과 백(白)이 있으니, 이를 늘 경계해서 바른 선택을 해야 한다고 말하였다. 그에게 둘 가운데에 선다는 것은 철저히 부정되었다. 둘 가운데 선 대표적 인물로 그는 윤증을 지목하였다.

또한 송시열의 심성론은 그가 생각하기에 이미 '이'에 부합한 것[=中節한 것], 즉 서인 의리에 부합한 것이라면 다른 잘못은 용인할 수 있다는 식으로 변형될 소지도 있었다. 송시열은 송나라 원우(元祐; 哲宗) 시대의 제현(諸賢)들이 소인 채확(蔡確)의 시구(詩句)를 가지고 죄를 만든 것이 너무 심한 듯도 하지만, 주희가 그 일을 그다지 그르게 여기지 않은 것은 선악의 구분이 이미 정해져 있었기 때문에 그렇게 할 수밖에 없었다고 말하였다. 즉, 선악의 구분이 명확히 나누어진 상태에서 '소인' 당파를 공격함은 이미 대의가 옳은 일이니 방법이 조금 잘못되었더라도 괜찮다는 논리였다.

　그러므로 송시열은 남인과의 당쟁과정에서 소인으로 지목하던 남인을 제거하기 위한 것이라면, 비록 방법이 올바르지 않더라도 용인할 수 있다는 입장을 지녔다. 이것은 1682년(숙종 8) 고변(告變) 사건 처리과정에서 김익훈 등 훈척의 도덕적 잘못을 용인하고 이들을 지지하는 것으로 나타났다.

　심성론의 활용으로서 송시열 계열의 현실관은 두 가지 형태로 나타났다. 하나는 '이단 시비'였고 또 하나는 존주론(尊周論)이었다. 송시열은 주자학과 절의 관념에서 벗어나는 여타 사상들을 모두 '이단'으로 규정지었다. 그에게 주희의 주석에 의심을 품거나 상대화하려는 노력은 주자학에 대한 공격이며, 체제에 대한 공격으로 비춰졌다. 존주론은 두 가지 형태로 전개되었다. 하나는 대명의리론이었고, 또 하나는 중국의 제도를 따라서 조선의 풍속을 변화시키고자 하는 것이었다.

　2장에서는 앞서 살펴보았던 서울·경기 지역과 호서 지역 서인의 학풍을 배경으로 17세기 말에서 18세기 초에 낙론계 학풍이 어떻게 형성되었고 그 현실인식은 무엇이었는지를 살폈다. 낙론계 학풍 형성에서 주도적인 역할을 한 이는 김창협·김창흡이었다. 그들은 17세기 서울·경기 지역과 호서 지역 서인의 학풍을 절충하고 새로운 학풍을 정립해 나갔다. 이 과정에서 그들은 성리학과 문학 분야에서 매우 중요한 위치를 차지하였다. 이 장에서는 그들이 중심이 되어서 내건 새로운 성리학과 문풍을 중심으로 낙론계 학풍 형성을 살펴보았다.

　김창협·김창흡 형제는 기사년(1689) 아버지 김수항의 죽음 이후 송시열 의리론을 적극 표방하였다. 김수항을 높이기 위해서는 송시열을 높여야 한다는 의식이 그들에게 자리 잡았다. 그들이 남구만·최석정을 공격하고 박세당의 《사변록》(思辨錄) 변파 논의에 적극 가담하였던 것은 이러한 맥락에서 이해할 수 있다. 또한 그들이 학문적으로도 주자학에 깊은 관심을 나타내는 것은 기사년을 전후한 시기였다. 김창협이 《주자대전차의》(朱子大全箚疑) 상정(詳訂)에 노력하고, 김창흡이 사서에 전심하였던 것은 기사년을 전후한 시점이었다.

하지만 이들은 구체적인 학문 내용에서 송시열 계열의 호서 지역 노론과는 다소 다른 사상 경향을 가졌다. 이들은 17세기부터 이어져오던 서울·경기 지역 서인의 학문체계에 영향 받은 바 많았다. 구체적으로 김창협·김창흡 형제는 이단상·조성기에게서 많은 영향을 받았다. 김창협·김창흡은 17세기 서울·경기 지역 서인의 심학 전통을 잇고 있었고, 이기론에서도 조성기의 '일리' 강조의 영향을 받아 호서 지역 서인들과 다른 의견을 가지고 있었다. 이것은 이후 진행된 호락논쟁의 중요한 사상적 원인이 되었다. 또한 그들은 소옹 상수학의 전통을 계승하였다. 이러한 사상 경향들은 기사환국 이후 이들이 노론 의리를 적극 표방했으면서도 송시열 계열 호서 지역 노론과는 다른 사상적 면모를 가졌음을 보여준다.

구체적인 현실 인식에서도 이들은 송시열 계열과는 일부 다른 면모를 보여주었다. 오랑캐인 원나라를 섬겼다고 해서 송시열이 매우 부정적으로 보았던 허형(許衡)을 김창협은 긍정적으로 인식하였다. 그는 이단상·조성기의 허형 존경을 계승하였다. 정통론에서도 송시열 계열과는 다른 입장을 보였다. 김창협·김창흡은 정통(正統)에서의 정자(正字)를 도덕적인 의미가 강한 '사정(邪正)의 정(正)'으로 이해하지 않고 구역의 넓고 좁음을 의미하는 '편정(偏正)의 정'으로 바라보는 소식(蘇軾)의 견해를 따랐다. 이렇게 볼 때 오랑캐 청을 정통으로 보는 것도 가능하였다. 이러한 관점을 토대로 그들은 청나라와 청나라 속의 중화문물을 구분해서 인식할 수 있었고, 자연스럽게 명말청초의 중화문물을 수용할 수 있었다.

그리고 송시열 개인에 대해서도 호서 지역 노론들의 절대적인 추숭과
는 대조적으로 비교적 객관적 태도를 갖고자 하였으며, 송시열의 몇 가
지 견해들에 대해서 잘못된 점을 구체적으로 지적하기도 하였다. 이와
같이 김창협·김창흡 일파는 정치적으로는 호서 지역을 중심으로 형성
된 노론 의리를 따랐지만, 학문적으로는 17세기 서울·경기 지역 서인
학풍의 많은 부분을 계승하였다. 이러한 그들의 사상 경향은 이미 호락
논쟁을 예고하고 있었다.

다음, 김창협·김창흡 문도들의 면모와 동향을 서술하였다. 김창협·
김창흡이 주로 성리학과 문학 부분에서 조예가 깊었던 이유로 그의 문
하에는 성리학과 문학에 뛰어난 능력을 발휘하는 자들이 많았다. 그리
고 그의 문하에서 특히 주목되는 것은 조문명, 이하곤, 신정하와 같은
소론 가문 출신자도 있었다는 사실이다. 이것은 김창협·김창흡 학풍의
포용성과 다양성을 보여주는 것으로 볼 수 있다.

김창협·김창흡은 낙론계의 종장으로 떠오름과 함께 새로운 문풍을
이끌기도 하였다. 그들은 당시에 성리학에서뿐만 아니라 문학에서도 상
당한 조예가 있었다. 그들은 새로운 문풍으로서 당송고문(唐宋古文)과
천기론(天機論)이라는 문학이론을 발전시켰다. 그들이 내건 당송고문풍
과 천기론 속에 담긴 정치이념과 사회이념을 살펴보았고, 이 과정에서
그들이 지닌 현실 인식을 찾아보고자 하였다.

18세기 당송고문풍 이전 조선의 문풍은 임진왜란 과정에서 명나라로
부터 전래된 진한고문풍(秦漢古文風)이 주도하였다. 남성적이고 웅혼한
문체를 지향하던 명대 진한고문풍은 곧 조선의 문단을 석권하면서 영향
력을 발휘하였다. 명대 진한고문풍에 영향 받은 사람들에게서 사상적으
로 가장 주목해야 할 부분은 '복고주의'와 그에 따른 '송학의 폄하' 경향
이었다. 명대 진한고문파는 당대 이후의 글은 읽지 않아도 된다는 말을

공공연히 하였다. 이것은 당대 이전의 문장과 학문을 존숭하고 송학의 권위를 반감시키는 기능을 하였다.

　17세기 말에서 18세기 초 김창협은 17세기 진한고문풍을 '의고주의'(擬古主義)로 비판하면서 이른바 '한구정맥'(韓歐正脈)의 당송고문과 송시풍을 옹호하고 그 가치를 선양하려는 경향을 보였다. 이들의 당송고문과 송시풍 주장에는 17세기 후반 송시열 계열의 사상 경향을 계승하고자 하는 의식이 깊이 담겨 있었다. 그들이 문학비평을 통해서 폄하하고자 하였던 인물들이 주자학에서 일정하게 벗어나 있던 인물들이었다면, 그들이 새롭게 재조명하고자 하였던 인물은 주자학에 충실하였던 인물들이 많았다. 이러한 기준과 평가에는 17세기 후반에서 18세기 초반 노론에서 일었던 이단 시비 논쟁이 밀접히 관련되어 있었다. 김창협·김창흡 계열은 당송고문과 송시풍의 주장을 통해 송시열의 사상을 계승하면서 이를 문학비평 분야에 적용하고자 하였다.

　한편, 성정(性情)의 진실성을 중시하는 천기론의 이론적 바탕이 된 천기 관념에는 하층신분층을 인정하는 의미가 담겨 있었다. 천기 관념에는 귀천과 신분의 차별 없이 사람들의 진솔한 성정을 인정하고자 하는 측면이 있었다. 이것은 낙론이 인성과 물성이 같고, 성인과 범인의 미발심체(未發心體)를 같다고 보면서 물성과 범인의 존재가치를 인정하는 것과 연결되었다.

　17세기 후반에서 18세기 초로 전환되는 시점은 역관 중심의 기술직 중인들이 사회적 성장을 도모하던 시기였다. 역관층은 17세기 중반 이후 청과의 외교교섭이 중요시되면서 정권과 밀착하기도 하는 등 사회적으로 성장할 기회를 맞이하였으며, 17세기 후반 이후에는 대륙 정세가 안정되면서 무역으로 부를 축적하기도 하였다. 이 과정에서 역관들은 부와 지적 성장을 도모할 수 있었다. 이 시기에 최초의 중인 시선집인

398_

《해동유주》(海東遺珠)와 《소대풍요》(昭代風謠)를 역관층이던 홍세태·고시언이 편집한 것은 이러한 배경이 있었기 때문에 가능하였다.

천기가 모든 사람들에게 드러나고 깃들 수 있으므로 귀천 없이 누구든 시를 짓고 진솔한 심정을 말할 수 있다는 논리는 기존에 소외되었던 여항의 사람과 중인의 글과 말도 중요하다는 인식을 가져올 수 있었다. 이러한 이유로 천기 관념은 당시 성장하던 중인 계층의 존재를 일부 인정할 수 있는 사상적 근거로 작용할 수 있었다. 이러한 점을 가장 잘 보여준 경우가 천기 관념을 통한 낙론계와 중인 사이의 문학적 교유였다. 낙론계는 천기 관념을 통해서 중인 시인들의 존재를 인정하고 그들의 사회적 불만을 해소할 수 있게 하는 통로를 만들어 놓았다.

김창협이 교유하였던 중인 시인 홍세태는 역관 가문 출신으로서 당시 중인 계층을 대표하는 인물 가운데 하나였다. 또한 이천보는 천기가 바탕을 가리지 않고 모든 사람에게 평등하게 내재하며, 물루(物累)에 담박한 중인들이 오히려 그 천성을 잘 보전할 수 있다는 내용으로 역관 가문 출신 정래교(鄭來僑)의 문집에 서문을 써주었다. 이 서문은 중인들의 장점을 부각하여 그들의 존재를 인정하면서도 동시에 그들로 하여금 오직 문학 활동에만 전념하게 하는 의미를 갖는 것이었다. 즉, 문학 활동이라는 안전하고 공식적인 사회 활동을 통해 사회적 불평등을 해소할 수 있도록 하려는 것이었다.

3장에서는 18세기 중엽에서 후반까지의 낙론계 학풍의 전개와 현실 대응론을 살펴보았다. 18세기 중엽 이후 호락논쟁은 노론내 다수의 지식인들에게 파급되면서 단순한 심성논쟁에서 벗어나 사회적 정치적 성격을 농후하게 띠어갔다. 그리고 본격적인 낙론 학맥의 성립을 가져와 학적 계보를 갖추게 되었다. 낙론계 학풍의 경세적 활용은 영·정조대 탕평 정국에서 소인의 교화 가능성을 전제로 한 정치 참여였고, 둘째는 제도변통을 통한 국정운영론으로의 변용이었다.

호락논쟁이 본격화되는 18세기 전반에서 중엽에 이르는 시기는 조선 사회가 많은 변화를 보이던 때였다. 대외적으로는 북벌론이 사실상 포기되면서 기념사업 중심의 존주론으로 대명 의리론이 변화하였고, 사회적으로는 하층민이 성장하였으며, 정치적으로는 탕평론이 크게 대두하였다. 이러한 시대적 상황에 조응하여 호서 지역 노론과 서울·경기 지역 노론들은 각기 다른 경세이념들을 제시하였다.

그것은 비록 심성론이라는 틀 안에서 이루어졌으나, 《대학》의 '격물(格物) → 치지(致知) → 성의(誠意) → 정심(正心) → 수신(修身) → 제가(齊家) → 치국(治國) → 평천하(平天下)'라는 연속적 관점에서 볼 때 심성론은 이미 그 속에 치국·평천하와 같은 경세이념을 담고 있었다. 그러한 점에서 당시 전개된 심성론의 실제와 의미를 살펴보는 것은 궁극적으로 경세이념의 의미를 이해하는 데 중요한 관건이 될 수 있다.

호락논쟁의 구체적 내용은 인물성동이·미발심체·성범인심동이 문제였다. 낙론계는 호론계의 인물성이·미발심체유선악·성범인심이론이 맹자 성선설의 본지를 벗어나 지나친 분별론에 기우는 것을 우려하면서, '천하가 선하게 되는 길을 막는다'[沮天下爲善之路]고 비판하였다.

반면, 호론계는 낙론계의 심 중심의 심성설이 '불교적 심순선설'(心純善說)의 성격을 띠고 있어 유석무분(儒釋無分)에 빠질 수 있으며, 인물성동을 주장하니 인수무분(人獸無分)에 빠질 수 있으며, 오랑캐[元]를 섬긴 허형을 존경하니 화이무분(華夷無分)에 빠질 수 있다고 경계하였다. 호론의 낙론 비판을 살펴보면, 이는 모두 서울·경기 지역 서인의 학문 경향과 밀접한 관련을 가짐을 알 수 있다. 낙론계의 심 중심의 심성설은 서울·경기 지역 서인의 심학 중시 경향에서, 인물성동의 주장은 조성기의 '일리' 강조에서, 허형 존경은 조성기와 이단상의 허형 존경에서 유래한 것이었다.

이러한 심성논쟁에서 낙론계와 호론계의 이른바 '저천하위선지로 : 무분'(沮天下爲善之路 : 無分)의 상호비판 구조가 성립하였다. 이것은 당시 노론 집권층이 당면하였던 사회 문제들과 연관시켜 볼 때, 이들 경세론의 방향을 시사해 준다. 호론계가 '인물성이', '성범인심이' 주장을 통해서 분별 위주의 경세적 이념을 형성해 나갈 가능성이 컸던 반면에 낙론계는 '인물성동', '성범인심동'을 근거로 통합 위주의 경세적 이념을 형성해 나갈 가능성이 컸다.

다음으로 이재 이후 낙론 학맥의 계보와 사상적 동향을 정리하였다. 낙론계 학맥의 주류를 이루었던 이재, 홍계희, 임성주, 김원행, 황윤석, 박윤원, 홍대용, 박지원, 민우수, 김종후, 김종수, 김양행 등을 통해서 낙론계가 가지고 있던 다양한 사상 양태들을 살펴보았다. 북학사상에서 보수적인 사회사상까지 폭넓게 분포되어 있던 낙론 학맥의 다양한 사상적 양태들은 상대적으로 의리명분론과 노론 강경노선을 일관되게 견지하던 호론 학맥과 비교해 보면 그 차별성이 확연히 드러났다. 낙론에는 다양한 형태의 현실적 흐름에 대처할 수 있는 사상 요소들이 상대적으로 많았던 반면에 호론에게는 이것이 적었다.

낙론계가 구체적인 현실에 어떻게 적응해 나갔는지를 살펴보기 위해 당시 가장 중요한 현안 가운데 하나였던 탕평 정국 문제를 다루었다. 이를 위해 우선 낙론계 주류의 정치동향을 조망해 보았다. 낙론계는 다양한 정치세력으로 분화되어 영조대에는 완론탕평론, 의리탕평론, 반탕평론, 부홍파의 성격을 띠기도 하였고, 영조 후반기에는 일부가 청명당(淸明黨)에 가담하기도 하였다. 정조대에는 안동김씨를 중심으로 시파(時派)에 가담하는 자들이 많았다.

이들 시파(時派)에 가담한 자들은 영·정조대의 탕평 정국 아래에서 남인과 소론을 적절히 수용하면서 현실 정국에 대처해 나갔다. 그들은 김종수와 호론 계열 김구주·김한록 등의 벽파(僻派)처럼 강경한 노론 의리론을 주장하기보다는, 비교적 완만한 주장들을 내세움으로써 자신들의 정치적 입지를 넓혀갔다. 호론계와 낙론계를 정치적으로 범주화하고 규정짓는 데에는 많은 한계점이 있으나, 대체적으로 강경한 노론 의리를 주장한 쪽은 호론 계열이 많았고, 비교적 온건한 논의를 주장한 쪽은 낙론 계열이 많았다.

다음으로 낙론계가 탕평 정국 아래 정계에 참여하는 데 사용하였던 사상적 명분을 살펴보았다. 낙론계가 호론계보다 탕평 정국에 비교적 활발히 진출하였던 배경에는 그들이 지녔던 전통적인 관료 지향적 성격과 함께 심성론이 일정한 명분으로 작용하고 있었다. 성인과 범인 모두에게 선을 지향하는 보편적 가치가 담겨 있다는 낙론계 심성론은 소인의 교화 가능성을 부인하지 않았다.

낙론계는 이러한 소인론을 명분 삼아 호론계보다 상대적으로 유연한 자세를 갖고, 점차 탕평 정국에 적응해 나갔다. 반면에 호론계는 토난신적자(討亂臣賊子)를 강력하게 주장하였고 소인의 교화 가능성을 부인하였다. 자연히 그들은 다른 당파를 어느 정도 인정해야만 하는 탕평 정국에서 설자리가 좁을 수밖에 없었다. 그러나 여기에서 유의해야 할 것은 호론계와 낙론계는 모두 노론이라는 공통된 틀 속에 있었다는 사실이다. 이것은 노론이라는 제한된 범위 안에서 낙론계가 호론계보다는 상대적으로 유연한 자세를 가졌음을 의미한다.

한편, 실제 정치 상황에서 낙론계 심성론은 낙론계 자신의 정치영역을 확장할 수 있는 명분으로 쓰일 수도 있었다. 낙론계는 노론 의리론을 펴면서도 탕평(蕩平)과 포용(包容)을 명분 삼아 다른 당파를 끌어들일 수 있었다. 호론은 낙론의 이러한 태도를 무분론(無分論)이라고 배격하였다. 무분론에는 '수정주의', '타협주의'라는 비판이 깔려 있었다. 18세기 후반 들어서 호론계는 낙론계에 대해서 점차 그 비판의 강도를 높여 갔다. 이와 같은 호론의 엄격한 의리론은 그만큼 자신들의 정치영역을 제한하는 결과를 초래하였다.

낙론계 학풍은 제도변통론을 통해 국정운영론으로 변용되기도 하였다. 낙론계 학풍은 처음부터 심성론과 문학론 위주로 형성되었고, 그러한 이유로 경세치용적 측면이 사실 부족했다. 그들은 구체적인 제도개혁보다는 심성의 수양과 의리의 발현, 그리고 올바른 문장을 통해서 국가를 바로 잡을 수 있다고 생각하는 경향이 강하였다. 그러한 점에서 경세론 연구는 낙론계 학풍이 풀어야 할 학문적 과제이기도 하였다. 이러한 가운데 유형원의 《반계수록》이 주목되었다. 특히 영조대 균역법을 입안하였던 홍계희는 《반계수록》을 간행하는 데 주도적인 역할을 할 정도로 《반계수록》에 심취해 있었다.

홍계희는 상수(象數), 의장(儀章), 도수(度數)를 폄하하고 학문의 대체를 중시하는 이재의 문하에서 소옹 상수학과 《반계수록》과 같은 제도변통론에 관심을 가졌다. 제도변통뿐만 아니라 홍계희는 사상적으로도 유형원과 매우 깊은 친연성을 가지고 있었는데, 그것은 소옹 상수학에 대한 연찬(研鑽)을 통해 이루어졌다. 홍계희와 유형원은 소옹 상수학 연구를 통해서 학문의 대체(=理)를 인식하고 그 대체를 세상에 구체화할 수 있는 수, 즉 제도·절목에 대해서 관심을 가졌다. 그들은 서로 사상적 차이가 있었지만 구체적인 절목과 제도가 중요하다는 점에는 공감하였다.

또한 《반계수록》이 지향하는 전지(田地) 중심의 개혁론과 국가의 공공성 및 신분·직역의 균등성 강조는 홍계희의 결포(結布) 논의와 균역법이 지향하는 궁극적인 목적과 밀접한 관련을 가졌다. 이와 더불어 유

형원은 적서(嫡庶)의 차별을 폐지하고 노비도 민(民)의 영역에서 포섭하
고자 하였는데, 이것은 낙론계 제도개혁론의 핵심 사안이었다는 점에서
주목해야 할 대목이다. 낙론계는 국가 공공성의 확대와 균등성을 명분
으로 내세우면서 서얼소통과 내시노비제 개혁을 논의해 갔다. 이러한
관련성은 아마도 낙론 안에서 이루어진 자체적인 사상적 발전이《반계
수록》의 경세적 입장과 일치한 것이라고 볼 수 있을 것이다.

　낙론계의 변통론을 구체적으로 알아보기 위해 내시노비제와 서얼소
통 논의를 살펴보았다. 내시노비제 문제는 국가재정 확충과 관련하여
중요한 현안으로 떠오르면서 18세기 동안 많은 논의의 대상이었다. 기
존연구를 통해서 내시노비제 개혁 논의와 그 과정에 대해서는 많은 부
분이 밝혀졌지만, 그것을 가능하게 하였던 사상 배경에 대해서는 아직
연구가 부족한 실정이다. 신분 문제는 사회경제적인 요인 이외에도 사
회통념이라는 사상적인 문제도 담고 있어, 신분 관념 배후의 사상 배경
에 대한 연구는 중요하다. 특히 개혁 논의를 구체적으로 입안하였던 관
료들의 사상적 배경에 관한 연구는 매우 중요하다고 할 수 있다. 노론
안에서 균시적자론을 주장하면서 정조대 내시노비제 혁파 논의에 대해
직접 언급하거나 암묵적으로 동의하였던 사람들은 대체로 낙론 학맥을
갖는 시파 계열이었다. 반면에 호론계가 중심이 되었던 벽파 계열은 내
시노비제 혁파에 대체로 부정적이었다.

　천(天)은 인(人)과 물(物)에 '이'를 차별 없이 부여하며, 그러한 이유로
천의 입장에서 보면 인과 물은 모두 균등하다는 주장을 폈던 낙론의 사
유구조는 균시적자론으로 연결될 수 있었다. 즉, 천의 관점에서 보면 인
과 물은 모두 균등하며, 왕의 입장에서 보면 모든 백성은 균등히 적자였
던 것이다[均是赤子]. 천이라는 제3자 설정을 통해서 인·물의 차이를
해소하려는 것은 균시적자론이 왕이라는 제3자를 설정하여 민(民) 사이

에서의 차이를 해소하려는 것과 그 논리구조가 같았다.

유생들에게 호전(戶錢)을 부과하고자 하는 과정에서 이에 반대하는 유생들에게 영조는, "백성은 너희들 입장에서 보면 남과 나의 구별이 있겠으나 내 입장에서 보면 이들은 균등히 나의 적자이다"고 언급하였다. 정조 또한 탕평정책을 표방하면서 노론이든 소론이든 "위에서 본다면 균등한 한 집안의 사람이고 다 같은 동포이다"고 말한 바 있었다. 이것은 낙론의 사유구조와 균시적자론의 사유구조가 논리적 친연성을 가지고 있었음을 보여준다고 하겠다.

이것을 더욱 세부적으로 살펴볼 때 그들이 시도한 경전 해석과도 밀접한 관련이 있었다. 논쟁 과정에서 호론과 낙론 사이에 해석 문제가 되었던《중용장구》(中庸章句) 제1장 주석 "人物之生 因各得其所賦之理 以爲健順五常之德 所謂性也"에서의 '각득'(各得)을 호론이 문자 그대로 '각득'이라고 해석하여 인물성부동의 증거로 삼았던 데 반해, 낙론은 이것을 '개득'(皆得)의 의미로 해석하여 인물성동의 증거로 삼았다.

이것은 내시노비제 혁파를 구상하였던 정조의 '만천명월' 왕정론과도 흡사한 형태를 띠었다. 만천에 밝은 달이 차별 없이 내리 비추듯, 모든 백성에게 왕의 은택을 베풀겠다는 정조의 왕정론은 낙론의 정치이념과 연결될 수 있었다. 만천이 모든 사물을 의미한다면 명월은 이(理)이며 태극(太極)이었다. 즉, '이'가 모든 사물에 차별 없이 내재되었다는 뜻이다. 균시적자론을 펴면서 내시노비제 혁파를 주장한 이들 가운데에는 앞서 언급하였듯이 정조를 보좌하면서 낙론 학맥을 가졌던 시파계 인사들이 많았다.

이처럼 내시노비제 개혁 논의 과정에서 주요 명분으로서 작용하였던 균시적자론은 낙론의 사유체계와 관련성을 갖는다고 할 수 있다. 비록 이전에도 적자론은 있었지만 이것이 '민의 성장'이라는 시대의 변화에 맞게 사상적으로 보완되는 데에는 낙론의 사유체계가 중요한 영향을 끼쳤다고 볼 수 있다. 그러나 이러한 사실들이 곧 낙론의 진보성을 부각하는 것으로 연결될 수는 없다. 낙론계의 많은 사람들은 개별적으로 볼 때 노비 문제에 대해서, 구체적으로 말해 사노비 문제에 대해서 당시 지배층들이 가진 생각들을 크게 넘어서지 않았기 때문이다.

18세기 동안 서얼소통 논의도 계속해서 전개되었다. 낙론계 측은 전반적으로 서얼소통에 긍정적이었다. 그 이유는 이이 이래 서인-노론이 일관되게 추진한 사회정책이었기 때문에 가능하였지만, 앞서 내시노비제 개혁 논의 부분에서 살핀 '균시적자' 명분에도 많은 부분 연유하였다. 그들은 '균시적자' 명분의 구체적 근거로서 하늘이 인재를 내리는 것은 귀천이나 적서 여부와는 무관하므로, 왕의 용인(用人)에서도 지벌에 구애되어서는 안 되니 적서의 명분은 오직 가문에서만 허용되는 것임을 상소하였다. 이것은 '직위의 분별'이라는 국가의 논리와 '적서의 분별'이라는 가정의 논리를 분리하여 '적서의 분별'을 단순한 가정의 논리로 격하시키는 것이었다. 그리고 여기에는 '천'(天)과 '왕'(王)을 강조하면서 그 이외의 사물과 백성을 균등하게 파악하고자 하는 사유가 중요한 명분과 논리적 근거로 사용되었다.

이러한 서얼소통 논의는 노론 낙론계의 정치력 확대에 매우 유리하게 작용하였다. 그들은 서얼소통 운동의 지원을 통해 적서의 분별이 엄격하였던 영남 지역을 분열시키면서 국가권력과 노론의 의리를 확장시켜 나갈 수 있었다. 당시 서얼들의 집단상소 대부분이 영남 지역 서얼을 중심으로 이루어졌던 것에서 볼 수 있듯이, 영남 지역은 서얼의 조직적 노력이 그 어느 지역보다 활발하였다. 서얼소통 문제는 영남 지역에 대한 노론 세력의 부식과 긴밀한 관련성이 있었다. 낙론계가 내세운 '천'과 '왕'을 통한 균등성 강조는 국가권력과 노론세력을 강화시키는 데에도 중요한 논리적 근거가 될 수 있었다.

이상에서 이 책은 낙론계 학풍의 형성과정과 경세적 성격을 살펴보았다. 17세기 서인 학계의 분화와 낙론계 학풍의 연원을 살펴봄으로써 낙론계 학풍이 위치하는 사상사적 지점을 조망하고자 하였으며, 낙론계 학풍이 가지고 있던 현실 인식과 경세적 활용을 살펴봄으로써 그들 학풍이 어떻게 만들어져 현실과 관계하였는지를 밝히고자 하였다. 18세기 등장하는 낙론계 학풍은 성리학과 문학을 통괄하는 전일적인 사상체계였다.

이 책의 목적은 일견 비정치적 비사회적인 영역에서 이루어졌다고 보이는 성리학과 문학의 언설들이 정치적 사회적인 영역으로 그 의미가 확장하고 이동해 가는 모습을 살펴보고자 함이었다. 하지만 이 책은 이것을 시기적으로나 사례 면에서나 매우 제한적인 영역에서 살펴볼 수밖에 없었다. 그 과정에서 낙론계 학풍의 사회적 영향을 제한적으로밖에 설명하지 못하였다. 또한 다른 학파의 비교 속에서 낙론계 학풍의 사상적 지형을 위치 짓지도 못하였다. 이러한 사항들에 대해서는 앞으로 계속된 연구를 통해서 보완하고자 한다.

The Formation of the Nak School in the Late Choson Dynasty: Its Academic Tradition and Statecraft Thought

This study is to explain the development of the Nak school(洛論系) that derived from the Old Doctrine faction(老論) in the late Choson Dynasty, and to find the origins of their academic traditions and their way of confronting the real world. Those of the Nak school, which first developed in the early 18th century resulting from the Ho-rak Debate(湖洛論爭), were the key members of the ruling Old Doctrine faction and stood in a quite important position socially and politically. As so, it should be very fruitful to study the importance of their theories and the social response towards them in understanding the ideology of the ruling Old Doctrine faction of the 18th century.

The origins of the Nak school academic traditions are as follows. The Westerners faction(西人) of the 17th century branched into two groups, the Westerners of the Seoul and Kyeonggi(京畿) region and those of the Chungcheong(忠淸) region. This was due to the ideology of Seo Kyeongdeok(徐敬德, 1489~1540), a member of the Northerners faction(西人) who fell after the accession of King Injo(仁祖反正). While the Westerners of the Chungcheong region persisted in the academic traditions of Yi I(李珥, 1536~1584) alone, the Westerners of the Seoul and Kyeonggi region were influenced by Seo's ideology and combined the academic traditions of Yi I and Seo together to develop a new original academic tradition of their own. Based on the combination of Yi I and Seo's ideologies, the Westerners of the Seoul and Kyeonggi region focused their studies on the learning of images and numbers(象數學) and psychological studies(心學), and also asserted that the king and government should be the pivot of all administration affairs. On the other hand, the Westerners of the Chungcheung region stuck to the studies of Chu Hsi(朱熹, 1130~1200) and suggested that the affairs of state should be run mainly by the local literati. The academic traditions of the two regions play a major factor in the development of the Nak school traditions of the 18th century.

From the late 17th century through the early 18th century, the two brothers Kim Chang Hyeob(金昌協, 1651~1708) and Kim Chang Heub(金昌翕, 1653~1722) paved the way for the development of the Nak school from the Old Doctrine faction. Politically they agreed to the opinion of the Chungcheong region Westerners, such as Song Si-yeol(宋時烈, 1607~1689) in particular, while academically they followed the Seoul and Kyeonggi region Westerners and devoted themselves to the learning of images and numbers and psychological studies. Because of such academic aspects, they differed from the Chungcheong region Old Doctrine faction, who inherited the academic traditions of the Chungcheong region Westerners of the 17th century. The Ho-rak Debate arose due to such a difference between the Nak and the Chungcheong region Old Doctrine faction. In short, the Ho-rak Debate was a Debate between the ideologies of the Chungcheong region and the Seoul and Kyeonggi region.

The Old Doctrine faction of the Seoul and Kyeonggi region also had great interest in literature. They criticized the general trend of copying the literature from the Qin(秦) and Han(漢) dynasties, which was popular during the 17th century. The Seoul and Kyeonggi region faction turned their attention to the literature of the Tang(唐) and Song(宋) dynasties instead and even developed the theory of Cheongi(天機) for criticizing poetry. The style of the literature from the Qin and Han dynasties did not suit the orthodox Chu Hsi philosophy which the faction mainly pursued, since the literature of the Qin and Han dynasties held many factors that were regarded as heretic from the Chu Hsi perspective. Due to this the Seoul and Kyeonggi region faction of the Old Doctrine sought for the right literature style that fit their key philosophy in order to unite philosophy and literature. It was the literature from the Tang and Song dynasties that drew their attention. Beneath their assertion that it is necessary to practice writing in Tang and Song styles, lied also a political intention to criticize the studies of the Southerners(南人), who were greatly influenced by the literature of the Qin and Han dynasties and focused their studies on the study of the Ancient(古學). Based on their theory of Cheongi, the Seoul and Kyeonggi region westerners also stated that the lower classes could also write poetry as good as the literati. This had great social meaning because they associated themselves with the middle class(中人) in the field of literature. Based on the theory of Cheongi, they acknowledged the existence of the middle class and tried to win them over on their side socially and politically.

Since the early half of the 18th century, the Ho-rak Debate reached its peak and came to gain social and political influence. The difference between the academic traditions of the Seoul and Kyeonggi region and the Chungcheong region eventually led to the difference in political position. This difference in political stance also had great influence on the division of the Party of Expediency(時派) and the Party of Principle(僻派) during the reign of King Cheongjo(正祖, 1776~1800). Whereas the Nak school were rather flexible in practicing the Old Doctrine faction's theory on ultimate principle and its embodiment called the iri-ron(義理論), the Old Doctrine faction of the Chungcheong region were more resolute. Such difference was based on the difference of opinion towards the Young Doctrine(少論) and Southerners(南人). The Nak school regarded that the sage(聖人) and the ordinary man(凡人) were essentially the same and were willing to tolerate and accept the Young Doctrine and the Southerners, who were generally regarded as small fries. On the contrary, the Ho school(湖論系) believed that the hearts of the sage and the ordinary man were essentially different and asserted that one must strictly exclude the Young Doctrine and Southerners.

The academic traditions of the Nak school were also applied in social policies. As an example, Hong Gye-hee(洪啓禧, 1703~1771) drew up various policies through his studies in the learning of images and numbers. Hong played a major role in establishing the Equalized Tax Law(均役法), which is one of the most important laws made during King Yeongjo(英祖, 1724~1776)'s reign. Other than that the academic traditions of the Nak school was also applied in reforming the laws concerning slaves and discussing the reform of the law that prohibited those born of a concubine from being appointed to a government post. Those who drew up these plans for reform were mainly bureaucrats who had studied Nak Metaphysics(洛論 性理學). The Nak school extended the denotation of the Nak Metaphysics principle: "Viewed from heaven, all creatures are equal" to "viewed from the throne, all the people are equal." This supports the assertion for reforming the slave laws and the law prohibiting offsprings of concubines from government posts. This principle corresponded with the current social and economical changes and also justified them at the same time.

So far, the development of the Nak school's academic traditions has been dealt with. The academic traditions of the Nak school were basically a ruling ideology formed through the process of confronting reality. In other words, it can be understood that the Nak school formed such academic traditions as a means to keep their position as the ruling class and at the same time adapt themselves to the social changes. Ruling ideology, which has been the methodological focus in this study, is based on the premise that the cultural phenomenon and academic traditions are not restricted to the cultural and academic fields but also embrace the political and social ideologies of the class that has developed them.

부록

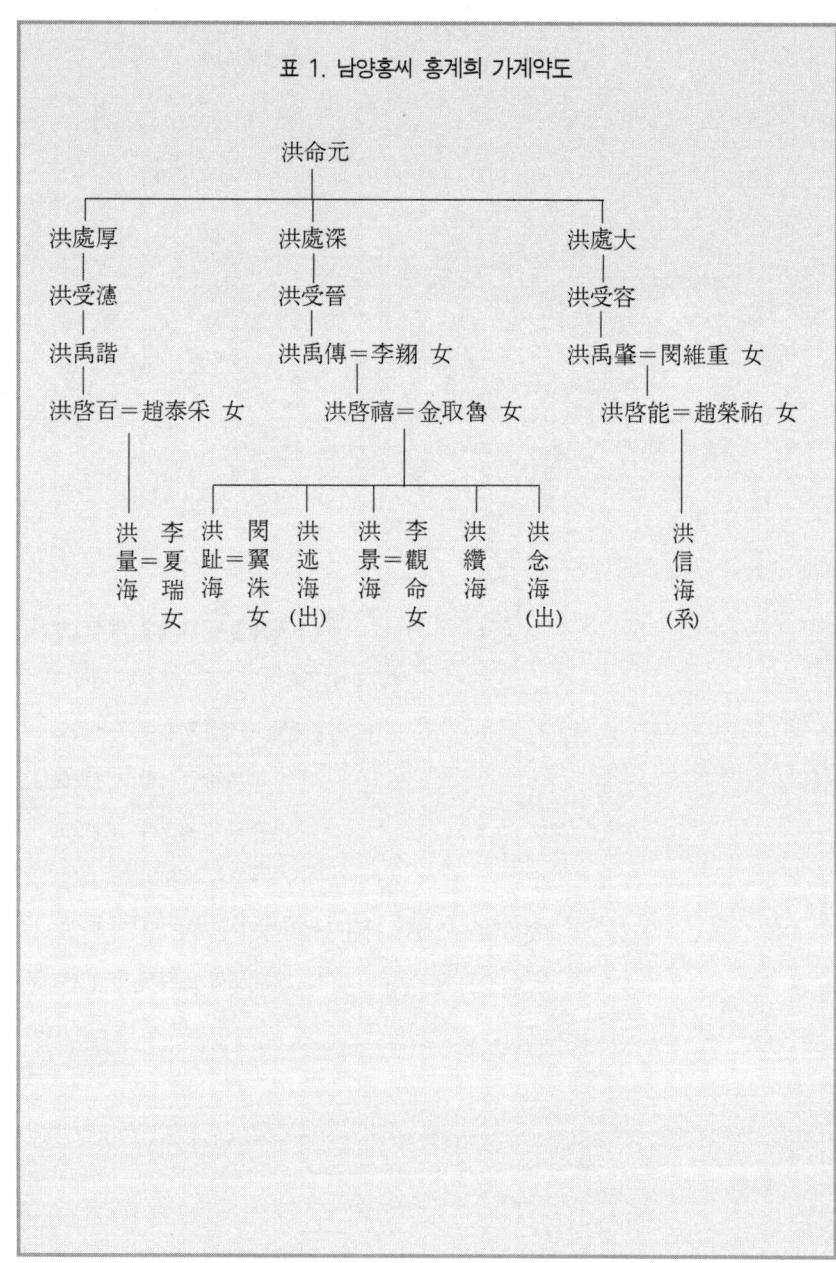

표 1. 남양홍씨 홍계희 가계약도

표 2. 청풍김씨 김치인·김종후·김종수 가계약도

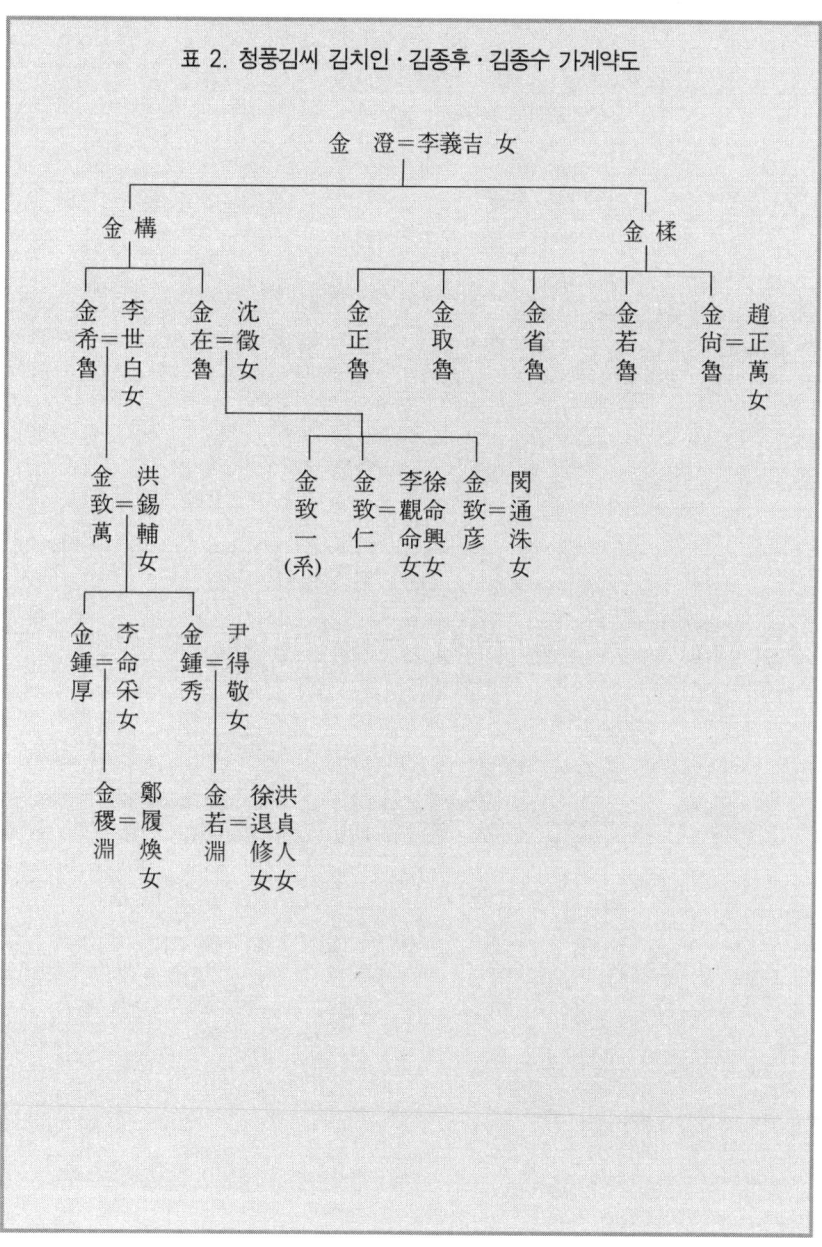

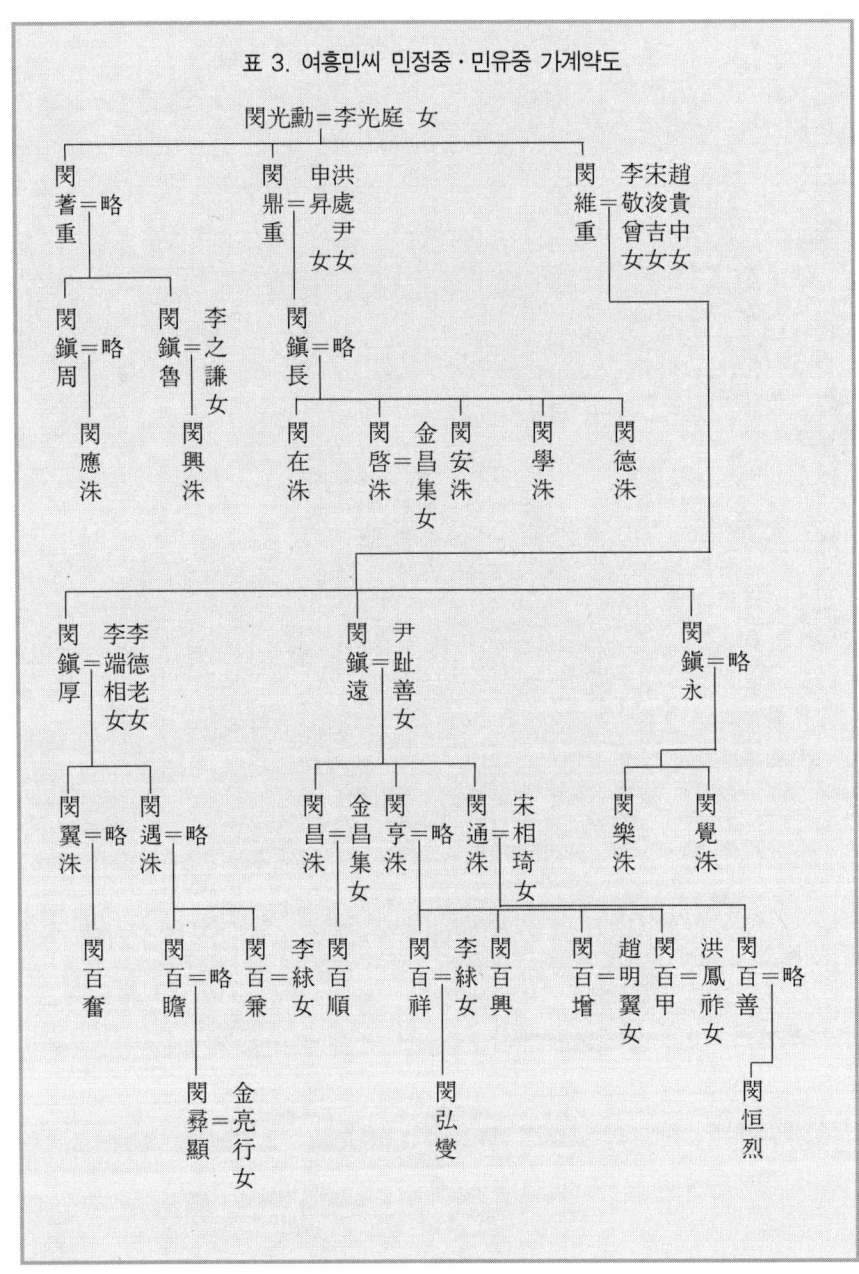

표 3. 여흥민씨 민정중·민유중 가계약도

표 4. 우봉이씨 이재 가계약도

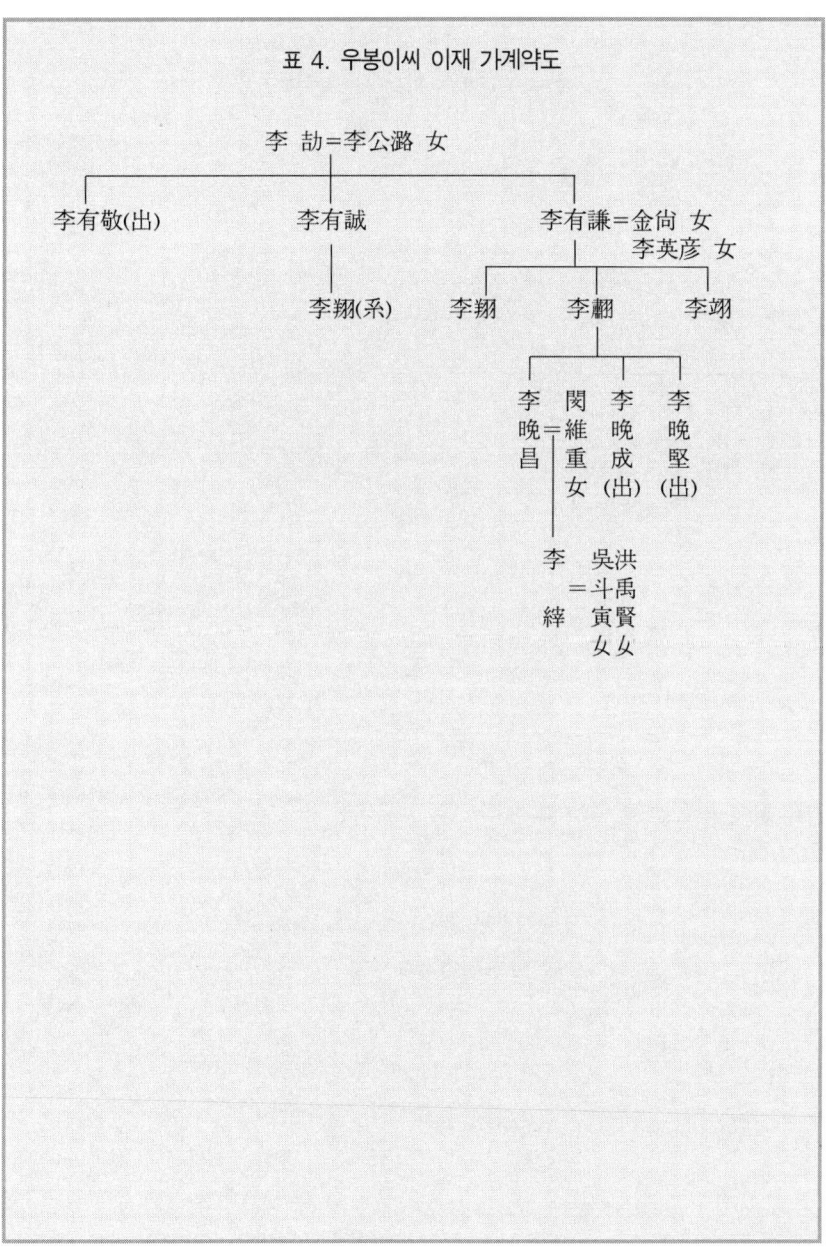

표 5. 원주원씨 원경하 가계약도

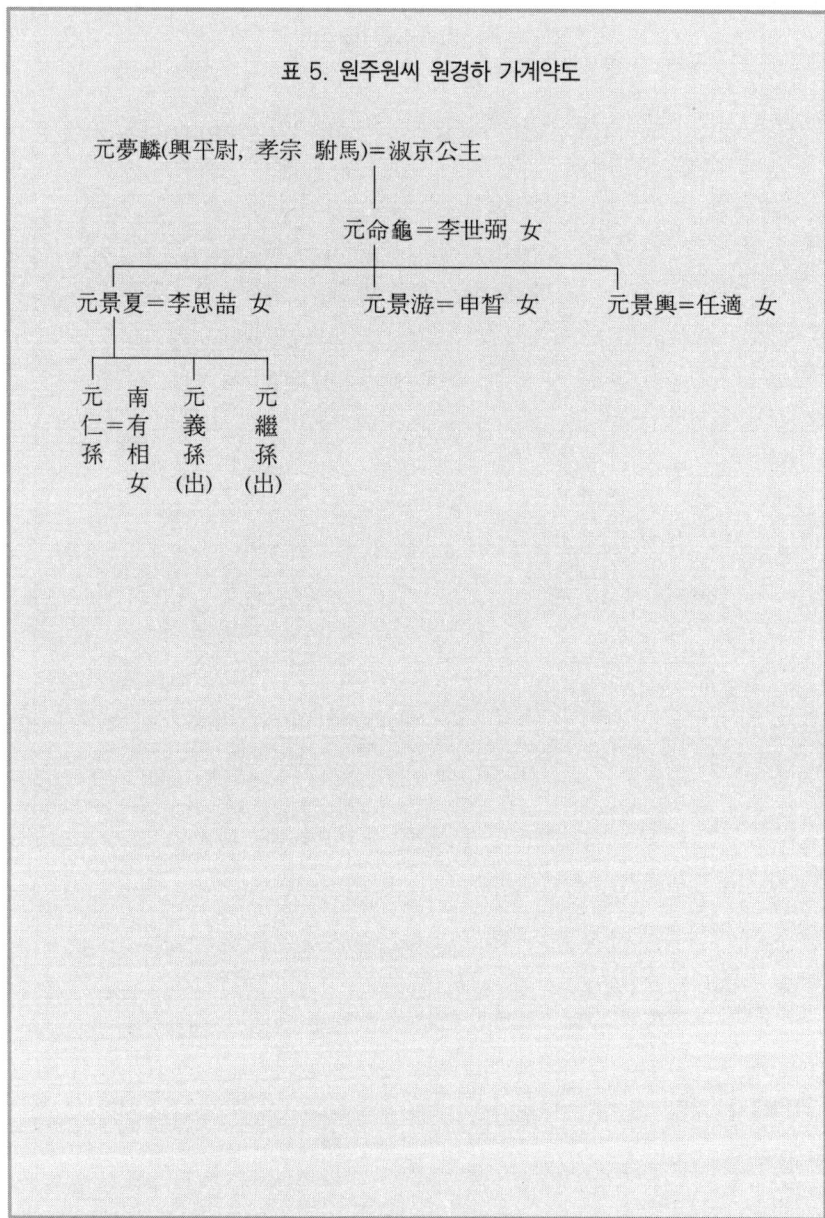

표 6. 기계유씨 유척기 가계약도

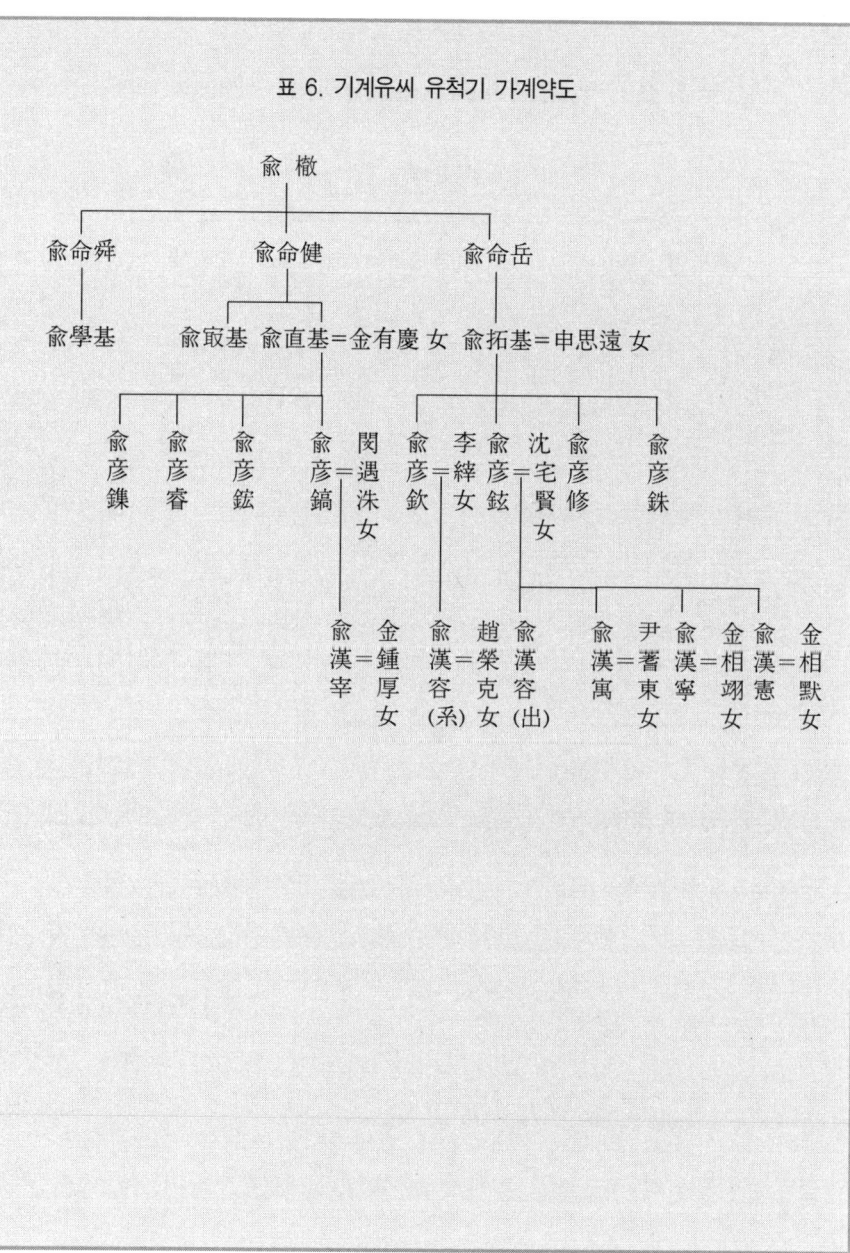

표 7. 전주이씨 밀성파 이관명·이건명·이사명·이이명 가계약도

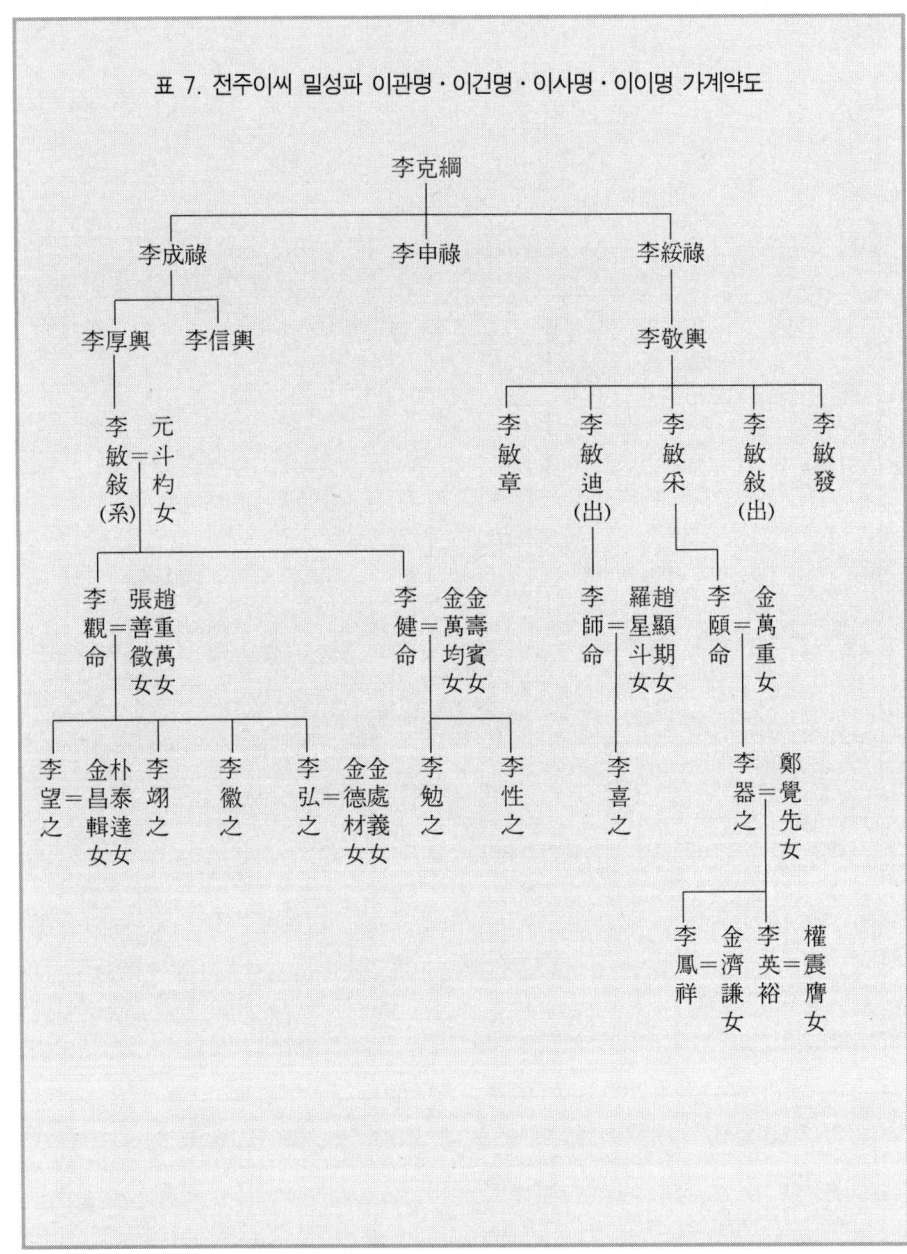

표 8. 양주조씨 조태채 가계약도

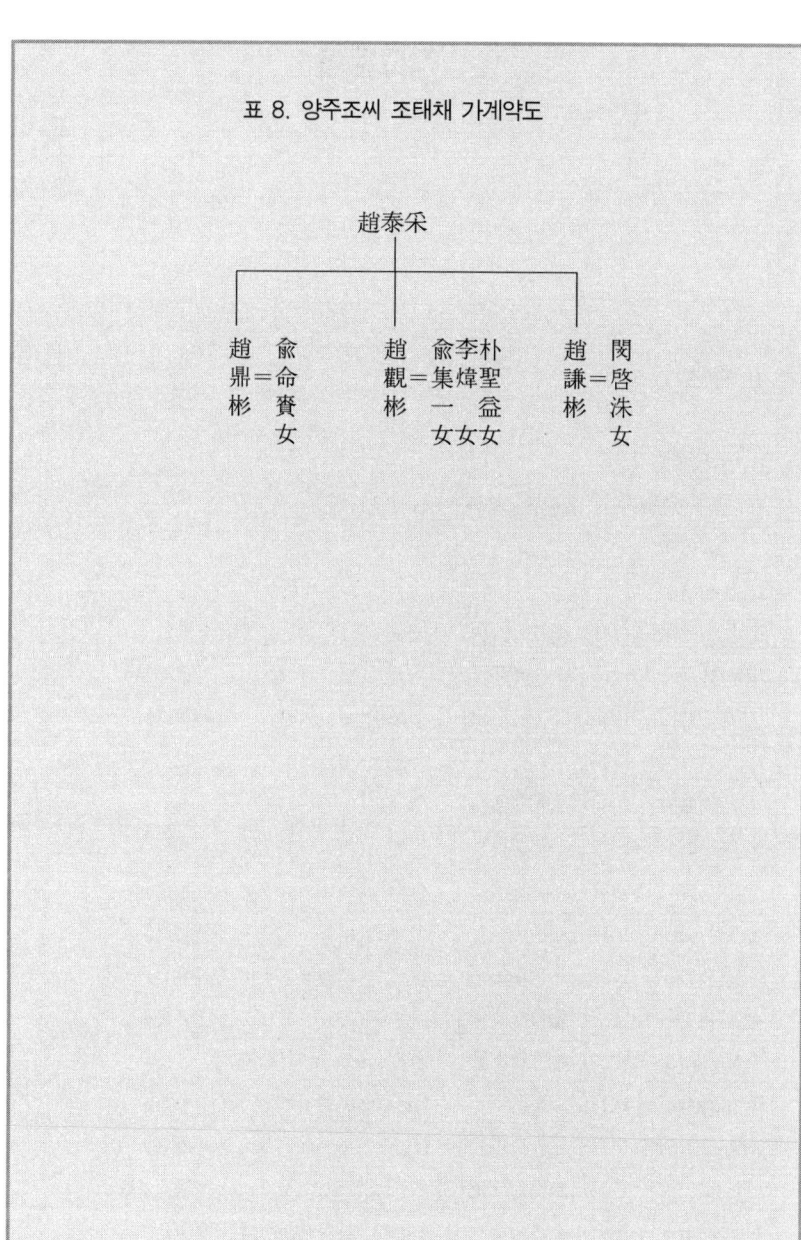

趙泰采

趙鼎彬　俞命賚女

趙觀彬　俞集一女　李煒女　朴聖益女

趙謙彬　閔啓洙女

참고문헌

1. 자 료

1) 연대기류
《朝鮮王朝實錄》,《備邊司謄錄》,《承政院日記》

2) 문집류
權尙夏(1641~1721),《寒水齋集》　　權燮(1671~1759),《玉所集》

權韠(1569~1612),《石洲集》　　金萬重(1637~1692),《西浦漫筆》

金邁淳(1776~1840),《臺山全書》　　金時敏(1681~1747),《東圃集》

金時保(1658~1734),《茅洲集》　　金錫文(1658~1735),《易學二十四圖解》

金錫胄(1634~1684),《息庵遺稿》　　金信謙(1693~1738),《臨巢集》

金亮行(1715~1779),《止菴集》　　金元行(1702~1772),《渼湖全書》

金堉(1580~1658),《潛谷遺稿》　　金麟厚(1510~1560),《河西集》

金長生(1548~1631),《沙溪集》　　金鍾秀(1728~1799),《夢梧集》

金鍾厚(1721~1780),《本庵集》　　金砥行(1716~1774),《密庵集》

金集(1574~1656),《愼獨齋全書》　　金昌協(1651~1708),《農巖集》

金昌翕(1653~1722),《三淵集》　　金漢祿(?~?),《漢澗集》

南九萬(1629~1711),《藥泉集》　　南克寬(1689~1714),《夢囈集》

南有容(1698~1773),《雷淵集》　　閔遇洙(1694~1756),《貞菴集》

閔彝顯(1750~1793),《觀生窩遺稿》　朴世堂(1629~1703),《西溪全書》

朴世采(1631~1695),《南溪集》　　朴淳(1523~1589),《思菴集》

朴胤源(1734~1799),《近齋集》　　朴趾源(1737~1805),《燕巖集》

朴弼周(1680~1748),《黎湖集》　　徐敬德(1489~1546),《花潭集》

宋時烈(1607~1689),《宋子大全》　宋煥箕(1728~1807),《性潭集》

申翊聖(1588~1644),《樂全堂集》　申靖夏(1680~1715),《恕菴集》

申最(1619~1658),《春沼子集》　　申欽(1566~1628),《象村稿》

安邦俊(1573~1654),《隱峰全書》　安重觀(1683~1752),《悔窩集》

魚有鳳(1672~1744),《杞園集》　　魚用賓(1736~1781),《弄丸堂集》

吳光運(1689~1745),《藥山漫稿》　吳熙常(1763~1833),《老洲集》

魏伯珪(1727~1778),《存齋集》　　俞晚柱(1755~1788),《欽英》

俞彦鎬(1730~1796),《燕石》　　　柳夢寅(1559~1623),《於于集》

俞拓基(1691~1767),《知守齋集》　柳馨遠(1622~1673),《磻溪雜藁》

尹鳳九(1681~1767),《屏溪集》　　尹行恁(1762~1801),《碩齋稿》

尹鑴(1617~1680),《白湖全書》　　李柬(1677~1727),《巍巖遺稿》

李端相(1628~1669),《靜觀齋集》　李德懋(1741~1793),《青莊館全書》

李敏坤(1693~1756),《林隱集》　　李世龜(1646~1700),《養窩集》

李晬光(1563~1628),《芝峯集》　　李植(1584~1647),《澤堂集》

李裕元(1814~1888),《林下筆記》　李惟泰(1607~1684),《草廬集》

李宜顯(1669~1745),《陶谷集》　　李珥(1536~1584),《栗谷全書》

李麟祥(1710~1760),《凌壺集》　　李縡(1680~1746),《陶菴集》

李廷龜(1564~1635),《月沙集》　　李天輔(1698~1761),《晉庵集》

李夏坤(1667~1724),《頭陀草》　　李恒福(1556~1618),《白沙集》

李顯益(1678~1717),《正菴集》　　李滉(1501~1570),《退溪集》

李喜朝(1655~1724),《芝村集》　　任聖周(1711~1788),《鹿門集》

張維(1587~1638),《谿谷集》　　　張顯光(1554~1637),《旅軒集》

鄭經世(1563~1633),《愚伏集》　　鄭斗卿(1597~1673),《東溟集》

鄭來僑(1681~1757),《浣巖集》　　丁範祖(1723~1801),《海左集》

鄭齊斗(1649~1736),《霞谷集》　　正祖(1752~1800),《弘齋全書》

趙榮順(1725~1775),《退軒集》　　趙聖期(1638~1689),《拙修齋集》

趙有善(1731~1809),《蘿山集》　　趙正緯(1659~1703),《一默軒遺稿》

趙顯期(1634～1685),《一峯集》　　曹好益(1545～1609),《芝山集》
崔鳴吉(1586～1647),《遲川集》　　崔錫鼎(1646～1715),《明谷集》
韓元震(1682～1751),《南塘集》　　許穆(1595～1682),《記言》
洪大容(1731～1783),《湛軒書》　　洪世泰(1653～1725),《柳下集》
洪直弼(1776～1852),《梅山集》　　黃景源(1709～1787),《江漢集》
黃胤錫(1729～1791),《頤齋亂藁》

3) 기타
《萬姓大同譜》上·下(明文堂)　　《韓國系行譜》天·地·人(寶庫社)
《性理大全》(保景文化社)　　　　徐俊輔,《時僻源委》
《二程全書》(中華書局)　　　　　《朱子大全》(保景文化社)
姜斅錫,《典故大方》(明文堂)　　朴宗謙,《玄皐記》
薛瑄,《讀書錄》　　　　　　　　邵雍,《皇極經世書》
沈樂洙,《恩坡散稿》　　　　　　黎靖德 編,《朱子語類》(中華書局)
大邱儒林,《葵史》　　　　　　　王懋竑,《朱熹年譜》(中華書局)
袁宏道,《袁中郎全集》(世界書局)　尹榮善,《朝鮮儒賢淵源圖》(太學社)
李建昌,《黨議通略》　　　　　　錢穆,《朱子新學案》(三民書局)
鄭東愈,《晝永編》　　　　　　　朱熹,《朱熹集》(中華書局)
朱熹·呂祖謙,《近思錄》　　　　蔡沈,《洪範皇極》內篇
洪啓禧,《經世指掌》　　　　　　洪萬宗,《旬五志》《海東異蹟》
黃宗羲,《明儒學案》(中華書局),《宋元學案》(中華書局)

2. 연구논저

1) 단행본
강만길, 1973,《朝鮮後期 商業資本의 發達》, 고려대출판부
강명관, 1997,《조선후기 여항문학 연구》, 창작과비평사
강신엽, 2001,《朝鮮後期 少論 硏究》, 봉명출판사

고동환, 1998, 《朝鮮後期 서울商業發達史硏究》, 지식산업사

고석규, 1998, 《19세기 조선의 향촌사회 연구》, 서울대출판부

고연희, 2001, 《조선후기 산수기행예술 연구》, 일지사

고영진, 1999, 《조선시대 사상사를 어떻게 볼 것인가》, 풀빛

구만옥, 2004, 《朝鮮後期 科學思想史 硏究 I ― 朱子學的 宇宙論의 變動》, 혜안

권오영, 2003, 《조선후기 유림의 사상과 활동》, 돌베개

김 현, 1995, 《임성주의 생의철학》, 한길사

김교빈, 1995, 《양명학자 정제두의 철학사상》, 한길사

김길환, 1981, 《韓國陽明學硏究》, 일지사

김도련, 1998, 《韓國 古文의 源流와 性格》, 태학사

김문식, 1996, 《朝鮮後期 經學思想硏究》, 일조각

―――, 2000, 《정조의 경학과 주자학》, 문헌과해석사

김석회, 1995, 《존재 위백규의 문학 연구》, 이회출판사

김성윤, 1997, 《朝鮮後期 蕩平政治 硏究》, 지식산업사

김용만, 1997, 《朝鮮時代 私奴婢硏究》, 집문당

김용섭, 1990, 《增補朝鮮後期農業史硏究》, 일조각

김준석, 2003, 《朝鮮後期 政治思想史 硏究 ― 國家再造論의 擡頭와 展開》, 지식
     산업사

김태준, 1987, 《洪大容 評傳》, 민음사

김흥규, 1988, 《朝鮮後期 詩經論과 詩意識》, 고려대 민족문화연구소

문석윤, 2006, 《湖洛論爭형성과 전개》, 동과서

박광용, 1998, 《영조와 정조의 나라》, 푸른역사

박희병, 1999, 《한국의 생태사상》, 돌베개

배종호, 1974, 《韓國儒學史》, 연세대출판부

신병주, 2000, 《남명학파와 화담학파 연구》, 일지사

신익철, 1998, 《柳夢寅 文學 硏究》, 보고사

심경호, 1995, 《江華學派의 文學과 思想》 3, 한국정신문화연구원

안대회, 1995, 《朝鮮後期 詩話史 硏究》, 국학자료원

―――, 1999, 《18세기 한국한시사 연구》, 소명출판

오수경, 2003, 《연암그룹 연구》, 한빛

우인수, 1999, 《朝鮮後期 山林勢力 硏究》, 일조각

원재린, 2003, 《조선후기 星湖學派의 학풍 연구》, 혜안

유봉학, 1995, 《燕巖一派 北學思想 硏究》, 일지사

───, 1998, 《조선후기 학계와 지식인》, 신구문화사

───, 2001, 《정조대왕의 꿈》, 신구문화사

유승주 · 이철성, 2002, 《조선후기 중국과의 무역사》, 경인문화사

유호선, 2006, 《조선후기 경화사족의 불교인식과 불교문학》, 태학사

윤남한, 1982, 《朝鮮時代의 陽明學 硏究》, 집문당

윤사순, 1986, 《한국유학사상론》, 열음사

───, 1997, 《한국유학사상론》, 예문서원

윤재민, 1999, 《朝鮮後期 中人層 漢文學의 硏究》, 고려대 민족문화연구원

이경구, 2007, 《조선후기 安東 金門 연구》, 일지사

이병도, 1959, 《資料韓國儒學史草藁》, 서울대학교 국사연구실

───, 1987, 《韓國儒學史》, 아세아문화사

이승수, 1998, 《三淵 金昌翕 硏究》, 이화문화출판사

이태진 편, 1986, 《朝鮮時代 政治史의 再照明》, 범조사

장지연, 1922, 《儒敎淵源》, 滙東書館(조수익 역, 1998, 《조선유교연원》, 솔)

전형택, 1989, 《朝鮮後期奴婢身分硏究》, 일조각

정옥자, 1988, 《朝鮮後期 文化運動史》, 일조각

───, 1998, 《조선후기 조선중화사상 연구》, 일지사

─── 외, 1999, 《정조시대의 사상과 문화》, 돌베개

정호훈, 2004, 《朝鮮後期 政治思想 硏究 ─ 17세기 北人系 南人을 중심으로》, 혜안

조 광, 1988, 《朝鮮後期 天主敎史 硏究》, 고려대 민족문화연구소

최삼룡 외, 1994, 《이재 황윤석》, 민음사

최완수 외, 1998, 《진경시대》 1 · 2, 돌베개

최진덕, 2000, 《朱子學을 위한 변명》, 청계출판사

平木實, 1982, 《朝鮮後期奴婢制硏究》, 지식산업사

한국사상사연구회, 1994, 《인성물성론》, 한길사

——, 2000,《圖說로 보는 한국유학》, 예문서원

한명기, 1999,《임진왜란과 한중관계》, 역사비평사

한형조, 1996,《주희에서 정약용으로》, 세계사

현상윤, 1949,《朝鮮儒學史》, 民衆書館(1982,《朝鮮儒學史》, 현음사)

박종채 저/김윤조 역주, 1997,《역주과정록》, 태학사

岩間一雄, 1990,《中國政治思想史研究》, 未來社(김동기 · 민혜진 역,《중국 정치
　　　사상사 연구》, 동녘)

廖名春 · 康學偉 · 梁韋弦, 1991,《周易研究史》, 湖南出版社(심경호 역, 1994,《주
　　　역철학사》, 예문서원)

劉昭仁, 1986,《呂東萊之文學與史學》, 文史哲出版社

周勛初 외 저/중국학연구회 고대문학분과 역, 1992,《중국문학비평사》, 이론과실천

陳來, 1992,《宋明理學》, 遼寧出版社(안재호 역, 1997,《송명성리학》, 예문서원)

候外廬 外, 1984,《宋明理學史(上)》, 人民出版社(박완식 역, 1993,〈邵雍의 象數
　　　學 思想體系〉,《송명이학사》Ⅰ, 이론과실천)

Birdwhistell, Anne D., 1989, *Transition to Neo-Confucianism - Shao Yung on Knowledge and
　　　Symbols of Reality*, California, Stanford: Stanford University Press

Elman, Benjamin A., 1990, *From Philosophy to Philology*, Cambridge and London: Harvard
　　　University Press

Liu, James T.C., 1959, *Reform in Sung China: Wang An-shih(1021~1086) and His New
　　　Policies*, Harvard East Asian Studies 3(이범학 역, 1991,《왕안석과 개혁정책》,
　　　지식산업사)

Needham, Joseph · Ronan, Colin A., 1978, *The Shorter Science and Civilization in China*,
　　　Volume 1, Cambridge: Cambridge University Press(김영식 · 김제란 역, 1998,
　　　《중국의 과학과 문명: 사상적 배경》, 까치)

Tillman, Hoyt Cleveland, 1992, *Confucian Discourse and Chu Hsi's Ascendancy*, Honolulu:
　　　University of Hawaii Press

Tu, Wei-ming(杜維明), 1976, *Neo-Confucian Thought in Action*, Berkeley: University of

California Press(권미숙 역, 1994, 《한 젊은 유학자의 초상―靑年 王陽明》, 통나무)

2) 박사학위논문

고성훈, 1994, 〈朝鮮後期 變亂硏究〉, 동국대 박사학위논문

고연희, 2000, 〈조선후기 산수기행문학과 기유도(紀遊圖)의 비교연구―농연(農淵)그룹과 정선(鄭敾)을 중심으로〉, 이화여대 박사학위논문

김도환, 2000, 〈洪大容 思想의 硏究〉, 한양대 박사학위논문

김문용, 1995, 〈洪大容의 實學思想에 관한 硏究〉, 고려대 박사학위논문

김세봉, 1995, 〈17世紀 湖西山林勢力 硏究〉, 단국대 박사학위논문

김양수, 1986, 〈朝鮮後期의 譯官身分에 관한 硏究〉, 연세대 박사학위논문

김준석, 1990 〈朝鮮後期 國家再造論의 擡頭와 그 展開〉, 연세대 박사학위논문

김태년, 2006, 〈南塘 韓元震의 '正學' 形成에 대한 硏究〉, 고려대 박사학위논문

김형찬, 1995, 〈理氣二元論의 一元化 傾向性에 관한 硏究〉, 고려대 박사학위논문

남은경, 1998, 〈東溟 鄭斗卿 文學의 硏究〉, 이화여대 박사학위논문

문석윤, 1995, 〈朝鮮後期 湖洛論辨의 成立史 硏究〉, 서울대 박사학위논문

박광용, 1994, 〈朝鮮後期 '蕩平'硏究〉, 서울대 박사학위논문

송혁기, 2005, 〈17세기말~18세기초 산문이론의 전개양상〉, 고려대 박사학위논문

신항수, 2001, 〈李瀷(1681-1763)의 經·史解釋과 現實認識〉, 고려대 박사학위논문

안재순, 1990, 〈韓國近代史에 있어서 正祖의 統治哲學에 관한 硏究〉, 성균관대 박사학위논문

우경섭, 2005, 〈宋時烈의 世道政治思想 硏究〉, 서울대 박사학위논문

우응순, 1990, 〈朝鮮中期 四大家의 文學論 硏究〉, 고려대 박사학위논문

유호선, 2002, 〈17C 後半~18C 前半 京華士族의 佛敎受容과 그 詩的 形象化〉, 고려대 박사학위논문

이경구, 2003, 〈17~18세기 장동김문 연구〉, 서울대 박사학위논문

이근호, 2001, 〈英祖代 蕩平派의 國政運營論 硏究〉, 국민대 박사학위논문

이봉규, 1996, 〈宋時烈의 性理學說 硏究〉, 서울대 박사학위논문

이애희, 1990, 〈朝鮮後期 人性과 物性에 대한 論爭의 硏究〉, 고려대 박사학위논문

이천승, 2003, 〈農巖 金昌協의 心性論에 대한 연구〉, 성균관대 박사학위논문

임원빈, 1994, 〈南塘 韓元震 哲學의 理에 관한 연구〉, 연세대 박사학위논문

장세호, 1992, 〈沙溪 金長生 禮說의 硏究〉, 고려대 박사학위논문

전인식, 1998, 〈李柬과 韓元震의 未發·五常 論辨 硏究〉, 한국정신문화연구원 박사학위논문

조준호, 2003, 〈朝鮮 肅宗~英祖代 近畿地域 老論學脈 硏究〉, 국민대 박사학위논문

최영진, 1990, 〈易學思想의 哲學的 探究—《周易》의 陰陽對待的 構造와 中正思想을 중심으로〉, 성균관대 박사학위논문

허태용, 2007, 〈朝鮮後期 中華繼承意識의 展開와 北方古代史 認識의 强化〉, 고려대 박사학위논문

홍정근, 2002, 〈湖洛論爭에 關한 任聖周의 批判的 止揚 硏究〉, 성균관대 박사학위논문

3) 논문

강명관, 1995, 〈16세기 말 17세기 초 擬古文派의 수용과 秦漢古文派의 성립〉, 《韓國漢文學硏究》 18

강혜선, 1990, 〈김창협 고문 연구〉, 서울대 석사학위논문

———, 2000, 〈조선후기 眞景文化의 선구자 김창협〉, 《문헌과 해석》 12

고미숙, 2001, 〈천기론의 '수사학적 배치'와 그 담론적 특이성〉, 《민족문학사연구》 19

고연희, 1996, 〈17C말 18C초 白岳詞壇의 明淸文學 受容樣相〉, 《東方學》 1

———, 1997, 〈金昌翕·李秉淵의 산수시와 鄭敾의 산수화 비교고찰〉, 《韓國漢文學硏究》 20

고영진, 1994, 〈16세기 후반~17세기 전반 枕流臺學士의 활동과 의의〉, 《서울학연구》 3

구덕회, 1988, 〈宣祖代 후반(1594~1608) 政治體制의 재편과 政局의 動向〉, 《韓國史論》 20

구만옥, 1999, 〈16세기 말~17세기 초 朱子學的 宇宙論의 변화〉, 《韓國思想史

學》13

――, 2000, 〈朝鮮後期 時憲曆 도입 과정의 대립과 갈등―顯宗年間(1660~ 1674)의 논의를 중심으로〉, 《한국과학사연구 40년과 한국근대과학 100 년》(한국과학사회 학술대회 논문집)

권오영, 1998, 〈18세기 湖洛論辨의 爭點과 그 性格〉, 《朝鮮時代의 社會와 性格》, 朝鮮社會硏究會

기정순, 1999, 〈陶谷 李宜顯의 文章論 小考〉, 《漢文學論集》17

김 현, 2003, 〈조선후기 未發心論의 心學的 전개〉, 《民族文化硏究》37

김낙진, 1998, 〈沙溪 金長生의 心性·修養論〉, 《退溪學報》97·98

――, 2000, 〈장현광의 역학과 세계이해〉, 《圖說로 보는 한국유학》, 예문서원

김동수, 1977, 〈16~17세기 湖南士林의 存在形態에 대한 一考察〉, 《歷史學硏究》7

김성준, 1975, 〈沙溪 金長生의 生涯〉, 《百濟硏究》6

김용태, 1996, 〈尤菴 宋時烈의 文學思想 硏究〉, 성균관대 석사학위논문

김용헌, 1996, 〈김석문의 우주설과 그 철학적 성격〉, 《실학의 철학》, 예문서원

김용흠, 1996, 〈朝鮮後期 老·少論 分黨의 思想 基盤〉, 《學林》17

김준석, 1980, 〈18세기 老論專權政治論의 구조〉, 《湖西史學》18

――, 1987, 〈許穆의 禮樂論과 君主觀〉, 《東方學志》54·55·56 합본

――, 1988, 〈17세기 畿湖朱子學의 동향〉, 《손보기박사정년기념 한국사학논총》

――, 1990, 〈韓元震의 朱子學認識과 湖洛論爭〉, 《李載龒博士還曆紀念 韓國史學論叢》

――, 1998, 〈17세기 새로운 賦稅觀과 士大夫生業論〉, 《歷史學報》158

김철웅, 1999, 〈李奎報의 道敎觀〉, 《韓國思想史學》13

김태년, 1993, 〈洛論系의 知覺論 硏究〉, 고려대 석사학위논문

――, 1994, 〈기원 어유봉의 인물성론〉, 《인성물성론》, 한길사

――, 2002, 〈16世紀 朝鮮 性理學者들의 陽明學 批判 硏究〉, 《韓國思想史學》19

김필수, 1995, 〈邵雍의 先天易 硏究〉, 《孔子學》1

김학수, 2000, 〈17세기의 名家―壯洞金氏〉, 《문헌과 해석》12

김혜숙, 1994, 〈韓國漢詩論에 있어서 天機에 대한 고찰(1)〉, 《韓國漢詩硏究》 2

──, 1995, 〈韓國漢詩論에 있어서 天機에 대한 고찰(2)〉, 《韓國漢詩硏究》 3

大島晃, 1976, 〈邵康節の觀物〉, 《東方學》 52

마종락, 1998, 〈李奎報의 儒學思想〉, 《한국중세사연구》 5

문덕희, 1997, 〈南公轍(1760~1840)의 《金陵集》에 보이는 中國書畵에 대한 認識〉, 《美術史學硏究》 213

문석윤, 1995, 〈巍巖과 南塘의 '未發' 논변〉, 《泰東古典硏究》 11

문중양, 1999, 〈18세기 조선 실학자의 자연지식의 성격—象數學的 우주론을 중심으로〉, 《한국과학사학회지》 21-1

박경안, 1988, 〈霞谷 鄭齊斗의 經世論〉, 《學林》 10

박윤진, 2001, 〈이규보의 불교관에 대한 一考察〉, 《史叢》 53

박희병, 1997, 〈申欽의 學問과 그 思想史的 位置〉, 《民族文化》 20

배재홍, 1987, 〈朝鮮後期 庶孽許通〉, 《慶北史學》 10

三浦國雄, 1974, 〈伊川 擊壤集の世界〉, 《東方學報》 47

송석준, 1988, 〈浦渚 趙翼의 性理說과 陽明學的 性格〉, 《朝鮮朝 儒學思想의 探究》, 여강출판사

송영배, 1994, 〈홍대용의 상대주의적 思惟와 변혁의 논리〉, 《韓國學報》 74, 일지사

송혁기, 1996, 〈金昌協 文學論의 硏究〉, 고려대 석사학위논문

──, 2000, 〈金昌協 文學批評의 當代的 位相〉, 《古典文學硏究》 18

신항수, 2001, 〈李瀷의 筆法論과 역사인식〉, 《韓國史學史學報》 4

안대회, 2001, 〈閭巷詩人과 天機論〉, 《문헌과 해석》 14

오수경, 2000, 〈嘐嘐齋 金用謙 硏究〉, 《漢文學報》 2

오수창, 1985, 〈仁祖代 政治勢力의 動向〉, 《韓國史論》 13

오항녕, 1992, 〈17세기 전반 西人山林의 思想〉, 《역사와 현실》 8

──, 1998, 〈석실서원의 渼湖 金元行과 그의 사상〉, 《북한강 유역의 유학사상》, 한림대 아시아문화연구소

우경섭, 2001, 〈金長生의 經學思想〉, 《韓國學報》 103

우응순, 1991, 〈17세기 古文論의 배경과 역사적 성격〉, 《語文論集》 30

유명종, 1977,〈德村 梁得中의 實學思想〉,《韓國學報》 6

유봉학, 1999,〈정조시대 정치론의 추이〉,《정조시대의 사상과 문화》, 돌베개

유초하, 1994,〈조선중기 성리학의 사회관〉,《한국사상사의 인식》, 한길사

윤사순, 1986,〈人性 物性의 同異論辨에 대한 연구〉,《한국유학사상론》, 열음사

──, 1999,〈人性·物性에 대한 同異論辯의 思想史的 價值〉,《退溪學報》 102

이강수, 1983,〈委巷詩人의 天機論〉,《朝鮮後期 漢文學의 再照明》, 창작과비평사

이경구, 1995,〈金昌翕의 學風과 湖洛論爭〉, 서울대 석사학위논문

──, 1996,〈金昌翕의 學風과 湖洛論爭〉,《韓國史論》 36

──, 1998,〈영조~순조 연간 湖洛論爭의 展開〉,《韓國學報》 93

──, 1999,〈金元行의 實心 강조와 石室書院에서의 교육 활동〉,《震檀學報》 88

──, 2002,〈조선후기 安東 金門의 의리실현과 정치 활동〉,《韓國文化》 30

이근호, 1999,〈肅宗代 申琓의 國政運營論〉,《朝鮮時代史學報》 8

이기남, 1992,〈崔鳴吉의 政治活動과 權力構造 改編論〉,《擇窩許善道先生停年紀念 韓國史學論叢》, 일조각

이남영, 1980,〈湖洛論爭의 哲學史的 意義〉,《동양문화국제학술회의논문집》, 성균관대 대동문화연구원

이동인, 2000,〈17세기 許穆의 古學과 春秋災異論〉, 서울대 석사학위논문

이동환, 1997,〈李穡에게 있어서의 道學의 文學的 闡發〉,《牧隱李穡學術思想中韓研究會》 발표요지, 中國人民大 東方文化研究所·韓國牧隱研究會 공동주최

──, 2001,〈朝鮮後期 '天機論'의 槪念 및 美學理念과 그 文藝·思想史的 聯關〉,《韓國漢文學研究》 28

이동희, 1986,〈明初朱子學과 朝鮮前期의 朱子學〉,《東西文化》 9

이병도, 1969,〈韓國儒學史上學說的論爭一段-特論湖洛是非-〉,《儒學在世界論文集》(東方人文學會)

이봉규, 1989,〈邵雍哲學을 形成하는 道家的 思惟와 儒家的 思惟〉, 서울대 석사학위논문

──, 1998,〈金長生·金集의 禮學과 元宗追崇論爭의 철학사적 의미〉,《韓國

思想史學》 11

이상백, 1934, 〈庶孼差待의 淵源에 대한 一研究〉, 《震檀學報》 1

이상익, 1986, 〈湖洛論爭의 根本問題 研究〉, 성균관대 석사학위논문

―――, 1996, 〈洛學에서 北學으로의 사상적 발전〉, 《철학》 46

이수건, 1987, 〈朝鮮後期 嶺南儒疏에 대하여〉, 《斗溪李丙燾博士九旬紀念 韓國
史學論叢》, 지식산업사

이승수, 1993, 〈拙修齋 趙聖期論〉, 《韓國學論集》 23

―――, 1995, 〈17세기말 天機論의 형성과 인식의 기반〉, 《韓國漢文學研究》 18

―――, 2001, 〈拙修齋 趙聖期論 序說〉, 《한국사상과 문화》 12

이영춘, 1985, 〈尤菴 宋時烈의 尊周思想〉, 《清溪史學》 6

―――, 1998, 〈疑禮問答에 나타난 沙溪의 禮學思想〉, 《조선시대의 사회와 사
상》, 조선사연구회

이우성, 1963, 〈18세기 서울의 도시적 양상〉, 《鄕土서울》 17

이 욱, 1994, 〈18세기말 서울 商業界의 변화와 政府의 對策〉, 《歷史學報》 142

이종일, 1986, 〈16 · 17世紀의 庶孼疏通論議에 대하여〉, 《東國史學》 19 · 20

―――, 1987, 〈18 · 19世紀의 庶孼疏通運動에 대하여〉, 《韓國史研究》 58

―――, 1989, 〈朝鮮後期 嫡庶身分變動에 대하여〉, 《韓國史研究》 65

이천승, 2002, 〈渼湖 金元行의 心에 관한 연구〉, 《韓國哲學論集》 11

이태진, 1965, 〈庶孼差待考〉, 《歷史學報》 27

―――, 1992, 〈正祖의 《大學》 탐구와 새로운 君主論〉, 《李晦齋의 思想과 그 世
界》, 성균관대학교 대동문화연구원

―――, 1999, 〈18세기 韓國史에서의 民의 사회적 정치적 位相〉, 《震檀學報》
88

이해준, 1979, 〈存齋 魏伯珪의 社會改善論〉, 《韓國史論》 5

이향배, 1995, 〈尤菴 宋時烈의 文學論 研究〉, 충남대 석사학위논문

이희중, 1995, 〈朝鮮中期 西人系 '文章家'의 活動과 思想〉, 서울대 석사학위논문

임유경, 1996, 〈18세기 天機論의 특징〉, 《韓國漢文學研究》 19

장세호, 1992, 〈金長生의 四端七情說〉, 《慶星大學校論文集》 13-1

장숙필, 2000, 〈김석문의 《역학이십사도해》〉, 《圖說로 보는 한국유학》, 예문서원

장원철, 1982,〈朝鮮後期 文學思想의 展開와 天機論〉, 한국정신문화연구원 석사
　　학위논문

전용우, 1990,〈華陽書院과 萬東廟에 대한 一研究〉,《湖西史學》18

정경희, 1993,〈肅宗代 蕩平과 蕩平의 試圖〉,《韓國史論》30

───, 1995,〈肅宗後半期 蕩平政局의 變化〉,《韓國學報》79

정구복, 1978,〈韓百謙의 東國地理誌에 대한 一考〉,《全北史學》2

───, 1987,〈韓百謙의 史學과 그 影響〉,《震檀學報》63

정두영, 1998,〈18세기 ‘君民一體’思想의 構造와 性格〉,《朝鮮時代史學報》5

정만조, 1977,〈朝鮮後期의 良役變通論議에 대한 檢討〉,《同大論叢》7

───, 1982,〈英祖 14년의 安東 金尙憲書院 建立是非〉,《韓國學研究》1

───, 1983,〈英祖代 初半의 蕩平策과 蕩平派의 活動〉,《震檀學報》56

───, 1986,〈歸鹿 趙顯命 研究〉,《韓國學論叢》8

───, 1986,〈英祖代 中半의 政局과 蕩平策의 再定立〉,《歷史學報》111

───, 1990,〈肅宗朝 良役變通論의 展開와 良役對策〉,《國史館論叢》17

───, 1991,〈朝鮮 顯宗朝의 私義·公義 論爭〉,《韓國學論叢》14

───, 1992,〈17世紀 中葉 山林勢力(山黨)의 國政運營論〉,《擇窩許善道先生停
　　年紀念 韓國史學論叢》

───, 1993,〈朝鮮時代의 士林政治〉,《韓國史上의 政治形態》, 일조각

───, 1997,〈양역의 편성과 폐단〉〈양역변통론의 추이〉,《한국사》32, 국사편
　　찬위원회

───, 1997,〈양역변통론의 추이〉,《한국사》32, 국사편찬위원회

───, 1999,〈17세기 중반 漢黨의 정치활동과 國政運營論〉,《韓國文化》23

───, 1999,〈宣祖初 晋州 淫婦獄과 그 波紋〉,《韓國學論叢》22

───, 2000,〈조선후기 경기북부지역 南人系 家門의 동향〉,《韓國學論叢》23

───, 2002,〈朝鮮中期 政治史 연구에 대한 재검토〉,《韓國學論叢》25

정성희, 1992,〈頤齋 黃胤錫의 科學思想〉,《淸溪史學》9

정연식, 1985,〈17, 18세기 良役均一化政策의 推移〉,《韓國史論》13

───, 1997,〈균역법의 시행과 그 의미〉,《한국사》32, 국사편찬위원회

정연우, 2006,〈巍巖 李柬의 心性一致論 研究〉,《韓國思想史學》27

정옥자, 1978, 〈朝鮮後期 文風과 委巷文學〉,《韓國史論》 4

정우봉, 1992, 〈金昌協 詩論의 批評史的 意義〉,《語文論集》 31

정윤주, 1993, 〈"葵史"(1859)의 編纂과 刊行動機〉,《歷史學報》 137

정재훈, 1993, 〈霞谷 鄭齊斗의 陽明學受容과 經世思想〉,《韓國史論》 29

조 광, 1979, 〈洪大容의 政治思想 硏究〉,《民族文化硏究》 14

──, 1993, 〈朝鮮後期 思想界의 轉換期的 特性〉,《韓國史 轉換期의 문제들》, 지식산업사

조남호, 1993, 〈김창협학파의 양명학 비판──智와 知覺의 문제를 중심으로〉,《哲 學》 39

──, 1998, 〈김상헌 가문의 유학사상〉,《북한강유역의 유학사상》, 한림대 아 시아문화연구소

조동원, 1982, 〈邵雍의 歷史觀〉,《釜大史學》 6

조성산, 1995, 〈18세기 후반 老論 洛論系의 思想的 動向과 經世論〉, 고려대 석사 학위논문

──, 1997, 〈18세기 湖洛論爭과 老論 思想界의 分化〉,《韓國思想史學》 8

──, 1999, 〈19세기 전반 노론계 佛敎認識의 정치적 성격〉,《韓國思想史學》 13

──, 2000, 〈18세기 후반 洛論系 經世思想의 心性論的 基盤〉,《朝鮮時代史學 報》 12

──, 2001, 〈17세기 후반 경기지역 西人 象數學風의 형성과 의미〉,《韓國史硏 究》 115

──, 2001, 〈17세기 후반 趙聖期의 學問傾向과 經世論〉,《韓國史學報》 10

──, 2002, 〈18세기 초반 낙론계 天機論의 성격과 사회적 기능〉,《역사와 현 실》 44

──, 2003, 〈17세기말~18세기초 洛論系 文風의 형성과 朱子學的 義理論〉, 《韓國思想史學》 21

──, 2004, 〈17세기 서울, 경기지역 西人의 心學 연구경향과 그 성격〉,《東方 學志》 128

──, 2004, 〈17세기후반~18세기초 金昌協, 金昌翕의 학풍과 현실관〉,《역사

와 현실》 51

──, 2004, 〈18세기 洛論系의 《磻溪隨錄》인식과 洪啓禧 經世學의 思想的 基盤〉, 《朝鮮時代史學報》 30.

──, 2004, 〈宋時烈의 性理學 이해와 現實觀〉, 《韓國史學報》 17

──, 2005, 〈17세기 중·후반 서울·경기 지역 西人의 경세학과 정책이념〉, 《韓國史學報》 21

──, 2006, 〈조선후기 낙론계 학풍에 대한 연구현황과 전망〉, 《오늘의 동양사상》 14

──, 2007, 〈18세기 洛論系 學脈의 변모양상 연구〉, 《역사교육》 102

조성을, 1996, 〈실학연구의 심화와 남은 문제 ―《燕巖一派 北學思想 研究》(유봉학, 일지사, 1995)〉, 《역사와 현실》 20

조준호, 1999, 〈朝鮮後期 石室書院의 位相과 學風〉, 《朝鮮時代史學報》 11

조호현, 2000, 〈농암 김창협의 성리학설 연구〉, 《18세기 연구》 2

──, 2001, 〈조선성리학 연구에 대한 일고찰〉, 《한국사상과 문화》 12

佐藤仁, 1990, 〈李退溪와 心經附註〉, 《退溪學報》 68

지두환, 1991, 〈谿谷 張維의 生涯와 思想〉, 《泰東古典研究》 7

──, 1999, 〈心經釋義〉, 《문헌과 해석》 6

──, 1999, 〈우암 송시열의 사회경제사상〉, 《韓國學論叢》 21

──, 2001, 〈尤菴 宋時烈의 生涯와 思想〉, 《韓國思想과 文化》 12

지승종, 1989, 〈朝鮮後期 社會와 身分制의 動搖〉, 《韓國의 社會와 文化》 10

진영미, 1999, 〈天機의 槪念과 特性〉, 《韓國詩歌研究》 5

최근묵, 1995, 〈湖西士林 研究의 現況과 課題〉, 《湖西文化研究》 13

최성환, 2001, 〈朝鮮後期 李縡의 學問과 寒泉精舍의 門人敎育〉, 《歷史敎育》 77

최영진, 1985, 〈栗谷 理氣論에 있어서의 依樣과 自得〉, 《韓國東西哲學研究會論文集》 2

──, 2000, 〈《주역》에서 보는 인간과 자연의 관계〉, 《東洋哲學》 13

──, 1997, 〈朝鮮朝 儒學思想史의 分類方式과 그 問題點 ― 主理·主氣의 문제를 중심으로〉, 《韓國思想史學》 8

──, 1998, 〈우리문화의 황금기 진경시대, 그리고 그 뿌리로서의 조선성리

학〉, 《동아시아 문화와 사상》 1

──, 1998, 〈人物性同異論의 生態學的 解釋〉, 《儒敎思想研究》 10

──, 2001, 〈茶山 人性·物性論의 思想史的 位相〉, 《哲學》 68

최완기, 1983, 〈英祖朝 蕩平策의 贊反論 檢討〉, 《震檀學報》 56

──, 1993, 〈조선후기 한양의 경제적 성장과 그 의미〉, 《이화사학연구》 20·
　　　21합집

최완수, 1980, 〈秋史書派考〉, 《澗松文華》 19

──, 1998, 〈조선 왕조의 문화절정기, 진경시대〉, 《진경시대》 I, 돌베개

최현태, 1997, 〈農巖 詩論의 分析的 檢討〉, 《韓國漢詩研究》 5

한계전, 1997, 〈湖學의 형성과 江門八學士〉, 《震檀學報》 83

한기범, 1989, 〈沙溪 金長生의 生涯와 禮學思想〉, 《百濟研究》 20

──, 2000, 〈조선시대 대전지방 산림의 학맥과 학풍〉, 《한국사상과 문화》 7

한명기, 1988, 〈光海君代의 大北勢力과 政局의 動向〉 《韓國史論》 20

──, 1992, 〈柳夢寅의 經世論 연구〉, 《韓國學報》 67

한영우, 1989, 〈17세기 중엽 南人 許穆의 古學과 歷史認識〉, 《朝鮮後期 史學史
　　　研究》, 일지사

──, 1991, 〈17세기 후반~18세기 초 洪萬宗의 會通思想과 歷史意識〉, 《韓國
　　　文化》 12

──, 1992, 〈李晬光의 學問과 思想〉, 《韓國文化》 13

한정희, 1995, 〈朝鮮後期 繪畵에 미친 中國의 영향〉, 《美術史學研究》 206

허태용, 2001, 〈17세기 후반 正統論의 강화와 《資治通鑑節要》의 보급〉, 《韓國史
　　　學史學報》 3

홍선표, 1994, 〈진경산수화는 조선중화주의의 소산인가〉, 《가나아트》 38호

──, 1994, 〈조선시대 회화사연구의 최근 동향〉, 《한국사론》 24, 국사편찬위
　　　원회

홍순민, 1986, 〈肅宗初期의 政治構造와 換局〉, 《韓國史論》 15

황의동, 2000, 〈金長生의 性理學 연구〉, 《동서철학연구》 20

찾아보기

ㄱ